DINÂMICAS DE GRUPO

E ATIVIDADES CLÍNICAS APLICADAS AO USO DE SUBSTÂNCIAS PSICOATIVAS

O GEN | Grupo Editorial Nacional – maior plataforma editorial brasileira no segmento científico, técnico e profissional – publica conteúdos nas áreas de ciências da saúde, exatas, humanas, jurídicas e sociais aplicadas, além de prover serviços direcionados à educação continuada e à preparação para concursos.

As editoras que integram o GEN, das mais respeitadas no mercado editorial, construíram catálogos inigualáveis, com obras decisivas para a formação acadêmica e o aperfeiçoamento de várias gerações de profissionais e estudantes, tendo se tornado sinônimo de qualidade e seriedade.

A missão do GEN e dos núcleos de conteúdo que o compõem é prover a melhor informação científica e distribuí-la de maneira flexível e conveniente, a preços justos, gerando benefícios e servindo a autores, docentes, livreiros, funcionários, colaboradores e acionistas.

Nosso comportamento ético incondicional e nossa responsabilidade social e ambiental são reforçados pela natureza educacional de nossa atividade e dão sustentabilidade ao crescimento contínuo e à rentabilidade do grupo.

DINÂMICAS DE GRUPO

E ATIVIDADES CLÍNICAS APLICADAS AO USO DE SUBSTÂNCIAS PSICOATIVAS

Organizadoras

Neliana Buzi Figlie

Psicóloga. Especialista em Psicologia Clínica pelo CRP. Especialista em Dependência Química. Mestre em Saúde Mental e Doutora em Ciências pelo Departamento de Psiquiatria da UNIFESP. Instrutora Certificada de Entrevista Motivacional e Associada ao MINT (Motivational Interviewing Network of Trainers), com formação em Entrevista Motivacional pela University of New Mexico – Center on Alcoholism, Substance Abuse and Addictions (CASAA). Docente na UPPSI (Unidade de Aperfeiçoamento em Psicologia e Psiquiatria). Autora de livros e atuação como Psicoterapeuta Cognitiva e em Entrevista Motivacional. Homepage: www.nelianafiglie.com.br.

Roberta Payá

Psicóloga. Terapeuta Familiar e de Casal. Doutora em Ciências (Saúde Mental) pela Universidade Federal de São Paulo (UNIFESP). Mestre em Terapia Familiar Sistêmica pela Universidade de Londres. Especialista em Dependência Química pela Unidade de Pesquisa em Álcool e Drogas (UNIAD). Especialista em Terapia de Família e de Casal pela Pontifícia Universidade Católica de São Paulo (PUC-SP). Terapeuta Sexual pelo Centro Universitário Salesiano de São Paulo (UNISAL-SP). Docente da Unidade de Aperfeiçoamento em Psicologia e Psiquiatria (UPPSI). Membro da LOVEPLAN. Autora e Organizadora dos livros: Intervenções Familiares para Abuso e Dependência de álcool e Outras Drogas e Intercâmbio das Psicoterapias: Como Cada Abordagem Psicoterapêutica Compreende os Transtornos Psiquiátricos. Home: www.robertapaya.com.br.

- As autoras deste livro e a editora empenharam seus melhores esforços para assegurar que as informações e os procedimentos apresentados no texto estejam em acordo com os padrões aceitos à época da publicação, *e todos os dados foram atualizados pelas autoras até a data da entrega dos originais à editora*. Entretanto, tendo em conta a evolução das ciências, as atualizações legislativas, as mudanças regulamentares governamentais e o constante fluxo de novas informações sobre os temas que constam do livro, recomendamos enfaticamente que os leitores consultem sempre outras fontes fidedignas, de modo a se certificarem de que as informações contidas no texto estão corretas e de que não houve alterações nas recomendações ou na legislação regulamentadora.
- As autoras e a editora se empenharam para citar adequadamente e dar o devido crédito a todos os detentores de direitos autorais de qualquer material utilizado neste livro, dispondo-se a possíveis acertos posteriores caso, inadvertida e involuntariamente, a identificação de algum deles tenha sido omitida.
- **Atendimento ao cliente: (11) 5080-0751 | faleconosco@grupogen.com.br**
- Direitos exclusivos para a língua portuguesa

Uma editora integrante do GEN | Grupo Editorial Nacional
Travessa do Ouvidor, 11
Rio de Janeiro – RJ – CEP 20040-040
www.grupogen.com.br
- Reimpressão atualizada: 2023

Assessora Editorial: Maria del Pilar Payá Piqueres

Assistente Editorial: Lilian Sorbo Menilo

Coordenador de Revisão: Queni Winters

Revisão de Texto: Breno Beneducci e Rafael Pereira Rodrigues

Coordenador de Diagramação: Marcio S. Barreto

Capa: Rosangela Bego

Capa da reimpressão atualizada: Bruno Sales (adaptação da original)

Diagramação: Denise Nogueira Moriama e Leandro Gonçalves Duarte

Imagens: Denise Nogueira Moriama e Leandro Gonçalves Duarte

- CIP-BRASIL. CATALOGAÇÃO-NA-FONTE
SINDICATO NACIONAL DOS EDITORES DE LIVROS, RJ.

D589

Dinâmicas de Grupo e Atividades Clínicas Aplicadas ao Uso de Substâncias Psicoativas / organizadoras Neliana Buzi Figlie, Roberta Payá. - 1. ed. - [Reimpr.]. - Rio de Janeiro : Roca, 2023.

Inclui bibliografia
ISBN 978-85-4120-168-1

1. Toxicomania. 2. Psicoterapia de grupo. I. Figlie, Neliana Buzi. II. Payá, Roberta.

13-0958. CDD: 616.86
CDU: 616.89-008.441.3

Aos clientes, pacientes e seus familiares
que estiveram presentes ao longo de
nossa jornada profissional.

Agradecimentos

Nosso agradecimento especial aos clientes/pacientes assistidos no ambulatório da UNIAD, bem como aos profissionais que os atendiam. E, também, aos colaboradores que participaram do enriquecimento e da elaboração desta nova obra, lembrando que foi nessa interação e nesse relacionamento como grupo que este manual pode ser planejado e desenvolvido.

Colaboradores

Alessandra Diehl

Psiquiatra. Doutoranda do Departamento de Psiquiatria da Universidade Federal de São Paulo (UNIFESP). Especialista em Dependência Química pela Unidade de Pesquisas em Álcool e Drogas (UNIAD) – UNIFESP. Especialista em Sexualidade Humana pela Universidade de São Paulo. Professora do Curso de Extensão Diversidade Sexual e Dependência Química. Pesquisadora da UNIAD – UNIFESP.

Alessandra Nagamine Bonadio

Psicóloga Clínica pelo Instituto de Psicologia da USP, Especialista em Dependência Química pela UNIFESP, Mestre e Doutora em Ciências pelo Programa de Psiquiatria e Psicologia Médica da UNIFESP, Pós-doutorado no Departamento de Psicobiologia da UNIFESP.

Ana Paula Sodero Saccani

Psicóloga Clínica. Pós-Graduação em Educação Sexual – UNISAL. Pós-Graduação em Terapia Comportamental e Cognitiva – USP/HU. Pós-Graduação em Dependência Química – UNIAD/UNIFESP.

Bárbara Bartuciotti Giusti

Psicóloga. Especialista em Dependência Química pela Universidade Federal de São Paulo (UNIFESP) e em Saúde pelo Conselho Federal de Psicologia (CFP). Realizou extensão em Gestão Pública do SUS pela Universidade Federal do Maranhão (UFMA) e, atualmente, é doutoranda do Programa Interunidades em Enfermagem pela Universidade de São Paulo – E. E. USP – e Escola de Enfermagem de Ribeirão Preto.

Cláudia Regina Serapicos Salgado

Pedagoga. Psicopedagoga e Especialista em Dependência Química pela Universidade Federal de São Paulo (UNIFESP). Responsável pela Reabilitação Cognitiva e pelo Acompanhamento Psicopedagógico do Alamedas. Assessora de Projetos de Sexualidade e Prevenção ao Uso Indevido de Álcool e Outras Drogas em Escolas da Rede Particular de Ensino. Especialista e Mediadora do Programa de Enriquecimento Instrumental I e II.

Cláudio Jerônimo da Silva

Médico e Psiquiatra pela UNESP - Botucatu, Especialista em Dependência Química e Doutor em ciências pela UNIFESP; MBA em gestão da saúde pelo Insper-SP; Diretor Técnico na SPDM.

Cristiane Sales

Psicóloga. Especialista em Dependência Química pela Universidade Federal de São Paulo (UNIFESP). Especialista em Entrevista Motivacional pelo Motivational Interviewing Network Trainers (MINT) – Rio de Janeiro. Pesquisadora da UNIFESP.

Daniele da Silva Gonçalves

Psicóloga pela Universidade Presbiteriana Mackenzie, Especialista em Terapia Cognitivo-Comportamental pelo Instituto de Terapia Cognitiva (ITC), Especialista em Dependência Química pela UNIAD/UNIFESP e em Neuropsicologia pelo Centro de Estudos Psico-Cirúrgicos e Divisão de Psicologia do Instituto Central do Hospital das Clínicas da Faculdade de Medicina da Universidade de São Paulo, Formação em Terapia do Esquema pela Wainer Psicologia Cognitiva, Especializada em Terapia para Casais em Terapia do Esquema pelo NEPSI - Núcleo de Estudos em Psicologia. Membro da FBTC (Federação Brasileira de Terapias Cognitivas).

Érica Alves da Silva

Psicóloga. Especialista em Dependência Química pela Unidade de Pesquisas em Álcool e Drogas (UNIAD) – Universidade Federal de São Paulo (UNIFESP).

Flávio Félix

Psicólogo. Especialista em Dependência Química pela Unidade de Pesquisas em Álcool e Drogas (UNIAD) – Universidade Federal de São Paulo (UNIFESP). Especialista em Terapia Comunitária pela UNIFESP.

Juliana de Almeida Castro Marinho

Psicóloga Especialista em Dependência Química e Mestre em Ciências pela UNIFESP. Aprimoramento em Psicologia Hospitalar pelo Instituto de Infectologia "Emilio Ribas" e em Psico-Oncologia pelo Hospital A.C. Camargo, SP. Psicoterapeuta Registrada pelo Conselho da Columbia Britânica (BCACC), BC, Canadá.

Lígia Bonacim Duailibi

Terapeuta Ocupacional. Doutoranda em Ciências da Saúde pelo Departamento de Psiquiatria da Universidade Federal de São Paulo (UNIFESP). Mestre em Ciências da Saúde pelo Departamento de Psiquiatria da UNIFESP. Especialista em Dependência Química pela Unidade de Pesquisas em Álcool e Drogas (UNIAD) – UNIFESP. Supervisora do Núcleo de Acompanhantes Terapêuticos do Alamedas. Coordenadora do Curso de Acompanhantes Terapêuticos da UNIAD/Instituto Nacional de Políticas do Álcool e Drogas (INPAD) da UNIFESP.

Lilian Maria Borges Gonzalez

Psicóloga. Mestre em Psicologia pela Universidade de Brasília. Professora Assistente da Universidade Católica de Brasília.

Luca Santoro Gomes

Jornalista e Consultor Formado pela Fundação Armando Álvares Penteado (FAAP). Master of Science, Adult Psychodynamic Counseling Course pela University of London. Especialista em Dependência Química pela Unidade de Pesquisas em Álcool e Drogas (UNIAD) – Universidade Federal de São Paulo (UNIFESP). Professor Colaborador da UNIAD-UNIFESP.

Maria Aparecida Penso

Psicologa, terapeuta conjugal e familiar. Doutora em Psicologia Clínica pela Universidade de Brasília. Professora dos Cursos de Graduação e Mestrado em Psicologia da Universidade Católica de Brasilia.

Maria Eveline Cascardo Ramos

Mestre em Psicologia Clínica – Professora na Universidade Católica de Brasilia. Psicologa clínica de adultos, casais e famílias. Docente na Universidade de Brasília.

Marina Ribeiro Rodrigues

Terapeuta Ocupacional. Especialista em Dependência Química pela Unidade de Pesquisas em Álcool e Drogas (UNIAD) – Universidade Federal de São Paulo (UNIFESP). Terapeuta da Enfermaria de Dependência Química da UNIAD de São Bernardo do Campo e do Ambulatório Médico de Especialidades (AME) – Psiquiatria Vila Maria (Programa de Álcool e Drogas) – UNIFESP.

Neide A. Zanelatto

Psicóloga. Mestre em Psicologia da Saúde pela Universidade Metodista de São Paulo. Especialista em Dependência Química pela Unidade de Pesquisas em Álcool e Drogas (UNIAD) – Universidade Federal de São Paulo (UNIFESP).

Patrícia França Proença

Psicóloga. Especialista em Promoção de Saúde e Prevenção do Uso de Álcool, Tabaco e Outras Drogas pela Unidade de Pesquisas em Álcool e Drogas (UNIAD) – Universidade Federal de São Paulo (UNIFESP). Coordenadora de Saúde Mental, Diretora e Supervisora do Centro de Atenção Psicossocial – Álcool e Drogas.

Rosiane Lopes da Silva

Psicóloga. Psicodramatista pela Associação Brasileira de Psicodrama e Sociodrama (ABPS). Mestre em Psiquiatria e Psicologia Médica da Universidade Federal de São Paulo (UNIFESP). Especialista em Dependência Química pela Unidade de Pesquisas em Álcool e Drogas (UNIAD) – UNIFESP. Psicóloga no Centro de Atenção Psicossocial Parelheiros – Adulto e na Enfermaria de Dependência Química da UNIAD de São Bernardo do Campo.

Selma Bordin

Psicóloga Clínica, desde 1987, com orientação cognitivo-comportamental; especialista em dependências; psicóloga sênior e responsável técnica no Centro de Medicina Preventiva do Hospital Albert Einstein por 19 anos.

Sheila Giardini Murta

Graduada em Psicologia (Pontifícia Universidade Católica de Goiás). Doutora e Mestre em Psicologia pela Universidade de Brasília (UnB). Especialista em Análise Política e Políticas Públicas (UnB). Pós-Doutorado pela Universidade Federal de São Carlos, University of Maastricht (Holanda) e Oxford Brooks University (Reino Unido). Presidente da Associação Brasileira de Pesquisa em Prevenção e Promoção da Saúde, BRAPEP (2019-2020; 2021-2022). Docente no Departamento de Psicologia Clínica e orientadora no Programa de Pós-Graduação em Psicologia Clínica e Cultura (UnB). http://lattes.cnpq.br/3872050473238370

Pareceres sobre a Obra

"Os profissionais das comunidades terapêuticas e da clínica da Instituição Padre Haroldo utilizam as dinâmicas de grupo deste livro com nossos jovens e também com seus familiares. Este livro é um guia fantástico para tratar dificuldades, resistências, sentimentos e emoções que acontecem nas relações grupais e que precisam ser trabalhados para que os indivíduos possam estabelecer relacionamentos funcionais no enfrentamento da dependência de substâncias psicoativas. Os técnicos que aplicam essas dinâmicas comprovam, diariamente, sua eficácia no trabalho desenvolvido e orientam outros profissionais a utilizar as técnicas relacionadas no livro."

Padre Haroldo Rahm
Fundador e Presidente Emérito da Instituição Padre Haroldo e
Presidente da Federação Brasileira de Comunidades Terapêuticas.

"*O livro* Dinâmicas de Grupo e Atividades Clínicas Aplicadas ao uso de Substâncias Psicoativas *é uma obra competente e dinâmica. O foco na prática clínica, embasada em teoria consistente, abrangendo diversas técnicas reconhecidamente eficientes e eficazes no tratamento de indivíduos dependentes e, ainda, as diferentes possíveis abordagens para populações específicas tornam o livro fundamental aos profissionais que trabalham na área, em diversos níveis de atenção à saúde mental."*

Lilian Ratto
Médica Psiquiatra. Mestre em Medicina e Doutora em Ciências pela Universidade de
São Paulo. Médica no Caps Ad Jabaquara.

"O livro cuidadosamente organizado por Neliana Buzi Figlie e Roberta Payá é uma obra muito importante para todos que atuam ou pretendem atuar terapeuticamente com usuários de drogas. As dinâmicas para o trabalho com grupos, elaboradas por profissionais com larga experiência na área, ajudarão no trabalho com diferentes tipos de usuários, respeitando as suas especificidades: adolescentes, mulheres, moradores de rua, diversidade sexual, filhos e familiares de dependentes químicos e famílias. Sem dúvida, é um livro indispensável para todos nós: alunos, professores e profissionais. Agradeço às autoras pela iniciativa."

Prof. Dra. Maria Aparecida Penso
Programa de Pós-graduação em Psicologia da Universidade Católica de Brasília.

"A obra produzida pelas doutoras Neliana Buzi Figlie e Roberta Payá é indispensável para o desenvolvimento de competências para os profissionais em psicologia. Possibilita ao leitor uma diversidade de atividades relacionadas ao tratamento de pessoas que apresentam transtornos relacionados ao uso de substâncias.

O livro proporciona instrumentalização em técnicas de tratamento que atende ao aluno, ao professor e ao pesquisador. Cumpre a função informativa, educativa e técnica na atualização relacionada aos problemas causados pelo uso de substâncias psicoativas. Além da relevância dos aspectos teóricos e práticos do livro, a experiência das autoras na área credita a excelência da obra."

Margareth da Silva Oliveira
Psicóloga. Doutora em Ciências pela Universidade Federal de São Paulo (UNIFESP). Professora de Graduação e Pós-graduação da Faculdade de Psicologia da Pontifícia Universidade Católica do Rio Grande do Sul. Coordenadora do Grupo de Pesquisa, Avaliação e Atendimento em Psicoterapia Cognitiva e Laboratório de Intervenções Cognitivas (LABICO).

"O uso de substâncias psicoativas causa enormes custos pessoais, sanitários e sociais no Brasil e em muitos outros países. O tratamento da dependência química é eficaz, mas pouco utilizado por profissionais, devido não só à falta de capacitação adequada, mas também à falta de fontes de consulta científica atualizadas, práticas e disponíveis em português. As dinâmicas de grupo possuem base científica estabelecida e oferecem oportunidade aos participantes para discutir entre pares os próprios problemas, as experiências vividas e as possíveis soluções, por meio da moderação do terapeuta. As vantagens desse modelo e sua utilidade prática refletem-se na publicação, desta obra atualizada. Considero o livro de grande utilidade tanto para profissionais já familiarizados com o tema como para os que começam a se interessar por este."

Prof. Dra. Maristela G Monteiro
Assessora Principal para Álcool e Abuso de Substâncias, Organização Panamericana da Saúde, Washington, DC, Estados Unidos.

"A Instituição Padre Haroldo Rahm, também conhecida como APOT – Associação Promocional Oração e Trabalho, foi reconhecida em Nova York na 23ª Conferência da WFTC como uma das três melhores comunidades terapêuticas do mundo, recebendo o Prêmio Harry Scholl Award.
Este manual oferece, de maneira completa e acessível, baseado em conhecimentos científicos e na prática clínica sobre o assunto, diretrizes individuais ou em grupo, junto aos usuários e familiares que padecem com o uso de drogas. Com orientações muito práticas para todos os envolvidos, configura-se em um modelo em que se pode obter alto nível da especialidade, por meio de trabalho em equipe, dedicação e experiência."

Sandra Cristina Pillon
Enfermeira. Especialista em Dependência Química pela Universidade Federal de São Paulo (UNIFESP). Doutora em Ciências no Programa Psiquiatria e Psicologia Médica da UNIFESP, Pós-doutorado na Universidade de Alberta no Canadá e Livre Docência na Escola de Enfermagem de Ribeirão Preto – Universidade de São Paulo (EERP-USP). Atualmente, é Professora Titular da EERP-USP, Departamento de Enfermagem Psiquiátrica e Ciências Humanas.

"Conheci as professoras Neliana Buzi Figlie e Roberta Payá e a obra Dinâmicas de Grupo no ano de 2008, em um curso de pós-graduação em Promoção da Saúde e Prevenção ao Uso de Drogas oferecido pela UNIAD na Paraíba. Desde então, temos usado as dinâmicas apresentadas da primeira obra em trabalhos de prevenção com jovens estudantes das escolas públicas da Paraíba, atendidos em nosso programa. Particularmente as dinâmicas denominadas de Áreas da Vida: Real/Ideal e Meus Relacionamentos *têm sido muito úteis com os jovens. Trata-se de uma maneira lúdica e terapêutica de estimular o jovem a revisar sua qualidade de vida e interagir com os educadores que orientam os trabalhos, pois estes são pessoas com um enorme potencial de apoio aos educandos em situações de conflitos e problemas relacionados a sua vida e suas relações interpessoais."*

Prof. Dra. Vania Medeiros
Coordenadora do Programa de Prevenção Rede Viva do Instituto Federal da Paraíba (IFPB). Coordenadora do Centro Regional de Referência para Formação de Profissionais da Rede de Atenção aos Usuários de Drogas do IFPB.

Introdução

O livro *Dinâmicas de Grupo Aplicadas no Tratamento da Dependência Química* deu origem ao livro atual, acrescido de atividades clínicas que podem ser utilizadas tanto individualmente quanto em grupo e com familiares.

Cremos que a utilidade da leitura deste livro consiste em adquirir um conjunto de ferramentas práticas para os profissionais que trabalham com grupos no tratamento do uso de substâncias e que acreditam na ampliação de recursos técnicos como forma de aprimoramento e crescimento para lidar com os desafios da área.

O homem é um ser em relação, que interage constantemente com os demais. Essa interação possibilita a aprendizagem da "arte de se relacionar". Este manual foi elaborado com base nessa premissa, valendo ressaltar que a chave do sucesso para uma dinâmica/atividade depende do quanto acreditamos e nos identificamos com ela, pois do mesmo jeito que a personalidade de uma pessoa pode ser melhor visualizada no grupo, a recíproca é verdadeira para o profissional. Por isso, quando o trabalho é desenvolvido com sintonia entre o profissional e o grupo, foco definido e preparo técnico, o resultado é compensador.

Com um roteiro claro e objetivo, este livro foi dividido em três partes, para melhor utilização pelos profissionais:

- **Parte 1** – Referencial teórico básico para quem pretende trabalhar com dependência química e com grupos, por meio de uma revisão geral sobre:
  - Capítulo 1 – Conceitos Fundamentais e Critérios Diagnósticos dos Transtornos pelo Uso de Substâncias
  - Capítulo 2 – Importância do Grupo no Tratamento do Uso de Substâncias
  - Capítulo 3 – Funcionamento da Terapia de Grupo
  - Capítulo 4 – Propriedades das Dinâmicas de Grupo
- **Parte 2** – Consiste em aplicação e procedimento das dinâmicas de grupo específicas para as fases de tratamento do uso de substâncias. As dinâmicas de grupo encontram-se separadas por classificações, que visam facilitar seu emprego, em conformidade com o contexto da intervenção e os objetivos a serem trabalhados pelo facilitador. A classificação consiste em: início de tratamento/início ou término de ano; conceitos gerais sobre dependência química; motivação para tratamento; fissura e prevenção da recaída; integração de grupo; autoestima e autoconhecimento; solução de problemas; comunicação; sexualidade e família. Essas dinâmicas podem ser aplicadas em qualquer perfil de paciente e cliente.
- **Parte 3** – Esta parte apresenta sugestões para o trabalho com populações específicas, garantindo uma atuação endereçada às necessidades e características

particulares de adolescentes; filhos de dependentes químicos; mulheres; diversidade sexual; pacientes com danos cognitivos; idosos e comorbidades psiquiátricas mediante o uso de substâncias.

Nas Partes 2 e 3, todas as dinâmicas foram estruturadas de modo a facilitar sua aplicabilidade, com descrição clara e concisa das atividades segundo o roteiro a seguir:

- *Objetivo:* permite ao profissional visualizar as metas a serem alcançadas com a dinâmica, relacionando os objetivos propostos na atividade, bem como as necessidades e o momento do grupo.
- *Indicação:* trata-se de recomendação para a aplicabilidade individual, grupal ou familiar.
- *Tempo de duração:* orienta o profissional sobre como planejar seu trabalho para aplicação e execução da dinâmica de grupo.
- *Material necessário:* descrição dos materiais, de modo a facilitar o preparo prévio e a execução da dinâmica de grupo. Vale ressaltar que ao especificar Material de Apoio ao Facilitador, estamos nos referindo ao material para embasamento do facilitador e não necessariamente, o material a ser distribuido aos participantes do grupo. Quando especificamos Folha de Atividades, estamos nos referindo ao material que será distribuido aos participantes do grupo.
- *Procedimentos:* explica passo a passo como a dinâmica deve ser desenvolvida, atrelando aspectos relacionados com a dependência química que possam ser explorados.
- *Dicas das autoras:* fornecem orientações sobre estágio de tratamento ou perfil de participantes que podem se beneficiar da dinâmica proposta, bem como sugestões para adaptação ou ampliação do conteúdo a ser abordado.

Desejamos ao leitor uma boa leitura e, acima de tudo, boa prática!

NELIANA BUZI FIGLIE E ROBERTA PAYÁ

Sumário

PARTE 1

CONCEITOS TEÓRICOS E PRÁTICOS DA TERAPIA DE GRUPO COM USUÁRIOS DE SUBSTÂNCIAS PSICOATIVAS

CAPÍTULO 1

Conceitos fundamentais e critérios diagnósticos dos transtornos pelo uso de substâncias

CLÁUDIO JERÔNIMO DA SILVA

INTRODUÇÃO

Transtorno pelo Uso de Substância (TUS) é a nomenclatura utilizada pelos manuais diagnósticos para tratar e classificar o fenômeno de uso de substância. Sob essa nomenclatura os manuais consideram os diversos padrões de uso de drogas, abrangendo desde o uso ocasional até a Síndrome de Dependência, bem como as complicações decorrentes do uso, como intoxicações ou Síndrome de Abstinências, entre outras. Esses manuais representam uma importante ferramenta para classificação diagnóstica, mas não são suficientes em fornecer ao clínico habilidades para o exame psicopatológico e nem na fenomenologia que alicerça o exame clínico. Sem essa base conceitual, os manuais diagnósticos podem ser subutilizados ou até mal utilizados como ferramenta de *checklist* de sintomas. Sabemos que em doença manual, o exame clínico, apesar dos avanços recentes em neurociências, é a ferramenta mais importante para o diagnóstico. Para o TUS e outras doenças mentais, assim como em qualquer outra condição de saúde, é imprescindível que se tenha um diagnóstico apurado para realizar o tratamento adequado. No caso do TUS é ainda de suma importância que o clínico inclua no seu raciocínio diagnóstico todo o impacto que essa condição acarreta nos diversos domínios da vida do indivíduo, incluindo o impacto na saúde mental, já que o TUS está muito frequentemente associado com outras doenças mentais.

Entretanto, a etiologia do TUS é complexa e envolve questões ambientais, sociais, psicológicas, além de farmacológicas e genéticas, levando a diferentes visões e interpretações do que seria considerado TUS. Os próprios manuais diagnósticos, ao longo do tempo, consideram esse fenômeno clínico sob diferentes nomenclaturas e categorias, embora mantenham-se fiéis ao modelo conceitual que discutiremos com mais detalhes neste capítulo.

Sendo assim, é importante que o clínico tenha uma visão ampla e um conhecimento aprofundado do conceito fenomenológico que sustentou até aqui os manuais diagnósticos, para evitar que uma visão recortada dos sintomas e dos problemas a ele associados conduzam a um diagnóstico mal realizado e, consequentemente, a um tratamento parcial e ineficaz.

O conceito ao qual me refiro foi descrito em 1976 por Griffith Edwards e Milton Gross. Chamado de Síndrome de Dependência e Uso Nocivo, trouxe grande contribuição para a ciência, mantendo-se até hoje como base para as últimas versões dos manuais diagnósticos - CID (Código Internacional das Doenças) da Organização Mundial de Saúde e DSM (Diagnostic and Statistical Manual of Mental Disorders) da Associação Americana de Psiquiatria, que se encontram em sua décima primeira versão (CID 11) e quinta versão (DSM-5-TR), respectivamente.

A grande contribuição desse conceito, elaborado por Griffith e cols, se deve ao fato de abranger os diversos fatores etiológicos envolvidos na gênese e na manifestação clínica do Transtorno pelo Uso de Substância (TUS), e permite a uniformização conceitual e de linguagem que, uma vez dominada, facilita a compreensão dos manuais diagnósticos, qual seja ele. Darei, assim, neste capítulo, grande foco nesse conceito, por ser ele a base de compreensão dos manuais diagnósticos.

Essa necessidade de uniformização de linguagem é antiga na medicina[1]. Em psiquiatria, no entanto, chegar a um consenso sobre quais critérios melhor definem as doenças mentais sempre foi um desafio por dois motivos particulares[1]:

- As doenças mentais são compreendidas à luz dos sintomas (de que os pacientes se queixam) e a classificação dos sintomas consiste em descrevê-los tal qual o paciente os relata, classificando-os com base na própria experiência do examinador sobre aquele sentimento. Esses critérios baseiam-se ainda no que se considera estaticamente comum na população geral, às vezes erroneamente considerado como "normal" o que é comum e "anormal" o que não é comum, tendo em vista o amplo espectro de sentimentos, cognições, desejos e comportamento dos humanos. Esse método de fazer diagnóstico em saúde mental é, portanto, muito complexo e depende bastante da subjetividade de quem examina, daí a experiência clínica ser tão importante na área de saúde mental.
- Os mecanismos fisiopatológicos das doenças mentais são, na maioria, desconhecidos ou multifatoriais. Não há marcadores biológicos claros, apesar dos avanços recentes, que auxiliem no diagnóstico do TUS.

Esta dificuldade de consenso é potencializada pelo fato de que qualquer classificação é sempre uma redução, na qual um fenômeno complexo é organizado dentro de categorias, com critérios pré-definidos, e estabelecido com um ou mais propósitos[1]. Os propósitos das classificações das doenças mentais envolvem uniformizar a comunicação, controlar as doenças por meio do conhecimento da sua ocorrência e a modificação do seu curso mediante o tratamento, bem como a compreensão dos processos envolvidos no desenvolvimento e na manutenção das doenças.

Exatamente por serem de múltiplas causas e exigirem tratamento de profissionais de áreas distintas, como psicologia e medicina, é que o TUS necessita de uniformização de critérios e de linguagem para descrevê-los. Para que um tratamento seja eficaz, os profissionais precisam estar de acordo com o diagnóstico e utilizar uma linguagem para descrevê-lo que seja compreendida por todos os envolvidos e que não tenha significados diversos. Dessa forma, é de fundamental importância que não apenas médicos, mas todos os profissionais envolvidos no tratamento do TUS, conheçam os sistemas de classificação diagnóstica vigentes, mas principalmente saibam os conceitos que fundamentaram esta classificação.

Até os anos de 1800, a classificação dos transtornos relacionados com o uso de álcool e drogas recebeu pouca atenção. Apenas no início do século XIX, é que termos como "dipsomania" e "insanidade decorrente de intemperança" foram usados para descrever problemas relacionados com o uso de álcool[2]. Huss, em 1849, foi quem primeiro utilizou o termo alcoolismo[1]. Já com relação às outras drogas de abuso, a história é mais vaga. Há registro do termo narcomania, utilizado no século XIX pela escola francesa.

Em 1960, Emil Jellinek formulou pela primeira vez uma classificação para o uso de álcool[3]. O seu clássico trabalho intitulado *The disease concept of alcoholism* postulava a existência de cinco tipos de alcoolismo: (1) *alcoolismo alfa* – caracterizado por dependência psicológica, sem desenvolvimento de dependência fisiológica; (2) *alcoolismo beta* – caracterizado por complicações físicas, envolvendo um ou mais sistemas orgânicos, com enfraquecimento geral da saúde e tempo de vida reduzido; (3) *alcoolismo épsilon* – beber paroxístico, beber compulsivo, às vezes referido como dipsomania; (4) *alcoolismo gama* – caracterizado por aumento da tolerância, perda de controle e síndrome de abstinência após interrupção do consumo de álcool; (5) *alcoolismo delta* – caracterizado por aumento de tolerância, sintomas de abstinência e incapacidade de abster-se. Como se pode notar, os tipos gama e delta claramente envolviam um processo de dependência, ao passo que os tipos alfa, beta e épsilon não.

Foram, entretanto, Griffith Edwards e Milton Gross[4,5] quem, por meio do conceito de *síndrome de dependência do álcool*, embasaram e fundamentaram os sistemas de classificação atuais vigentes até hoje – o CID 11 e o DSMV-TM. Vamos abaixo aprofundar um pouco mais nosso conhecimento nesse conceito.

SÍNDROME DE DEPENDÊNCIA DO ÁLCOOL

A síndrome de dependência[5] é uma síndrome clínica caracterizada por sinais e sintomas comportamentais, fisiológicos e cognitivos.

Por meio desse conceito, Griffith Edwards e Milton Gross propunham: a) um diagnóstico dimensional, avaliando-se a frequência e a intensidade dos sintomas ao longo de um *continuum*; b) uma validação clínica, embasada em pesquisas empíricas; c) uma distinção entre uso nocivo, dependência e problemas associados ao uso de álcool; d) envolvimento de processos de aprendizagem (aprendizagem social, condicionamento operante e clássico) no desenvolvimento e na manutenção da dependência; e) consideração da influência de fatores (por exemplo, cultura e personalidade) na expressão clínica da dependência do álcool.

Os sinais e sintomas clínicos que compõem a síndrome de dependência compreendem o estreitamento de repertório, a tolerância, a síndrome de abstinência, o alívio ou a evitação da abstinência pelo uso do álcool, o desejo de consumir álcool e a reinstalação da síndrome após abstinência[5]:

- *Estreitamento do repertório do beber:* é caracterizado pela tendência de ingerir bebidas alcoólicas da mesma forma, isto é, o paciente passará a beber a mesma quantidade de álcool, quer esteja sozinho ou acompanhado, quer seja em dias úteis ou finais de semana, apesar das restrições sociais. À medida que a dependência avança, o padrão de beber torna-se cada vez mais rígido, estreitado e estereotipado, já que os dias de abstinência ou de consumo baixo vão se tornando mais raros. Inicialmente, o consumo de álcool é influenciado por fatores sociais e psicológicos. Posteriormente, o paciente dependente grave passa a beber o dia inteiro, com vista a manter um nível alcoólico no sangue que previna a instalação de uma síndrome de abstinência. As influências sociais e psicológicas que o fariam beber começam a não ser levadas em consideração.

- *Tolerância:* é a perda ou diminuição da sensibilidade aos efeitos iniciais do álcool. Nessas ocasiões, os pacientes aumentam a quantidade de álcool ingerida para compensar a tolerância que se estabelece aos efeitos agradáveis do álcool. Outra definição comumente utilizada é a necessidade de usar o álcool em quantidade cada vez maior para atingir os mesmos efeitos desejados. Ao longo do tempo, ocorre uma diminuição dos efeitos agradáveis quando se consome a mesma quantidade de álcool. Na prática clínica, a tolerância é identificada quando o paciente consegue exercer – mesmo com prejuízo do desempenho – várias atividades (por exemplo, dirigir automóveis) com uma concentração sanguínea de álcool tão elevada que normalmente incapacitaria o bebedor normal.
- *Síndrome de abstinência:* são sinais e sintomas físicos e psíquicos que aparecem em decorrência da diminuição ou da interrupção do uso do álcool. Inicialmente, os sintomas de abstinência são leves e intermitentes. Posteriormente, com o agravamento da síndrome de dependência, a frequência e a gravidade dos sintomas aumentam, passando a ser persistentes.
- *Saliência do comportamento de uso:* a saliência do comportamento do uso do álcool caracteriza-se clinicamente (1) pela perda do controle sobre o próprio consumo (por exemplo, uso em maiores quantidades ou por um tempo mais prolongado do que se pretendia inicialmente) e (2) pelo desejo persistente e tentativas frustradas para controlar, interromper ou diminuir o consumo. Nesse padrão de consumo, os pacientes perdem grande parte do seu tempo procurando bebidas alcoólicas, ingerindo álcool e recuperando-se dos seus efeitos, apesar das consequências psíquicas e físicas adversas. Todas as suas atividades passam a girar em torno da procura, do consumo e da recuperação dos efeitos do álcool. As atividades sociais, profissionais e recreativas são abandonadas em prol do uso da substância. Apesar dos problemas psicológicos, médicos e psicossociais, os pacientes persistem com o consumo, o que caracteriza a prioridade que a substância passa a assumir na vida dos usuários. Na prática clínica, pode-se identificar a saliência do comportamento de busca do álcool, investigando-se a ingestão de álcool em situações socialmente inaceitáveis – por exemplo, no trabalho, doente, com falta dinheiro, dirigindo automóveis, etc. Os pacientes abandonam progressivamente os prazeres e/ou interesses diversos em favor do uso do álcool. Aumentam a quantidade de tempo necessário para obter, tomar e se recuperar dos efeitos do álcool e persistem no consumo, apesar das consequências nocivas, como problemas médicos e psicossociais. Além disso, possuem dificuldade para controlar o início, o término e o nível de consumo do álcool.
- *Alívio ou evitação dos sintomas de abstinência pelo uso do álcool:* para aliviar ou evitar os sintomas desagradáveis e intensos da abstinência, os pacientes passam a ingerir álcool, apesar das consequências psíquicas e físicas adversas. Na história clínica, devem ser valorizados os seguintes aspectos: a) início da relação entre o beber e o alívio dos sintomas de abstinência; b) tempo entre o despertar e a primeira dose de álcool do dia; c) cultura do paciente; d) personalidade do paciente.
- *Sensação subjetiva de necessidade de beber:* é o desejo subjetivo e intenso de fazer uso do álcool – *craving* ou "fissura".
- *Reinstalação da síndrome após abstinência:* na reinstalação da síndrome de dependência após abstinência, o paciente retoma rapidamente o padrão mal-adaptativo de consumo de álcool após um período de abstinência.

Uso nocivo de substâncias

Griffith[5] também deu grande contribuição para o desenvolvimento do conceito de uso nocivo, na medida em que diferenciou problemas decorrentes do uso e da dependência.

Existem duas dimensões distintas: a psicopatologia do beber, que seria a dependência propriamente dita; e uma dimensão enfocando todos os problemas que decorrem do uso ou da dependência do álcool. A Figura 1.1 ilustra essas duas dimensões. No eixo horizontal, a dependência, e no eixo vertical, os problemas variando ao longo de um *continuum*. No quadrante I, estariam os indivíduos que não apresentam problemas e critérios para a dependência. São indivíduos que fazem uso de bebida alcoólica considerado normal ou de baixo risco. No quadrante II, estaria a condição na qual o indivíduo, embora não seja dependente, já pode apresentar problemas decorrentes do uso de bebidas alcoólicas – como beber e dirigir –, podendo sofrer acidentes. No quadrante III estariam os indivíduos que não apresentam nem problemas nem dependência. São os indivíduos que fazem um uso de bebida alcoólica considerado normal ou de baixo risco, já que é difícil afirmar que qualquer uso de bebida seja "normal". Sempre haverá um risco, mas dentro de determinados padrões esse risco é muito baixo. De modo geral, considera-se que o uso de um drinque por dia, com dois dias de abstinência na semana, para mulheres, e que dois drinques por dia, com dois dias de abstinência na semana, para os homens, representam baixo risco de desenvolver dependência ou problemas decorrentes. Certamente, ao estabelecer esse limite, a ciência considerou um adulto saudável, que não faz uso de qualquer medicação, bebendo em lugar seguro, não operando máquinas ou dirigindo, por exemplo. O quadrante IV inexiste (dependência sem problemas), já que não se verificou na prática dependência que não esteja associada a algum problema que dela decorre.

Dessa forma, estão incluídos no uso nocivo aqueles indivíduos do quadrante II do gráfico (Figura 1.1).

Ressalta-se que o termo Dependência Química continuou sendo usado no CID 11 como um dos tipos de Transtorno devido ao uso de substâncias, permitindo assim ampliar as categorias de padrões de uso não saudáveis debaixo do mesmo guarda-chuva: TUS.

Sendo assim, aumentou-se o número de categorias secundárias que configuram o TUS, mas em padrões diferentes. Esse aumento de categorias permite um diagnóstico mais apurado e, portanto, um pareamento mais adequado do tratamento. Se anteriormente todo padrão de uso em *binge* ou uso diário de álcool que não configurasse dependência estivesse debaixo da mesma categoria "uso nocivo", o CID 11 desmembrou essa categoria em subcategorias:

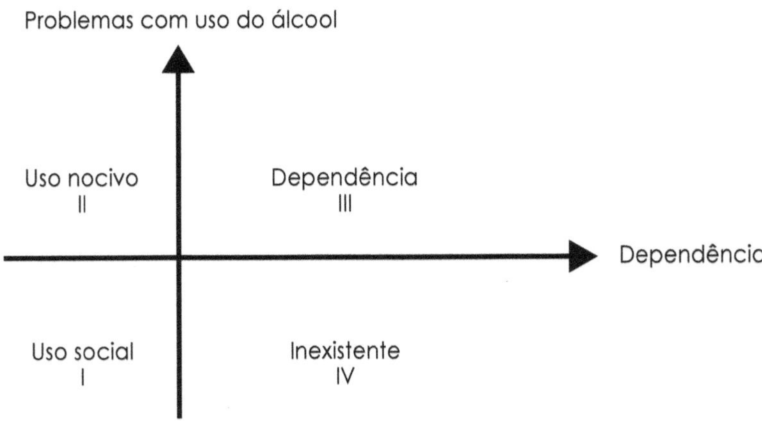

Figura 1.1 – Desenho esquemático da relação entre dependência e problemas associados ao uso do álcool[5].

"Episódio de uso nocivo de álcool" - para o uso episódico isolado de uso de álcool;

"Padrão de uso nocivo de álcool, episódico" - diferencia-se do primeiro porque é um episódio que ocorreu em alguém que já tem um padrão de uso nocivo (ou seja, não foi um uso isolado, mas com mais um episódio contextualizado dentro de um padrão de uso nocivo, que não persistiu);

"Padrão de uso nocivo de álcool, contínuo" - para aquele indivíduo que mantém periodicamente episódios de uso nocivo, mas contextualizado num padrão de uso nocivo observado ao longo do tempo.

Em outras palavras: pelo CID 11 é possível, agora, diferenciar um adolescente que experimentou bebida uma única vez de forma nociva daquele que usou álcool em grande quantidade numa festa, uma única vez, intoxicando-se ao ponto de procurar um Pronto Atendimento; e ainda daquele indivíduo que ao longo do tempo apresenta um padrão de uso nocivo e se intoxica de forma frequente e sistemática.

O Quadro 1.1 descreve os requisitos diagnósticos para TUS pelo CID 11.

No Quadro 1.2 estão as categorias baseadas nos diversos padrões de uso utilizadas para todas as substâncias pelo CID 11.

Quadro 1.1 – Requisitos diagnósticos pelo CID 11
Transtorno devido ao Uso de Substância: requisitos do diagnóstico
Transtornos devido ao Uso de Substâncias incluem transtornos que resultam de uma única ocasião ou uso repetido de substâncias que possuem propriedades psicoativas, inclusive certos medicamentos. Estão incluídos os transtornos relacionados a quatorze classes ou grupos de substâncias psicoativas que têm importantes consequências clínicas e de saúde pública, e também estão disponíveis categorias para outras substâncias especificadas.
Normalmente, o uso inicial dessas substâncias produz efeitos psicoativos agradáveis ou atraentes que são recompensadores e reforçados com o uso repetido. Com o uso continuado, muitas das substâncias incluídas têm a capacidade de produzir dependência. Elas também têm o potencial de causar inúmeras formas de danos, tanto à saúde mental quanto física. Distúrbios devido ao uso não médico nocivo de substâncias não psicoativas (p. ex., laxantes, hormônio do crescimento, eritropoetina e anti-inflamatórios não esteroides) também estão incluídos neste grupo.

Fonte: CID – 11 https://icd.who.int/browse11/l-m/en#/http://id.who.int/icd/entity/590211325

Quadro 1.2 – Categorias de diagnóstico que se aplicam às várias classes de substâncias psicoativas pelo CID 11:
Episódio de Uso Nocivo de Substâncias Psicoativas
Padrão Nocivo de Uso de Substâncias Psicoativas
Dependência de Substâncias
Intoxicação por Substância
Retirada de Substância (Síndrome de Abstinência)
Delirium Induzido por Substância
Transtorno Psicótico Induzido por Substância
Transtorno do Humor Induzido por Substância
Transtorno de Ansiedade Induzido por Substância
Transtorno Obsessivo-Compulsivo ou Relacionado Induzido por Substância
Transtorno de Controle de Impulso Induzido por Substância
Outro Transtorno Especificado Devido ao Uso de Substâncias
Transtorno Devido ao Uso de Substância, Não Especificado

Fonte: CID – 11 https://icd.who.int/browse11/l-m/en#/http://id.who.int/icd/entity/590211325

O CID 11 está publicado em língua inglesa e o leitor pode buscar diretamente na fonte (CID 11) os detalhes para um estudo mais aprofundado no site do próprio CID: https://icd.who.int/browse11/l-m/en#/http://id.who.int/icd/entity/590211325.

Critérios diagnósticos para TUS DSM-5-TR

A 5ª edição do Manual Diagnóstico e Estatístico de Transtornos Mentais foi revisada e publicada em fevereiro/2020. O DSM-5-TR não apresentou alterações na categoria diagnóstica "Transtorno por Uso de Substância", definida como "um padrão problemático de uso [de qualquer substância psicoativa], levando a comprometimento ou sofrimento clinicamente significativos". De acordo com o DSM-5-TR, o diagnóstico do Transtorno por Uso de Substância (TUS) está relacionado a um padrão patológico de comportamentos subdivido em quatro grandes eixos: baixo controle, deterioração social, uso arriscado e critérios farmacológicos. Quanto a gravidade, a presença de 2 ou 3 critérios caracteriza um transtorno por uso de substância "leve"; 4 ou 5, um transtorno "moderado", ao passo que o "grave" possui ao menos 6 sintomas (APA, 2022).

O Quadro 1.3 apresenta os critérios diagnósticos pelo DSM-5-TR.

Por fim, ressalta-se que os manuais não são ferramentas para fazer diagnóstico, mas para ajudar o clínico a classificar o diagnóstico por ele levantado por meio do exame psicopatológico. Sendo assim, é importante reafirmar que o conhecimento dos manuais diagnósticos não faz o bom clínico. O que diferencia o bom clínico é sua habilidade em fazer um bom exame psicopatológico.

Considerações finais

Tendo em vista o caráter crônico da dependência de substâncias, o tratamento deve ser considerado um processo que se inicia com um diagnóstico bem feito, diferenciando os diversos padrões de uso. Atualmente no CID 11 esses padrões estão muito mais claros e codificados.

O diagnóstico do TUS, entretanto, não esgota a avaliação. Deve ser realizado levantamento minucioso das áreas da vida afetadas pelo uso de substância (social, familiar, profissional, médica e psicológica). Ao se fazer esse levantamento, o diagnóstico é individualizado e o tratamento pode ser melhor planejado e pareado com as necessidades do indivíduo.

Outro aspecto que deve ser levado em conta, é que o processo diagnóstico pode ser um momento importante para a motivação e o acolhimento do paciente, o que só é possível mediante uma visão mais profissional, menos moralista e não preconceituosa acerca da dependência. O usuário de substâncias, assim como qualquer outro paciente, precisa ser respeitado e atendido com atenção. Atitudes preconceituosas criam distanciamento e pioram a adesão ao tratamento, bem como o prognóstico.

Além das questões técnicas e científicas, portanto, é fundamental que o profissional que se disponha a trabalhar com dependência de substâncias faça uma revisão de suas próprias crenças acerca dos comportamentos associados à dependência de substâncias.

Quadro 1.3 – Critérios diagnósticos pelo DSM-5-TR
Um padrão problemático no uso da substância, levando a comprometimento ou sofrimento clinicamente significativo, manifestado por pelo menos dois dos seguintes critérios, ocorrendo durante um período de 12 meses:
1. O indivíduo pode consumir a substância em quantidades maiores ou ao longo de um período maior do que pretendido originalmente. 2. O indivíduo pode expressar um desejo persistente de reduzir ou regular o uso da substância e pode relatar vários esforços malsucedidos para diminuir ou descontinuar o uso. 3. O indivíduo pode gastar muito tempo para obter a substância, usá-la ou recuperar-se de seus efeitos. 4. A fissura se manifesta por meio de um desejo ou necessidade intensos de usar a droga, que podem ocorrer a qualquer momento, mas com maior probabilidade quando em um ambiente onde a droga foi obtida ou usada anteriormente. 5. O uso recorrente de substâncias pode resultar no fracasso em cumprir as principais obrigações no trabalho, na escola ou no lar. 6. O indivíduo pode continuar o uso da substância apesar de apresentar problemas sociais ou interpessoais persistentes ou recorrentes causados ou exacerbados por seus efeitos. 7. Atividades importantes de natureza social, profissional ou recreativa podem ser abandonadas ou reduzidas devido ao uso da substância. 8. Uso recorrente da sustância em situações que envolvem risco à integridade física. 9. O indivíduo pode continuar o uso apesar de estar ciente de apresentar um problema físico ou psicológico persistente ou recorrente que provavelmente foi causado ou exacerbado pela substância. 10. Tolerância, definida por qualquer um dos seguintes aspectos: • Uma necessidade de quantidades progressivamente maiores da substância para atingir a intoxicação ou o efeito desejado; • Acentuada redução do efeito com o uso continuado da mesma quantidade de substância. 11. Síndrome de abstinência, manifesta por qualquer um dos seguintes aspectos: • Síndrome de abstinência característica para a substância; • A mesma substância (ou uma substância estreitamente RELACIONADA) é consumida para aliviar ou evitar sintomas de abstinência.

REFERÊNCIAS BIBLIOGRÁFICAS

1. ZIMMERMAN, M.; SPITZER, R. L. Classification in Psychiatry. In: **Kaplan & Sadock's Textbook of Psychiatry.** Philadelphia: Lippincott Williams & Wilkins, 2005.
2. GRANT, B. F.; DAWSON, D. A. Alcohol and drug use, abuse and dependence: classification, prevalence, and comorbidity. In: MCCRADY, B. S.; EPSTEIN, E. E. **Addictions: a comprehensive guidebook.** Nova York: Oxford University Press, 1999.
3. WORLD HEALTH ORGANIZATION (WHO). **International Statistic Manual of Mental Disorders.** 11 Revision. Geneva: WHO, 2019. Acessado em: https://cdn.who.int/media/docs/default-source/classification/icd/icd11/a72_29-en_icd-11-adoption.pdf?sfvrsn=d10b6c4_10&download=true
4. AMERICAN PSYCHIATRY ASSOCIATION (APA). **Diagnostic and Statistical Manual of Mental Disorders.** Washington, DC; London, England, 2013.
5. EDWARDS, G.; GROSS, M. Alcohol dependence: provisional description of a clinical syndrome. **British Medical Journal**, p. 1050-61, 1976.
6. OMS, CID 11. Acessado em outubro de 2022: https://icd.who.int/browse11/l-m/en#/http://id.who.int/icd/entity/590211325.

978-85-4120-168-1

CAPÍTULO 2

Importância do grupo no tratamento do uso de substâncias

ROBERTA PAYÁ
NELIANA BUZI FIGLIE

INTRODUÇÃO

Amplamente propagada no campo de tratamento do abuso e da dependência de substâncias, a terapia de grupo revela-se como uma via altamente positiva para o processo de mudança do cliente/paciente. Embora essa abordagem tenha respaldo clínico e científico quanto a sua efetividade, com um consenso de que sua inserção promova desfechos positivos para o processo de mudança do membro, não se pode reduzir os resultados do tratamento apenas a sua contribuição.

O bom uso dessa intervenção pauta-se na integração de componentes essenciais, como o papel do coordenador de grupo, a abordagem teórica aplicada, a formação do grupo e a motivação do cliente/paciente.

Neste capítulo, serão abordados a importância da psicoterapia de grupo no campo da dependência de substâncias; os objetivos, benefícios e condições favoráveis para a condução do grupo; bem como a discussão de sete modelos de terapia grupal.

TERAPIA DE GRUPO E DEPENDÊNCIA DE SUBSTÂNCIAS

Com um histórico rico e de longa data[1-3], a terapia de grupo é uma forma popular de tratamento para diversas disciplinas, como psicologia, psiquiatria e assistência social, e também é indicada para um vasto grupo de problemas clínicos, como transtorno de ansiedade e de humor, obesidade e transtorno pós-traumático, entre outros[4,5]. Já no campo da dependência de substâncias, é a modalidade de tratamento mais comum[6]. A ampla utilização desse modelo de tratamento está baseada no consenso dos especialistas de que a psicoterapia de grupo é uma intervenção valiosa, podendo ser aplicada em tratamentos relativos a diferentes substâncias, como nicotina, álcool, cocaína, anfetaminas, entre outras[7-9].

Ao longo das últimas décadas, a terapia de grupo emergiu como um dos instrumentos mais populares no tratamento do uso de substâncias. Costuma integrar os mais diferentes tipos de programas terapêuticos, além de ter em sua aplicabilidade uma diversidade de abordagens[10].

Sua popularidade se deve a dois fatos: primeiro, pelo suporte social dado aos participantes, o que reforça, ao longo do tempo, um senso de rede, ingrediente fundamental para um bom desfecho no tratamento; em segundo, pela possibilidade de tratar diversos clientes/pacientes ao mesmo tempo, o que oferece para o serviço um custo-benefício superior, principalmente quando comparado com a terapia individual.

Objetivos da terapia de grupo

Para Ramos e Bertolote[11], uma vez que as limitações cognitivas e simbólicas provocadas pela dependência e a urgência em trabalhar aspectos básicos sejam levadas em consideração, o objetivo maior do grupo deve ser a elaboração de dificuldades pessoais do presente. Abordar problemas da realidade e concentrar-se no presente é de suma importância nos grupos de psicoterapia, orientação e aconselhamento em dependência de substâncias.

O alvo das sessões deve, portanto, ser o problema comum[12]. O grupo, com esse enfoque, gera condições de enfrentamento e de identificação dos problemas e favorece a troca para a promoção e o aperfeiçoamento de soluções, tanto no âmbito grupal como, inevitavelmente, de ordem individual.

Dessa forma, ao se trabalhar um objetivo, não apenas o objetivo é modificado, mas também o sujeito e vice-versa, e estes fatores associados acontecem simultaneamente[12]. Assim, a aprendizagem vital pressupõe a mudança de atitudes em um contexto mais amplo, como a modificação de hábitos, estilo de vida e forma de compreensão de vida[13].

Benefícios da terapia de grupo

Brandsma e Pattison[14], ao pesquisarem 30 estudos sobre a terapia de grupo, constataram que aspectos como a subjetividade do cliente/paciente, a própria complexidade/gravidade do comportamento de abuso ou dependência, a escassez de instrumentos que avaliem mudanças e melhoras do processo de tratamento, bem como o desafio de comparar esta modalidade com a terapia individual dificultavam a criação de um consenso comparativo. Weiss *et al.*[6], quase duas décadas depois, reforçaram que desfechos interventivos não demonstraram diferenças entre as modalidades de grupo e individual, assim como nenhum tipo de psicoterapia grupal demonstrou maior eficácia do que outros. No entanto, a inclusão de qualquer tipo de tratamento grupal especializado certamente promoveria melhor desfecho.

O fato reconhecido atualmente é que a terapia de grupo no tratamento do uso de substâncias oferece algumas vantagens frente a outros tipos de modelos interventivos, pois, segundo o Center for Substance Abuse Treatment, nos Estados Unidos, seus benefícios incluem fatores relevantes, apresentados a seguir[13]:

- Suporte positivo de pares.
- Senso de isolamento reduzido.
- Exemplos realistas de mudanças.
- Condutas assertivas quanto à prevenção de recaídas de outros membros.

- Partilha constante de informações entre os membros e os coordenadores.
- Ambiente familiar oferecido a partir de um senso de acolhimento e pertencimento construído entre os integrantes.
- Treinamento de habilidades sociais.
- Estímulo da autoeficácia, pelo fato de ser uma intervenção que oferece suporte e ajuda a vários participantes simultaneamente.
- Cenário estruturado e organizacional, pautado em regras, normas e horários.
- Intervenção que mantém uma atmosfera de esperança, suporte e encorajamento, necessários para a modificação do comportamento de abuso ou dependência de substâncias.

Condições favoráveis para a aplicação da terapia de grupo

Segundo Melo e Figlie[12], a utilização da psicoterapia de grupo requer conhecimento de técnicas e aprimoramento constante, que possibilitam ao especialista um papel atuante no processo de mudança, dirigindo o grupo de forma a permitir que estas pessoas possam emergir na direção construtiva de suas vidas.

Independente do referencial teórico e do psicoterapeuta, é fundamental o coordenador do grupo ter preparo técnico e pessoal, com disponibilidade para flexibilizar alternativas para as diversas demandas.

Na primeira fase de tratamento, geralmente predominam sentimentos ambivalentes e poucas condições para lidar com a angústia e a frustração, o que aumenta o risco de retorno ao uso. Portanto, nessa fase de tratamento, a tarefa do coordenador de grupo é evocar as razões do cliente, para motivá-lo a realizar a mudança do comportamento aditivo. Tendo uma postura mais persuasiva do que coercitiva, direcionada ao oferecimento de apoio, com o objetivo central de aumentar a motivação intrínseca do cliente, em vez de impor uma mudança de comportamento. Para tal, é importante prospectar os valores, aspirações e esperanças do cliente, de modo a culminar nos passos para a mudança de comportamento.

Em um segundo momento (quando os pacientes estiverem mais seguros do processo de abstinência), a tarefa do coordenador de grupo é auxiliar o paciente a perceber as situações de risco para recaída e desenvolver estratégias para evitá-las, valendo-se de técnicas de prevenção de recaída, resolução de problemas e treinamento de habilidades sociais. Nessa etapa, é natural que as pessoas comecem a entrar em contato com outras esferas pessoais, tendendo a olhar para si e para os demais, propiciando, assim, a utilização de técnicas que abordem o indivíduo nas diversas áreas de sua vida, com possibilidades de maior autoconhecimento. Mesmo nessa fase, é muito importante dar atenção ao uso de substâncias, que foi central na vida da pessoa e provavelmente continuará sendo um referencial que pode ou não ser reativado. Além do mais, a sobriedade está associada ao enfrentamento de dificuldades e responsabilidades que o cliente conseguia ignorar quando bebia ou usava drogas[15]. Cabe também facilitar que o envolvimento do grupo seja direcionado para a melhora da motivação de seus membros.

Ao intervir em conflitos ou confrontos entre os membros do grupo, o profissional deve permanecer empático e não agir de modo confrontativo. Não deve permitir que um membro do grupo se torne o "bode expiatório" para frustrações alheias. Idealmente, os profissionais devem ser pessoas com vasta experiência em entrevista motivacional e na realização de grupos psicoeducacionais e/ou psicoterapêuticos[16].

Um ambiente favorável para a terapia de grupo é aquele que fornece sensibilidade aos anseios, desejos e questões particulares de seus clientes frente à disponibilidade de participação. Formulários, entrevistas e avaliações que contribuam para a organização dos grupos são altamente indicados. Tais instrumentos podem auxiliar os profissionais a identificarem o perfil motivacional do cliente, as dificuldades pessoais e as expectativas[17].

Componentes essenciais para o bom funcionamento do grupo devem ser ponderados, tanto pelos profissionais envolvidos quanto pelo serviço. Daí a importância de a equipe multiprofissional estar inserida no planejamento do tratamento. Se por um lado há a necessidade de inserção da equipe no processo de mudanças do grupo, por outro, tão importante quanto, é a própria seleção dos participantes. Referem-se aqui aspectos diagnósticos, faixa etária, fase do estágio motivacional, sexo, etc., que irão contribuir para a homogeneidade dos objetivos do trabalho grupal. Além disso, outras questões práticas, como prazo mínimo de compromisso, frequência, pontualidade, abstinência ou intoxicação na sessão, momento da alta e o que esta representa para o processo coletivo devem ser constantemente administradas.

Modelos de terapia grupal

A prática clínica e os dados de pesquisa revelam uma gama de opções favoráveis à intervenção grupal[13]. Em destaque, sete modelos/abordagens serão descritos a seguir:

1. *Terapia cognitiva:* dentre a gama desses modelos, a terapia cognitiva merece destaque. Além do argumento da eficiência clínica, a eficácia da abordagem grupal da terapia cognitivo-comportamental também já foi confirmada por pesquisas cuidadosamente conduzidas[18]. Vale ressaltar o desenvolvimento de um protocolo de aplicabilidade grupal[19], com foco em explorar pensamentos disfuncionais, crenças e ações que mantêm o comportamento dependente por meio da automudança guiada. Além disso, evidências confirmam resultados favoráveis nas fases iniciais de tratamento[18].
2. *Prevenção de recaídas:* o termo "prevenção de recaída" refere-se a uma ampla variedade de técnicas, quase todas cognitivas ou comportamentais. A prevenção da recaída busca, essencialmente, mudar um hábito autodestrutivo e manter esta mudança[9]. Em grupo, os pacientes identificam as situações como de alto risco e podendo estar associadas a fatores intrapessoais (como estado emocional negativo e positivo) e/ou fatores interpessoais (como conflitos e pressão social). Identificadas tais situações, trabalham-se os mecanismos de manejo mais efetivos, incluindo estratégias cognitivas, atividades substitutivas e uso gratificante do lazer. As estratégias envolvem aprender a evitar riscos desnecessários e a lidar positiva e confiantemente com os riscos inevitáveis[9]. Essas intervenções também têm o objetivo de prevenir que um pequeno lapso se torne uma completa recaída[20]. O grupo pode assegurar um espaço mantenedor não só da abstinência, mas também como meio de os clientes elaborarem suas dificuldades pessoais e relacionais frente à manutenção da abstinência, por intermédio do grupo e do que cada cliente experiencia. Dessa forma, novas reflexões podem surgir na tentativa de encontrar uma resposta diferente para a transformação de sua realidade[21].

3. *Entrevista motivacional:* além dos preceitos da prevenção de recaída[22], a combinação com a entrevista motivacional[23] também se revela favorável à metodologia e execução da terapia grupal com clientes dependentes de substâncias. Nessa abordagem, o foco principal é o fortalecimento da motivação para a mudança do comportamento de uso de substâncias, por meio de uma combinação de processos interpessoais e educacionais. Uma pura psicoterapia de grupo, baseada na entrevista motivacional, pode ser desenvolvida com as habilidades do profissional na utilização de técnicas motivacionais, com o objetivo de estabelecer junto ao grupo a noção de parceria, aceitação, compaixão e evocação para a mudança de comportamento.
4. *Modelo psicoeducacional:* de caráter educativo aos usuários, explora conceitos e dados que devem ser partilhados entre os membros, como forma de desmistificar crenças e ideias errôneas ao longo do abuso de substâncias, ou seus efeitos e consequências. Procura esclarecer a dinâmica e o funcionamento de qualquer tipo de tratamento, incluindo o medicamentoso.
5. *Treinamento de habilidades:* explora habilidades necessárias para o cumprimento de metas e da manutenção da abstinência[13]. Com base teórica na terapia cognitivo-comportamental, esse modelo procura desenvolver atitudes assertivas frente a situações recorrentes ao longo do tratamento, bem como situações pessoais dos membros, como por exemplo, um desafio no trabalho, anseios perante tomadas de decisões, etc.
6. *Grupos de apoio:* são considerados como uma das formas de tratamento mais antigas e disseminadas para quem sofre de dependência de álcool e drogas. Iniciou-se com a formação dos Alcoólicos Anônimos (AA), em 1935, e tornou-se, desde então, uma rede mundial de autoajuda, que se mantém com recursos próprios. É frequentado por pessoas que têm em comum o reconhecimento de que sofrem de uma doença incurável e a total aceitação da meta de abstinência[9]. Os AA oferecem um programa de recuperação com 12 passos, respaldados em metas concretas, a curto prazo, e almejam a abstinência dia após dia. Depois do décimo segundo passo, é valorizada a compreensão de que o indivíduo não é senão uma pequena parte de um todo. Torna-se claro que o grupo tem de sobreviver para que o indivíduo não pereça. Dentre os vários tipos de grupos de autoajuda, destacam-se Narcóticos Anônimos (drogas), ALANON/NARANON (familiares), ALATEEN (familiares adolescentes) e Amor Exigente (12 princípios para a organização da família e proteção dos filhos são trabalhados nas reuniões), bem como alcoolismo feminino e outros[24].
7. *Grupos interpessoais:* concentram-se com maior profundidade em questões pessoais e que exercem uma relação direta com o comportamento de uso e abuso de substâncias[13]. Problemas associados a questões emocionais, como angústia, raiva, frustração, medos, anseios, bem como vergonha, são estimulados durante os relatos dos participantes com certa frequência.

CONSIDERAÇÕES FINAIS

A complexidade da dependência e suas consequências promovem uma série de necessidades diversificadas para o tratamento. O grupo é uma forte contribuição dentro da esfera multidisciplinar. A soma de possibilidades de cuidados, tanto da esfera psicológica quanto da física e medicamentosa, aumenta a probabilidade de mudança. A escolha de apenas uma intervenção provavelmente não daria conta do desafio inerente ao processo de tratamento de abuso e dependência de substâncias.

A utilização da psicoterapia de grupo requer conhecimento de técnicas e aprimoramento constante. Deve ser uma prática alinhada à realidade do serviço, seja este ambulatorial, clínico ou de internação. Mas, sobretudo, deve servir como mais uma via de mudança, permitindo que clientes e pacientes possam ingressar ou seguir na direção construtiva de suas vidas.

REFERÊNCIAS BIBLIOGRÁFICAS

1. BERNARD, H. S.; MACKENZIE, K. R. (eds.). **Basics of group psychotherapy**. Nova York: Guilford Press, 1994.
2. SCHEIDLINGER, S. An overview of nine decades of group psychotherapy. **Hospital and Community Psychiatry**, v. 45, p. 217-225, 1994.
3. YALOM, I.; LESZCZ, M. **The theory and practice of group psychotherapy**. 5. ed. Nova York: Basic Books, 2005.
4. BARLOW, S. H.; BURLINGAME, G. M.; NEBEKER, R. S.; ANDERSON, E. Meta-analysis of medical self-help groups. **International Journal of Group Psychotherapy**, v. 50, n. 1, p. 53-69, 2000.
5. GUIMON, J. Evidence-based research studies on the results of group therapy: A critical review. **European Journal of Psychiatry**, v. 18, p. 49-60, 2004.
6. WEISS, R. D.; JAFFEE, W. B.; DE MENIL, V. P. et al. Group therapy for substance use disorders: what do we know? **Hav. Rev. Psychiatry**, v. 12, p. 339-350, 2004.
7. STEAD, L. F.; LANCASTER, T. **Group behavior therapy programs for smoking cessation**. Oxford: Headington, 2000.
8. FLORES, P. J.; MAHON, L. **The treatment of addiction in group psychotherapy**. Atlanta: Georgia State University, 1993.
9. EDWARDS, G.; MARSHALL, E. J.; COOK, C. C. H. **O tratamento do alcoolismo: um guia para profissionais de saúde**. 3. ed. Porto Alegre: Artes Médicas, 1999.
10. SOYKA, M.; HELTEN, C.; SCHAFENBERG, C. O. **Psychotherapy of alcohol addiction: principles and new findings of therapy research**. Munique: Universitat Munchen, 2001.
11. RAMOS, S. P.; BERTOLOTE, J. M. et al. **Alcoolismo hoje**. Porto Alegre: Artes Médicas, 1997.
12. MELO, D. G.; FIGLIE, N. B. Psicoterapia de grupo no tratamento da dependência química. In: FIGLIE, N. B.; SELMA, B.; LARANJEIRA, R. **Aconselhamento em dependência química**. 2. ed. São Paulo: Roca, p. 395-404, 2010.
13. U. S. DEPARTMENT OF HEALTH AND HUMAN SERVICES; SUBSTANCE ABUSE AND MENTAL HEALTH SERVICES ADMINISTRATION; CENTER FOR SUBSTANCE ABUSE TREATMENT. **Substance Abuse Treatment: Group Therapy. A Treatment Improvement Protocol. TIP 41**. www.samhsa.gov. DHHS Publication n. (SMA) 05-3991, printed 2005.
14. BRANDSMA, J. M.; PATTISON, E. M. The outcome of group psychotherapy alcoholics: an empirical review. **American Journal on Drug and Alcohol Abuse**, v. 11, p. 151-162, 1985.
15. BLOCH, S.; CROUCHE, E. **Therapeutic factors in group psychotherapy**. Nova York: Oxford University Press. p. 99-123, 1985.
16. INGERSOLL, K. S.; WAGNER, C. C.; GHARIB, S. **Motivational groups for community. Substance abuse programs**. Richmond: Mid-Atlantic ATTC, 2002.
17. SILVA, R. L.; BORREGO, A. L. S.; FIGLIE, N. B. Psicoterapia de grupo. In: DIEHL, A.; CORDEIRO, D.; LARANJEIRA, R. (org.). **Dependência química – Prevenção, tratamento e políticas públicas**. 1. ed. Porto Alegre: Artmed, p. 328-339, 2011.
18. BIELING, P.; MCCABE, R. E.; ANTONY, M. M. et al. **Terapia cognitivo-comportamental em grupos**. Porto Alegre: Artmed, 2008.
19. SOBELL, L. C.; SOBELL, M. B. **Group therapy for substance use disorders. A motivational cognitive-behavioral approach**. Nova York; Londres: The Guilford Press, 2011.
20. DODGEN, C. E.; SHEA, W. M. **Substance use disorders**. San Diego: Academic Press, 2000. 173p.
21. MÉLEGA, M. P. Aplicações dos conceitos psicanalíticos ao trabalho em contextos não clínicos. **Boletim Pulsional**, v. 62, p. 46-49, 1994.

22. MARLATT, G. A.; DONAVAN, D. M. (eds.). **Relapse prevention: Maintenance strategies in the treatment of addictive behaviors.** 2. ed. Nova York: Guilford Press, 2005.
23. ROLLNICK, S.; MILLER, W. R.; BUTLER, C. C. **Entrevista Motivacional no cuidado da saúde.** Porto Alegre: Artmed, 2009.
24. SANT'ANNA, W. T.; FERREIRA, B. S. Grupos de autoajuda no tratamento da dependência química. In: FIGLIE, N. B.; SELMA, B.; LARANJEIRA, R. **Aconselhamento em dependência química**. 2. ed. São Paulo: Roca, 2010.

LEITURA COMPLEMENTAR

BORDIN, S.; ZILBERMAN, M. L.; FIGLIE, N. B.; LARANJEIRA, R. Dependência química na mulher. In: FIGLIE, N. B.; SELMA, B.; LARANJEIRA, R. **Aconselhamento em dependência química**. 2. ed. São Paulo: Roca, p. 395-404, 2010.

CONNORS, G. J.; DONOVAN, D. M.; DICLEMENTE, C. C. **Substance abuse treatment and stages of change.** Nova York, Guilford Press, 2001.

DENNIS, M. L.; PERL, H. I.; HUEBNER, R. B.; MCLELLAN, A. T. **Twenty-five strategies for improving the design, implementation and analysis of health services research related to alcohol and other drug abuse treatment.** Bloomington: Chestnut Health Systems, 2000.

FOULKES, S. H. **Psicoterapia de grupo.** 3. ed. São Paulo: Ibrasa, 1976.

JACOBS, A. The use of feedback in groups. In: JACOBS, A.; SPRADLIN, W. (eds.). **The group as agent of change.** Nova York: Behavioral Publications, 1974.

MOSCOVICI, F. **Desenvolvimento interpessoal: treinamento em grupo.** 3. ed. Rio de Janeiro: LTC Livros Técnicos e Científicos, 1985.

VELASQUEZ, M. M.; MAURER, G. G.; CROUCH, C.; DICLEMENTE, C. C. **Group treatment for substance abuse. A stage of change therapy manual.** Nova York: Guilford Press, 2001.

ZEMEL, M. L. S. Psicoterapia de grupo. In: FORMIGONI, M. L. O. S. et al. **A intervenção breve na dependência de drogas: a experiência brasileira.** São Paulo: Contexto, 1992.

978-85-4120-168-1

CAPÍTULO 3

Funcionamento da terapia de grupo

Neliana Buzi Figlie
Roberta Payá

Introdução

Neste capitulo, serão abordados temas relacionados à formação de grupos, necessidades inerentes à sua formação, formas de comunicação e de observação da dinâmica grupal, bem como questões práticas que abrangem o consumo de substâncias. O objetivo é contribuir para o melhor funcionamento grupal, permitindo aos profissionais ter acesso a informações que facilitem sua prática profissional.

Formação do grupo

Para a formação de grupos de dependentes de substâncias psicoativas, é extremamente importante ter claro o diagnóstico, as necessidades e as potencialidades dos clientes, de modo a adaptar o tratamento ao cliente e não vice-versa.

Um bom encaminhamento pode ser a chave do sucesso do tratamento de dependência de substâncias. Para tal, faz-se necessário observar alguns itens:

1) *Distribuição dos clientes*: alguns critérios para a divisão dos clientes dentro do contexto da dependência de substâncias vão depender da abordagem utilizada, do local de tratamento e dos objetivos dos profissionais. Mas é indicado que, inicialmente, seja levado em conta o tipo de substância utilizada, pois os participantes do grupo tendem a desenvolver maior integração e chances de se identificar quando compartilham experiências semelhantes, causadas pelo mesmo tipo de substância. Caso o grupo tenha a proposta de elucidar os efeitos e a dependência de determinada substância, certamente o sucesso da discussão dependerá muito das pessoas que o compõem, pois pela observação clínica, notamos que os usuários de cocaína-*crack* funcionam, em termos emocionais e comportamentais, diferentemente de usuários de maconha e, por consequência, de álcool e tabaco,

por exemplo. Inúmeras razões justificam tais diferenças: o próprio efeito de cada droga; a faixa etária predominante associada ao tipo de substância; a cultura do grupo; a diferenciação de consequências legais, devido ao envolvimento com drogas ilícitas; entre outros aspectos.

2) *Contraindicações* que podem dificultar o trabalho grupal[1]:
   - Funcionamento psicótico: o paciente psicótico pode dificultar a dinâmica do grupo, o acompanhamento e o desenvolvimento da sessão. Suas queixas podem ser muito específicas, como persecutoriedade e desintegração do eu. Os dependentes de substâncias psicóticos ou com funcionamento psicótico beneficiam-se mais com cuidados individualizados específicos e direcionados.
   - Indivíduos com nível acentuado de agressividade/perversidade e/ou transtornos de personalidade: a transferência negativa e destrutiva que estabelecem em seus vínculos afetivos tende a ser reproduzida e reforçada no grupo. Este se torna, geralmente, o espaço ideal para a prática de seu "domínio" e de transgressão de limites. O impacto dessas pessoas no grupo pode ser muito negativo. O grupo pode se tornar um ambiente hostil para seus membros e o profissional pode ter dificuldade para gerenciar o grupo. O mais indicado, nesses casos, é o atendimento multidisciplinar personalizado.
   - Indivíduos com danos cognitivos podem apresentar dificuldade para acompanhar o desenrolar das sessões. Geralmente, o ganho se dá pelo contato social que o grupo possibilita. O tratamento mais indicado seria de grupos específicos, com outros participantes com danos cognitivos ou grupos de habilidades sociais.
   - Indivíduos intoxicados ou pouco convictos quanto à abstinência: a intoxicação altera a percepção dos indivíduos, que nestas condições apresentam alteração de consciência e rebaixamento de crítica para interagir positivamente. Por outro lado, pessoas que tenham recaído, mas, mesmo sob o efeito da substância, consigam manter um contato mínimo preservado, podem ter uma boa oportunidade de auxílio, tanto para a própria pessoa como para o grupo, e podem identificar aspectos pessoais na situação de recaída, desde que isto seja trabalhado na sessão. Já os clientes pouco convictos quanto à abstinência poderão negar a importância desta necessidade, tentar convencer o grupo de que é melhor continuar em uso tanto por meios verbais quanto não verbais, além de provavelmente não estarem disponíveis para ouvir outras opiniões. O participante que deseja utilizar a substância esporadicamente e que não está convicto da abstinência de álcool ou drogas, pode necessitar de acompanhamento individual ou encaminhamento para abordagens de moderação ou redução de danos, se o objetivo do grupo for a abstinência.
   - Indivíduos de reconhecimento público: pessoas que possuem algum tipo de exposição, seja na mídia, em suas vidas pessoais ou em cargos de chefia, por exemplo, provavelmente não tirarão proveito do tratamento grupal, pelas possíveis consequências negativas da exposição de dificuldades pessoais frente ao *status* que possuem, podendo ser beneficiados em um tratamento individualizado.

3) *Parentesco:* um fator a ser questionado diz respeito ao parentesco ou outro tipo de relacionamento entre os participantes. Muitas vezes, o fato de pertencerem à mesma família ou de trabalharem no mesmo local pode prejudicar a participação no grupo e, consequentemente, o envolvimento no tratamento, ora por vergonha ou receio de falar, ora por temer os riscos de exposição. Nesse sentido, é aconselhável a alocação dos participantes em grupos distintos.

4) *Número:* o número de participantes pode ser estabelecido pelos próprios profissionais ou conforme decisão da instituição/clínica.
5) *Gênero:* Quanto ao gênero, recomenda-se que mulheres estejam separadas dos homens, uma vez que a estigmatização e os riscos são mais acentuados, no que se refere à violência física, doméstica e sexual. Atualmente, pode-se dizer que existem evidências suficientes para afirmar que mulheres e população LGBTQIAPN+ apresentam condições distintas, logo, os tratamentos precisam ser adequadamente desenhados e manejados para garantir maior eficácia terapêutica. Programas especializados respondem de forma específica às variadas dimensões de vulnerabilidades[3], dentre elas:
   - As mulheres desenvolvem concentrações mais elevadas de álcool no sangue ao ingerirem a mesma quantidade de bebida alcoólica devidamente ajustada para peso e altura que os homens. Em médio/longo prazo, isto propicia de forma mais acentuada o desenvolvimento de problemas de saúde e, por consequência, psicossociais.
   - O impacto do consumo de substâncias durante a gestação e amamentação.
   - O uso de álcool e outras drogas está associado à maioria dos casos de violência doméstica e sexual contra mulheres e população LGBTQIAPN+.
   - As maiores taxas de comorbidades psiquiátricas – problemas depressivos e ansiosos – antecedem o início do consumo de álcool e outras drogas em mulheres.
   - Altas taxas de tentativas de suicídio
   - As mulheres alcoolistas apresentam maior tendência à união com homens alcoolistas.
   - O mito de que às mulheres cabe a responsabilidade primária sobre o cuidado com os filhos e os parentes idosos, e quando isso não ocorre, é fonte de conflitos e retaliações.
6) *Idade*: é proveitosa a diferença de idade entre os membros, desde que não sejam adolescentes. Estes têm a necessidade de formar novos laços afetivos, encontram-se em fase de formação da personalidade e com a necessidade de conviver e interagir mais com o seu grupo de iguais, para poderem se sentir respeitados pelo que julgam ser. Um grupo essencialmente composto de adultos pode prejudicar este processo.
7) *Coterapia:* em nossa experiência profissional, é enriquecedor conduzir os grupos com dois profissionais, pois isto possibilita maior troca e amplitude em relação ao que é observado tecnicamente e, até mesmo, em termos práticos, permitindo que o grupo funcione mesmo que um dos profissionais não esteja presente.
8) *Relação de trabalho:* em determinadas instituições ou empresas, a dependência de substâncias de funcionários pode ser tratada sem comprometimento dos participantes. No entanto, não é raro observar pessoas que frequentam os grupos muito mais para não se prejudicarem no trabalho do que exatamente para receberem tratamento. Nesses casos, é indicado oferecer acompanhamento individual e, se possível, acompanhar cada caso em equipe, tanto por especialistas, como por coordenadores de seu próprio local de trabalho, quanto por profissionais externos.

CONTRATO: A IMPORTÂNCIA DO ESTABELECIMENTO DE REGRAS

A organização de um contrato se dá pela combinação de regras e normas que, embora possam ter flexibilidade, devem ser cumpridas e preservadas ao máximo, para estabelecer as necessárias delimitação e hierarquia dos indivíduos entre si. Estando o enquadramento estabelecido e mantido, este representa a criação de um novo espaço, onde podem ser experimentadas antigas e novas vivências emocionais.

O contrato deve ser dirigido a cada cliente que inicia o grupo. No uso de álcool e outras drogas lidamos com pessoas que, ao longo da vida, ultrapassaram seus próprios limites. Neste contexto, é importante que os terapeutas saibam de forma clara quais regras seguir. Um contrato bem feito, com normas claras e definidas, funciona como garantia inicial para que o trabalho possa ser desenvolvido[4].

A título de sugestão, seguem alguns itens importantes do contrato:

- *Apresentação do(s) coordenador(es) do grupo:* vínculo e confiança são, inicialmente, grandes desafios para os profissionais durante o tratamento com dependentes de substâncias. Uma forma de tranquilizar e orientar os clientes é apresentar-se adequadamente ao grupo, dizendo sua formação e sua intenção para com o grupo.
- *Data, horário e local da sessão:* é importante para o cliente desenvolver a noção de compromisso e assiduidade. Com esses dados claros, tornam-se possíveis a constância no local e a pontualidade, ressaltando-se a importância da última tanto para clientes quanto para o profissional.
- *Estar claro para profissionais e clientes o objetivo do grupo:* abstinência, moderação e/ou redução de danos, adequando as necessidades dos participantes ao tratamento.
- *Falta e abandonos:* a ausência de um membro pode causar certa inquietação, por isso, faz parte do contrato estabelecer um acordo entre o grupo e o coordenador para, sempre que possível, haver justificativa prévia ou logo após a falta. Além do mais, o abandono também deve ser entendido a partir de um determinado número de faltas. Sugerimos duas faltas seguidas sem justificativa como abandono, mas é importante considerar a adaptação necessária conforme o local do tratamento, principalmente quando nos referimos a locais de internação.
- *Sigilo:* trata-se de um acordo de mão dupla, que deve ser respeitado por participantes e profissionais, uma vez que a confiança é uma das chaves para o sucesso do tratamento. Se não cumprido, as chances terapêuticas podem ser afetadas. No entanto, ressalta-se que, diante de um evento de relevância, o coordenador deve trabalhar a pessoa no sentido de comunicá-la a pessoas importantes (cônjuge, familiar, médico, empregador etc.), auxiliando-a no processo ou mesmo se dispondo a agendar uma sessão para intermediação, caso ela assim o queira.
- *Recomendação de abstinência no dia da sessão:* esta regra deve ser entendida como algo que garanta o bom aproveitamento da sessão, que é diferente do profissional não poder compreender o fenômeno da recaída. A recaída deve ser explorada na sessão para que o próprio participante, assim como os outros do grupo, identifiquem os motivos que levam a recaídas. Quais são as situações de risco e o que fazer para preveni-las. Além do mais, uma vez que o participante compreenda que muito do que ele pode aproveitar depende de sua participação em grupo, esse espaço tem mais chances de receber seu cuidado e de possibilitar adesão ao tratamento proposto.
- *Prazo mínimo de mútuo compromisso:* geralmente, no início do tratamento, os participantes esperam mudanças ou melhoras significativas em um curto espaço de tempo. Assim, muitas vezes acabam se frustrando, por baixa tolerância à ansiedade

ou por comportamento arredio. Dessa forma, é indicado o estabelecimento de um prazo de, pelo menos, dois meses, para observar a adaptação do grupo.

- *Explicação das sessões:* em sessões estruturadas, é aconselhável apresentar aos participantes o propósito a ser discutido, os objetivos e os procedimentos a serem desenvolvidos, principalmente quando referentes a dinâmicas de grupo.
- *Inclusão de possibilidades previstas, como férias ou atendimentos individuais e/ou familiares:* importante promover um ambiente e proposta que ofereçam um senso de ordem. Por isso é indicado, sempre que possível, uma apresentação prévia daquilo que pode ocorrer no curso do tratamento, como férias, sessões individuais ou uma intervenção familiar, quando necessário.

Importância da equipe multiprofissional no trabalho de grupo

O trabalho desenvolvido por equipes multiprofissionais com grupos deve ser sempre considerado com muito interesse, visto que o enriquecimento trazido por elementos com várias visões científicas é extremamente engrandecedor. O trabalho em equipe com profissionais de diversas formações é um excelente modo de manter o coordenador do grupo em constante atualização com o conhecimento científico e de os participantes se beneficiarem com as diferentes formas de compreensão dos eventos que ocorrem em âmbito grupal.

Uma equipe bem estruturada, com profissionais preparados especificamente para a área da saúde e, principalmente, para o trato com dependentes de substâncias, poderá trazer enormes benefícios aos participantes do grupo, pois estes passam a ser vistos pela óptica do atendimento integrado, no qual a pessoa faz parte de uma problemática comum a todos.

As equipes para atendimento de dependentes de substâncias podem ser formadas por diversos profissionais, como médicos especializados (psiquiatras, pediatras, geriatras, ginecologistas, etc.), psicólogos, assistentes sociais, terapeutas ocupacionais, enfermeiros, advogados e de outras áreas, conforme a configuração do grupo e o local de tratamento.

Recomenda-se a presença de terapeuta e coterapeuta do grupo. Havendo a necessidade, quando o tema envolver áreas específicas, pode-se convidar outros profissionais para a sessão, desde que exista o consentimento prévio do grupo. A equipe deve estar sempre atenta e preparada para intervir, se necessário, e discutir com o coordenador o desenvolvimento de cada sessão, para que este tenha maior aporte no seu atendimento.

O coordenador do grupo pode ou não ser o coordenador da equipe multiprofissional. Para que possa exercer adequadamente as suas funções, é preciso saber manter a integração da equipe, que é a capacidade de reunir aspectos de cada um e de todos, clareando facetas do trabalho que não estejam sendo bem elaboradas. A liderança bem exercida na equipe multiprofissional auxiliará o coordenador do grupo a executar sua função junto à dinâmica do grupo de dependentes de substâncias.

Como observar o funcionamento grupal

Um ponto a ser ressaltado é a capacidade de observação do profissional que coordena o grupo, de modo a trabalhar o conteúdo e a dinâmica de funcionamento grupal. A seguir, um roteiro de observações que facilita o trabalho observacional[5]:

1. O grupo funcionou como grupo:
- Todos participaram.
- Houve algum membro dominador.
- Houve algum membro extremamente apático.
- Houve formação de subgrupos.

2. Como o grupo definiu seus objetivos:
- O grupo estabeleceu objetivos claros.
- O grupo atingiu seus objetivos.
- O grupo levantou diversas ideias sobre o que fazer.
- Discutiu essas ideias ou aprovou uma delas sem discussão.

3. Houve planejamento no trabalho:
- O grupo determinou normas rígidas de participação (por exemplo, um de cada vez).
- O grupo determinou funções específicas (por exemplo, um relator).
- Todos os membros participaram do trabalho, mas sem interação (por exemplo, cada um faz o que quer).

4. Problemas de comunicação:
- Conversas paralelas.
- Intercepção (quando alguém corta a palavra do outro).
- Duas ou mais pessoas falando ao mesmo tempo.
- Falta de sequência na comunicação.
- Comunicação dirigida a um elemento e não ao grupo.
- Alguém precisou elevar a voz para se fazer ouvir ou impor sua ideia?

5. O clima é de competição ou cooperação?
- Um membro completa, corrige ou reformula a fala de outro participante.
- Não existe conhecimento ou preocupação com o outro.

6. Os conflitos aparecem claramente e são explicitados, ou predominam os conflitos latentes, que exercem sobre o grupo uma influência paralisante?
- Os conflitos referem-se ao conteúdo da discussão e estão ligados a uma oposição intelectual entre os participantes.
- Os conflitos são de natureza emocional, referentes a disputas interpessoais.

7. Os conflitos são resolvidos ou persistem, ameaçando desagregar o grupo? Como são superados os conflitos?
- Concessões, persuasão, intimidação ou desistência unilateral.

IMPORTÂNCIA DO *FEEDBACK* AO GRUPO

Uma das informações mais importantes que podemos receber ou oferecer ao grupo consiste no *feedback* (retroalimentação). O *feedback* possibilita oportunidades únicas, que serão proveitosas ao transmitir as reações emocionais do grupo, como consequência de seus pensamentos que geram consequências no comportamento das pessoas envolvidas. Essas informações alertam sobre o que é feito e como é feito, portanto, aumentam a habilidade de modificar o comportamento e de tornar mais efetiva a interação com o outro. *Feedback* é, portanto, um processo de ajuda para a mudança de comportamento e comunicação a uma pessoa ou grupo, de modo a melhorar o desempenho e, assim, alcançar os objetivos.

O grupo também tem necessidade de receber informações sobre o seu desempenho. Os mesmos problemas envolvidos no *feedback* individual estão presentes no de grupo, em maior ou menor grau.

O grupo pode receber *feedback* do coordenador/facilitador do grupo; de participantes selecionados para desempenhar uma função específica de observador para o grupo; de consultores externos ou especialistas e/ou de formulários, questionários, escalas, entre outros instrumentos de avaliação.

A seguir, estão listadas algumas orientações sobre fornecimento de *feedback*[6]:

- Concentre o *feedback* no comportamento e não na pessoa. É importante direcionar o *feedback* ao que a pessoa faz, ao invés do que ela é. O comportamento envolve uma situação específica que, como tal, pode ser mudada. Não cria tantas defesas ou rótulos e é menos desconcertante para traços de personalidade.
- Concentre o *feedback* mais em observações do que em inferências. As observações dizem respeito ao que conseguimos ver e ouvir no comportamento de outra pessoa, ao passo que inferências se referem a conclusões sobre aquilo que vemos ou ouvimos. O que vemos (observamos) é uma coisa, o que imaginamos ser é outra.
- Concentre o *feedback* mais na descrição do que no julgamento. A descrição implica em um processo de descrição do acontecimento. É um relato neutro. O julgamento é uma avaliação em termos de bom ou mau, certo ou errado, e decorre de um sistema pessoal de valores. Quando não há julgamento, apenas o relato de um evento, reduz-se a necessidade de reagir defensivamente e, assim, o indivíduo pode ouvir e sentir-se à vontade para utilizar aquele dado como julgar conveniente.
- Concentre o *feedback* em descrições do comportamento que sejam expressas em termos graduais, não em termos qualitativos. A terminologia "gradual" implica em uma escala, na qual todo comportamento pode se enquadrar, expressando quantidade, que é algo objetivo e mensurável, mais do que qualidade, a qual é subjetiva e conduz a rótulos. Portanto, a participação de uma pessoa pode se enquadrar em uma escala de participação baixa ou alta (termos graduais), mais do que em boa ou má (termos qualitativos).
- Concentre o *feedback* no comportamento com relação a uma situação específica preferencialmente no "aqui e agora" mais do que no comportamento abstrato, com base no passado. A compreensão do comportamento será aumentada se o *feedback* for dado imediatamente após a ocorrência da observação ou reação, o que o torna relativamente coerente e livre das distorções que ocorrem com o passar do tempo.
- Concentre o *feedback* na troca de ideias, alternativas e informações, ao invés de aconselhar. Por meio da troca de ideias e informações, a pessoa se vê livre para decidir por ela mesma, sob a luz de seus próprios interesses, em tempo e situação particulares, e para usar as suas ideias e informações. Ao dirigir o processo, a indução pode ocorrer e, neste sentido, a liberdade pode ser comprometida.
- Concentre o *feedback* no valor que este pode ter para o grupo. O *feedback* deve atender mais às necessidades do grupo do que às do coordenador de grupo. Ajuda e *feedback* devem ser dados e recebidos como um convite, e não como uma imposição.

- Concentre o *feedback* mais na capacidade de compreensão que o grupo pode utilizar do que na quantidade que você tem e gostaria de dar. É importante não se adiantar à prontidão do grupo, para não gerar resistências e conflitos. Em geral, o *feedback* é mais útil quanto mais próximo possível da situação ou do comportamento em questão, dependendo da prontidão da pessoa/grupo para ouvi-lo, do apoio do outro, do clima emocional, entre outros. A recepção e o uso do *feedback* envolvem muitas possíveis reações emocionais, e é importante ser sensível ao momento apropriado de usar o *feedback*, pois este, se mal empregado, pode trazer mais prejuízo do que benefício.
- Concentre o *feedback* mais no que está sendo dito do que no porquê está sendo dito. Os aspectos do *feedback* que se relacionam a o que, como, quando e onde, referentes ao que está sendo dito, são características observáveis. O porquê nos leva do observável para as influências passíveis de julgamento e levanta questões que, muitas vezes, não são verdadeiras. Suposições sobre os possíveis motivos podem predispor o grupo a não ouvir ou distorcer o que é dito. Resumindo, ao perguntar "por que?" a uma pessoa, pode-se correr o risco de deixar de ouvir "o que" ela está dizendo.

O PAPEL DO COORDENADOR DO GRUPO

O coordenador ou facilitador do grupo não toma parte nas discussões, mas deve analisar o funcionamento do grupo, procurando exprimir suas opiniões de uma maneira objetiva e não normativa. Cabe ao facilitador dar *feedback* ao grupo sempre que necessário, explicitando os problemas que, porventura, estejam ocorrendo. Por exemplo, se a tarefa está sendo cumprida; se o grupo está trabalhando como grupo; se todos estão participando; se estão ocorrendo problemas de comunicação; se as normas implícitas ou explícitas estão ajudando ou atrapalhando o desenvolvimento do grupo; se os papéis necessários ao bom funcionamento do grupo são exercidos a contento; se o processo de decisão foi correto e adequado à situação; se o clima é permissivo ou não. De modo geral, o coordenador deve dar ao grupo uma imagem do seu próprio funcionamento.

PERMANÊNCIA DOS CLIENTES EM GRUPO E O MOMENTO DA ALTA

O tempo que o cliente permanece no grupo deve corresponder aos objetivos de cada tipo de tratamento (internação, ambulatório, hospital-dia, consultório, comunidades terapêuticas e outros). Geralmente, o tratamento pode ter fases ou ser direcionado, conforme o grau de motivação. Sem dúvida, a relação que o cliente passou a ter com a substância indicada pelo estágio motivacional em que se encontra auxiliará o planejamento quanto às questões de frequência e duração[7]. O momento pelo qual o cliente está passando e a forma como está lidando com sua vida em termos pessoais, profissionais, de saúde e familiares podem servir como indicadores de aspectos a serem enfatizados no tratamento, bem como indicadores de seu desenvolvimento e crescimento interno.

Determinadas abordagens, como o modelo da entrevista motivacional e a terapia cognitivo-comportamental, enfatizam a escolha pessoal e a responsabilidade pela decisão quanto ao comportamento futuro do cliente. Por isso, em geral, é indicado que a alta seja uma iniciativa do cliente, uma vez que, ao longo do processo terapêutico, seja trabalhada a condição de o próprio participante avaliar sua situação. Por mais que haja um consenso de determinadas regras em um tratamento de dependência de substâncias, é importante saber diferenciar o processo individual de cada membro do grupo. Indicativos relevantes para tal são as análises feitas quanto às áreas da vida da pessoa, de modo a perceber sua estabilidade física, social, profissional, familiar e de saúde.

A alta pode desencadear certa crise entre alguns membros do grupo, assim como no próprio cliente. Muitas vezes, a experiência do desligamento de um dos membros inevitavelmente provoca reações diversas, que irão proporcionar ao profissional uma avaliação do progresso dos integrantes do grupo, conforme a resposta e a aceitação de cada um.

Curiosamente, existem pessoas que não querem aceitar o momento de alta como meta alcançada. Relutam em sair do grupo por inúmeros receios, sendo um deles o não acreditar na capacidade de atingir ou manter a abstinência sem o apoio grupal. Nesses casos, é favorável o profissional manter como propósito a alta do cliente, mesmo que negocie um prazo para tanto, pois mantê-lo no mesmo estágio do tratamento pode impedir que siga evoluindo tanto na proposta de trabalho quanto no âmbito geral da vida.

Algumas alternativas podem ser oferecidas frente ao momento conquistado pelo cliente, como atendimentos individuais, espaçamento de sessões (quinzenais e posteriormente mensais), manter a possibilidade de retorno ao tratamento, em caso de necessidade, entre outras opções, conforme o local de tratamento. Durante esse período, é possível fazer com o participante uma reavaliação do seu processo de tratamento e, quando apropriado, encorajá-lo a futuras mudanças.

Questões práticas

A seguir, algumas questões de ordem prática sobre a condução dos grupos que podem surgir em diversos momentos do tratamento[1]:

- *Hábitos do profissional:* é comum o questionamento ao profissional sobre seus hábitos sobre beber. Estão implícitas duas questões: "se não bebe, o quanto entende de beber para me tratar?" e "se bebe, por que quer que eu pare?". Responder à questão sem estar preparado, interpretar ou devolver ao grupo sem respondê-la pode criar fantasias que dificultam a relação de confiança com o profissional. Abordar os aspectos diferenciais entre o uso, o abuso e a dependência, por exemplo, com álcool, é um caminho viável e esclarecedor, podendo ser somada, neste momento, uma sessão informativa sobre os diversos tipos de consumo. A falta de informação pode contribuir para uma generalização de senso comum.
- *Discriminação ou preconceito:* durante uma sessão de grupo, podem ocorrer situações que propiciem assuntos sobre diversidade sexual e cultural, que, por vezes, é abordada pelos membros do grupo com preconceito. O profissional pode abordar o assunto junto ao grupo de maneira clara e objetiva, levando aos membros conhecimentos sobre o tema e também reflexão sobre posturas preconceituosas. Pode-se, também, aproveitar para discutir sobre o preconceito sofrido por eles próprios, suas ideias e crenças a respeito da dependência de substâncias.

- *Participantes que passaram pela abordagem dos 12 passos e que interferem no grupo:* pessoas que já fizeram ou fazem tratamento utilizando os 12 passos e que trazem para o grupo sua experiência como única opção para que o tratamento seja eficaz, discordando das posturas dos demais membros ou mesmo propondo a mesma dinâmica de funcionamento existente nas salas. Reforçar a importância e os benefícios dessa abordagem para alguns indivíduos, diferenciando-a da psicoterapia de grupo com explicações sobre esta, é a postura indicada para o coordenador neste caso.
- *Participantes em que a recaída persiste:* sugere-se o afastamento desse cliente e a tentativa de nova estratégia, como acompanhamento individual, associado à família ou casal. Até a mudança do tipo de tratamento ou do referencial teórico pode ser benéfica. A continuidade no grupo pode ser uma fonte de decepção, desestímulo ou antimodelo para os demais membros.
- *Participantes resistentes a frequentar o grupo:* por vezes, há pacientes que não aceitam participar de grupo, alegando, por exemplo, já terem problemas demais e não quererem saber/envolver-se com problemas dos outros. Esses devem ser encorajados a participar do grupo em um período de adaptação, ao mesmo tempo em que podem ser mantidos em atendimento individual, até que possam ser acompanhados somente no grupo.
- *Participantes monopolizadores e silenciosos:* há pacientes que têm necessidade de atrair a atenção do grupo para si, por meio de discurso prolixo e detalhista, ou de interrogações e observações excessivas no tema dos outros, não permitindo as interferências e a tomada de decisões dos demais membros. Se não houver interferência do profissional, esse tipo de paciente pode estancar o processo terapêutico. O facilitador deve considerar a situação do ponto de vista vincular: o monopolizador e os monopolizados. Essa abordagem diminui o risco de haver bodes expiatórios e ilumina o papel de cada um. O objetivo é abrandar as defesas do monopolizador e poder comunicar a verdadeira natureza de seus temores e necessidades. Pacientes silenciosos podem não se beneficiar da terapia de grupo a longo prazo, devendo o coordenador estar atento às diversas questões que podem estar por trás do silêncio (inibições fóbicas, expressão de atitude hostil, resistência à revelação de sentimentos, para monopolizar o grupo, expressão de resistência dos demais) e ver o silêncio como um comportamento no aqui e agora do grupo, expressando uma maneira de relacionamento interpessoal. Compreender a dinâmica do silêncio é necessário para melhor manejar essa situação e, caso esta compreensão não seja possível, é indicado o cuidado, para que o paciente não fique no esquecimento, podendo-se até interpretar a conduta do silêncio sem exercer forte pressão para que ele fale.
- *Desistência:* existem participantes que, logo após entrar no grupo, já não comparecem mais, bem como aqueles que aderiram inicialmente, mas que passam a não comparecer às sessões. Sabe-se que tentativas de contato com o paciente podem trazê-lo de volta ao tratamento, por exemplo, contatos telefônicos ou até visita domiciliar em serviços que dispõem deste recurso. A desistência pode estar relacionada com dificuldade de se expor em grupo e vergonha ou algum acontecimento inesperado. Dessa forma, pode ser importante realizar um atendimento individual e avaliar se é o momento ideal para retomar o tratamento grupal e adequar o tratamento às necessidades da pessoa.

- *Abstinência no dia da sessão:* o compromisso sincero do participante quanto à tentativa de abstinência é um pré-requisito para o tratamento, o que não implica em que a recaída não possa ocorrer ou que seja um impedimento para a continuidade do tratamento. O cliente que beber ou usar drogas no dia da sessão deverá ser avaliado quanto às condições de aproveitá-la, pois, caso contrário, poderá dificultar o andamento do grupo. Caso o cliente compareça à sessão extremamente intoxicado e sem condições de manter um contato preservado, deve ser retirado do grupo pelo coterapeuta (se este existir), que fornecerá a assistência necessária em termos de desintoxicação. É indicado que o fato seja discutido e refletido no grupo, reforçando a necessidade do cumprimento do contrato. Em casos de pacientes que têm lapsos (uso de pouca quantidade da substância, ou poucas consequências), pode ser frutífera a discussão no grupo, desde que mantido o grau de consciência do envolvido.
- *Eventos importantes de vida – gatilhos para a recaída:* participantes que passam por um evento crítico ou estressante durante o tratamento grupal, muitas vezes necessitam receber atendimento individual de suporte. Exemplos: luto, separação, brigas, doenças clínicas graves, desemprego, depressão, etc. Tais eventos podem levar o participante a uma recaída e um recurso poderoso é acoplar sessões individuais por período breve, como um recurso de apoio.

REFERÊNCIAS BIBLIOGRÁFICAS

1. SILVA, R. L.; BORREGO, A. L. S.; FIGLIE, N. B. Psicoterapia de grupo. In: DIEHL, A.; CORDEIRO, D.; LARANJEIRA, R. (org.). **Dependência química – Prevenção, tratamento e políticas públicas**. 1. ed. Porto Alegre: Artmed, p. 328-339, 2011.
2. VELASQUEZ, M. M.; MAURER, G. G.; CROUCH, C.; DICLEMENTE, C. C. **Group treatment for substance abuse. A stages of change therapy manual**. Nova York: Guilford Press, 2001.
3. BORDIN, S.; ZILBERMAN, M. L.; FIGLIE, N. B.; LARANJEIRA, R. Dependência química na mulher. In: FIGLIE, N. B.; SELMA, B.; LARANJEIRA, R. **Aconselhamento em dependência química**. 2. ed. São Paulo: Roca, p. 395-404, 2010.
4. DENNIS, M. L.; PERL, H. I.; HUEBNER, R. B.; MCLELLAN, A. T. **Twenty-five strategies for improving the design, implementation and analysis of health services research related to alcohol and other drug abuse treatment**. Bloomington: Chestnut Health Systems, 2000.
5. MOSCOVICI, F. **Desenvolvimento interpessoal: treinamento em grupo**. 3. ed. Rio de Janeiro: LTC Livros Técnicos e Científicos, 1985.
6. JACOBS, A. The use of feedback in groups. In: JACOBS, A.; SPRADLIN, W. (eds.). **The group as agent of change**. Nova York: Behavioral Publications, 1974.
7. CONNORS, G. J.; DONOVAN, D. M.; DICLEMENTE, C. C. **Substance abuse treatment and stages of change**. Nova York: Guilford Press, 2001.

LEITURA RECOMENDADA

ZEMEL, M. L. S. Psicoterapia de grupo. In: FORMIGONI, M. L. O. S. et al. **A intervenção breve na dependência de drogas: a experiência brasileira**. São Paulo: Contexto, 1992.

978-85-4120-168-1

CAPÍTULO 4

Propriedades das dinâmicas de grupo

ROBERTA PAYÁ
NELIANA BUZI FIGLIE

INTRODUÇÃO

Estudos e pesquisas experimentais com grupos permitiram a formulação de *teorias que possibilitaram não só a compreensão dos fenômenos grupais*, como as diferentes metodologias de trabalhos com grupos desenvolvidas no século XX.

O uso experimental do grupo foi desenvolvido para conhecer o comportamento humano e para compreender o próprio funcionamento do grupo, dando origem a conceitos teóricos como coesão do grupo, processos de decisão, liderança, mudanças, afetividade na vida em grupo, coerção, aprendizagem nos grupos e os grupos, dentre outros[1,2].

No que se refere à forma de funcionamento do grupo, a dinâmica de grupo é considerada um processo vivido pelo grupo, explicado por teorias de grupos. Diz respeito às forças de coesão e de dispersão no grupo, que fazem com que este se transforme.

Desse modo, os fenômenos de construção de normas, comunicação, cooperação, competição, divisão de tarefas, distribuição de poder, liderança e tomada de decisão constituem o que Lewin denominou "dinâmica", "campo de força" de um grupo, ou seja, fenômenos do processo grupal[2].

A busca da substância e a manutenção do uso estão, em grande parte, relacionadas com as crenças que o usuário possui acerca dos resultados do comportamento, geralmente envolvendo expectativas sobre si e sobre a relação com as pessoas, sendo que o envolvimento com crenças disfuncionais gera e alimenta os comportamentos "mal-adaptativos". As dinâmicas podem contribuir (quando elaboradas de maneira adequada às necessidades e condições existentes), em momentos de resistência ou não dos clientes, para a reavaliação dessas crenças disfuncionais e para a aprendizagem de outras formas de comportamento e de relacionamento.

Conceito de dinâmica de grupo

O termo "dinâmica de grupo", introduzido por Lewin, passou a ser utilizado com diferentes sentidos[1]: como um "campo de pesquisa" para a descoberta de leis de funcionamento dos grupos e de suas relações com outros grupos e instituições; e como um conjunto de "técnicas" empregadas em planejamentos e treinamentos para o desenvolvimento de habilidades em relações humanas.

Técnicas de dinâmicas de grupo referem-se a um conjunto de técnicas muito empregadas nas últimas décadas em programas de treinamentos, desenvolvimento de habilidades em relações humanas, interações grupais, entre outras finalidades. Sua ampla aplicabilidade deve-se, em parte, à possibilidade de criar situações focadas (exemplos: jogos, exercícios grupais e situacionais) e direcionadas para atingir objetivos específicos.

Dinâmicas de grupo são formas "indiretas" de lidar com temas variados que envolvem questões interpessoais, intrapessoais, afetivas e até questões mais práticas e objetivas, como treinamento ou aperfeiçoamento de habilidades, entre outras.

Cada grupo possui uma dinâmica de funcionamento decorrente da interação entre as pessoas, de processos transferenciais e de conteúdos psicológicos, latentes ou manifestos. No entanto, quando nos referimos a técnicas de dinâmicas de grupo, atentamos a recursos que podem ser utilizados para diversas finalidades, dentre elas educacionais (professores, alunos, direção), organizacionais (desenvolvimento de pessoal, seleção, entre outros) e tratamentos em diversas abordagens grupais (tanto como recurso fundamental, no caso do psicodrama – jogos psicodramáticos –, como coadjuvantes em terapias convencionais).

Objetivos das dinâmicas de grupo

As dinâmicas de grupo podem ser utilizadas para abordar características e objetivos, como:

- *Planejamento:* permitem o estudo de possíveis alternativas e o estabelecimento de relações entre as variáveis que nem sempre se consegue visualizar de maneira abstrata, definindo prioridades e meios para determinados objetivos.
- *Processo de mudança:* auxiliam na explicação das mudanças possíveis, sua importância na elaboração das resistências e do medo do novo, além de possibilitarem maior comprometimento das pessoas com a necessidade de mudança.
- *Tomada de decisão:* podem ser de grande ajuda nos processos decisórios individuais e grupais, nos quais há espaço para opiniões subjetivas, exploração das alternativas e maior clareza quanto ao significado das decisões.
- *Integração das pessoas:* grande importância para a intensificação dos relacionamentos, uma vez estabelecidos vínculos mais saudáveis e harmoniosos, possibilitando aprendizado quanto à qualidade da convivência e da comunicação com o outro. Isto gera maior compreensão e tolerância quanto às diferenças individuais.
- *Flexibilidade:* potencializam a capacidade de adaptação às diferentes situações, tanto nas atitudes quanto nos comportamentos.

- *Motivação:* identificam e intensificam os motivos que levam a pessoa ao desejo de mudança, crescimento e cuidados para com os objetivos construtivos de vida.
- *Percepção:* desenvolvem a visão da realidade de maneira mais fidedigna, dentro de um senso crítico.
- *Lidar com incertezas/ambiguidades:* oferecem a possibilidade de posicionamento frente ao conflito, à imprevisibilidade, às frustrações, desenvolvendo recursos internos para lidar com sentimentos ambíguos e difíceis, pela administração de conflitos de maneira positiva.
- *Riscos de desafios:* discernimento para administrar riscos e desafios por meio de autocontrole e autoeficácia, explorando fatores de risco e de proteção presentes no dia a dia da vida do usuário.

SIGNIFICADO DAS DINÂMICAS DE GRUPO

Entre as principais teorias grupais, há um pensamento convergente ao considerar o grupo um espaço de influências entre os elementos que o constituem, atuando para alcançar mudanças individuais e relacionais[3].

Lewin considera o grupo "um campo de forças, cuja dinâmica resulta da interação dos componentes em um grupo (ou espaço) psicossocial"[2]. Um conjunto de relações em movimento, priorizando a totalidade sobre as partes, ao explicar a interação face a face entre o indivíduo e a "rede de relações"[2,4].

Os indivíduos que constituem um grupo estão unidos por um traço de identidade comum, são interdependentes e interatuantes, e os vínculos entre eles devem responder às suas necessidades individuais e grupais. O grupo permite o intercâmbio de valores e práticas sociais[5].

A compreensão dos fenômenos grupais da dinâmica do grupo é necessária para o seu manejo, para a situação prática: na organização da ação do coordenador, no saber lidar com vários momentos do processo grupal e no uso de recursos técnicos adequados de mudanças.

Quando a técnica grupal é utilizada no tratamento do uso de substâncias, muitas vezes conteúdos subjetivos de grande relevância para o comportamento e sua manutenção podem se "cristalizar" ainda mais (quando prevalece a resistência à mudança), como também podem se flexibilizar, dependendo da forma como são abordados. Para tal, é imprescindível ter clareza do objetivo a ser alcançado com as dinâmicas de grupo, fatores que contribuem, entre outras coisas, para a adequação das técnicas, evitando, por exemplo, o emprego de dinâmicas complexas para atingir objetivos modestos. Não se recomenda fazer uso de dinâmicas para depois pensar nos objetivos, utilizando-as como um fim em si mesmas, pois, desta forma, não existe integração entre fatores importantes como momento do grupo, passos que precisam ser alcançados, dificuldades que precisam ser trabalhadas, entre outros aspectos.

Outro significado que o termo "dinâmica de grupo" assumiu foi o de ser um conjunto de técnicas para o desenvolvimento de habilidades humanas[1]. As técnicas de dinâmicas de grupo são recursos instrumentais mobilizadores dos processos grupais,

Quadro 4.1 – Elementos importantes para a compreensão da dinâmica grupal[1,2,4,6]

- O grupo é considerado uma unidade que se manifesta como uma totalidade, implicando em relações face a face. O objetivo do grupo se manifesta pelo interesse dos seus membros por um problema comum, o qual orienta as ações para a realização de uma tarefa.
- A dinâmica do grupo é pensada como um processo, um movimento contínuo, em que as mudanças individuais e grupais e seus feitos recíprocos são observados.
- Em todo o grupo, essa dinâmica apresenta duas forças contraditórias permanentes:
  - Coesão: aceitação das normas do grupo (ser parte do grupo e ser reconhecido pelo grupo).
  - Dispersão: desintegração do grupo, satisfação das necessidades de seus membros, ou falta de interesse e motivação para participar.
- A formação de um grupo se constitui de processos inter-relacionais de filiação e desenvolvimento do sentido de pertencimento, o que confere a identidade do grupo, e de formação de um sentido de referência e pertinência.
- A filiação acontece a partir de interesses e ideias comuns, surgindo quando os indivíduos se agrupam, permitindo a criação de vínculos entre eles. Um grupo atrai um indivíduo quando há motivação dos membros para participar das atividades e quando os esforços dos participantes se coordenam para isso.
- Criam-se expectativas quanto à realização dessas ideias e interesses e, para satisfazê-las, vão sendo construídas as regras de relação de grupo.
- As técnicas de dinâmicas de grupo são atividades lúdicas: brincadeiras, jogos dramáticos, recursos estratégicos que expressam a linguagem em seus diferentes níveis, verbal e não verbal. São usadas ao longo do processo grupal, seja em uma sessão ou em todas as que fazem parte de um contrato entre o profissional e os participantes envolvidos na tarefa proposta.

usadas para sensibilizar, para expressar as diferenças de ponto de vista e compará-los, para sintetizar narrativas, para trabalhar conflitos e reconstruir significados. Elas adquirem "um valor de metáfora" das relações interpessoais, articulada com as experiências usadas como meio para trabalhar as interações grupais, devendo ser adequadas à necessidade do grupo em cada fase do seu processo e à realização da tarefa central, em momentos específicos da dinâmica grupal: a troca de ideias entre os participantes e na avaliação do resultado das conversações[2,4].

As dinâmicas podem ser grandes aliadas, no sentido de facilitar o surgimento/emergência de conteúdos pessoais/grupais. É possível usar vários níveis de exposição da pessoa. Situações em que não existe uma exposição tão clara e direta (o sujeito não precisa se colocar necessariamente em primeira pessoa) promovem um "fluir" de conteúdos com maior naturalidade e, provavelmente, menor resistência do que quando abordados diretamente. Por outro lado, situações em que o participante se expressa claramente tendem a causar maior impacto, talvez proporcionando maior identificação e envolvimento pessoal, necessitando ser bem administradas em decorrência dos sentimentos que promovem. Em geral, os conteúdos projetados pelas dinâmicas possibilitam maior contato com fantasias, medos, expectativas e crenças, fornecendo, assim, conteúdos ricos a serem "explorados" em diversas fases do tratamento.

Há extensa bibliografia apresentando uma variedade de técnicas de dinâmicas de grupo. O profissional poderá consultá-la e articular as dinâmicas com suas experiências, a fim de escolhê-las. Neste contexto, o maior objetivo deste livro é acoplar uma série de dinâmicas adaptadas e elaboradas para intervenção no campo das dependências, considerando elementos importantes para a compreensão da dinâmica grupal (Quadro 4.1).

Utilização das dinâmicas de grupo

Quando o profissional se utiliza dessa intervenção, é de extrema importância, antes de tudo, a definição do que ele deseja alcançar; como a dinâmica será aplicada; quais os recursos necessários para atingir os objetivos; o nível de exposição e envolvimento que poderá explorar; entre outras particularidades que fundamentam sua aplicabilidade. O profissional recorre às técnicas e as utiliza a partir de valores, ou seja, não as emprega mecanicamente.

A maneira como as dinâmicas são aplicadas também é de grande relevância para o sucesso ou não da técnica. É imprescindível, independentemente da finalidade, a garantia de um ambiente confiável, seguro, livre de julgamentos, para que os participantes possam se expressar de modo construtivo. As dinâmicas são capazes de proporcionar momentos de espontaneidade, liberdade e expressividade. No entanto, é necessário considerar que, mesmo que não sejam abordadas questões pessoais, geralmente despertam uma ansiedade natural que precisa ser respeitada e trabalhada de maneira empática e acolhedora.

As técnicas de dinâmicas de grupo serão específicas e adequadas para atender às demandas de desenvolvimento de certas habilidades relacionadas do grupo. O uso das técnicas, exclusivamente pelas técnicas em si, não mobiliza o processo grupal. Por isso, o coordenador deve estar atento ao adaptá-las no momento do grupo, pois, muitas vezes, as técnicas podem não produzir o efeito desejado, na mobilização do processo grupal, e serem inadequadas.

Papel do facilitador do grupo

Cada situação grupal específica exige atributos especiais do facilitador do grupo. Para Zimerman e Osório[7], ao coordenador é necessário um conjunto de habilidades, como: gostar e acreditar em grupos; amor às verdades; coerência; senso de ética; respeito; paciência; continência; adequada comunicação; modelo de identificação; empatia; capacidade de síntese e integração. Esse conjunto de atributos pode auxiliar o terapeuta de grupo, no sentido de ser uma espécie de "tradutor do grupo", ou seja, integrar as diversas falas dos participantes em uma fala única de forma clara, concisa e objetiva.

É de suma importância ao facilitador conhecer o grupo (integrantes) quanto às suas necessidades, capacidades e limitações. Em dependentes de álcool, por exemplo, é muito comum a presença de déficit cognitivo. Principalmente nesses casos, é preciso utilizar atividades concretas, objetivas, de fácil compreensão e elaboração, sendo importante o facilitador fornecer esclarecimentos básicos, em linguagem adequada e acessível, possibilitando compreensão e aprendizado aos participantes, assim como diminuição da ansiedade.

Ao facilitador de grupo, cabe esclarecer as situações, levar as pessoas a interiorizar seus problemas, provocar uma sincera reflexão e ainda criar um ambiente de compreensão e aceitação mútuas. É importante utilizar as dinâmicas como "ponte" para percepção de padrões de funcionamento nos aspectos reais da vida, especialmente no tratamento do uso de substâncias, possibilitando a elaboração de recursos mais efetivos para lidar com o comportamento aditivo.

A ação do coordenador da dinâmica do grupo acompanha o processo de construção de identidade de grupo, de filiação, pertencimento, referência, pertinência e término do grupo, segundo as fases já descritas anteriormente, de aquecimento, reflexão/ação e sistematização do produto das conversações do grupo, qualquer que seja a metodologia de dinâmica utilizada.

REFERÊNCIAS BIBLIOGRÁFICAS

1. CARTWWRIGTH, D.; ZANDER, A. **Introdução à dinâmica de grupo. Pesquisa e teoria**. São Paulo: Herder, 1967.
2. AFONSO, L. **Oficinas em dinâmicas de grupo: um método de intervenção psicossocial**. Belo Horizonte: Editora do Campo Social, 2000.
3. COELHO, S. V. Articulando a dinâmica de grupo no processo de atendimento sistêmico de famílias e redes sociais. In: AUN, J. G.; VASCONCELLOS, M. J. E.; COELHO, S. V. **Atendimento sistêmico de famílias e redes sociais – vol. III. Desenvolvendo práticas com a metodologia de atendimento sistêmico**. Belo Horizonte: Ophicina de Arte e Prosa, 2010.
4. AFONSO, L. Brincadeira tem hora? Uso e abuso das técnicas em processos grupais. In: AFONSO, L. et al. **Oficina em dinâmicas de grupo na área da saúde**. Belo Horizonte: Ed. do Campo Social, 2003.
5. MARTÍN-BARÓ, I. **Sistema Grupo y Poder. Psicologia Social desde Centroamérica II**. San Salvador: UCA Editores, 1989.
6. PICHON-RIVIÉRE, E. **O processo grupal**. 6. ed. São Paulo: Martins Fontes, 1998.
7. ZIMERMAN, D. E.; OSÓRIO, L. C. **Como trabalhamos com grupos**. Porto Alegre: Artes Médicas, 1997.

LEITURA RECOMENDADA

ANDREOLA, B. A. **Dinâmica de grupo. Jogos da vida e didáticas do futuro**. Petrópolis: Vozes, 1998.

MILITÃO, A.; MILITÃO, R. **Jogos dinâmicos e vivências grupais**. Rio de Janeiro: Qualtymark, 2000.

RAPIZO, R.; ZUMA, C. **Workshop. Trabalhando com grupos**. Belo Horizonte: EquipSIS, 2007.

978-85-4120-168-1

PARTE 2

DINÂMICAS DE GRUPO E ATIVIDADES CLÍNICAS –APLICAÇÃO E PROCEDIMENTOS

SEÇÃO 1

Início de tratamento/ Início ou término de ano

Ana Paula Sodero Saccani
Bárbara Bartuciotti Giusti
Neliana Buzi Figlie
Roberta Payá

A terapia grupal é uma alternativa para tratar pessoas de diferentes perfis, diagnósticos e realidades em serviços com grande demanda de atendimento. Duas de suas características principais são: proporcionar a troca de experiências e a percepção dos participantes de que não são os únicos a sofrer a realidade que envolve o uso de substâncias[1]. Os participantes constroem laços afetivos significativos, tanto entre si como também com os profissionais que executam a função de mediador e facilitador do grupo.

Embora não seja mandatório[2], a experiência mostra que é desejável que alguns aspectos sejam observados para a formação de um grupo mais homogêneo. Haja vista os diferentes *settings* terapêuticos, como ambiente de internação, onde a rotatividade de pacientes é grande, ou como a heterogeneidade, que representa um desafio ainda maior para os terapeutas[3]. Outros exemplos são faixa etária, gênero e tipo de substância, pois se facilita a identificação e coesão do grupo quando seus membros têm características e experiências de vida similares.

É nessa composição de diferenças ou semelhanças que se torna fundamental proporcionar uma atmosfera harmônica entre os participantes. Daí a necessidade de aplicar dinâmicas iniciais, que se concentrem em objetivos e metas comuns. Essas devem esclarecer o trabalho em grupo para todos, fortalecer as regras de convívio e do contrato de tratamento. Também devem proporcionar discussões que desmistifiquem expectativas, anseios e dúvidas, quanto a submeter-se a um tipo de tratamento ou intervenção, partilhar experiências e reforcem a importância da troca e da ressocialização. Dinâmicas que indiquem o final da convivência em grupo, devido a datas festivas, como Natal ou Ano Novo, ou que antecedam feriados ou períodos em que os membros dos grupos estarão provisória ou definitivamente afastados, também devem ser claramente exploradas entre os participantes, como prevenção de recaídas.

PIRÂMIDE – CONTRATO

Objetivos

- Estabelecer objetivos para determinar a direção do movimento terapêutico do grupo;
- Planejar contingências positivas de mudanças;
- Promover colaboração mútua entre os participantes.

Indicação

- Grupo.

Tempo de duração

- 5 minutos para explicações gerais;
- 30 minutos para questionar e explorar os objetivos do grupo;
- 25 minutos para discussão final e fechamento dos objetivos.

978-85-4120-168-1

Material necessário

- Cartões (cartolina) em formato de retângulo;
- Canetas coloridas.

Procedimentos

- O facilitador explica que os participantes devem elencar normas de funcionamento que julgam ser importantes para o grupo (por exemplo, horários, atrasos, não comparecer sob efeito de substância no grupo) e escrevê-las nos cartões;
- Solicitar ao grupo que organize uma pirâmide na qual o topo representa a norma mais importante a ser seguida e assim sucessivamente até que se chegue na base;
- Explicar que a pirâmide será a representação gráfica do contrato do grupo e a organização dela será feita e respeitada em função das escolhas do grupo;
- Reforçar que o fato de o contrato ser estabelecido por eles implica em maior responsabilidade no cumprimento das normas e, por sua vez, respeito ao grupo;
- Abrir para possíveis discussões e fechamento do contrato.

Dicas das autoras

- Todas as questões colocadas na pirâmide são importantes e têm suas funções. Um item não é mais importante que o outro por sua localização, todos têm a sua função. No entanto, é importante que o grupo reflita sobre as prioridades dadas às regras formuladas por todos;
- O facilitador pode deixar livre para que o grupo simbolize outras formas de construção, como um círculo ou um muro, por exemplo, em que cada norma representa o mesmo grau de importância hierárquica.

Anotações

Mitos e crenças sobre o tratamento

Objetivos

- Esclarecer questões sobre a proposta de tratamento e as dúvidas em geral;
- Proporcionar maior conhecimento sobre o tratamento em que está inserido;
- Fortalecer a motivação dos participantes em fase inicial de tratamento.

Indicação

- Grupo;
- Individual;
- Família.

Tempo de duração

- 5 minutos para explicações gerais;
- 20 minutos para o levantamento de mitos e crenças;
- 30 minutos para discussão.

Material necessário

- *Flip-chart*.

Procedimentos

- O facilitador deve estimular os participantes a falarem sobre seus pensamentos e receios quanto ao início do tratamento, como, por exemplo:

> – *"Se souberem que estou me tratando, podem achar que sou louco!".*
> – *"Eu trabalho e estudo, não preciso me tratar".*
> – *"Estou aqui, pois minha família insiste, mas não tenho problemas com álcool ou drogas".*
> – *"Estes remédios que vocês usam são tão viciantes quanto álcool ou drogas".*
> – *"Não vou conseguir!".*
> – *"Vou ter que falar somente dos meus problemas".*
> – *"Meu tratamento vai ser fácil, pois não uso droga, uso álcool"*, entre outros.

- Enquanto os participantes fazem o relato, o facilitador os escreve no *flip-chart*;
- Ao final, o facilitador solicita que o grupo forneça suas opiniões sobre o que foi exposto, dando *feedback*, esclarecendo dúvidas e abrindo para discussão dos aspectos que foram mantidos por crenças errôneas.

Dicas das autoras

- No início do tratamento, é possível que alguns participantes minimizem os problemas relacionados com o uso de álcool ou drogas. Por isso, é importante que o facilitador esteja preparado para acolhê-los e fornecer informações, não banalizando os conceitos já formados por eles, tampouco expondo-os a avaliações de valores;
- Faz-se importante a mediação por parte do facilitador frente a opiniões divergentes, assim como informar e esclarecer sobre crenças distorcidas.

Anotações

BALANÇO DO ANO

Objetivos

- Avaliação do ano: balanço dos aspectos importantes ocorridos, propiciando maior clareza;
- Trabalhar expectativas para o novo ano.

Indicação

- Grupo.

Tempo de duração

- 5 minutos para explicações gerais;
- 15 minutos para a atividade individual;
- 40 minutos para discussão.

Material necessário

- Folha de atividades:

Ponto(s) alto(s) do ano	
Ponto(s) baixo(s) do ano	
O que mais aprendi este ano	
Expectativa para o próximo ano	

Procedimentos

- Pedir para preencherem individualmente a folha de atividades e depois abrir espaço para exposição e discussão;
- Sensibilizá-los para que exponham seus pensamentos e sentimentos quanto à passagem do ano e o que representa essa época para cada um;
- Valorizar a importância de entrar em contato com os acontecimentos da vida como agentes ativos, capazes de efetuar mudanças.

Dica das autoras

- Nessa época do ano, é comum as pessoas estarem mais sensibilizadas e vulneráveis emocionalmente e, não raro, para o dependente este é um momento delicado. Daí a importância de reforçar os ganhos conseguidos e a esperança de novas conquistas, não perdendo de vista as situações de risco de recaída, que aumentam nessa época.
- No item "O que mais aprendi este ano", sugerir que coloquem uma frase ou uma palavra para facilitar a memorização.

Anotações

Situação de risco/fim de ano

Objetivos

- Aumentar a possibilidade de respostas de autoeficácia frente a situações de risco;
- Auxiliar o participante na manutenção do equilíbrio e da abstinência, diminuindo seu nível de vulnerabilidade frente a situações de final de ano.

Indicação

- Grupo.

Tempo de duração

- 5 minutos para explicações gerais e sorteio;
- 45 minutos para respostas;
- 10 minutos para discussão.

Material necessário

- Um papel com cada frase (para sorteio):

- Você ganha de presente aquela caninha de alambique com que tanto sonhou!
- Perdeu o emprego na véspera de Natal.
- Seu chefe o intima a brindar na festa de confraternização da empresa.
- Sua esposa/namorada(o) lhe dá uma garrafa de uísque 12 anos.
- Nas festas de final de ano, seu irmão/cunhado ou primo toma todas e fala que você é um "bebum".
- Um familiar espera que, no próximo ano, você não beba mais, mas em seguida diz que não consegue acreditar nisso.
- Você encontra seu melhor amigo de bar no caminho para a festa de confraternização da sua família. O que faz?
- Você passará as festas de fim de ano sozinho.
- Durante as festas, tem a lembrança de uma pessoa muito querida e importante na sua vida, que faleceu.
- Depois de tantos Natais, nos quais estava bebendo e não se importando com a ocasião, percebe que agora, que está abstinente, sua família não está tão unida quanto antes.

- Descoberta de uma doença terminal em uma pessoa da sua família. Por exemplo: esposa, filho(a) e/ou pais.
- Ficar sem as sessões do grupo durante o período de festas.

Procedimentos

- Distribuir os papéis para o grupo aleatoriamente, por sorteio. Cada participante fica com um papel;
- Solicitar que cada participante leia o seu papel e diga o que faria naquela situação;
- Pode-se sugerir ao grupo que forneça opiniões e sugestões referentes a cada situação;
- Finalizar discutindo a importância do equilíbrio e da autoeficácia (respostas mais adequadas para obtenção dos objetivos) frente a situações difíceis;
- Considerar, na discussão, o impacto emocional do final de ano para grande parte dos pacientes em recuperação.

Dica das autoras

- As frases podem ser adaptadas de acordo com várias necessidades, sendo muito úteis para habilidades de enfrentamento.

Anotações

Do que me despeço e o que recomeço

Objetivos

- Promover um espaço para reavaliação de aspectos importantes da vida;
- Criar disponibilidade para mudança e comprometimento pessoal com valores importantes.

Indicação

- Grupo;
- Família.

Tempo de duração

- 5 minutos para explicações gerais;
- 20 minutos para sensibilização e realização do exercício;
- 40 minutos para apresentação e discussão.

Material necessário

- Folhas sulfite em branco, lápis e giz de cera de várias cores.

Procedimentos

- Sensibilizar o grupo para a atividade, o que pode ser feito ao pedir que procurem relaxar, ficar à vontade, fechando os olhos para que se concentrem em si mesmos naquele momento;
- Falar sobre a importância do evento (final/início de ano ou início de tratamento);
- Entregar uma folha em branco a cada um. Solicitar que a dobrem ao meio e desenhem a mão esquerda de um lado da folha e a mão direita no outro lado;
- Pedir que fechem novamente os olhos e, em silêncio, procurem pensar no que gostariam de "abrir mão" em suas vidas, coisas que acham que naquele momento poderiam "mandar embora", escrevendo-as, em seguida, na mão esquerda desenhada;
- Depois, solicitar que novamente reflitam em suas vidas e pensem no que querem recomeçar com mais força nesse novo momento que se inicia, escrevendo na mão direita;
- Depois de terem preenchido as duas mãos, incentivá-los a, voluntariamente, comentar o que fizeram.

- Refletir sobre a importância do contato consigo:
  - A mão esquerda, nesse exercício, simboliza aquilo de que é importante abrir mão (porque não precisamos mais ou porque não nos faz bem) e o quanto esta mão pode simbolizar a despedida, o soltar-se/desprender-se destas coisas.
  - A mão direita simboliza, no caso, aquilo que queremos ou podemos começar a nos apossar (que é importante, que faz bem, que constrói), representando a mão capaz de segurar e conter os sonhos e objetivos, de agir para que aconteçam.
- Incentivá-los a refletir no quanto o conteúdo das mãos esquerda e direita depende deles para acontecer;
- Sugerir que levem o material consigo, como forma de se apossar do que é seu.

Dica das autoras

- É interessante a sensibilização inicial nessa atividade (podendo-se, inclusive, utilizar música de relaxamento), mas também é importante procurar terminar a dinâmica em um tom de "que é possível", de encorajamento e leveza, considerando que, em geral, se tratam de clientes muito sensíveis e que facilmente sentem muita angústia.

Anotações

Objetivos a serem atingidos ao longo do ano

Objetivos

- Possibilitar que os participantes observem as diversas áreas da vida, entrando em contato com suas necessidades vitais;
- Estabelecer metas a serem alcançadas nessas diversas áreas.

Indicação

- Grupo.

Tempo de duração

- 5 minutos para explicações gerais;
- 15 minutos para o exercício;
- 40 minutos para discussão.

Material necessário

- Folha de atividades com as áreas da vida e canetas:

Áreas da vida:

- Profissional ____________________
- Família ____________________
- Física/saúde ____________________
- Social (lazer) ____________________
- Relacionamento afetivo ____________________
- Religião ____________________

Procedimentos

- Distribuir a folha de atividades a todos os participantes, explicando que o conteúdo se refere às diversas áreas da vida;
- Pedir que reflitam sobre essas áreas e, em seguida, escrevam o que esperam obter durante o ano em cada uma delas;
- Após o preenchimento, solicitar que cada participante se expresse;
- Por fim, refletir sobre a importância do cuidado e do equilíbrio em todas as áreas da vida, assim como do planejamento, para que os objetivos possam ser mais assertivamente alcançados.

Dica das autoras

- Auxiliar os participantes que têm dificuldade na escrita.

Anotações

Planejamento de Metas para Abstinência

Objetivos

- Aumentar o comprometimento com a necessidade de mudança para alcançar a abstinência;
- Fazer uma planificação da vida, com metas e objetivos a serem alcançados, a curto, médio e longo prazos, a fim de priorizar a recuperação/abstinência.

Indicação

- Grupo.

Tempo de duração

- 5 minutos para explicações gerais;
- 15 minutos para a atividade individual;
- 40 minutos para discussão grupal.

Material necessário

Folhas de atividades e canetas.

Metas a curto prazo (até 3 meses)
Metas a médio prazo (até 6 meses)
Metas a longo prazo (de 6 meses a 1 ano)

Procedimentos

- Iniciar explicando que a dinâmica envolverá metas e objetivos (para alcançar ou manter a abstinência) divididos em curto, médio e longo prazos;
- Distribuir a folha a cada participante, pedindo que escrevam o que acham importante realizar a fim de adquirirem e/ou manterem a abstinência, refletindo sobre o que consideram importante para que o plano de recuperação dê certo;
- Solicitar que voluntariamente se manifestem, explicando a importância de cada meta e sua relação com a abstinência;
- Reforçar a importância de serem agentes ativos da mudança;
- Relacionar abstinência à mudança no estilo de vida.

Dicas das autoras

- Auxiliar os que apresentam dificuldade na escrita;
- O profissional pode ajudar, se necessário, a diferenciar prioridades que podem ser realizadas rapidamente e aquelas que precisarão de um tempo maior. É interessante, nas instruções anteriores ao exercício, explicar a importância de perceberem prioridades, organizando-as dentro da realidade a que se referem, associando o maior grau de dificuldade à maior necessidade de tempo para realizá-las.

Anotações

Pensamentos positivos

Objetivos

- Desmistificar a inserção no tratamento como algo ruim ou voltado somente para problemas e dificuldades;
- Iniciar o treinamento de habilidades para enfrentamento de pensamentos automáticos disfuncionais.

Indicação

- Grupo.

Tempo de duração

- 10 minutos para explicações gerais;
- 5 minutos para reflexão;
- 30 minutos para discussão.

Material necessário

- Nenhum.

Procedimentos

- Explicar aos participantes que, em geral, quando se tem um problema, este acaba ocupando grande espaço em nossos pensamentos e, posteriormente, em nossos sentimentos e ações;
- Solicitar aos participantes que fechem os olhos e pensem por dois minutos *somente* em situações agradáveis que aconteceram no dia anterior;
- Solicitar que expressem ao grupo e ao facilitador da dinâmica a situação pensada;
- Após o término dos relatos, reforçar aos participantes a importância de exercitar diariamente o pensamento voltado para situações positivas, dando espaço nos pensamentos para as boas situações. Explicar que tais pensamentos não evitarão sentimentos ou pensamentos negativos ou relacionados a problemas. No entanto, darão espaço a ações e sentimentos positivos que poderão gerar fortalecimento emocional e bem-estar.

Dicas das autoras

- Durante o exercício, os participantes que ainda não estão prontos para deixar o *foco* dos problemas devem ser estimulados com reforços positivos e até com exemplos cotidianos ou o reforço de conquistas, como a inserção no tratamento ou até a constância de situações diárias, que antes estavam em possíveis conflitos ou não sendo feitas;

- Por vezes, é natural que, frente a "situações-problema", o paciente não consiga expressar ou pensar algo bom. Neste caso, após um primeiro estímulo, deve ser respeitado e sugerido que tente em um segundo momento;
- Tal explanação se faz muito importante, pois, em geral, os membros do grupo iniciam o tratamento cheios de crenças em relação a este, como um espaço somente para falar de problemas e insucessos causados pela problemática do álcool e drogas e a recuperação também deve contemplar situações positivas.

Anotações

CÂMERA LENTA

Objetivos

- Aliviar a tensão, os temores e a ansiedade e permitir que o participante amplie e fortaleça a decisão sobre o tratamento;
- Possibilitar a reflexão sobre a decisão a ser tomada, colocando a mente em absoluto repouso, livre de atitudes para ver e ouvir e, desta forma, evitar obstáculos;
- Ampliar condições autorreflexivas.

Indicação

- Grupo;
- Individual;
- Casal;
- Família.

Tempo de duração

- 5 minutos para explicações gerais;
- 20 minutos para o exercício;
- 35 minutos para discussão.

Material necessário

- Nenhum.

Procedimentos

- Explicar aos participantes que será solicitado que caminhem pela sala e que, durante esta caminhada, o facilitador dará algumas instruções;
- Será usado o termo "câmera lenta" para um caminhar lento e atento;
- Ao iniciar a caminhada, o facilitador inicia as instruções: "*Caminhe pela sala em câmera lenta! Focalize os períodos da câmera lenta! Não faça nada! Deixe que seu corpo caminhe pela sala! Permaneça em câmera lenta! Ao caminhar pela sala, deixe que sua visão perceba toda a sala e todos os objetos em sua volta! Continue! Veja seus(suas) parceiros(as) em câmera lenta! Deixe que seu corpo leve você e veja a paisagem à sua volta!*";
- Explore falas de visualização e use um tom de voz suave e contemplativo;
- Sugira que comentem o que sentiram de maneira voluntária;
- Finalizar com o grupo, refletindo sobre a importância de manter a mente e o corpo em um estado de descanso, de calma, para que todo o pensamento/ação seja

feito de maneira lenta, criando vitalidade (corpo e mente), e trazendo energia e novos conhecimentos sobre aquilo que, muitas vezes, está profundamente oculto ou em agitação.

Dicas das autoras

- Pode-se utilizar outros termos para auxiliar os participantes, desde que façam sentido ao perfil do grupo;
- Na movimentação em câmera lenta com o corpo todo, pode-se explorar outros movimentos, como, por exemplo: "Pisque em câmera lenta! Respire em câmera lenta! Mexa os braços em câmera lenta!". Com o tempo, os participantes percebem que por meio da câmera lenta cada movimento flui para o próximo movimento e que, mesmo parado em câmera lenta, o corpo está em constante movimento;
- Se preferir, utilize recursos que ampliem a entrega ao exercício, como:
  - Música ambiente.
  - Convite para andarem descalços.
  - Aplicar em espaço aberto.

Anotações

MOVENDO-SE POR UM OBJETIVO

Objetivos

- Promover e estimular o participante quanto ao foco em seu objetivo, criando maior independência em relação a este.

Indicação

- Grupo.

Tempo de duração

- 5 minutos para explicações gerais;
- 5 minutos para divisão dos grupos;
- 20 minutos para o exercício;
- 30 minutos para discussão.

Material necessário

- Nenhum.

Procedimentos

- Dividir os participantes em dois grupos. Um grupo será a plateia que assistirá o outro grupo em ação;
- Pedir ao grupo que estará "em ação" que pense e entre em acordo sobre um objetivo/meta a ser atingido, como, por exemplo:

> – *Evitar lugares de risco.*
> – *Ser mais assertivo com determinada pessoa ou situação.*
> – *Manter-se abstêmio.*
> – *Parar de beber/usar drogas.*
> – *Buscar novo trabalho.*
> – *Melhorar condição financeira/pagar dívidas.*
> – *Ter alta no tratamento, entre outros.*

- Pedir que se movimentem simultaneamente pela sala, tendo em mente o objetivo proposto pelo grupo, enquanto a plateia assiste atentamente;
- Enquanto os participantes caminham, o facilitador inicia as instruções: "*Pensem em seu objetivo! Deixem que este objetivo os movimente! Vocês estão todos juntos! Mantenham o objetivo fora de suas cabeças, mas diante de vocês! Percebam este objetivo movendo vocês! Intensifiquem! Deixem que o objetivo movimente vocês!*";
- Quando terminar, solicitar que a plateia, voluntariamente, responda às questões do facilitador: "*Vocês perceberam se os participantes permitiram que o objetivo os colocassem em movimento? Eles iniciaram o movimento sozinhos ou se movimentaram a partir da observação dos outros participantes?*";
- Solicitar que os participantes, voluntariamente, também respondam às perguntas do facilitador: "*Vocês se movimentaram refletindo o movimento dos outros ou vocês permaneceram com o foco na meta?*";
- Incentivá-los a refletir sobre a importância de não precisarem esperar o movimento do outro para que possam se movimentar. Ao buscar atingir um objetivo, é imprescindível manter o foco;
- Intensificar a importância de um objetivo para cada membro no decorrer de discussão.

Dicas das autoras

- Durante o exercício, os participantes que ainda não estão prontos para deixar que o *foco* trabalhe por eles, poderão ficar observando seus colegas para saber quando se movimentar. O facilitador pode continuar dando a instrução "*deixe que o objetivo movimente você!*" por mais algumas vezes, como forma de auxiliar a quebrar essa dependência;
- Os dois grupos devem participar, para que essa experiência seja compartilhada por todos;
- Essa atividade pode ser realizada em diversos momentos do tratamento.

Anotações

Compartilhando medos

Objetivos

- Promover a empatia interpessoal;
- Diminuir ansiedade, preocupações, crenças e temores sobre o tratamento e a decisão de mudança.

Indicação

- Grupo.

Tempo de duração

- 5 minutos para explicações gerais;
- 5 minutos para escrever os principais medos;
- 5 minutos para recolhimento e entrega aleatória dos papéis;
- 45 minutos para lerem o que está escrito no papel sorteado e discussão.

Material necessário

- Canetas ou lápis, folhas de atividades e saco de papel ou plástico.

Procedimentos

- Explicar aos participantes como é natural nas fases iniciais de tratamento as pessoas enfrentarem todos os tipos de ansiedades, preocupações e temores sobre o que possa vir a acontecer. Uma boa maneira de começar a lidar com esses receios é tê-los abertamente e poder abri-los ao grupo;
- Pedir que cada um, anonimamente, complete essa frase em um pedaço de papel:

> "Neste grupo/programa/tratamento/mudança, eu tenho (mais) medo de"; ou "Neste grupo/programa/tratamento/mudança, a pior coisa que poderia acontecer para mim seria".

- Pedir que escrevam os principais medos que estão sentindo neste início de tratamento. Depois colocar o papel dobrado dentro de um saco;
- Em seguida, um de cada vez seleciona um papel e lê o medo de alguém para o grupo e explica como essa pessoa pode estar se sentindo nesta situação. Ninguém deve comentar sobre o que a pessoa diz, apenas deve ouvir e passar para a outra pessoa;

- Se o leitor não conseguir elaborar muito sobre o medo, pode pedir uma ou duas opiniões dos participantes. O facilitador não deve mostrar ou indicar sua própria opinião quanto ao medo expressado, salvo se a pessoa é mal-entendida ou apresenta discrepância quanto à opinião de alguém. Se o participante não desenvolver uma explicação após uma ou duas opiniões, deixá-los seguir em frente.
- Quando todos os medos forem lidos e elaborados, discutir o que as pessoas sentiram e notaram, dando o *feedback* sobre o que foi percebido durante a atividade, além de fortalecer e encorajar o grupo quanto aos desafios ao longo do tratamento.

Dica das autoras

- Essa atividade pode ser adaptada a outros temas, como contrato do grupo, reclamações/queixas, desejos, expectativas, final de tratamento, bem como algum tema trazido ou necessário em dado momento ao grupo.

Anotações

Balões de sentimentos

Objetivos

- Promover um espaço de interação onde possam expressar seus sentimentos ou expectativas quanto à determinada situação.

Indicação

- Grupo.

Tempo de duração

- 5 minutos para explicações gerais;
- 5 minutos para escreverem o que estão sentindo;
- 5 minutos para encherem e amarrarem os balões;
- 5 minutos para jogarem entre eles;
- 20 minutos para lerem o que está no balão e para finalização.

Material necessário

- Bexigas coloridas, pedaços cortados (tirinhas) de papel sulfite em branco.

Procedimentos

- Pedir para cada um escrever em seu papel o que está sentindo em relação ao início ou ao final de ano, escolhendo uma palavra ou frase que represente esse momento para si. Enrolar os papéis e os colocar dentro do balão;
- Pedir que encham os balões, façam um nó e, de pé, comecem a jogá-los entre si, não deixando que nenhum caia. É importante misturarem os balões. O facilitador avisará quando houver balões no chão;
- Depois de um tempo, quando estiverem integrados, pedir que cada um pegue um balão (aleatoriamente), estoure-o e leia o que está dentro, possibilitando perceber os sentimentos grupais;
- É opcional pedir, após a leitura dos papéis, que relacionem o que cada um escreveu;
- Pedir comentários sobre a dinâmica, dando *feedback* sobre o que foi percebido ao longo da atividade: como foi a participação, se interagiram ou ficaram de lado, se mantiveram os balões no ar, além de trabalhar os sentimentos que trouxeram.

Dicas das autoras

- Os balões podem ser utilizados em diversas ocasiões, como início ou término do grupo, ou simplesmente para interação grupal;
- Também podem ser utilizados como forma de falar sobre o que estão sentindo a respeito do grupo, sem que precisem se identificar, sendo uma boa alternativa para revelarem sentimentos e opiniões, às vezes difíceis de serem ditos diretamente.

Anotações

Salada passo a passo

Objetivos

- Sensibilizar o participante quanto à importância do planejamento de metas, ações e projetos;
- Ampliar o conhecimento sobre a realidade daquilo que se deseja alcançar.

Indicação

- Grupo.

Tempo de duração

- 5 minutos para explicações gerais;
- 30 minutos para a execução da atividade;
- 25 minutos para reflexão e discussão.

Material necessário

- Canetas e tiras de cartolina, etiquetas, folhas sulfite.

Procedimentos

- O facilitador explicará aos participantes que estes farão uma grande salada, com diversos ingredientes e temperos;
- Os nomes dos ingredientes e dos temperos estarão escritos em etiquetas coladas em tiras de cartolina:

– Legumes;
– Verduras;
– Ervas frescas;
– Ervas secas;
– Pimentas;
– Vinagre;
– Azeite;
– Óleo;
– Frutas;
– Queijos;
– Enlatados;
– Frios diversos;
– Azeitonas;
– Ovos cozidos;
– Conservas.

- Os ingredientes devem ficar à vista dos participantes;
- A salada será colocada em um recipiente, que será escolhido pelo grupo, e cada recipiente estará identificado ou desenhado e escrito em uma folha sulfite: travessa retangular de louça; prato grande e redondo de vidro; recipiente redondo e fundo de acrílico. Os recipientes devem ficar à vista dos participantes;
- Com a ajuda do facilitador, pode-se estimular o grupo a planejar os passos para a confecção da salada, utilizando perguntas como: "*O que você precisa para uma boa salada, para uma boa alimentação? O que o grupo quer comer? Em que recipiente podem caber os ingredientes necessários? Qual o objetivo desta confecção?*", etc.;
- Esperar que o grupo se manifeste, sempre atento às ideias que surgirem;
- Iniciar uma reflexão sobre a necessidade do planejamento para toda a ação que se deseja fazer. Estimular o grupo a descrever sobre a construção da "salada", a fase do planejamento, as possíveis dificuldades que tiveram, as modificações durante a confecção, até a apresentação final. Procurar fazer com que relacionem com as fases de um projeto real, como um sonho, sucesso no tratamento, no trabalho, etc., e que, para que sejam concretizados, é necessário que este seja adequado à realidade da pessoa, os obstáculos que precisam ser vencidos, entre outros;
- Quanto mais opções de legumes, verduras e frutas escritas em tiras coloridas, maior será a possibilidade de os participantes explorarem a elaboração do exercício.

Dica das autoras

- Essa atividade também pode ser executada em outros momentos do tratamento, de acordo com a necessidade do grupo.

Anotações

Queima

Objetivos

- Promover e incentivar o comprometimento de novos valores e comportamentos;
- Possibilitar a reflexão da própria postura e comportamento e redirecionar para novas atitudes.

Indicação

- Grupo.

Tempo de duração

- 5 minutos para explicações gerais;
- 35 minutos para o exercício;
- 20 minutos para discussão.

Material necessário

- Folhas sulfite em branco, canetas ou lápis, equipamento de som, uma pira, isqueiro ou fósforo, álcool.

Procedimentos

- Em uma sala ou espaço grande, o facilitador distribui um papel sulfite para cada participante, juntamente com caneta ou lápis;
- Fazer um breve resumo do que foi vivenciado pelos participantes até aquele momento. Informar que esta atividade será um momento de revisão de alguns comportamentos e atitudes;
- Colocar a pira no centro do grupo e acendê-la;
- Solicitar que cada um escreva em seu papel uma ou mais atitudes ou comportamentos, ou algo que gostariam de eliminar de sua vida;
- Colocar uma música instrumental de fundo, que seja reflexiva e faça referência à mudança de vida e atitude;
- Pedir para todos queimarem o papel no fogo, um por vez;
- Iniciar uma discussão com os participantes sobre o que escreveram e como se sentiram;
- Reforçar com os participantes a importância de uma mudança positiva em suas vidas.

Dicas das autoras

- O encerramento da atividade pode ser feito com uma música cantada ou reproduzida;
- Essa atividade é uma vivência que pode ser muito forte para os participantes, portanto, é necessário que o facilitador tenha sensibilidade e habilidade para fazer o fechamento;
- Essa atividade é ideal para encerramentos de grupos e final de ano, possibilitando a reflexão de mudanças de comportamento para um novo momento na vida de cada um.

Anotações

Alcançando a abstinência

Objetivos

- Despertar reflexão sobre objetivos, sonhos e medos em relação a fatores de risco e proteção na busca da abstinência;
- Promover expressão de sentimentos e expectativas em relação à abstinência.

Indicação

- Grupo;
- Individual.

Tempo de duração

- 5 minutos para explicações gerais;
- 15 minutos para a atividade individual;
- 40 minutos para discussão grupal.

Material necessário

- Folhas de atividades e canetas.

Alcançando a abstinência
"Meu sonho ao alcançar a abstinência é ______________________________
____
______________________, no entanto, ______________________________
______________________________ poderá me atrapalhar."
"Meu objetivo ao alcançar a abstinência é___________________________
____
______________________, no entanto, ______________________________
______________________________ poderá me atrapalhar."
"Meu medo ao alcançar a abstinência é ______________________________
No entanto,____________________ poderá me atrapalhar, mas ______________
____ poderá me ajudar."

Procedimentos

- Distribuir a folha de atividades a cada participante;
- Explicar que a atividade proposta consistirá em completar as frases refletindo sobre seus sonhos, objetivos e medos relacionados com a abstinência;
- O facilitador lê em voz alta o que está escrito na folha de atividades;
- Pedir que cada participante complete as suas frases e, ao final do tempo estipulado pelo facilitador, solicitar que voluntariamente os participantes se expressem ao grupo;
- Discutir sobre a importância do reconhecimento de seus sonhos, medos e objetivos relacionados com fatores que os ajudem e os prejudiquem para alcançá-los;
- É importante o facilitador abrir para discussão, reflexões e expectativas que estejam impedindo uma percepção mais clara sobre possíveis conquistas ou limitações de cada membro.

Dica das autoras

- Auxiliar os participantes que têm dificuldades de leitura e/ou escrita ao desenrolar do exercício.

Anotações

COMO ME VEJO NO PRÓXIMO ANO

Objetivos

- Estabelecer metas em diversos aspectos da vida;
- Trabalhar expectativas para o ano novo;
- Possibilitar reflexão por parte dos participantes sobre os diversos aspectos da vida.

Indicação

- Grupo;
- Individual.

Tempo de duração

- 5 minutos para explicações gerais;
- 15 minutos para a atividade individual;
- 40 minutos para discussão grupal.

Material necessário

- Folha de atividades e canetas;
- Material de apoio ao facilitador: Como me vejo no próximo ano

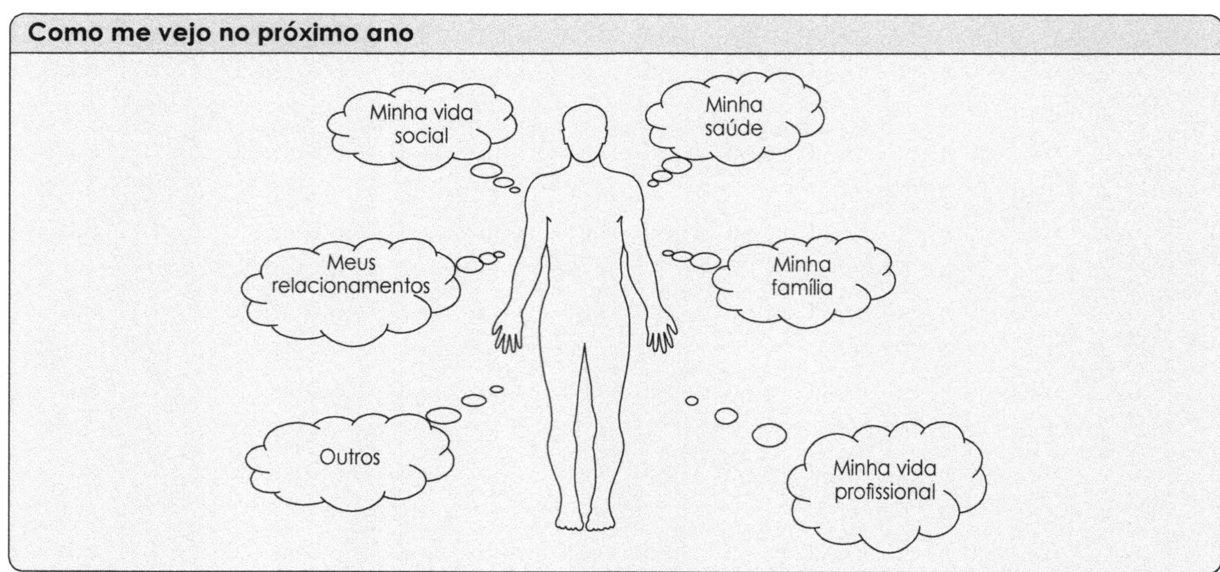

Procedimentos

- Distribuir a folha de atividades a cada participante;
- Explicitar que deverão refletir sobre os diversos aspectos da vida;
- Sensibilizá-los para que escrevam nos balões o que desejam nas diversas áreas da vida para o próximo ano;
- Solicitar, ao final, que cada participante voluntariamente mostre e exponha o que escreveu em seu boneco;
- Reforçar a importância da busca por um objetivo, relacionando ao tratamento, sendo este inclusive um fator de mudança.

Dicas das autoras

- O reforço positivo do facilitador é muito importante quanto à percepção e aos desejos a serem alcançados pelo participante;
- Auxiliar os participantes com dificuldade de leitura e escrita;
- Para ser mais didático, acrescente outras áreas da vida em caso de necessidade.

Anotações

A MALA

Objetivos

- Criar possibilidades para mudanças de aspectos negativos;
- Promover avaliação de aspectos disfuncionais;
- Reforçar aspectos positivos na vida dos participantes que os auxiliam a mudar.

Indicação

- Grupo.

Tempo de duração

- 5 minutos para explicações gerais;
- 20 minutos para a realização do exercício;
- 40 minutos para discussão geral.

Material necessário

- Cartões (cartolina) em forma de retângulos;
- Canetas coloridas;
- *Flip-chart*;
- Fita adesiva.

Procedimentos

- Explicar aos participantes que, frente à chegada do final de ano, estes farão uma viajem rumo às mudanças. No entanto, na bagagem dessa viagem não haverá espaço para aspectos negativos da vida. Entretanto, tais aspectos serão embarcados no rumo oposto a essa viagem;
- Entregar quatro cartões em forma de retângulo para cada participante;
- Explicar que em dois cartões deverão constar dois aspectos ou situações que possam atrapalhar essa viagem e nos outros dois cartões, dois aspectos ou situações que poderão auxiliá-los em uma mudança positiva em sua vida;
- O facilitador desenha uma mala no *flip-chart*/cartolina e solicita que espontaneamente os participantes coloquem dentro desta mala tudo aquilo que consideram negativo. E desenha outra mala no *flip-chart*/cartolina, para tudo o que consideraram de positivo para sua mudança;
- Abrir ao grupo a possibilidade de incluir ou retirar algum conteúdo das malas;
- Possibilitar uma discussão sobre o destino das malas, refletindo sobre aspectos funcionais ou disfuncionais nessa viagem rumo às mudanças.

Dica das autoras

- É interessante sugerir aos participantes que priorizem conteúdos e aspectos que considerem mais importantes. Os facilitadores devem ficar atentos aos sentimentos mobilizados frente à dinâmica e às dificuldades que podem permear.

Anotações

Presente de Natal

Objetivos

- Promover ao participante reflexão, levantamento e apropriação dos seus principais valores, conquistas e necessidades.

Indicação

- Grupo;
- Família.

Tempo de duração

- 5 minutos para explicações gerais;
- 30 minutos para o exercício;
- 25 minutos para discussão.

Material necessário

- Papel sulfite em branco, lápis e giz de cera de várias cores, barbante.

Procedimentos

- Pedir que os participantes façam um círculo no chão com o barbante e que se sentem em círculo em volta do barbante;
- O facilitador pede que todos pensem em algo que simbolize um presente que poderiam oferecer a si mesmos e ao grupo e então pede que cada um escreva/desenhe sobre o que pensaram;
- Pedir que cada participante, aleatoriamente, coloque dentro do círculo de barbante o que irá oferecer e pedir que fale o porquê desta oferta;
- Ao final, cada um recolhe sua oferta e se inicia a discussão;
- O facilitador deve sugerir como todos podem introduzir tais ideias, oferecendo-as a si mesmo e ao grupo, como presente de Natal, e incentivá-los a refletir o quanto este presente e o seu conteúdo apresentam valores cujo cuidado dependerá apenas deles;
- Sugerir que levem o material consigo, para que possam se apossar dele e refletir a respeito.

Dicas das autoras

- O facilitador também pode se organizar com o grupo para que tragam um objeto pessoal, o qual simbolize o presente a oferecer;
- É importante lembrar que nem todas as pessoas têm o costume de comemorar o Natal, seja por religião ou crenças pessoais. O facilitador deve avaliar a possibilidade de aplicar essa atividade com o tema "Natal" ou adaptá-la a outro nome, como por exemplo: "o presente para iniciar um novo ano".

Anotações

978-85-4120-168-1

REFERÊNCIAS BIBLIOGRÁFICAS

1. RESKE, M.; PAULUS, M. P. Predicting treatment outcome in stimulant dependence. **Ann. N. Y. Acad. Sci.**, v. 1141, p. 270-83, 2008 Oct.
2. RASQUIN, S. M.; BOUWENS, S. F.; DIJCKS, B.; WINKENS, I.; BAKX, W. G.; VAN HEUGHTEN, C. M. Effectiveness of a low intensity outpatient cognitive rehabilitation programme for patients in the chronic phase after acquired brain injury. **Neuropsychol. Rehabil.**, v. 20, n. 5, p. 760-77 (Epub 2010 Jun 1), 2010 Oct.
3. MELO, D. G.; FIGLIE, N. B. Psicoterapia de grupo no tratamento da dependência química. In: FIGLIE, N. B.; SELMA, B.; LARANJEIRA, R. **Aconselhamento em dependência química**. 2. ed. São Paulo: Roca, 2010.

SEÇÃO 2

Conceitos gerais sobre dependência de substâncias

ALESSANDRA NAGAMINE BONADIO
ROBERTA PAYÁ
NELIANA BUZI FIGLIE

O processo de recuperação no campo da dependência química envolve uma série de mudanças em padrões de comportamentos adquiridos à época de instalação da doença que, se não modificados, contribuem para manter o quadro clínico instalado ou para potencializar o risco de recaídas naqueles que estão em abstinência.

Tendo em vista que boa parte deste processo não ocorre no ambiente de tratamento, mas na comunidade – junto aos pares em recuperação, aos familiares e à rede de relações sociais –, conhecer o funcionamento da dependência química e as doenças associadas ao consumo de álcool e drogas contribui para favorecer a autonomia da pessoa em recuperação e de sua rede de apoio.

Esta seção apresenta atividades e dinâmicas de grupo voltadas a esclarecer sobre o diagnóstico, os sintomas físicos, emocionais e comportamentais, bem como sobre as doenças associadas ao uso das diferentes substâncias psicoativas, de modo a informar usuários e familiares sobre as características e intercorrências desta condição clínica, de maneira simples, objetiva e lúdica.

Dinâmica das flechas

Objetivos

- Desenvolver autocrítica em relação às consequências da dependência;
- Reconhecer que quanto maior a dependência, maiores serão os problemas associados a ela;
- Informar as consequências mais comuns.

Indicação

- Grupo;
- Individual.

Tempo de duração

- 5 minutos para explicações gerais;
- 20 minutos para a exploração do desenho descrito a seguir;
- 20 minutos para que os participantes relatem problemas decorrentes do consumo de substâncias ocorridos em sua vida;
- 15 minutos para discussão.

Material necessário

- Projetor ou quadro com a figura abaixo:

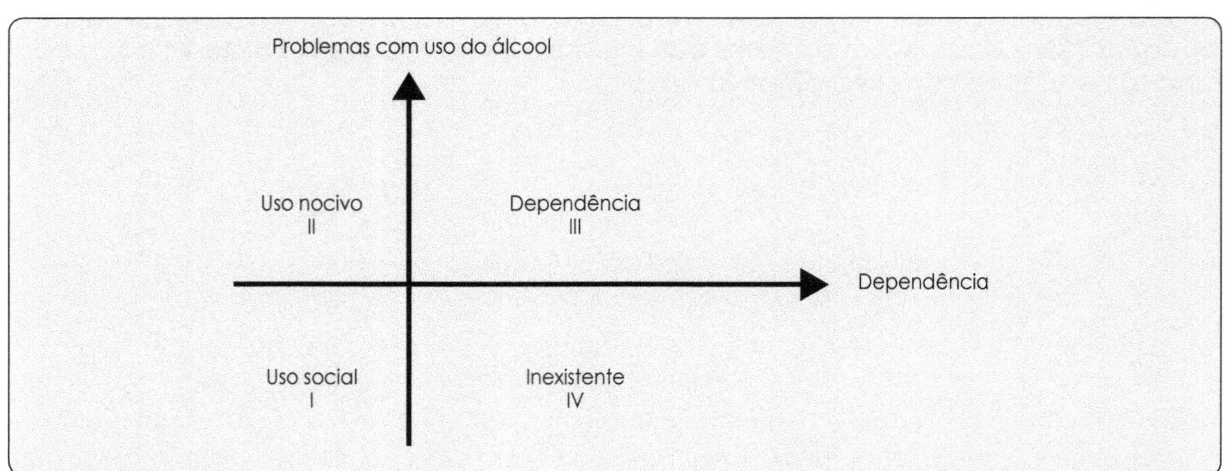

978-85-4120-168-1

- Material de apoio ao facilitador:

> - Quadrante I: nesse quadrante localizamos os indivíduos que, independentemente de seus padrões de ingestão, não apresentam indicação alguma de dependência, bem como de problemas associados ao uso. Em relação ao consumo de álcool, trata-se de um beber controlado ou beber social;
> - Quadrante II: aqui encontramos os indivíduos cujo padrão de ingestão já lhes traz algum tipo de dano, prejuízo, complicação ou problema que afeta seu funcionamento físico, psíquico, familiar ou social. No entanto, eles não evidenciam o menor grau de dependência. Trata-se de um beber problemático e o tipo de uso é definido como nocivo;
> - Quadrante III: representa os indivíduos cujos padrões de ingestão se encontram associados a danos, prejuízos, complicações ou problemas e que apresentam, inequivocamente, algum grau de dependência. Esses indivíduos são os dependentes propriamente ditos;
> - Quadrante IV: é uma possibilidade inexistente, pois é inconcebível um indivíduo com algum grau de dependência (ainda que mínimo) sem que ao menos o próprio diagnóstico de dependência não seja considerado um problema.

Procedimentos

- Explicar que será feita uma dinâmica, na qual serão observadas as consequências da dependência, por intermédio de um desenho;
- Expor o desenho, explicando a movimentação das flechas e seus significados;
- Pedir que cada participante pense na própria vida e nos problemas que o consumo de álcool e de substâncias lhe acarretou;
- Solicitar que, voluntariamente, exponham suas observações e conclusões, dando um *feedback* para cada participante.

Anotações

CRITÉRIOS PARA DIAGNÓSTICO DE DEPENDÊNCIA (DSM-IV)

Objetivos

- Informar os critérios que diagnosticam uma pessoa que desenvolveu dependência química;
- Possibilitar que os participantes visualizem os critérios em si mesmos.

Indicação

- Grupo;
- Individual;
- Família.

Tempo de duração

- 5 minutos para explicações gerais;
- 35 minutos para exploração do conteúdo;
- 20 minutos para discussão e síntese conclusiva.

Material necessário

- Projetor ou quadro;
- Material de apoio ao facilitador: Critérios para dependência de substâncias (DSM-IV)

Critérios para Dependência de Substâncias (DSM-IV)

Um padrão mal-adaptativo de uso de substância, acarretando prejuízo ou sofrimento clinicamente significativo, manifestado por três (ou mais) dos critérios seguintes, ocorrendo a qualquer momento no mesmo período de 12 meses.

- Tolerância, definida por qualquer um dos seguintes aspectos:
  - Necessidade de quantidades progressivamente maiores da substância para adquirir a intoxicação ou o efeito desejado.
  - Acentuada redução do efeito com o uso continuado da mesma quantidade de substância.
- Abstinência, manifestada por quaisquer dos aspectos:
  - Síndrome de abstinência característica para a substância.
  - A mesma substância (ou outra estreitamente relacionada) é consumida para aliviar ou evitar sintomas de abstinência.
- A substância é frequentemente consumida em maiores quantidades ou por um período mais longo do que o tempo pretendido;
- Existe um desejo persistente ou esforços malsucedidos no sentido de reduzir ou controlar o uso da substância;
- Muito tempo gasto em atividades necessárias para a obtenção da substância (por exemplo, consultas a vários médicos ou fazer longas viagens de automóvel), na utilização da substância (por exemplo, fumar em grupo) ou na recuperação de seus efeitos;

- Importantes atividades sociais, ocupacionais ou recreativas são abandonadas ou reduzidas em virtude do uso da substância;
- O uso da substância continua, apesar da consciência de ter um problema físico ou psicológico persistente ou recorrente, que tende a ser causado ou exacerbado pela substância (uso atual de cocaína, embora o indivíduo reconheça que sua depressão é induzida por ela).

Procedimentos

- Observar e informar os critérios para diagnosticar um dependente químico;
- Expor no quadro ou por projeção, os critérios do DSM-IV para a Dependência de Substâncias;
- Ler cada item com os participantes;
- Solicitar aos participantes que possam visualizar os critérios que eles vivenciaram ou vivenciam em suas vidas;
- Abrir espaço para discussão com os participantes, sendo importante a participação do facilitador ao dar *feedback*.

Dica das autoras

- É importante o facilitador ficar atento à forma como cada participante encara os critérios, percebendo se a postura é de reconhecimento ou de resistência, o que pode dar dicas relevantes de como a pessoa lida com a sua dependência. Quanto mais puder assumir, mais aberta estará para ser ajudada.

Anotações

PADRÃO DE CONSUMO

Objetivos

- Esclarecer níveis de consumo de substâncias psicoativas;
- Proporcionar maior conhecimento sobre o padrão de consumo do usuário.

Indicação

- Grupo;
- Individual;
- Família.

Tempo de duração

- 5 minutos para explicações gerais;
- 15 minutos para explanação sobre os tipos de consumo;
- 40 minutos para discussão.

Material necessário

- Projeção ou quadro e canetas.
- Material de apoio ao facilitador: Padrão de consumo de substâncias

Padrão de consumo de substâncias

- Uso: qualquer consumo de substâncias, seja para experimentar, seja esporádico ou episódico;
- "Abuso" ou "uso nocivo": consumo de substâncias já associado a algum tipo de prejuízo (biológico, psicológico ou social);
- Dependência: consumo sem controle, geralmente associado a sérios problemas para o usuário.

Procedimentos

- Iniciar a dinâmica explicando os níveis de consumo com Material de apoio ao facilitador;
- Deve ficar claro para o grupo que cada caso reflete uma história e, por isso, não são todos que desenvolvem a dependência;
- Solicitar que cada participante relate como foi o percurso de seu padrão de consumo: reconhecimento da etapa de uso, abuso e dependência do consumo da droga primária e/ou outras substâncias;
- Encerrar a sessão deixando clara a ideia de evolução progressiva entre esses níveis de consumo.

Dicas das autoras

- Esta dinâmica pode ser útil nos atendimentos familiares, para esclarecer dúvidas sobre o padrão de consumo do familiar dependente químico.
- Ampliar a discussão, oferecendo dados quanto à prevalência de uso no Brasil (ver *site* da UNIAD: II LELAD), ressaltando que as substâncias mais consumidas são álcool e tabaco.

Anotações

Aspectos da Síndrome de Abstinência

Objetivos

- Fazer com que os participantes reconheçam em si próprios os sinais e sintomas da síndrome de abstinência alcoólica (SDA) ou de outras substâncias;
- Desenvolver autocrítica em relação à síndrome de abstinência;
- Informar quais seriam os sinais e sintomas da SDA e como tratá-los.

Indicação

- Grupo.

Tempo de duração

- 5 minutos para explicações gerais;
- 20 minutos para explicações sobre síndrome de abstinência;
- 35 minutos para discussão.

Material necessário

- Projetor ou quadro;
- Material de apoio ao facilitador:

Substância	Síndrome de Abstinência
Álcool	Tremores, náuseas e vômitos, sudorese, sensibilidade ao som, tinido auditivo, coceiras, câimbras, perturbação do humor: desde irritabilidade ligeiramente aumentada nos estágios iniciais até um estado atordoante de agitação, depressão, ansiedade e perturbações do sono. Complicações da abstinência alcoólica envolvem alucinações, convulsões e o quadro desenvolvido de *delirium tremens*. O paciente gravemente dependente pode experienciar sintomas de abstinência leves a qualquer hora do dia em que os níveis alcoólicos caiam, ou seja, não é preciso um longo período de abstinência completa para precipitar os sintomas. O pico da sintomatologia, nos casos não complicados, ocorre entre 24 e 48 horas após a cessação da ingestão e tem duração de aproximadamente 5 a 7 dias, embora sintomas como irritabilidade e insônia possam persistir por semanas. A ressaca é uma pequena síndrome de abstinência, um efeito "rebote" do álcool que torna o cérebro mais sensível. Também contribuem para a ressaca a queda dos níveis de glicose no sangue, a desidratação e a irritação do estômago, todas diretamente provocadas pela ação do álcool

(*Continuação*)

Substância	Síndrome de Abstinência
Tabaco	Humor disfórico ou deprimido Insônia e sonolência diurna. Irritabilidade, frustração, raiva ou ansiedade Dificuldade para se concentrar e manter a atenção Inquietação Fissura Frequência cardíaca diminuída Pressão arterial diminuída Aumento do apetite Ganho de peso Falta de coordenação motora e tremores
Cocaína/ *Crack*	Ocorre uma drástica redução do humor e da energia, na forma de lentidão e fadiga, 15 a 30 minutos após o último uso. Os usuários experimentam o *craving* (fissura), depressão, ansiedade e paranoia. A última parte dessa fase consiste em uma hipersonolência, que dura de 8 horas a 4 dias e normaliza o humor. A abstinência começa 12 a 96 horas após a interrupção do consumo e pode durar 2 a 12 semanas. Este período contrasta com as memórias eufóricas do uso. Alguns sintomas típicos são ansiedade, hiper/hipossomia, hiperfagia e alterações psicomotoras (tremores, dores musculares, movimentos involuntários)
Maconha	Irritabilidade, calores repentinos, insônia, suores, inquietude, coriza, soluços, diminuição do apetite, náuseas, dores musculares, ansiedade, sensação de frio, diarreia, sensibilidade aumentada à luz, vontade intensa de usar a droga, depressão, perda de peso e tremores discretos
Solventes	Início 24 a 48 horas após a cessação do uso; pode durar 2 a 5 dias, incluindo perturbações do sono, tremores, irritabilidade, respiração acelerada, náuseas e desconforto no abdômen e tórax

Procedimentos

- Explicar que na atividade será possível observar os sinais e sintomas da SDA e como tratá-los;
- Expor os conceitos, lendo junto com os participantes;
- Pedir que pensem nos sinais e sintomas que apresentam ou apresentaram;
- Questionar o que fazem ao se deparar com tais sinais e sintomas;
- Após o reconhecimento de todos os participantes, apresentar os tratamentos para a síndrome de abstinência de substâncias psicoativas;
- Finalizar abrindo espaço para questões pertinentes ao assunto.

Dica das autoras

- Citar sintomatologia especifica da síndrome de abstinência específica do grupo e esclarecer dúvidas no caso de outras substâncias, a fim de evitar um tom de aula expositiva.

DOENÇAS CAUSADAS PELO CONSUMO DE ÁLCOOL, TABACO E OUTRAS DROGAS

Objetivos

- Proporcionar reconhecimento das doenças causadas pelo álcool e outras drogas;
- Informar e listar as doenças mais comuns.

Tempo de duração

- 5 minutos para explicações gerais;
- 30 minutos para exploração do material;
- 25 minutos para discussão e síntese conclusiva.

Indicação

- Grupo.

Material necessário

- Projetor ou quadro;
- Material de apoio ao facilitador: Doenças causadas pelo consumo de álcool, tabaco e outras drogas

Doenças causadas pelo consumo de álcool, tabaco e outras drogas

Drogas	Doenças
Álcool	*Esteatose hepática* (fígado gorduroso): processo inflamatório decorrente da ação do álcool sobre as células hepáticas. Caracteriza-se por mal-estar, perda do apetite, cansaço, náuseas, distensão abdominal. Pode levar à icterícia *Hepatite alcoólica*: inflamação crônica do fígado. Caracteriza-se por icterícia, aumento do órgão, desconforto gástrico e abdominal, náuseas, perda de peso, febre, perda de apetite *Cirrose hepática*: processo difuso de fibrose e formação de nódulos, acompanhado de necrose das células do fígado. O tecido hepático se enche de cicatrizes, prejudicando a arquitetura normal do fígado, podendo provocar insuficiência hepática ou compressão dos vasos sanguíneos, gerando aumento da pressão e sangramento grave ou fatal *Pancreatite aguda*: caracteriza-se por um processo inflamatório intenso do pâncreas. Os sintomas em geral se iniciam abruptamente, com fortes dores abdominais, irradiando para as costas, podendo vir acompanhadas por náusea e vômito

Doenças causadas pelo consumo de álcool, tabaco e outras drogas (continuação)	
Drogas	**Doenças**
	Pancreatite crônica: instala-se quando as enzimas digestivas atacam e destroem o pâncreas e tecidos vizinhos, causando cicatrização, dor, diarreia e diabetes *Gastrite*: inflamação aguda ou crônica da mucosa que reveste as paredes internas do estômago. Ocasiona uma dor circunscrita, que começa na região epigástrica, podendo vir acompanhada de azia ou queimação *Síndrome de Mallory-Weiss*: esgarçamento da mucosa na junção esofagogástrica, decorrente de esforço enérgico e repetido para tossir ou vomitar. Caracteriza-se por vômitos com conteúdo sanguíneo *Gota*: doença caracterizada pela elevação dos níveis de ácido úrico no sangue, ocasionando inflamação intensa da articulação, que gera dor muito forte, em geral no dedão do pé ou no joelho *Osteoporose*: doença óssea, na qual o osso vai se tornando progressivamente mais poroso. O esqueleto se torna frágil, perde resistência a esforços e fica muito vulnerável a fraturas, em especial no pulso, na coluna e nos quadris *Diversos tipos de câncer*: esôfago, faringe, laringe, fígado, intestino, mama, pulmão, próstata, cólon e reto, trato gênito-urinário *Efeitos tóxicos sobre o coração*, podendo levar à hipertensão arterial, levando à falta de ar, palpitações e dor no tórax; cardiomiopatia alcoólica (coração aumentado e enfraquecido), insuficiência cardíaca congestiva e derrame *Aumento do colesterol e triglicérides; deficiência de ferro e anemia.* É comum os alcoolistas apresentarem alterações na série de glóbulos vermelhos, muitas vezes decorrentes de desnutrição. Se a anemia vier a se tornar crônica, a baixa na produção de hemoglobina pode provocar cansaço, prejuízos na memória, palidez, tontura, fraqueza, dores musculares, sonolência, falta de ar, palpitação e taquicardia. Ainda em relação às alterações sanguíneas, o consumo crônico de álcool pode tornar o indivíduo propício a infecções, uma vez que tem alterado seu quadro de leucócitos e plaquetas, tornando frequente as hemorragias *Demência alcoólica*: resultante de lesões difusas no cérebro, evidencia-se por prejuízos na memória, na cognição, na capacidade de julgamento e de abstração. Pode ocasionar também alterações na personalidade e no comportamento geral *Convulsões*: podem aparecer na fase de abstinência ou durante a fase ativa de consumo, já que o consumo crônico de álcool diminui o limiar convulsivo, aumentando o risco de convulsão, uma vez que interfere sobre o sistema nervoso *Síndrome de Wernicke-Korsakoff*: trata-se de um quadro clínico resultante da deficiência de tiamina (vitamina B1) no organismo, podendo levar à morte. Caracteriza-se pela presença de confusão mental, ataxia e anormalidades oculares *Alteração do funcionamento sexual*: O metabolismo do álcool afeta a produção de hormônios reprodutivos. No homem, o abuso de álcool pode prejudicar a produção de testosterona e diminuir a síntese de esperma, assim como potencializar o surgimento de ginecomastia (presença de mamas no homem). Pode gerar ainda impotência e diminuição da libido *Síndrome fetal alcoólica*: trata-se de uma condição específica que acomete recém-nascidos de mães dependentes de álcool. Caracteriza-se por déficit de crescimento (pré e pós-natal), dimorfismo facial e anormalidades do sistema nervoso central. Bebês nesta condição nascem com baixo peso e podem apresentar sintomas como dificuldade de sucção, hiperexcitabilidade e irritabilidade, durante semanas ou meses. Durante a infância, apresentam atraso do desenvolvimento neuropsicomotor, além de prejuízos nas funções cognitivas, intelectuais e no comportamento. Tais efeitos podem persistir até a idade adulta

(*continua*)

Doenças causadas pelo consumo de álcool, tabaco e outras drogas *(continuação)*	
Drogas	**Doenças**
Tabaco	*Doenças cardíacas e vasculares*: o consumo de cigarro aumenta os batimentos cardíacos, a pressão arterial e o risco de hipertensão e obstrução de artérias, predispondo ao risco de ataques cardíacos, acidentes vasculares hemorrágicos, aneurisma da aorta, ataques de angina, doenças das artérias coronárias e arterioesclerose. Predispõe ainda à tromboangeíte obliterante (doença de Buerger), caracterizada pela constrição ou obstrução completa das artérias das mãos e dos pés, diminuindo a irrigação nos tecidos e tornando-os mais suscetíveis a infecções e gangrenas, podendo levar a amputações *Diversos tipos de câncer* podem ser ocasionados pelos mais de 40 componentes químicos presentes na fumaça do cigarro, dentre os quais se destacam: pulmão, faringe, laringe, cavidade oral, estômago, pâncreas, rins, útero, esôfago, bexiga e baço *Sistema respiratório*: *Enfisema pulmonar*: irritação respiratória crônica que gera respiração ofegante, tosse e sensação de falta de ar, decorrente da perda de capacidade respiratória e oxigenação insuficiente. *Bronquite crônica*: inflamação dos brônquios em função do acúmulo de muco nas vias respiratórias; o principal sintoma é a tosse produtiva, com expectoração espessa, além de falta de ar e chiado. Infecções respiratórias *Catarata*: caracteriza-se pela opacidade parcial ou total do cristalino, bloqueando a passagem de luz e podendo levar à cegueira. O tabagismo ocasiona ou piora diversas doenças oculares *Psoríase*: doença inflamatória da pele, benigna, crônica e não contagiosa, caracterizada pelo surgimento de placas vermelhas sobre a pele (espalhadas pelo corpo ou localizadas em áreas específicas). Embora seja uma doença relacionada à transmissão genética, seu aparecimento ou piora estão associados a fatores ambientais desencadeantes *Efeitos sobre as funções reprodutivas*: em mulheres tabagistas, observa-se um aumento do risco de infertilidade, seja em função de alterações hormonais (redução da concentração de estradiol), de prejuízos na maturação do óvulo ou no processo de implantação do óvulo fecundado. No homem, o tabagismo pode prejudicar a produção de esperma, a qualidade dos espermatozoides e do DNA, favorecendo abortos espontâneos e má formação no feto. Além disso, também pode ocasionar impotência, uma vez que diminui o fluxo sanguíneo para a região peniana *Efeitos sobre a gestação e sobre o desenvolvimento do feto*: aumento do risco de aborto espontâneo, parto prematuro e morte neonatal; restrição ao crescimento intrauterino; risco de deslocamento da placenta, bem como espessamento da membrana placentária, dificultando as trocas de nutrientes entre mãe e feto. O bebê pode apresentar baixo peso ao nascer, redução da circunferência craniana, asma e infecções respiratórias *Osteoporose*: doença óssea, na qual o osso vai se tornando progressivamente mais poroso. O esqueleto se torna frágil, perde resistência a esforços e fica muito vulnerável a fraturas, em especial no pulso, na coluna e nos quadris *Úlceras estomacais*: o tabagismo reduz a resistência à bactéria que causa úlcera estomacal, além de prejudicar a capacidade de neutralizar a acidez após as refeições
Cocaína/ *Crack*	Muitas das complicações clínicas relacionadas ao consumo de cocaína/*crack* estão diretamente vinculadas à via de administração da substância: oral (ingerida), intranasal (aspiração nasal), endovenosa (injetada) ou pulmonar (fumada) *Sistema cardíaco e vascular*: hipertensão arterial, podendo levar a infarto, acidente vascular cerebral; arritmias, infarto agudo do miocárdio, angina, endocardite, miocardite, hipertrofia ventricular esquerda, cardiomiopatia, dissecção/ruptura da aorta; flebite e endocardites infecciosas (quando consumida por via endovenosa); vasoconstrição periférica, exigindo um aumento do trabalho cardíaco *Sistema nervoso central*: acidente vascular cerebral, convulsões, transtornos do movimento, aneurisma micótico

Doenças causadas pelo consumo de álcool, tabaco e outras drogas (*continuação*)

Drogas	Doenças
	Sistema respiratório: tosse crônica, dores torácicas, piora da asma, deterioração das funções pulmonares, edema pulmonar, hemorragia pulmonar, rinite alérgica e/ou vasomotora crônica, alteração do olfato, sinusite; vasoconstrição arterial pulmonar e brônquica, levando a hemorragia intersticial e alveolar; quando utilizada por via pulmonar pode ocasionar lesões térmicas nas vias aéreas superiores, broncoespasmo, pneumotórax e escarro enegrecido; ulceração ou perfuração do septo nasal (quando utilizada por via intranasal); embolia pulmonar (via endovenosa) *Gastrointestinais*: vômitos, diarreia, náuseas, risco de ulceração ou perfuração gastroduodenal *Complicações psiquiátricas*: transtornos ansiosos (pânico), transtornos esquizofreniformes, *delirium*, agitação psicomotora (auto e/ou heteroagressividade) *Efeitos sobre a gestação e desenvolvimento do feto*: aumento da contração uterina, gerando risco de trabalho de parto prematuro e de deslocamento da placenta; risco de aborto espontâneo e de ruptura prematura das membranas fetais; redução do aporte sanguíneo para a placenta, em função do efeito vasoconstritor, gerando queda de nutrientes para o feto e consequentemente baixo peso ao nascer; retardamento do crescimento intrauterino, malformação congênita neonatal, retardamento do desenvolvimento neurológico *Infecções*: risco de contração de vírus como o HIV e de desenvolvimento de doenças infecciosas, como hepatite B e/ou C e tétano, em função de comportamentos de risco, como o compartilhamento de seringas *Outros*: hipertermia, morte súbita, disfunções sexuais, overdose, dores de cabeça, anorexia, desnutrição, ulceração da gengiva, midríase, erosões do esmalte dentário
Maconha	*Sistema cardiovascular*: o aumento do trabalho cardíaco provocado pelo consumo de maconha pode prejudicar portadores de hipertensão, doenças cerebrovasculares ou das artérias coronárias *Sistema respiratório*: aumento dos sintomas de bronquite, tais como tosse, catarro, roncos e sibilos *Maconha e câncer*: embora as pesquisas avaliando esta relação ainda sejam escassas e pouco conclusivas, alguns fatores sugerem que o consumo crônico de maconha aumente o risco de cânceres do sistema respiratório, da mesma maneira como ocorre com o tabaco. Alguns estudos indicariam ainda a vinculação entre o consumo crônico de maconha e o desenvolvimento de câncer de bexiga e dos testículos *Funções sexuais*: O uso crônico de altas doses leva à diminuição da libido e à impotência, possivelmente por diminuição da testosterona. Ocorre ainda um aumento da irrigação sanguínea nos genitais e retardo da ejaculação *Maconha e psicose*: existe uma associação entre consumo de maconha e risco de psicose. Esta pode ser desencadeada em indivíduos predispostos; induzida em pessoas não predispostas; ou agravada, quando existente previamente ao consumo. O risco de precipitar um quadro psicótico parece aumentar conforme a gravidade do consumo *Síndrome amotivacional*: em geral acompanha o consumo crônico de maconha. Caracteriza-se por apatia, desinteresse, retraimento e embotamento afetivo, gerando distanciamento do convívio social e das atividades de lazer que a pessoa costumava ter. Embora os prejuízos à motivação e ao pragmatismo para realizar satisfatoriamente as atividades cotidianas fiquem evidenciados no uso crônico de maconha, podem não constituir fonte de angústia ou preocupação ao usuário, por bastante tempo *Déficits cognitivos*: o consumo crônico de maconha parece ocasionar déficits em funções cognitivas como atenção, memória e concentração, embora a literatura sobre o tema ainda não seja consensual quanto a estes efeitos, tampouco quanto a sua extensão e reversibilidade, após a abstinência da maconha

(*continua*)

Doenças causadas pelo consumo de álcool, tabaco e outras drogas *(continuação)*

Drogas	Doenças
Solventes	*Sistema nervoso central*: o consumo crônico de solventes produz diversas complicações neurológicas como: tremores, espasmos, dificuldades na coordenação motora, piora do equilíbrio e ataxia; déficits neurocognitivos (memória, atenção e aprendizado), evidenciados por dificuldades de pensar clara ou logicamente, até o desenvolvimento de quadros demenciais. Quando submetidos a testes de avaliação neuropsicológica, usuários crônicos apresentam baixos resultados de concentração, atenção, percepção visual, aprendizagem e memória. As alterações neurológicas envolvem patologias por irritação cortical (epilepsia) ou atrofia cortical (demência), síndrome cerebelar (nistagmo, alterações da marcha, tremores, reflexos profundos acentuados, disdiadococinesia e disartria) ou síndrome parkinsoniana. Com lesão neuronal, pode ocorrer ainda atrofia óptica, surdez, diminuição do olfato e polineuropatia periférica com importante comprometimento motor. A degeneração progressiva de nervos periféricos ocasiona dificuldades para andar, que podem evoluir para paralisia *Fígado*: desenvolvimento de hepatites tóxicas, resultantes da ação direta da droga sobre este órgão *Rins*: insuficiência renal resultante da ação direta dos solventes sobre as unidades de filtração dos rins *Medula óssea*: ação tóxica sobre a medula óssea, prejudicando a produção de hemácias e leucócitos *Prejuízos psíquicos*: irritabilidade, alterações da personalidade, redução da motivação, vigilância e iniciativa, depressão do humor, disforia, distúrbio de conduta, psicose esquizofrênica e sensação de perseguição *Efeitos sobre a gestação e o desenvolvimento do feto*: o uso de solventes na gravidez propicia aumento do risco de aborto espontâneo e de malformação fetal

Procedimentos

- Iniciar explicando que nessa atividade serão descritas doenças provenientes do consumo excessivo de álcool e de outras substâncias;
- Expor no quadro as doenças mais comuns;
- Esclarecer dúvidas dos participantes;
- Abrir espaço para depoimentos sobre doenças desenvolvidas durante a vida;
- Informar que as doenças, em sua maioria, podem regredir quando houver a cessação do uso da substância, valorizando a abstinência.

Dica das autoras

- Esse tipo de informação pode gerar várias reações. Alguns clientes minimizam os problemas causados, o que pode estar atrelado à minimização do efeito da substância em sua vida. Outros vêem, nos problemas físicos, a razão para a abstinência (principal motivo para parar). Outros, ainda, podem visualizar-se como vítimas e com poucos recursos para lidar com situações desse tipo. De qualquer forma, é importante, por parte do facilitador, um *feedback* quanto a tais percepções, em tom equilibrado, não banalizando os danos, tampouco expondo os riscos de maneira assustadora.

Anotações

Benefícios ao parar de fumar, beber ou usar drogas

Objetivo

- Listar e explicar os benefícios ao parar de fumar, beber ou usar drogas;
- Avaliar a capacidade de tomada de decisão por parte do participante.

Indicação

- Grupo;
- Individual.

Tempo de duração

- 5 minutos para explicações gerais;
- 30 minutos para questionar e relacionar os benefícios com a interrupção do consumo;
- 25 minutos para discussão final e explorar formas de tratamento.

Material necessário

- Projeção ou folha de atividades: Benefícios ao parar de fumar, beber ou usar drogas

Benefícios ao parar de fumar, beber ou usar drogas

- Liste os benefícios em parar de usar a substância (especificar).

____

____

____

- Listar os benefícios em manter o consumo atual da substância (especificar).

____

____

____

- Qual a sua decisão?

____

____

____

• Quão confiante você se sente para tomar essa decisão? Dê uma nota de 0 a 10 e justifique.

____

____

____

____

Procedimentos

- Questionar os benefícios ao parar de fumar, beber ou usar drogas;
- Relacionar os benefícios ao padrão de consumo atual da substância;
- Propiciar oportunidade para que os participantes possam visualizar uma decisão e avaliar seus recursos para essa tomada de decisão.

Dicas das autoras

- Realizar esta dinâmica com grupos recém-integrados ao tratamento;
- Se o participante não conseguir visualizar uma decisão, respeitar seu ritmo, evitando adiantar-se a prontidão para a mudança do mesmo, assegurando que essa decisão somente pode ser tomada por ele próprio.

Anotações

Abrigo subterrâneo

Objetivos

- Possibilitar discussão sobre aspectos importantes que envolvem tipos de uso (intensidade e problemática adquiridas), procurando romper paradigmas acerca de certos conceitos;
- Refletir sobre a percepção e discussão de preconceitos.

Indicação

- Grupo.

Tempo de duração

- 5 minutos para explicações gerais;
- 5 minutos para escolha individual;
- 25 minutos para busca de consenso;
- 25 minutos para apresentação dos resultados e discussão.

Material necessário

- Folhas de atividades e lápis ou canetas.
- Material de apoio ao facilitador: Abrigo subterrâneo

Abrigo subterrâneo

Escolha 5 pessoas, destas relacionadas, que ficarão protegidas de um bombardeio no país em uma abrigo subterrâneo.

1. Mulher de 35 anos, dependente de álcool há 5 anos.
2. Homem epiléptico que bebe mais do que sua condição física permite.
3. Adolescente masculino de 17 anos que usa crack.
4. Mulher grávida de 7 meses.
5. Homem de 45 anos, alcoolista há 15 anos.
6. Idosa de 85 anos.
7. Homem de 30 anos, extremamente agressivo com as pessoas (usa a força física). Não usa drogas nem bebe.
8. Homem de 47 anos, que bebeu por 35 anos, mas que está sem beber há 2 dias; não está fazendo tratamento. Só aceita ser escolhido se puder levar a esposa.
9. Esposa do homem de 47 anos, que possui Depressão. Uma pessoa bastante debilitada e com tendência suicida.
10. Homem de 25 anos que faz uso nocivo de álcool.
11. Adolescente feminino de 15 anos que usa maconha.
12. Mulher de 25 anos que tem anorexia e é dependente de anfetaminas.

Procedimentos

- Informar que cada um receberá uma folha com uma lista de pessoas e que o grupo será responsável por escolher as pessoas que deverão ser salvas de um bombardeio que haverá no país;
- As pessoas que escolherem ficarão em um abrigo subterrâneo, que as protegerá do bombardeio. Porém, as outras, junto com o restante da população, sofrerão o ataque;
- Pedir que, primeiro individualmente, cada um anote suas escolhas. Após tê-lo feito, solicitar que o grupo discuta a respeito das pessoas a serem indicadas e decida por consenso. Explicar que não vale só votação: é necessário discussão e consenso. Informar o tempo que terão e avisar pelo menos 5 minutos antes de acabar;
- Ao final do tempo, pedir que o grupo informe o resultado. Caso não tenha havido consenso, pedir para explicar o motivo e porque não conseguiram decidir;
- Abrir para discussão: o facilitador deve ter atenção sobre preconceitos (dentro e fora do grupo).

Dicas das autoras

- Com esse exercício, é possível discutir aspectos como diferença entre dependência e uso nocivo entre dependente homem e mulher; adolescentes e uso de substâncias na gravidez, entre outros;
- É importante a postura ativa do facilitador, no sentido de incentivá-los à busca de consenso, podendo avisá-los, caso "fujam" do assunto na discussão grupal.

Anotações

MITOS E VERDADES SOBRE O ÁLCOOL

Objetivos

- Informar sobre os efeitos agudos, efeitos do consumo crônico e os sintomas de abstinência sobre bebidas alcoólicas;
- Esclarecer sobre os prejuízos relacionados ao uso de álcool, desmistificando o senso comum.

Indicação

- Grupo;
- Individual;
- Família.

Tempo de duração

- 5 minutos para explicações gerais;
- 40 minutos para exposição e discussão das frases;
- 15 minutos para síntese conclusiva.

Material necessário

- Papel;
- Caneta ou lápis;
- Régua ou tesoura para recortar as frases abaixo:

Frases sugeridas para discussão:
• Alcoolismo é uma doença.
• A pessoa já nasce dependente de álcool.
• É sempre fácil identificar um dependente de álcool.
• O álcool ajuda a relaxar e esquecer os problemas.
• Um pouco de álcool na gravidez ajuda na produção de leite materno.
• A internação é o único tratamento eficaz para o alcoolismo.
• Para quem bebia pinga, uma cerveja não faz mal.
• Se ele trabalha, não é alcoólatra.
• Se ele só bebe aos finais de semana não é alcoólatra.

- Material de apoio ao facilitador: Efeitos

Efeitos agudos do consumo
- Exposição da moral; comportamento sexual de risco, agressividade, labilidade do humor, diminuição do juízo critico, funcionamento social e ocupacional prejudicados; alterações no afeto, fala, comportamento e pensamento; hálito etílico, olhos avermelhados e marcha ébria.

Efeitos do uso crônico
- O álcool causa danos físicos por meio de efeitos diretos e indiretos sobre o corpo. Sendo uma fonte de calorias (sem qualquer valor nutricional), desloca nutrientes normais, provocando desnutrição. Uma desnutrição secundária ocorre devido à insuficiência pancreática e ao metabolismo deficiente do fígado. Além disso, o álcool e seu metabólito acetaldeído são substâncias tóxicas que têm o potencial de provocar dano tissular. Em algumas condições, tanto o elemento tóxico quanto a perturbação do estado nutricional podem estar simultaneamente implicado como causa do dano. Abaixo as principais complicações associadas ao uso de álcool:
  - Transtornos gastroenterológicos.
  - Transtornos musculoesqueléticos.
  - Transtornos endócrinos.
  - Câncer.
  - Doenças cardiovasculares.
  - Doenças respiratórias.
  - Transtornos metabólicos.
  - Transtornos hematológicos.
  - Transtornos nos sistemas nervosos central e periférico.
  - Síndrome fetal alcoólica.
  - Doença de pele.
  - Supressão do sistema imunológico.
  - Alteração do funcionamento sexual.
  - Transtornos psiquiátricos decorrentes do uso de álcool.
- Sintomas de abstinência:
  - Agitação psicomotora; tremores de extremidades; sudorese; cefaleia; náuseas; vômitos; sensibilidade visual; em casos moderados, convulsões e *delirium tremens*.

Procedimentos

- Iniciar a atividade explicando que o objetivo central será discutir aspectos relacionados ao consumo de bebidas alcoólicas, a partir das frases sugeridas para discussão;
- Distribuir aleatoriamente entre os participantes os papéis contendo as afirmações sobre o consumo de bebidas alcoólicas;
- Solicitar a opinião e participação ativa dos participantes;
- No transcorrer da discussão, pontuar a diferença entre uso agudo e uso crônico, esclarecendo sobre os efeitos relacionados à intoxicação aguda e ao consumo crônico. Apresentar também os sintomas de abstinência mais comuns.

Dicas das autoras

- Leituras de apoio[1,2,3]

Mitos e verdades sobre a maconha

Objetivos

- Informar sobre os efeitos agudos do consumo de maconha e os efeitos do consumo crônico, bem como sobre os sintomas de abstinência desta substância;
- Esclarecer sobre os prejuízos relacionados com o abuso de maconha, desmistificando o senso comum de que se trata de uma substância inócua ao organismo.

Indicação

- Individual;
- Grupo;
- Família.

Tempo de duração

- 10 minutos para a explicação inicial sobre o objetivo da atividade e a distribuição das frases;
- De 50 minutos a 1 hora e 20 minutos para a discussão.

Material necessário

- Papel;
- Caneta ou lápis;
- Régua ou tesoura para recortar as frases abaixo:

Frases sugeridas para discussão:

- Fumar maconha é menos prejudicial do que fumar tabaco.
- A maconha não causa dependência.
- A maconha é uma droga leve que não acarreta qualquer dano ao usuário.
- Todo mundo fuma maconha hoje em dia.
- Eu só consigo ter ideias boas e criativas se fumo um baseado.
- A maconha me ajuda a relaxar.
- Quando fumo maconha, fico mais disposto e concentrado para trabalhar.
- A maconha não interfere na minha capacidade de dirigir.
- Quem fuma maconha é mais esperto do que quem é careta.

- Material de apoio ao facilitador: Efeitos

- Efeitos agudos do consumo: o consumo pontual da maconha, em situações sociais, produz efeitos subjetivos, como relaxamento, leve euforia, intensificação de experiências sensoriais, alterações na percepção, sobretudo em relação à passagem do tempo (que tende a ficar alentecido, na percepção do usuário intoxicado). Tais experiências subjetivas podem vir acompanhadas de alterações fisiológicas, tais como: taquicardia; aumento na pressão arterial, quando sentado, seguida de queda, quando a pessoa se levanta; além da vermelhidão das conjuntivas. A intoxicação aguda por maconha também pode provocar alteração nos processos cognitivos (atenção, memória, concentração, controle de inibição de respostas); aumento da ansiedade, podendo levar ao desencadeamento de crises de pânico. A concentração elevada de tetra-hidrocanabinol (THC) no sangue também pode favorecer a irrupção de quadros psicóticos transitórios, com sintomas positivos (delírios, alucinações) e negativos (retraimento emocional);
- Efeitos do uso crônico: a maconha, quando consumida sob a forma de cigarro, libera componentes semelhantes aos do tabaco, porém, com mais substâncias cancerígenas. O consumo crônico de maconha fumada produz, portanto, alterações inflamatórias no trato respiratório (bronquite crônica, dispneia e produção de catarro infectado). Já os efeitos cognitivos do consumo crônico de maconha não estão totalmente claros. Ainda não se sabe em que extensão os déficits observados na intoxicação aguda retrocedem ou persistem após um período de abstinência. Embora os estudos sejam controversos, em relação ao tempo de permanência dos déficits, foram constatados, em usuários crônicos, prejuízos cognitivos relacionados com memória, atenção, funções executivas e controle inibitório de respostas. Em relação aos efeitos sobre o humor, observa-se uma associação positiva entre usuários crônicos de maconha e a presença de transtornos de ansiedade, embora as origens desta relação não estejam totalmente claras;
- Sintomas de abstinência da maconha: alterações no ciclo sono/vigília, com a presença de insônia ou hipersonia; retardo psicomotor; fraqueza; ansiedade; inquietação e depressão;

Procedimentos

- Iniciar a atividade explicando que o objetivo central será discutir aspectos relacionados com o consumo da maconha, a partir das frases sugeridas para discussão;
- Distribuir aleatoriamente entre os participantes os papéis contendo as afirmações sobre o consumo de maconha;
- No transcorrer da discussão, pontuar a diferença entre uso agudo e uso crônico, esclarecendo sobre os efeitos relacionados com a intoxicação aguda e com o consumo crônico de maconha. Apresentar também os sintomas de abstinência da maconha;

Dicas das autoras

- No contexto clínico, essa atividade é indicada principalmente para usuários cuja droga de escolha seja a maconha;
- Também pode ser aplicada em contextos não clínicos, com jovens, visando a propiciar um debate informativo sobre a maconha, a substância ilícita que está entre as mais consumidas do mundo;
- Leituras de apoio[1,2,4 e 5] (ver página 114).

MITOS E VERDADES SOBRE A COCAÍNA E O *CRACK*

Objetivos

- Informar sobre os efeitos agudos do consumo e os efeitos do consumo crônico de cocaína e *crack*, bem como sobre os sintomas de abstinência;
- Facilitar aos participantes a exposição de suas dúvidas acerca dessas substâncias.

Indicação

- Individual;
- Grupo;
- Pacientes, familiares e membros da equipe técnica.

Tempo de duração

- 10 minutos para a explicação inicial sobre o objetivo da atividade e a distribuição das frases;
- De 50 minutos a 1 hora e 20 minutos para a discussão.

Material necessário

- Papel;
- Caneta ou lápis;
- Régua ou tesoura para recortar as frases abaixo:

Frases sugeridas para discussão

- O *crack* é uma droga mais forte que a cocaína.
- Eu só consumo cocaína aos finais de semana, portanto, não sou dependente.
- A dependência de *crack* não tem cura.
- Conseguir ficar em abstinência é suficiente para eu me livrar da dependência de *crack*/cocaína.
- O usuário de cocaína e *crack* é bandido.
- Todo usuário de cocaína e *crack* é violento e agressivo.

- Material de apoio ao facilitador: Efeitos

- Efeitos agudos do consumo: euforia, aumento da autoconfiança, do senso de energia e da cognição, vigília, estado de alerta sensorial, redução do apetite, aumento da ansiedade, podendo desencadear sintomas persecutórios e paranoides. Em termos fisiológicos, o consumo de cocaína/*crack* produz aumento do trabalho cardíaco e da temperatura corporal e provoca sudorese, tremores, hiperventilação, cefaleia, espasmos musculares e aumento do diâmetro da pupila;
- Efeitos do uso crônico: o consumo prolongado de cocaína/*crack* provoca tolerância, persecutoriedade durante o consumo (conhecida pelos usuários como "noia"), depressão de rebote após o consumo e fissura. O consumo crônico também ocasiona grande impacto na vida do usuário, causando estigma e isolamento pessoal, prejuízos nas relações familiares e sociais, intenso sofrimento pessoal, além de prejuízos na escolarização e no trabalho. Especificamente, o consumo de *crack*, por se caracterizar por um padrão bastante intenso e compulsivo, expõe o usuário a maior vulnerabilidade a comportamentos de risco (impulsividade, violência, promiscuidade) para obter a droga; a doenças clínicas e desnutrição, dadas as condições precárias em que frequentemente o *crack* é consumido: dias seguidos consumindo a droga, sem sono ou alimentação adequada, em locais geralmente insalubres. Os impactos socioeconômicos relacionados com a dependência de cocaína/*crack* são notáveis, expressando-se a partir de altas taxas de hospitalização, subemprego e desemprego, violência e gastos com o sistema carcerário;
- Sintomas de abstinência: a síndrome de abstinência da cocaína é caracterizada por três fases distintas. A primeira delas (*crash*) ocorre logo na primeira hora após o término do consumo, podendo estender-se por até três ou quatro dias. Nessa fase, observa-se piora do humor, hipersonia, esgotamento físico, sintomas depressivos e arrependimento pelo consumo. Apesar do mal-estar evidente, o desejo pelo consumo pode surgir já nessa fase. A segunda fase (*síndrome disfórica tardia*) pode durar de semanas a três ou quatro meses. Nessa fase, o risco de recaída é grande, já que se observam fissura intensa, anedonia, apatia, irritabilidade e alterações do afeto. A terceira fase é conhecida como *extinção* e pode durar de meses a anos. Nessa fase, observa-se diminuição da fissura pelo consumo, permanecendo, em um primeiro momento, os sintomas de anedonia, dificuldades de planejamento e assertividade. Esses prejuízos tendem a melhorar de modo gradativo, assim como a fissura. Contudo, a fissura não se extingue por completo, podendo ser desencadeada por gatilhos relacionados com o consumo (lugares, pessoas, momentos do dia, situações específicas) ou por sentimentos intensos, de estresse, angústia, frustração ou euforia;
- Vias de administração: a cocaína e o *crack* constituem a mesma substância, mudando a forma de apresentação da droga e a via de administração. O *crack* – obtido a partir da mistura de bicarbonato de sódio, amônia e água à cocaína – pode ser consumido pela via pulmonar. Já a cocaína refinada (cloridrato de cocaína) pode ser administrada por via intravenosa (quando diluída em água) ou intranasal (aspirada). O maior potencial aditivo do *crack* em relação à cocaína deriva de sua via de administração. Quando fumada, sob a forma de *crack*, a cocaína atinge o cérebro em poucos segundos, sem passar pelo fígado. Dessa maneira, a disponibilidade plasmática da droga é quase imediata, conferindo concentrações maiores, com a mesma dose da substância;

Procedimentos

- Iniciar a atividade explicando que o objetivo central será discutir aspectos relacionados com o consumo da cocaína e do *crack*, a partir das frases sugeridas para discussão;
- Distribuir aleatoriamente entre os participantes os papéis contendo as afirmações sobre o consumo de cocaína e *crack*;
- No transcorrer da discussão, pontuar a diferença entre uso agudo e uso crônico, esclarecendo sobre os efeitos relacionados com a intoxicação aguda e com o consumo crônico. Apresentar também os sintomas de abstinência mais comuns;

Dicas das autoras

- No contexto clínico, essa atividade é indicada principalmente para usuários cuja droga de escolha seja a cocaína ou o *crack*;
- Leituras de apoio[1,2,5 e 6] (ver página 114)

Anotações

Mitos e verdades sobre as anfetaminas

Objetivos

- Informar sobre os efeitos agudos do consumo de anfetaminas e os efeitos do consumo crônico, bem como sobre os sintomas de abstinência destas substâncias;
- Esclarecer sobre os prejuízos relacionados com o abuso de *ecstasy* e outras anfetaminas.

Indicação

- Individual;
- Grupo;
- Pacientes, familiares e membros da equipe técnica.

Tempo de duração

- 10 minutos para a explicação inicial sobre o objetivo da atividade;
- De 50 minutos a 1 hora e 20 minutos para exploração das crenças dos participantes sobre as anfetaminas e para discussão.

Material necessário

- Lousa ou bloco de *flip-chart*.
- Material de apoio ao facilitador: Efeitos

- Efeitos agudos do consumo: o termo anfetaminas compreende todas as substâncias anfetamínicas, dentre elas as metanfetaminas (categoria à qual pertence o *ecstasy*). Produz ação estimulante sobre o sistema nervoso central, ocasionando aumento da liberação de norepinefrina, dopamina e serotonina, que repercutem sobre a fisiologia dos diversos sistemas orgânicos, provocando: aumento da pressão arterial; arritmias; dificuldade para urinar; constipação intestinal ou diarreia; contração uterina, podendo provocar cólicas e aborto; inibição do sono; aumento do estado de alerta; diminuição da sensação de fadiga; inibição do apetite; estimulação do humor, com aumento da autoconfiança, da iniciativa, da concentração e do desempenho físico; euforia e agitação psicomotora. Entre os efeitos tóxicos e adversos da intoxicação por anfetaminas, destacam-se: cefaleia, palpitação, tontura, hipertemia, tremores, agitação psicomotora, insônia, confusão mental, agressividade, alucinações paranoides, delírios e crises de pânico. Em pessoas portadoras de transtornos mentais ou em indivíduos predispostos, pode ocorrer tendência suicida ou homicida. Especificamente em relação ao consumo de *ecstasy*, os efeitos colaterais frequentemente observados são: perda do apetite, ranger de mandíbula, boca seca, sede e desidratação. Sintomas como fadiga, tensão muscular, irritabilidade e ansiedade podem se estender por até uma semana;

- Efeitos do uso crônico: o consumo prolongado é frequentemente seguido de ansiedade, depressão e fadiga. O uso crônico de *ecstasy* pode provocar perda gradual das funções cognitivas, impulsividade e alta incidência de psicopatias entre os usuários. Tal quadro clínico resulta da neurodegeneração do sistema serotoninérgico;
- Vias de administração e finalidades do consumo: as anfetaminas podem ser utilizadas com finalidades terapêuticas ou recreacionais. O uso terapêutico em geral se dá por via oral, sob a forma de cápsulas ou comprimidos. Já as formas recreacionais da substância podem ser consumidas pelas vias intranasal, intravenosa, fumada ou mesmo oral (misturada a bebidas). Quando injetada ou aspirada, os efeitos são imediatos, durando cerca de 4 horas. Pela via intranasal, o início dos efeitos ocorre após cerca de 3 a 5 minutos, perdurando por até 12 horas. Já pela via oral, o início dos efeitos é mais lento, ocorrendo após 15 a 20 minutos e se prolongando por até 12 horas. As metanfetaminas, quando metabolizadas, dão origem à anfetamina. Para fins terapêuticos, os anfetamínicos podem ser utilizados no tratamento de narcolepsia e de transtorno de déficit de atenção e hiperatividade (TDAH) e como supressor do apetite. Esta última finalidade, contudo, é bastante controversa clinicamente, já que é indicada apenas como terapêutica auxiliar secundária ao tratamento principal e apenas para pacientes com obesidade (índice de massa corporal [IMC] superior a 30) ou sobrepeso (IMC entre 27 e 30), que apresentem comorbidades clínicas associadas ao excesso de peso (hipertensão, diabetes) e que tenham fracassado anteriormente apenas com dieta alimentar e prática de exercícios físicos.

Procedimentos

- Iniciar a atividade explicando que o objetivo central será discutir aspectos relacionados com o consumo de anfetaminas;
- Estimular que os participantes exponham suas crenças e dúvidas sobre a substância, a partir de algumas perguntas iniciais: quais são os tipos de anfetaminas disponíveis? Para que finalidades é utilizada? Mesmo sendo uma substância lícita, a anfetamina é considerada droga? Que prejuízos pode acarretar o abuso desta substância?
- No transcorrer da discussão, esclarecer sobre os efeitos relacionados com a intoxicação aguda e com o consumo crônico de anfetaminas; apresentar os sintomas de abstinência; discutir os mitos relacionados com o consumo do *ecstasy* e com o consumo de anfetaminas com finalidades estéticas (para perda de peso);

Dicas das autoras

- Leitura de apoio[1 e 2] (ver página 114).

DIA TÍPICO: PREVALÊNCIA DO CONSUMO DE ÁLCOOL OU DROGAS NO COTIDIANO

Objetivos

- Auxiliar os participantes a discriminarem as atividades que realizam em um dia típico de suas vidas, bem como o tempo dedicado a cada uma delas: trabalho ou estudo, lazer, higiene pessoal, deslocamento em trânsito, consumo da substância psicoativa, sono, entre outras;
- Verificar possíveis desequilíbrios entre as atividades cotidianas, com eventual predominância de atividades relacionadas com o consumo da substância utilizada, incluindo-se o tempo gasto na preparação da droga a ser consumida, no consumo da droga em si e o período em que se permanece intoxicado.

Indicação

- Individual.

Tempo de duração

- 5 minutos para explicações gerais;
- 30 minutos para a realização do gráfico;
- 25 minutos para discussão.

Material necessário

- Folha de papel;
- Lápis ou caneta;
- Lousa ou bloco de *flip-chart*.

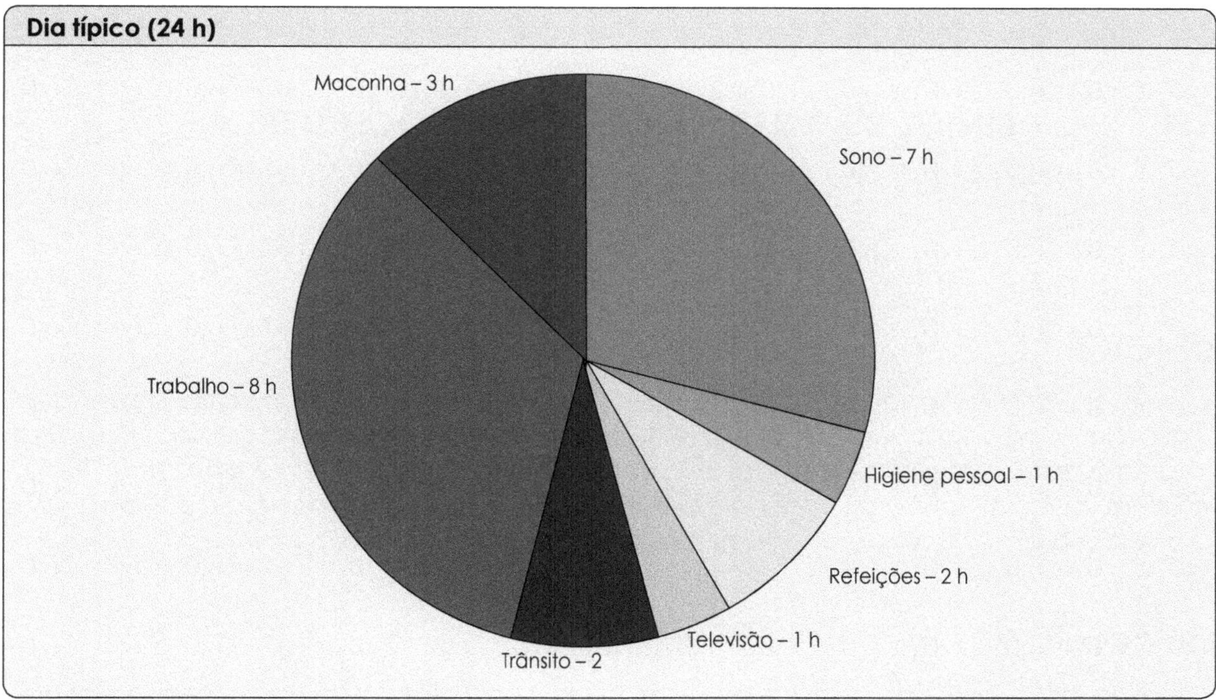

Procedimentos

- Iniciar a atividade contextualizando as diversas atividades que realizamos em nosso cotidiano;
- Expor que o objetivo da atividade será auxiliá-los a perceber o que têm feito em um dia típico e qual a prevalência de cada atividade no cotidiano;
- Esclarecer que o gráfico se refere as 24 horas do dia e exemplificar como devem preenchê-lo, desenhando-o em uma lousa ou em uma folha de papel.

Dica das autoras

- Esperar para ver se os participantes dão-se conta da eventual predominância, no dia a dia, de atividades relacionadas com o consumo da substância psicoativa. Durante a discussão da atividade, destacar possíveis desequilíbrios entre as atividades do cotidiano apenas ao final, para não interferir na construção dos gráficos.

LINHA DA VIDA: PREJUÍZOS ASSOCIADOS À INSTALAÇÃO DA DEPENDÊNCIA DE SUBSTÂNCIAS

Objetivo

- Auxiliar na reflexão sobre os prejuízos relacionados com a instalação da dependência de substâncias ao longo da vida, nas diversas áreas associadas: trabalho, escolarização, lazer, rede social, relações familiares, saúde, entre outras;
- Estimular a compreensão sobre o caráter crônico da dependência de substâncias e sobre a amplitude de problemas associados a esta condição.

Indicação

- Individual ou em grupo, mas neste caso cada participante deve realizar o seu gráfico individualmente.

Tempo de duração

- 10 minutos para instruções gerais, ilustrando a realização da atividade em uma lousa ou bloco de *flip-chart;*
- 45 minutos para a realização do gráfico;
- 35 minutos para discussão.

Material necessário

- Folha de papel sulfite;
- Lápis ou caneta;
- Lousa ou bloco de *flip-chart*.

Linha da vida.

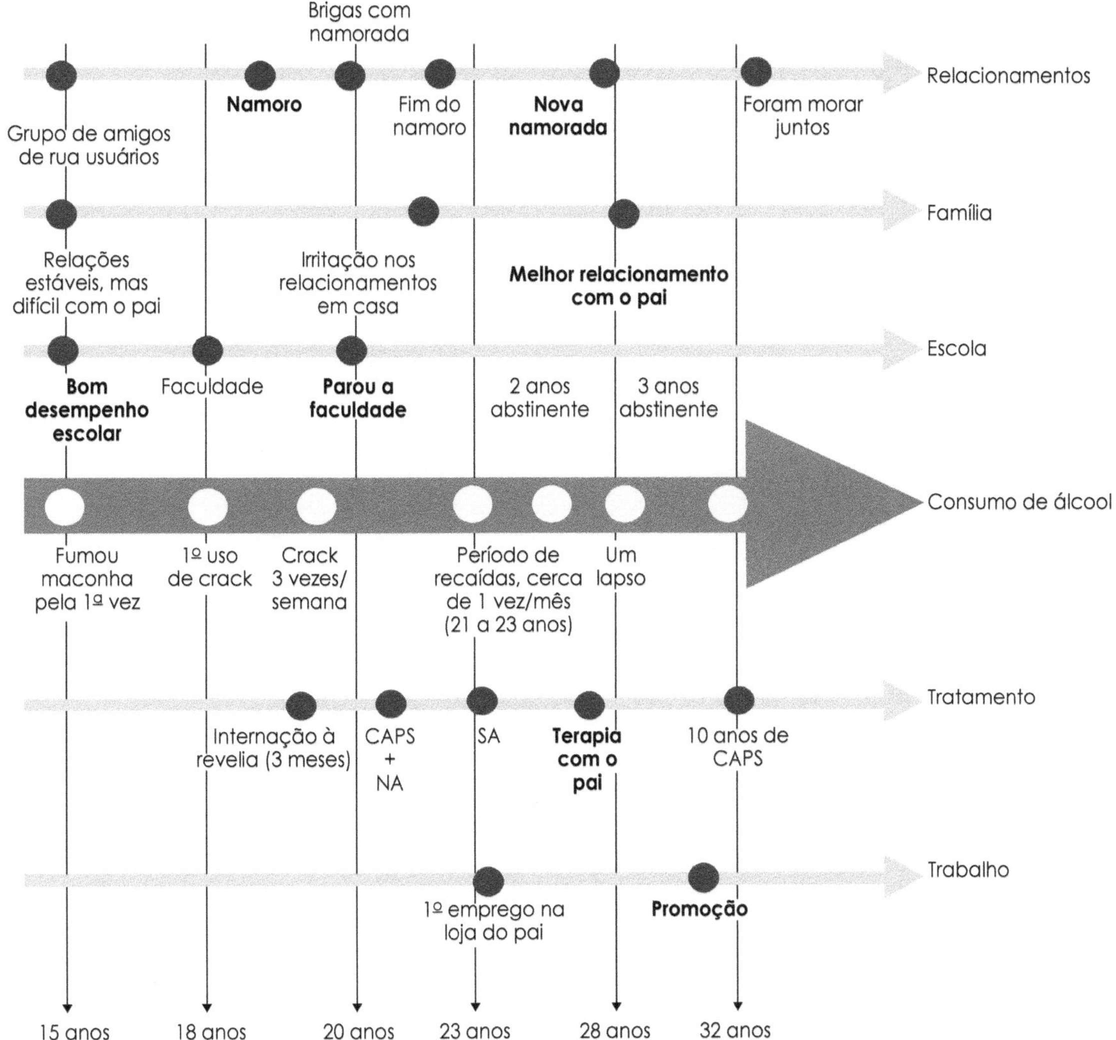

Procedimentos

- Iniciar a apresentação da atividade construindo o gráfico na lousa, em conjunto com os participantes, destacando as seguintes áreas da vida, que serão colocadas em linhas horizontais: escolarização, trabalho, relações familiares e sociais, saúde, dependência de substâncias, tratamentos;
- Solicitar que destaquem em cada linha do gráfico os principais marcos de sua trajetória de vida: conquistas escolares ou no trabalho, adoecimento, casamento, nascimento de filhos, desemprego, promoções, tratamentos, rompimento de relacionamentos amorosos, fases de abstinência, recaídas, etc. Vide modelo a seguir:

Dicas das autoras

- Essa atividade é indicada para um momento do tratamento em que já exista um vínculo estabelecido entre o terapeuta e o grupo ou o paciente, quando se tratar de um atendimento individual;
- Esta atividade pode ser adaptada para ocorrer em dois encontros: iniciada no grupo; desenvolvida em casa, individualmente; e posteriormente discutida em grupo ou no contexto do atendimento individual, com o terapeuta;
- É importante auxiliar os pacientes a perceberem as associações entre o consumo de substâncias psicoativas e as perdas ou dificuldades enfrentadas em momentos correspondentes da vida;
- É interessante que cada paciente leve uma cópia da atividade realizada e que o terapeuta mantenha outra cópia no prontuário, a fim de utilizá-la sempre que for oportuno, no atendimento individual.

Anotações

GRÁFICO DA FISSURA

Objetivos

- Esclarecer sobre um dos sintomas mais comuns da abstinência do consumo de álcool ou drogas: a fissura;
- Discutir possíveis formas de enfrentar a fissura, quando ela vier;
- Esclarecer sobre a maneira como este sintoma varia ao longo do processo de recuperação.

Indicação

- Individual;
- Grupo;
- Família.

Tempo de duração

- 10 minutos para investigar junto ao grupo as opiniões sobre o sintoma da fissura;
- 20 minutos para esclarecimentos sobre o gráfico da fissura e sua variação ao longo do processo de recuperação;
- 30 minutos para discutir alternativas de enfrentamento diante da fissura pelo consumo da substância.

Material necessário

- Lousa, bloco de *flip-chart* ou folha de papel com a figura abaixo:

Gráfico da fissura

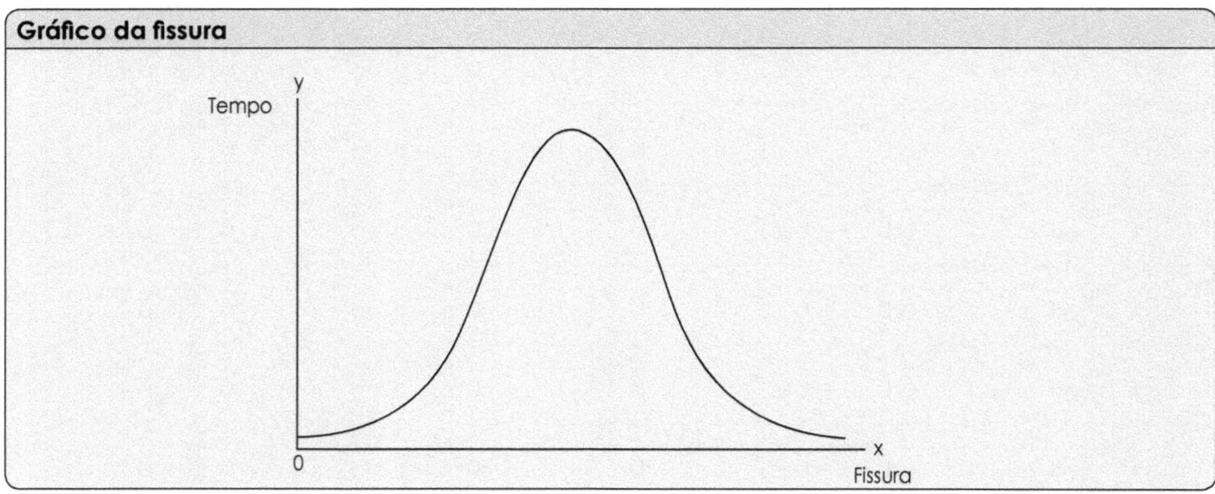

Procedimentos

- Investigar junto aos participantes a compreensão que possuem do sintoma da fissura;
- Apresentar o gráfico da fissura, explicando sobre a trajetória da curva normal: 1) a vontade de consumir álcool ou drogas pode vir sem qualquer estímulo aparente; 2) aumenta com o tempo; 3) quando atinge o ápice, a pessoa se sente impulsionada ao consumo, como se não fosse suportar não consumir a substância naquele momento; 4) porém, da mesma maneira que a fissura apareceu e foi crescendo em intensidade, começa a diminuir até que cessa por completo;
- Esclarecer que este sintoma varia em intensidade e frequência, conforme o organismo e a trajetória de consumo de cada pessoa, assim como varia ao longo do processo de recuperação. No início do tratamento, a fissura se apresenta de maneira mais intensa e frequente, diminuindo em intensidade e frequência conforme a pessoa ganha tempo de abstinência.

Dicas das autoras

- É interessante ilustrar a explicação com situações concretas: "se no início do tratamento você sentia vontade de usar a droga todos os dias e a fissura demorava 1 hora para passar, por exemplo, conforme você for ganhando tempo de abstinência ela virá com menos frequência – por exemplo, a cada três dias ou uma vez por semana – e passará mais rápido, em meia hora, por exemplo";
- Os exemplos podem ser investigados junto aos próprios participantes, até como uma maneira de estimulá-los a observar suas trajetórias pessoais.

Anotações

Origem multifatorial da dependência de substâncias

Objetivos

- Refletir sobre a complexidade envolvida na gênese da dependência de substâncias, desmistificando a ideia presente no senso comum, segundo a qual esta condição seria inata ou fruto de falta de força de vontade, por parte do usuário, para interromper o consumo de álcool ou droga;
- A partir da discussão realizada, oferecer aos participantes mais subsídios para lidar com o fenômeno da dependência de substâncias, agregando ao ponto de vista clínico a necessária compreensão biopsicossocial.

Indicação

- Individual;
- Grupo;
- Família.

Tempo de duração

- 60 minutos.

Material necessário

- Lousa ou bloco de *flip-chart*. Com a figura abaixo:

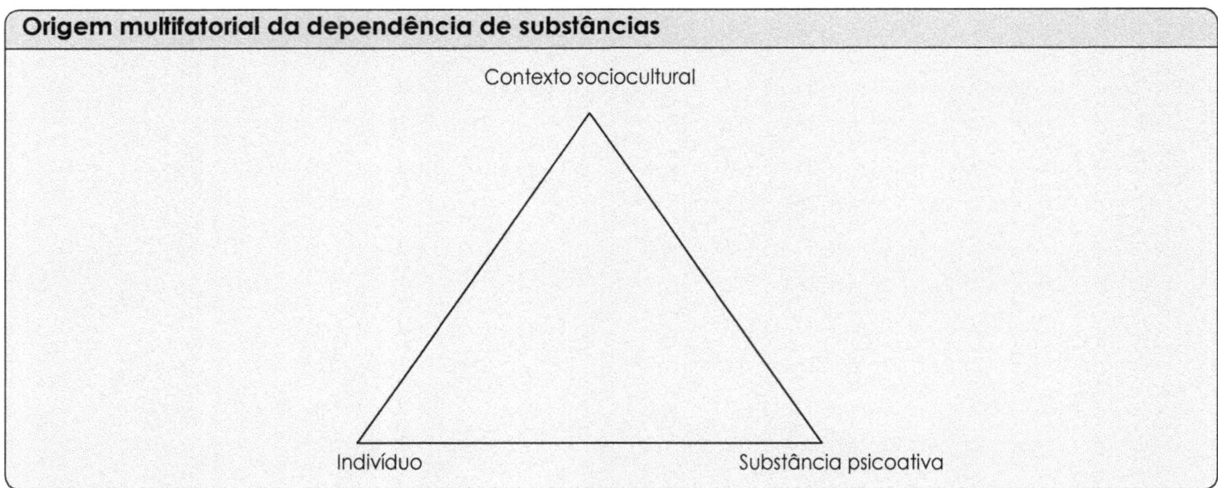

Procedimentos

- Iniciar a atividade investigando junto aos participantes suas compreensões acerca da origem da dependência de substâncias;
- Discutir a compreensão biopsicossocial a partir das crenças emergentes no grupo;
- Apresentar visualmente o esquema representativo da gênese multifatorial da dependência de substâncias.

Dica das autoras

- Leitura de apoio[2] (ver página 114).

Anotações

978-85-4120-168-1

REFERÊNCIAS BIBLIOGRÁFICAS

1. DIEHL, A.; CORDEIRO, D.; LARANJEIRA, R. (Org.) **Dependência Química - Prevenção, Tratamento e Políticas Públicas.** 2ª ed. Porto Alegre: Artmed, 2019.
2. FIGLIE, NB.; SELMA, B.; LARANJEIRA, R. **Aconselhamento em Dependência Química.** 3ª ed. São Paulo: Grupo GEN, 2015.
3. LARANJEIRA, R.; PINSKY, I. **O Alcoolismo**. São Paulo: Contexto, 1997.
4. JUNGERMAN, F. S.; ZANELATTO, N. **Tratamento psicológico do usuário de maconha e seus familiares**. São Paulo: Roca, 2007.
5. LARANJEIRA, R.; JUNGERMAN, F.; DUNN, J. **Drogas**. São Paulo: Contexto, 1998.
6. RIBEIRO, M.; LARANJEIRA, R. **O tratamento do usuário de *crack***. São Paulo: Casa Leitura Médica, 2010.

SEÇÃO 3

Motivação para tratamento

Cristiane Sales
Roberta Payá
Neliana Buzi Figlie

A motivação é um estado de prontidão ou avidez para mudança, que pode oscilar de acordo com o tempo ou a situação e pode ser influenciada por fatores interpessoais e intrapessoais, bem como por acontecimentos, intervenções e tratamentos.

As pessoas que apresentam problemas com uso de substâncias psicoativas geralmente chegam ao aconselhamento com motivações flutuantes e conflitantes. Ao mesmo tempo, elas querem e não querem mudar. Esse conflito, que pode ser chamado de *ambivalência*, permeia principalmente as primeiras sessões do tratamento e parece ter um potencial especial para manter as pessoas aprisionadas à dependência química. Em vez de ver a ambivalência como um "mau sinal", entendê-la como compreensível no processo de recuperação pode ser um ingrediente poderoso na mudança.

Trabalhar a motivação com o cliente consiste em uma tarefa fundamental, em que os profissionais têm a oportunidade de ajudar o cliente a liberar as forças motivacionais que contribuem para a iniciação de comportamentos novos mais adaptativos, bem como para o abandono dos comportamentos disfuncionais, ao ter um olhar acurado nos recursos e fatores de proteção que o cliente traz em seu histórico. Esta seção se propõe a apresentar atividades clínicas e dinâmicas de grupo com vistas a trabalhar a motivação interna do cliente na modificação de hábitos e comportamentos de risco que envolvam o uso de substâncias psicoativas.

Balança decisória

Objetivos

- Identificar e auxiliar na resolução da ambivalência;
- Refletir sobre vantagens e desvantagens do consumo de substâncias;
- Reconhecer a existência desses dois aspectos (a ambivalência) como normais no processo de mudança;
- Orientar sobre as estratégias que ajudam a pender a balança mais para o lado da mudança do comportamento, a despeito dos "aspectos positivos" da substância;
- Apontar que reconhecer os "aspectos positivos" do consumo de substâncias é fundamental para se preparar para a abstinência;
- Verificar motivação para tratamento/abstinência.

Indicação

- Individual;
- Grupo.

Tempo de duração

- 5 minutos para explicações gerais;
- 25 minutos para realizar a balança decisória;
- 10 minutos para exposição;
- 20 minutos para *feedback* e finalização.

Material necessário

- Folha de atividades: Balança decisória

Balança decisória

	Usar	Não usar
Vantagens		
Desvantagens		

978-85-4120-168-1

Procedimentos

- Solicitar aos participantes que preencham os quadrantes da atividade;
- É comum que tenham dificuldade em preencher os quadrantes de desvantagens em não usar e vantagens em usar. Cabe aqui ao facilitador uma postura de aceitação e até de questionamento da existência desses aspectos, pois são eles que alimentam o comportamento aditivo;
- Sugerir que os participantes comentem o que fizeram, de maneira voluntária;
- Reforçar os aspectos negativos decorrentes do consumo, de modo a serem facilitadores no processo de modificação do comportamento aditivo;
- Refletir com o grupo sobre a importância de dedicar maior atenção às desvantagens em não usar e vantagens em usar, pois são estes aspectos que mantêm o comportamento aditivo, bem como facilitam a recaída;
- Refletir sobre os valores quanto a ganhos e perdas atribuídos à abstinência e à continuidade do consumo, relacionando motivação para abstinência à percepção das perdas decorrentes do consumo;
- Esclarecer que as pessoas conseguem se mover em direção à mudança mesmo com a existência dos aspectos positivos (por exemplo: gostando e tendo prazer em consumir a substância);
- Algumas estratégias que podem ajudar o cliente a se mover em direção à mudança: refletir sobre os custos pessoais (saúde, finanças, relacionamentos, trabalho, etc.) presentes e futuros em relação ao consumo da substância; refletir sobre os benefícios pessoais (presentes e futuros) relacionados com a mudança do comportamento; descobrir e fortalecer a importância para mudar.

Dicas das autoras

- Apesar de ser desenvolvido pela terapia cognitivo-comportamental, este exercício é largamente utilizado em entrevista motivacional, pois é uma técnica útil para trabalharmos, por meio do diálogo, aspectos fundamentais para aumentar a motivação para a mudança, auxiliando o cliente a sair da inércia (contemplação) e acionar os motores da mudança: aumentar a conscientização dos problemas relacionados com o consumo da substância, reconhecer e lidar com a ambivalência. Vale ressaltar que o profissional deve extrair os motivos e as razões do cliente e não induzir. A partir do momento em que ocorre a indução, o exercício deixa de ser motivacional;
- Esta atividade tem resultados mais efetivos com clientes em estágio de contemplação;
- Geralmente, os ganhos com o consumo surgem em menor proporção em relação às perdas; daí a importância de trabalhar a influência desses aspectos sobre o comportamento da pessoa (mesmo que em menor quantidade), pois são estes que eliciam o consumo de substâncias, ou seja, exercem grande influência.

Estágios de mudança

Objetivos

- Aumentar a consciência: explorar as possíveis preocupações do paciente em relação ao seu consumo de substâncias;
- Promover a discrepância: observar a coerência entre a visão que os participantes possuem sobre a motivação para modificação de comportamentos, objetivando abstinência e aquilo que realmente é percebido no comportamento real;
- Identificar junto com o cliente o estágio motivacional em que ele se encontra, reforçando possibilidades de mudanças;
- Promover a autoeficácia e a responsabilidade pessoal: mostrar como é possível, por meio de atitudes e pensamentos avançar nos estágios de mudança.

Indicação

- Individual;
- Grupo.

Tempo de duração

- 15 minutos para explicações teóricas sobre o modelo;
- 5 minutos para reflexão individual sobre o estágio em que o participante acha que se encontra;
- 10 minutos para exposição;
- 30 minutos para *feedback* e finalização.

Material necessário

- Quadro ou folha de atividades para os participantes: Modelo em espiral dos estágios de mudança.
- Material de apoio ao facilitador: Os estágios de mudança são ilustrados sob a forma de uma espiral, evidenciando como a motivação oscila em estágios até que a mudança final seja alcançada. Didaticamente, os estágios de mudança seguem uma sequência (da pré-contemplação até a manutenção), mas, na prática, vemos que em qualquer momento a motivação para a mudança pode sofrer interferências que estimulam o indivíduo a seguir em frente ou podem fazer com que ele volte a estágios anteriores, necessitando de ajuda para retomar o processo em direção à mudança.Esse modelo contempla também a recaída (retomada do comportamento antigo), que não é considerada um estágio e sim um evento que pode ocorrer, tirando a pessoa dos estágios de ação ou manutenção e inserindo-a em algum dos estágios anteriores. Nessas situações, é importante que o indivíduo se estimule e

busque ajuda para reiniciar o processo de mudança. A recaída é um evento que deve ser considerado no processo de mudança como oportunidade de aprendizado e não como fracasso.

Modelo em espiral dos estágios de mudança

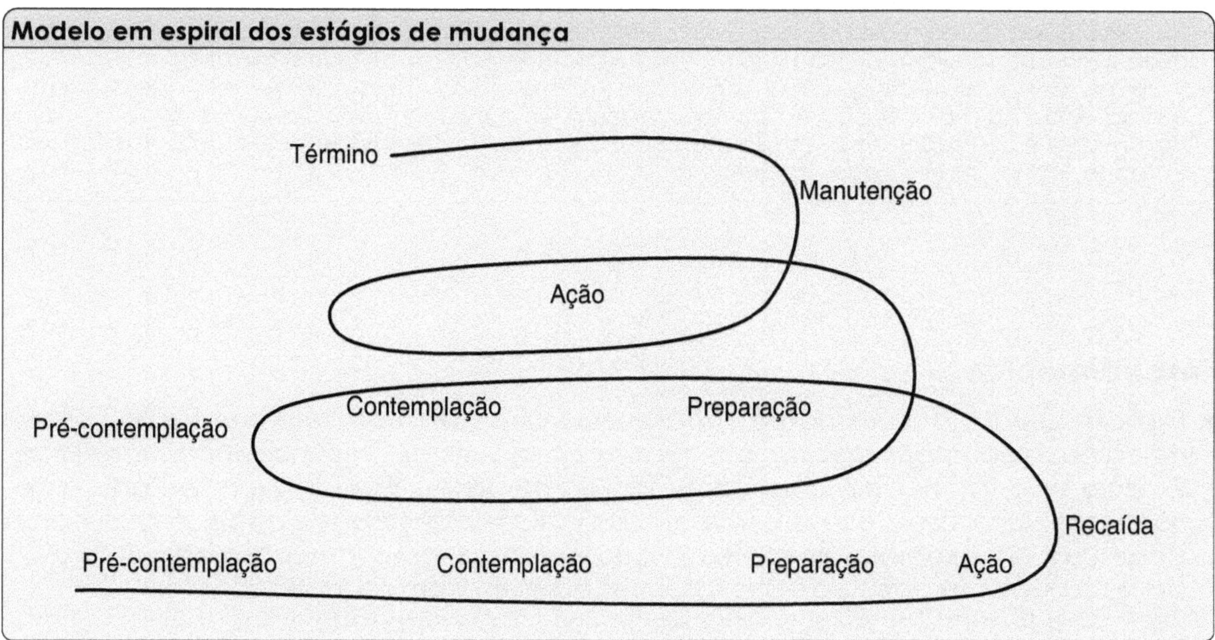

- Material de apoio ao facilitador: Definição dos estágios de mudança

Definição dos estágios de mudança

- Pré-contemplação: estágio em que a pessoa só percebe o lado positivo do uso de substâncias. Não percebe ou nega as perdas consequentes do uso. A pessoa não considera que o uso de substância possa ser um problema para ela, por isso, mudar o comportamento não faz parte dos seus pensamentos ou planos. *Exemplos de comportamento*: atualmente, faz uso da droga e não pensa em fazer qualquer mudança em relação a isto, seja parar ou reduzir o consumo
- Contemplação: é quando a pessoa começa a perceber as consequências negativas do uso da substância, mas ainda não muda hábitos. A pessoa deseja dar os primeiros passos em direção à mudança do comportamento, reconhece o problema e acredita que precisa fazer algo, mas ainda não tem muito bem definido como esta mudança ocorrerá. *Exemplos de comportamento*: atualmente, faz uso de substâncias, pensa em parar, mas ainda não assume um compromisso: não define quando nem como fará esta mudança
- Preparação: estágio em que a pessoa começa a se preparar psicologicamente para a mudança: a pessoa tomou a decisão a favor da mudança e começa com algumas tentativas. *Exemplos de comportamento*: ainda faz uso de substâncias, mas já tem o compromisso de parar; tem um planejamento definido de quando e como fará esta mudança e tem feito alguns testes de redução do consumo ou tentativa de abstinência
- Ação: quando a pessoa realmente coloca em prática a mudança. *Exemplos de comportamento*: a pessoa apresenta ações específicas e muda o comportamento, ou seja, entra em abstinência

(*continua*)

Definição dos estágios de mudança (*continuação*)

- Manutenção: neste momento, a mudança já foi realizada e a pessoa mantém a abstinência e tem feito mudanças no estilo de vida que o afastam cada vez mais de uma recaída por meio da construção de um novo padrão de comportamento. *Exemplos de comportamento*: mantém a abstinência de substâncias e ocupou o tempo anteriormente destinado a estas com estudo, trabalho, cuidados com a saúde, convívio familiar, convívio com novos amigos, atividade religiosa, entre outras. Tem projetos de vida que o afastam cada vez mais do consumo de substâncias
- Vale ressaltar que a *recaída* não é um estágio motivacional, mas sim um evento que impede a progressão na modificação do comportamento. Se a pessoa continuar a investir no tratamento e na mudança para recuperação, pode aprender a lidar, com mais autoeficácia, como situações de risco que possam levar a uma recaída

Procedimentos

- Explicar que toda mudança é um processo que passa por diferentes estágios psicológicos e comportamentais até que se consiga atingir uma mudança sustentada;
- Explicar os estágios de mudança, tendo como base o Quadro apresentado anteriormente. Em caso de resistência ou dificuldades de compreensão, o profissional pode usar um exemplo diferente da dependência, como um caso de namoro ou de troca de emprego, e depois fazer um paralelo com a dependência;
- Pedir que tentem localizar o estágio de mudança em que se encontram no momento e o porquê (podem anotar);
- Em seguida, resuma o que o cliente disse em relação ao seu processo de mudança e pergunte o que ele achou;
- Por fim, o facilitador fornece o seu *feedback* ao participante, reforçando os aspectos positivos do progresso do cliente em direção à mudança do comportamento prejudicial e apontando as discrepância entre a autoavaliação dele em relação ao seu comportamento atual.

Dicas das autoras

- O *modelo transteórico de mudança* explica como é o processo de mudança por meio de estágios motivacionais. Apesar dele não consistir em um modelo motivacional em si, é muito útil por facilitar e orientar o trabalho do profissional, mostrando como auxiliar o cliente a identificar o estágio em que seu paciente se encontra;
- Esta dinâmica pode ser feita em folha individual, em lousa ou cartolina, em que todos os participantes se posicionarão dizendo em que estágio de mudança se encontram, proporcionando elementos para a discussão coletiva a ser realizada posteriormente. A folha individual também será discutida coletivamente, no entanto, o primeiro momento é particular;
- No caso de o grupo ter uma boa interação, havendo tempo suficiente, pode-se

pedir que cada um aponte a fase que considere ser a dos seus colegas;

- É interessante reaplicar este exercício a cada seis meses;
- É comum, neste exercício, pessoas ambíguas ou que negam a problemática da dependência tenderem a se colocar em uma fase mais avançada da mudança. Também, pessoas mais autocríticas e que tendem a desmerecer suas conquistas podem subestimar o estágio em que se encontram. Daí a importância de uma postura bastante atenta e perspicaz do facilitador, principalmente para o *feedback*;
- Atenção especial deve ser dada à explicação sobre recaída, de maneira a não banalizá-la (por exemplo: dizer que é comum e todo mundo passa por isso) e nem moralizar (por exemplo: que não deve ocorrer e, se acontecer, é muito ruim). A postura indicada é dizer que se espera que não aconteça, mas que pode fazer parte do processo; se acontecer, o mais importante é continuar o tratamento e entender as razões pelas quais aconteceu, para se fortalecer, evitando, assim, outros desgastes e recaídas.

Anotações

ESCALA DE DISPOSIÇÃO PARA MUDANÇA DE COMPORTAMENTO ADITIVO

Objetivos

- Aumentar a prontidão para a mudança: refletir sobre a importância da modificação de um hábito aditivo, bem como o grau de confiança pessoal para sua realização e o desejo de mudar;
- Promover a responsabilidade pessoal: possibilitar maior clareza e comprometimento com o tratamento;
- Promover a autoeficácia: trabalhar as motivações e os recursos pessoais para alcançar os objetivos.

Indicação

- Individual;
- Grupo.

Tempo de duração

- 5 minutos para explicações gerais;
- 15 minutos para execução da escala de disposição;
- 40 minutos para finalização.

Material necessário

- Folha de atividades: Escala de disposição, para cada participante.

Escalas de disposição
Quão **importante** é para você realizar essa mudança?
0...1...2...3...4...5...6...7...8...9...10 Sem importância Extremamente importante
Quão **confiante** você se sente para realizar esta mudança?
0...1...2...3...4...5...6...7...8...9...10 Sem confiança Extremamente confiante
Quanto você **deseja** realizar esta mudança?
0...1...2...3...4...5...6...7...8...9...10 Não deseja mudar Deseja muito mudar

Procedimentos

- Sensibilizar os participantes, a fim de que avaliem o quão importante é modificar seu comportamento aditivo, dando uma nota de 0 a 10, sendo 0 igual à menor importância e 10, maior importância;
- Em seguida, solicitar que avaliem o quanto acreditam ser capazes (em termos de autoconfiança) de modificar seu comportamento aditivo dando uma nota de 0 a 10, sendo 0 igual à menor confiança e 10, maior confiança;
- Ao facilitador cabe fornecer um *feedback*, no sentido de esclarecer se existe uma discrepância entre o que almeja e o quanto o participante se sente confiante para alcançar o objetivo, bem como sobre o quão importante é para ele realizar esta mudança neste momento;
- Finalizar refletindo com o grupo sobre a importância de ter objetivos e de contar com o auxílio do tratamento.

Dicas das autoras

- A escala de disposição pode ser realizada oralmente ou com *flip-chart*;
- Pergunta que pode estimular a discussão: por que você se deu a nota 4 e não 0? Este tipo de pergunta estimula o cliente a verbalizar suas razões e motivos para mudar, ao passo que perguntas inversas (por que 4 e não 8?) podem gerar respostas defensivas e de resistência;
- Ao final, você pode perguntar a cada membro do grupo: o que precisa acontecer ou o que você precisa fazer para que sua confiança (importância ou desejo) em realizar esta mudança cresça de 4 para 8? Este tipo de pergunta estimula a participação ativa do cliente no processo de mudança.

Anotações

Prioridades

Objetivos

- Promover o autoconhecimento e a discrepância entre o comportamento atual e metas mais amplas de vida;
- Aumentar a prontidão para a mudança, através do fortalecimento da confiança, do desejo e da importância de mudar;
- Possibilitar a reflexão do que é mais importante para o participante nesse momento de vida;
- Ajudar a pensar e construir estratégias que possibilitem o alcance dos objetivos;
- Auxiliar de forma mais concreta no aproveitamento de recursos para a realização de objetivos.

Indicação

- Individual;
- Grupo.

Tempo de duração

- 5 minutos para explicações gerais;
- 15 minutos para execução;
- 40 minutos para finalização.

Material necessário

- Folha de atividades: Prioridades, para cada participante.

Prioridades

- Qual é o seu objetivo principal nesse momento de vida?

____

____

____

- Quanto tempo você acredita ser necessário para alcançar esse objetivo?

____

____

- Descreva cinco passos necessários para alcançar esse objetivo:

1) ______________________________________
2) ______________________________________
3) ______________________________________
4) ______________________________________
5) ______________________________________

Procedimentos

- Sensibilizá-los a pensar em suas vidas hoje, definindo qual seria a meta mais importante nesse momento (prioridade) e que gostariam de alcançar;
- Pedir que pensem, em seguida, em passos concretos que os ajudem a alcançar o que desejam;
- Sugerir que comentem o que fizeram, de maneira voluntária;
- Finalizar refletindo com o grupo sobre a importância de ter objetivos e de priorizá-los. Além disso, pensar no quanto as conquistas ficam mais viáveis quando há planejamento;
- Incentivá-los para que usem esse modelo quando planejarem outras prioridades.

Dicas das autoras

- Este exercício oferece oportunidade para o cliente expor as várias demandas de mudança que tem atualmente e a função do facilitador é apontar a necessidade de se estabelecer prioridades e estipular os passos e o prazo para realizar cada tarefa;
- Ao completar o exercício, o cliente terá explicitado o que é mais importante para ele neste momento, a mudança que quer fazer primeiro. Escrever sobre cada passo da mudança promoverá um aumento na sensação de confiança de que ele será capaz de realizar a mudança com sucesso (autoeficácia);
- Em muitos casos, observa-se a dificuldade em estabelecer prioridades. É interessante incentivá-los a priorizarem. Caso sintam muita dificuldade de encontrar uma prioridade, pode-se sugerir que indiquem mais de uma. Entretanto, caso exista, é interessante assinalar tal dificuldade.

Anotações

Áreas da vida: real/ideal

Objetivos

- Refletir sobre as diversas áreas da vida;
- Promover a discrepância: auxiliar na percepção do que é importante para o cliente (ideal) em cada uma das áreas e o que realmente está acontecendo (real);
- Possibilitar a percepção de discrepância entre os objetivos de vida do cliente e o comportamento atual.

Indicação

- Individual;
- Grupo.

Tempo de duração

- 5 minutos para explicações gerais;
- 15 a 20 minutos para execução;
- 30 minutos para finalização.

Material necessário

- Folha de atividades: Áreas da vida, para cada um dos participantes.

Áreas da vida – real/ideal.

- *Estilo de vida:* é todo padrão de comportamento e escolhas que uma pessoa faz para organizar a sua vida. O estilo de vida de uma pessoa gera efeitos na saúde física e mental, na situação financeira, nos relacionamentos e no trabalho.
- *Áreas que compõem a vida:* família; trabalho; estudo; sexualidade; saúde; social; religiosidade; lazer, entre outras.
- Desenhe abaixo, dividindo a figura como uma pizza, como está o seu estilo de vida atualmente (REAL) e, na outra figura, como você gostaria que sua vida estivesse de fato (IDEAL).

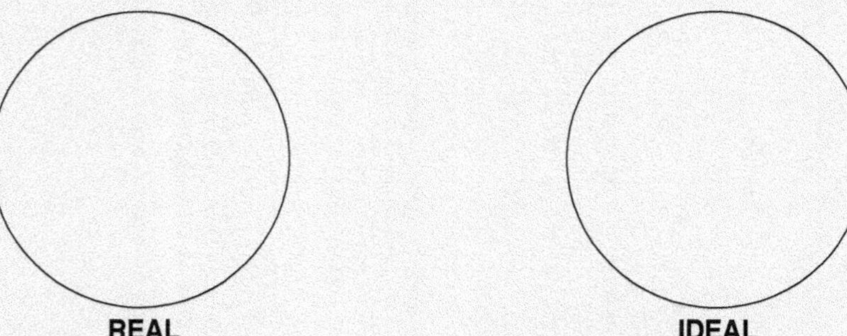

Procedimentos

- Após distribuição das folha de atividades, solicitar que reflitam sobre as áreas mencionadas e dividam em partes o círculo (como uma pizza) proporcionalmente ao que cada uma delas ocupa atualmente (REAL) e ao que gostaria que ocupasse (IDEAL);
- Depois de concluído, pedir que exponham o que fizeram e comentem cada uma das áreas;
- É importante finalizar ajudando-os a perceber as discrepâncias entre real e ideal e a possibilidade de caminharem em busca dos objetivos que lhes são relevantes;
- Algumas questões podem facilitar a discussão: *como você gasta o seu tempo e quais são os seus hábitos? Como o seu estilo de vida atual está afetando sua saúde física e mental, suas finanças, seus relacionamentos e o seu trabalho? Segundo a sua opinião, como o seu estilo de vida deve ser para que você consiga mudar em relação ao consumo de substância e manter esta mudança? Aponte qual área da sua vida você acredita necessitar de mais investimento e/ou mudança para que você se sinta em equilíbrio.*

Dicas das autoras

- Este exercício pode ser utilizado para várias finalidades, como por exemplo, pedir que avaliem como estão cada uma das áreas e, na parte ideal, sugerir que escrevam metas que pretendem alcançar (em vez de pedir para que façam o desenho);
- Pode ser também solicitado que pintem as partes (em vez de dividirem), utilizando cores escuras para simbolizar o quanto estão insatisfeitos e cores claras para o quanto estão satisfeitos em cada uma das áreas;
- As áreas podem ser adaptadas de acordo com a necessidade;
- Outra opção: guardar o material para eles e, depois de um tempo (alguns meses), entregar as folha de atividades que fizeram e pedir uma reavaliação de modificações e metas alcançadas, bem como de dificuldades para alcançá-las.

Anotações

Curtograma

Objetivos

- Proporcionar maior autoconhecimento;
- Facilitar uma autoavaliação dos comportamentos e atitudes frente à substância psicoativa em questão;
- Promover a responsabilidade pessoal: despertar maior comprometimento com as ações que o ajudem a mudar o comportamento prejudicial.

Indicação

- Individual;
- Grupo.

Tempo de duração

- 5 minutos para explicações gerais;
- 10 minutos para execução do exercício;
- 10 minutos para apresentações gerais;
- 35 minutos para reflexão.

Material necessário

- Folha de atividades: Curtograma de vida pessoal, para cada um dos participantes.

Curtograma de vida pessoal

Analise e reflita sobre sua vida particular. Pense nas coisas que você fez e também naquelas que deixou de fazer. Não se importe com os motivos. Inclua nessa reflexão os momentos bons e os difíceis.
Transcreva dentro de cada quadrante as coisas que você faz ou não na vida particular. Ao fazer essa reflexão, ficará mais fácil analisar a relação entre seu estilo de vida e o uso de substâncias.

Gosto	O que faço e gosto	O que não faço e não gosto
Não gosto	O que faço e não gosto	O que não faço e gosto

Procedimentos

- Entregar uma folha de atividades a cada participante com os quadrantes desenhados, ou uma folha em branco e desenhar na lousa os quadrantes;
- Explicar os quadrantes e pedir que, em um primeiro momento, cada um preencha sua folha tendo em mente questões do dia a dia;
- Informar o tempo que terão para isso;
- Depois de feito o exercício, pedir que cada um apresente ao grupo o que produziu;
- Abrir discussão, dirigindo questões como atitudes pessoais que podem proteger a pessoa do álcool/drogas e atitudes que acabam reforçando a vontade de usar a(s) substância(s);
- Refletir sobre como direcionam suas ações, qual quadrante está mais preenchido (por exemplo: pessoa que se volta mais para as coisas de que não gosta – isso está relacionado com a necessidade, prática ou forma de se "agredir"?), entre outros aspectos que podem ser explorados na atividade.

Dica das Autoras

- Os quadrantes podem ser adaptados com foco em outras necessidades ou áreas de vida que não somente a pessoal, como por exemplo, profissional, saúde, familiar, etc. Porém, é sempre interessante finalizar a dinâmica fazendo uma ligação entre as próprias atitudes e o uso de substâncias.

Anotações

VOZES OPOSTAS

Objetivos

- Reconhecer e lidar com a ambivalência: possibilitar aos participantes que entrem em contato com os pensamentos e as expectativas acerca do consumo de álcool/drogas;
- Ampliar a percepção de qual tendência está mais forte dentro de si: a vontade/impulso de usar a substância ou a determinação de enfrentá-la;
- Aumentar a autoeficácia diante de situações conflitantes.

Indicação

- Individual;
- Grupo.

Tempo de duração

- 10 minutos para explicações gerais e divisão dos grupos;
- 15 minutos de encenação;
- 35 minutos para discussão.

Material necessário

- Nenhum.

Procedimentos

- Informar que será realizada uma atividade em que é necessário um voluntário (o qual fará o papel de dependente químico) e o restante do grupo será dividido em dois subgrupos;
- Um dos facilitadores acompanha o voluntário para um lugar à parte e explica ao voluntário que este agirá como se estivesse em uma festa na qual existe a substância de escolha. Uma parte do grupo irá abordá-lo, influenciando-o a consumir, enquanto a outra parte tentará convencê-lo a não consumir;
- Solicitar ao voluntário que argumente com esses "dois lados" e que seja o mais verdadeiro possível, tomando a decisão que desejar;
- Enquanto o voluntário está sendo instruído, o restante do grupo está sendo orientado pelo outro facilitador. Este explica que haverá pessoas que influenciarão o voluntário a utilizar a substância de escolha e pessoas que o ajudarão a não utilizar. Pede-se que as pessoas escolham de que lado querem ficar, incentivando a participação de todos;
- Solicita-se ao voluntário retornar ao grupo e começar a encenação;

- Depois da representação, se o voluntário ainda não tiver se posicionado, perguntar a ele qual é sua decisão: utilizar ou não a substância;
- Abrir espaço para discussão, perguntando o que sentiram, o que puderam perceber, o que desejaram, etc., a fim de explorar os aspectos importantes;
- Fornecer *feedback* do que os facilitadores perceberam, salientando que as tendências internas muitas vezes são incoerentes, daí a importância da pessoa ter sempre em mente seus objetivos; no caso, a abstinência.

Dicas das autoras

- Pode ser utilizada em épocas de festas, como final de ano, carnaval, etc.;
- Deve ser evitada em grupos nos quais as pessoas têm abstinência muito recente;
- Ter cuidado para que as pessoas não se rotulem após o exercício (devido às posições que ocuparam); para isso, deixar bem claro que é uma atividade hipotética, para a qual cada um dará sua contribuição.

Anotações

AUTOAVALIAÇÃO: O QUÃO MOTIVADO VOCÊ ESTÁ PARA MUDAR

Objetivos

- Aumentar a conscientização: possibilitar maior contato com os problemas acarretados pela dependência e os motivos para a mudança;
- Identificar e promover a prontidão para a mudança: relacionar a percepção do indivíduo sobre os problemas relacionados com o consumo de substâncias e a motivação para a mudança.

Indicação

- Individual;
- Grupo.

Tempo de duração

- 5 minutos para explicações gerais;
- 15 minutos para o exercício;
- 40 minutos para exposição e discussão.

Material necessário

- Caneta;
- Folha de atividades: O quão motivado você está para mudar?

O quão motivado você está para mudar?		
Tema	**Perguntas reflexivas**	**Respostas do cliente**
Reconhecimento do problema	Como você acha que o consumo de álcool ou outras drogas tem afetado a sua vida?	
Preocupação	O que o preocupa no seu uso de álcool e drogas atualmente?	
Intenção de mudar	Qual mudança você pretende fazer? Quais benefícios ou vantagens você terá ao realizar esta mudança?	
Autoeficácia	Caso você decida mudar, o que o(a) faz pensar que irá conseguir? (Que recursos você tem para conseguir realizar esta mudança?)	

Procedimentos

- Entregar a folha de atividades aos participantes, explicando os quatro itens e solicitando o preenchimento de acordo com o que é pedido em cada um;
- Pedir que se manifestem, falando sobre o que preencheram;
- Auxiliar os participantes a observarem o quão motivados se encontram para a mudança;
- Refletir sobre o quanto a percepção das perdas e dos problemas acarretados pelo comportamento pode servir de fonte motivadora para a mudança e a busca de outros ganhos, diferentes dos que o álcool e as drogas proporcionam.

Dicas das autoras

- É importante o facilitador ficar atento ao grau de envolvimento dos participantes na percepção dos problemas decorrentes do uso. Em geral, amenizar problemas e preocupações está relacionado com menor motivação para mudança e, consequentemente, a menores possibilidades de prevenção da recaída;
- Assessorar pessoas com dificuldade de leitura e escrita;
- Podem ser utilizados, em vez da escrita, materiais como recortes de revistas e jornais, para simbolizar o que sentem a respeito de cada área.

Anotações

PERSPECTIVA DE FUTURO

Objetivos

- Evocar a esperança de mudar;
- Aumentar a conscientização, a discrepância e a responsabilidade pessoal em relação ao comportamento atual e ao processo de mudança;
- Possibilitar que os participantes projetem expectativas e visualizem o futuro sem o uso da substância;
- Auxiliá-los na percepção do quanto o que almejam é construtivo ou não, a motivação que possuem e a visão de vida;
- Perceber a coerência entre as expectativas e a motivação real para alcançá-las.

Indicação

- Individual;
- Grupo.

Tempo de duração

- 5 minutos para explicações gerais;
- 20 minutos para execução;
- 20 minutos para exposição;
- 10 minutos para finalização.

Material necessário

- Revistas diversas, jornais, lápis de cor, giz de cera, tesouras, cola e cartolina.

Procedimentos

- Explicar que estará disponível uma série de materiais que poderão ser utilizados para montagem de um painel;
- Solicitar que peguem o material que desejarem e confeccionem, em um pedaço de cartolina, uma figura/imagem que simbolize as expectativas de futuro, individualmente;
- Pedir que apresentem aos demais o material confeccionado;
- Solicitar que finalizem com uma frase ou palavra que represente um sentimento: "o que estão sentindo naquele momento";
- Explorar questões como: que tipos de sentimentos ou pensamentos estão vinculados às expectativas futuras (por exemplo: medo, alegria, fantasias, entre outros, que possam enriquecer a reflexão sobre a qualidade e possibilidades do que almejam)?

Dicas das autoras

- Em termos de perspectiva de futuro, esta atividade é indicada para clientes que estão estabilizados no tratamento e em estágios de motivação mais avançados (ação e manutenção);
- O trabalho pode ser proposto em nível grupal, explorando a perspectiva de futuro do grupo;
- A atividade também pode ser direcionada ao momento presente, sendo indicada principalmente para clientes em estágios iniciais do tratamento.

Anotações

Explorando a força de vontade

Objetivos

- Aumentar a prontidão para a mudança;
- Aumentar a autoeficácia;
- Construir uma relação de confiança entre os participantes;
- Lembrar que existe muito mais coisas além do uso de substâncias.

Indicação

- Individual;
- Grupo.

Tempo de duração

- 5 minutos para a apresentação da atividade;
- 20 minutos para execução;
- 20 minutos para exposição;
- 10 minutos para finalização.

Material necessário

- Folha de atividades: Minha Bandeira, para serem distribuídas entre os membros do grupo;

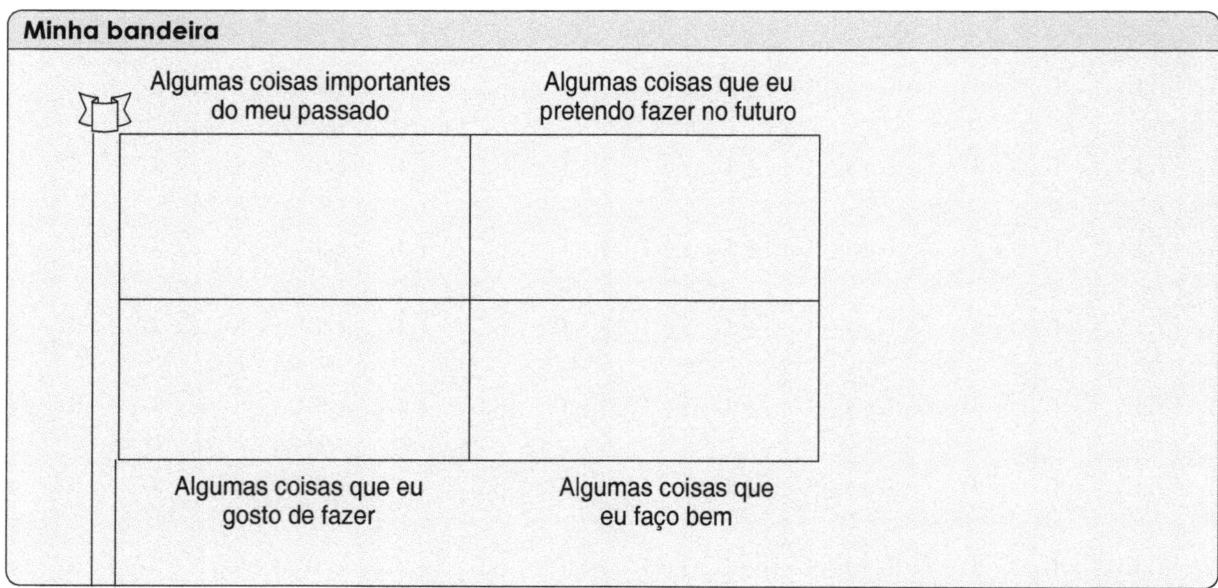

Procedimentos

- Apresentar a atividade do dia;
- Distribuir as folhas para cada membro do grupo e orientar sobre a execução da atividade;
- Discutir em grupo os principais pontos abordados pelo grupo;
- Resumir e encerrar a sessão.

Dicas das autoras

- Esta atividade é recomendada para clientes em fase de preparação e ação;
- É importante valorizar como o cliente resolveu dificuldades e problemas no passado e poder visualizar essa estratégia adaptada à situação no presente, bem como dar conta de suas potencialidades ao reforçar suas capacidades e habilidades de enfrentamento.

Anotações

Relembrando histórias de sucesso

Objetivos

- Aumentar a autoeficácia;
- Evocar o desejo e a esperança de mudar;
- Aumentar a motivação por meio da recordação de histórias de sucesso dos participantes.

Indicação

- Individual;
- Grupo.

Tempo de duração

- 5 minutos para explicações gerais;
- 20 minutos para execução;
- 20 minutos para exposição;
- 10 minutos para finalização.

Material necessário

- Folha de atividades: Relembrando meus sucessos, para serem distribuídas entre os membros do grupo.

Relembrando meus sucessos

É fácil perdermos a coragem quando nos esquecemos de situações ocorridas na nossa vida em que tivemos sucesso. Todo mundo já fez alguma mudança com sucesso na vida! Este é o momento de você lembrar de seus sucessos!

1) Liste a seguir as mudanças positivas que você já fez na vida:

____

____

____

____

2) Escolha uma das mudanças acima. Talvez a mais difícil de todas e responda às seguintes perguntas:

- Quando você começou a pensar em realizar aquela mudança? O que estava acontecendo na sua vida naquele momento?
- Você realizou uma mudança súbita ou fez pequenas mudanças até atingir a mudança final?
- Quais foram as pequenas mudanças?
- Como você se sente atualmente por ter realizado aquela mudança?

Procedimentos

- Apresentação do tema aos participantes;
- Distribuir e preencher a folha de atividades;
- Explorar os exemplos fornecidos pelos membros do grupo;
- Discutir o assunto em grupo;
- Resumir os principais pontos abordados pelo grupo.

Dicas das autoras

- Oriente a discussão perguntando aos participantes se eles se recordam de como se moveram em direção à mudança em ocasiões passadas: a decisão de mudar, a ambivalência, sobre quando e como começaram a agir e como conseguiram sustentar aquela mudança a médio e longo prazo;
- Ao final, pergunte como se sentiram ao lembrar das histórias do passado e como esta atividade pode ter contribuído para a mudança que estão prestes a fazer;
- Ajude-os a descobrir o que mais os motiva a realizar uma mudança;
- No momento do resumo da sessão, pontue os pontos fortes, as habilidades que têm e que os ajudarão a realizar a mudança atual, com base nas informações que forneceram durante a atividade.

Anotações

EXPLORANDO VALORES

Objetivos

- Resgatar valores pessoais;
- Promover a discrepância: estimular o indivíduo a examinar sobre como o consumo de substância entra em conflito com os valores pessoais;
- Aumentar prontidão para a mudança, no item importância.

Indicação

- Individual;
- Grupo.

Tempo de duração

- 10 minutos para introdução do assunto;
- 5 minutos para explicações gerais;
- 10 minutos para execução do exercício;
- 20 minutos para exposição e discussão;
- 5 minutos para finalização.

Material necessário

- Folha de atividades: O que mais importa na minha vida, para distribuir a cada membro do grupo.

O que mais importa na minha vida

Todos temos valores em que acreditamos. Algumas vezes, nossos comportamentos e atitudes são contrários às coisas que mais importam na nossa vida, porque esquecemos deles, estamos irritados, ou estamos distraídos com outras coisas. Por exemplo, algumas pessoas fazem uma boa poupança de aposentadoria para, na velhice, viverem com muito conforto, mas não percebem que mantêm vícios e atitudes que promovem o adoecimento e a morte prematura.

Este exercício vai te ajudar a verificar e entender como andam as suas atitudes e o quão discrepantes ou não elas são em relação aos seus valores pessoais.

Na coluna da esquerda, escreva quais são os principais valores da sua vida (trabalho, filhos, saúde, segurança financeira, amigos, etc.). Na coluna da direita, descreva de que maneira o consumo de substância interfere em cada um dos valores apontados por você.

O que é mais importante para mim (meus valores)	Como o uso de substâncias interfere nos meus valores

Procedimentos

- Introduzir a sessão explicando o conceito de valores e estimulando os membros do grupo a identificarem quais são os valores mais importantes para cada um;
- Distribuir a folha de atividades e instruir sobre como preenchê-la, oferecendo exemplos;
- Promover uma discussão em grupo sobre os valores apontados na atividade. O facilitador deve apontar as discrepâncias e explorar as reações e os sentimentos evocados em decorrência da percepção das discrepâncias;
- Estimular os clientes a separar um tempo por dia para avaliar seus próprios comportamentos e pensamentos para avaliar se estão caminhando de acordo com os seus valores;
- Fazer um resumo dos aspectos mais relevantes trabalhados nesta sessão, lembrando de aproveitar e refletir as expressões de preocupação e as falas automotivacionais verbalizadas no grupo.

Dicas das autoras

- Identificar os valores pessoais e perceber o quanto seus pensamentos e atitudes estão conflitantes em relação aos valores pode aumentar a motivação para a mudança;
- Esta dinâmica é útil em qualquer tempo do tratamento, sobretudo na fase inicial;
- Perguntas que podem auxiliar na discussão: quais são os seus valores pessoais? Como o seu consumo de substâncias interfere nos seus valores? A que valores você gostaria de dar mais importância na sua vida? O que você pode fazer para estar em contato frequente com os seus valores?

Expressões de preocupação

Objetivos

- Estimular a autoavaliação sobre o comportamento prejudicial;
- Promover a discrepância entre o comportamento atual e os valores pessoais;
- Eliciar a expressão dos sentimentos do cliente e de pessoas significativas para ele em relação aos problemas relacionados com o uso de substância;
- Estimular a percepção interna do cliente sobre o consumo de substância como prejudicial.

Indicação

- Individual;
- Grupo.

Tempo de duração

- 10 minutos para introdução do assunto;
- 5 minutos para explicações gerais;
- 10 minutos para execução do exercício;
- 20 minutos para exposição e discussão;
- 5 minutos para finalização.

Material necessário

- Folha de atividades: Quem está preocupado?, para cada membro do grupo.

Quem está preocupado?

Alguma pessoa já lhe disse que estava preocupada com o seu uso de álcool ou outras drogas? Se sim, quem está preocupado?

Que preocupação em particular esta pessoa vem expressando?

De que maneira geralmente ela se comunica com você para transmitir esta preocupação?

Alguma vez você pessoalmente já esteve preocupado com o seu consumo de substâncias?

Que preocupação, especificamente, você teve?

Atualmente, o seu consumo de substâncias ainda te traz alguma preocupação?

Procedimentos

- Abrir a sessão explicando que nesta atividade eles terão a oportunidade de compartilhar os comentários e as expressões de preocupação que as outras pessoas têm e relatam a respeito do comportamento deles em relação ao uso de substância;
- Distribuir a folha de atividades, ler as instruções oferecendo exemplos. Reservar 10 minutos para a reflexão individual sobre a folha de atividades;
- Em seguida, promover uma discussão em grupo para abordar este tema, iniciando pelas preocupações de pessoas significativas (cônjuges, parentes, filhos, médicos, empregadores);
- Aprofundar a discussão ajudando os membros do grupo a pensarem sobre qualquer preocupação que tenham sobre eles mesmos em relação ao uso de substâncias;
- Antes de encerrar, resuma os principais pontos abordados na discussão e pergunte a eles se esta atividade lhes trouxe uma nova visão sobre o comportamento deles.

Dicas das autoras

- Nesta sessão, o grupo relata as preocupações que as outras pessoas têm em relação ao seu consumo. A partir daí, o facilitador encoraja a discussão acerca dessas expressões de preocupações de terceiros e, ao final, ajuda os membros do grupo a identificar suas próprias preocupações em relação ao consumo de drogas;
- Muitas pessoas, quando estão nos estágios iniciais de prontidão para a mudança, não veem o seu uso de substâncias como um problema. Este exercício oferece oportunidade para o facilitador explorar se existem pessoas na vida do cliente que expressam alguma preocupação frente ao seu consumo de substâncias;
- Um fator que ajuda o usuário de drogas a compreender e considerar o seu consumo como um problema é ele entrar em contato com as expressões de preocupação verbalizadas por pessoas significativas. Lembre-os que mesmo verbalizando de maneira errada às vezes (raiva, pressão, etc.), as pessoas que eles relataram são importantes na vida deles e no fundo querem expressar carinho e cuidado por eles;
- Deixar livre a opção de o cliente escrever ou apenas pensar e comentar suas respostas da folha de atividades.

Anotações

EXPECTATIVAS

Objetivos

- Aumentar a conscientização: aumentar o conhecimento acerca de si mesmo em relação ao consumo de substâncias;
- Levantar as expectativas e crenças a respeito do uso de substâncias;
- Oferecer alternativas para alcançar a mudança comportamental.

Indicação

- Individual;
- Grupo.

Tempo de duração

- 5 minutos para explanação do conceito;
- 15 minutos para a primeira discussão;
- 10 minutos para preenchimento do questionário;
- 20 minutos para discussão final e finalização.

Material necessário

- Folha de atividades: Minhas expectativas sobre o consumo de substâncias, para cada membro do grupo.

Minhas expectativas sobre o consumo de substâncias.

Marque "V" para verdadeiro ou "F" para falso em cada afirmação:

V	**F**	Usar álcool ou outras drogas diminui a minha timidez.
V	**F**	Eu sou mais desajeitado depois de beber ou usar drogas.
V	**F**	Eu sou mais romântico quando bebo ou uso outras drogas.
V	**F**	O álcool ou outras drogas fazem meu futuro parecer mais promissor.
V	**F**	Quando eu bebo ou uso outras drogas, parece fácil conseguir colocar limites nos outros.
V	**F**	Quando estou sob o efeito da bebida ou de drogas, eu me sinto bem.
V	**F**	Eu me sinto mais à vontade para falar de coisas embaraçosas ou difíceis depois de beber ou usar drogas.
V	**F**	O álcool ou outras drogas me ajudam a dormir melhor.

Procedimentos

- O facilitador deve abrir a sessão explicando o conceito de "expectativas" e o impacto delas sobre o comportamento geral;
- Trazer o conceito sobre as expectativas (positivas e negativas) em relação ao uso de substâncias, fornecendo exemplos;
- Estimular a discussão entre o grupo sobre os efeitos que as pessoas buscam ao consumir álcool ou outras drogas;
- Apresentar o questionário e explicar que este contém oito expectativas muito comuns em relação ao uso de substâncias. Deverão responder verdadeiro (V) ou falso (F), dependendo de sua ligação com a substância em particular e, por isso, não há respostas certas ou erradas, e sim o estilo de cada um;
- Pedir para que cada membro do grupo preencha o questionário individualmente, identificando suas expectativas pessoais em relação ao consumo de substâncias;
- Promover a discussão em grupo sobre as alternativas de comportamento para alcançar resultados similares.

Dicas das autoras

- Aumentar a conscientização e oferecer alternativas e opções de mudança contribuem para encorajar o cliente a mudar. Neste exercício, é fundamental que o facilitador reconheça a existência da ambivalência como normal e esteja aberto a ouvir os membros do grupo a falar sobre os aspectos positivos em relação ao comportamento prejudicial;
- Somente após o exercício escrito haverá discussão sobre opções alternativas para lidar com sentimentos ou situações apresentados pelos membros do grupo;
- Esta atividade é indicada para pessoas que estão nos níveis iniciais de prontidão para a mudança: pré-contemplação, contemplação e preparação;
- Introdução sobre "expectativas": as expectativas que as pessoas têm em relação às coisas que fazem ou desejam realizar têm um poder de influência muito forte no comportamento. Da mesma forma, a expectativa que se tem em relação aos resultados do uso da substância também tem uma forte influência sobre o comportamento de usar ou não a droga. Por exemplo, se uma pessoa que se sente tímida tiver a expectativa de que só se sentirá confortável em uma festa para conversar com outras pessoas se ingerir bebida alcoólica, ficará mais propensa a beber. As expectativas em relação ao consumo de drogas podem ser positivas ou negativas. Essas expectativas podem encorajar ou desencorajar o uso de substância. Por outro lado, se tem a expectativa de que se beber poderá se descontrolar e dar "vexame" na festa, será desencorajada a beber;
- Perguntas que podem facilitar a discussão: pensem nas últimas duas vezes em que vocês consumiram a substância e tentem identificar quais eram suas expectativas em relação ao uso. Consumir a substância preencheu totalmente as suas expectativas? Alguém tem uma sugestão sobre alternativas para obter resultados similares ou melhores sem o uso da substância?
- Esta discussão oferece uma boa oportunidade para o surgimento das falas automotivacionais. O facilitador deve aproveitar e reforçar as ideias de alternativas que surgirem, repetindo-as, elogiando quem as ofereceu ao grupo e resumindo todas as alternativas viáveis na finalização da dinâmica.

APOIO SOCIAL

Objetivos

- Identificar uma possível rede social de apoio como fator motivacional;
- Promover a responsabilidade pessoal para pedir ajuda;
- Aumentar a consciência sobre a importância de ajudar outros dependentes em recuperação.

Indicação

- Individual;
- Grupo.

Tempo de duração

- 5 minutos para explicações gerais;
- 20 minutos para execução;
- 20 minutos para exposição;
- 10 minutos para finalização.

Material necessário

- Folha de atividades: Onde buscar ajuda?, para serem distribuídas entre os membros do grupo.
  (Ver figura na página 147.)

Procedimentos

- Abrir a sessão e introduzir o tópico "apoio social", explicando que manter relacionamentos saudáveis e de ajuda é uma necessidade básica do ser humano e um importante recurso para auxiliar no processo de mudança;
- Distribuir as folhas de atividade e estimulá-los a identificar nos seus relacionamentos as pessoas que podem servir como apoio para eles. Ofereça exemplos e estimule-os a pensar em pessoas que podem ajudá-los em cada área proposta no exercício;
- Discutir o exercício, ajudando-os a definir quem serão as pessoas com quem eles poderão contar e instrumentalizá-los sobre como devem pedir por ajuda;
- Identificar de que maneira também poderão ser úteis ajudando outras pessoas.

Onde buscar ajuda?

Pense nos diferentes lugares que você frequenta e nas pessoas com as quais você convive todos os dias. Escreva dentro dos círculos os nomes das pessoas que poderão ajudar ou encorajar você a realizar a mudança em relação ao seu comportamento de beber ou usar outras drogas.

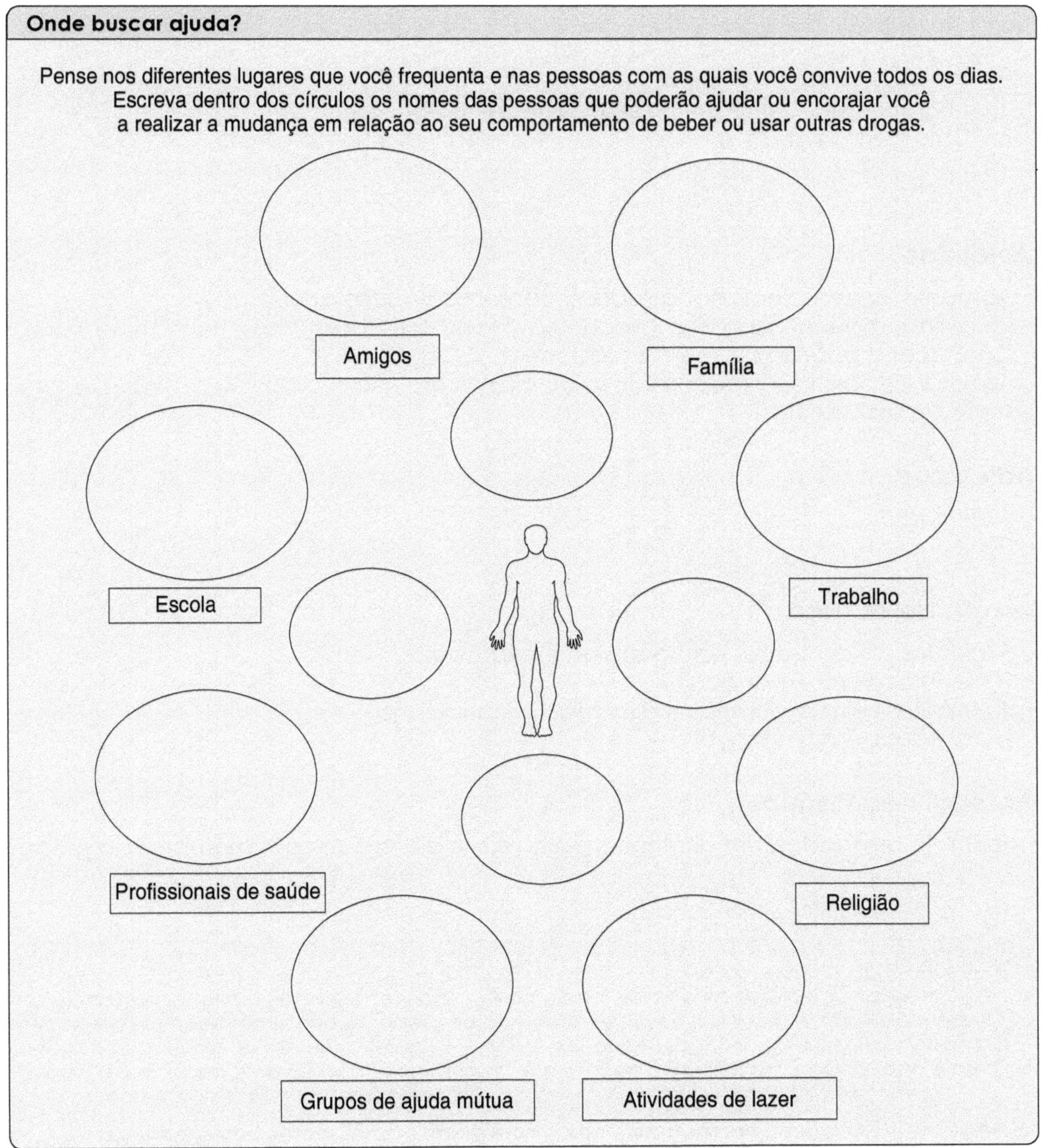

Dicas das autoras

- Conduzir a discussão da atividade, de modo a estimular o contato e a participação na rede social de cada participante;
- Com clientes resistentes a pedir ajuda, solicitar a participação e a colaboração de outros participantes do grupo, de modo a compartilhar experiências e perceber ganhos;
- Discutir o preconceito social.

Um dia típico

Objetivos

- Aumentar a conscientização sobre o consumo de substância;
- Identificar a quantidade e a frequência do uso da substância;
- Conhecer o padrão do uso da substância;
- Explorar as possíveis preocupações do cliente em relação ao seu padrão de consumo de substâncias.

Indicação

- Individual;
- Grupo.

Tempo de duração

- 5 minutos para introdução ao tópico e explicações gerais;
- 20 minutos para execução;
- 20 minutos para exposição e discussão da atividade;
- 10 minutos para finalização.

Material necessário

- Folha de atividades: Um dia típico, para serem distribuídas aos membros do grupo.

Um dia típico

Seu estilo de vida pode afetar a sua saúde física, mental e financeira, seus relacionamentos e projetos. Complete o quadro a seguir descrevendo como são as atividades que você desempenha em um "dia típico". Em seguida, anote os momentos em que o consumo de álcool e outras drogas está presente na sua rotina. Escolha um dia em que você faz um uso padrão da substância e descreva com maior detalhamento possível o tipo de substância e a quantidade consumida.

Horário	O que estava fazendo, onde e com quem	Consumo da substância

Procedimentos

- Abrir a sessão e introduzir o tópico. Explicar que muitas vezes o consumo de substâncias acontece de maneira automática e as pessoas não sabem precisar quando nem o quanto consomem. Apresentar o conceito de que após anos de uso da substância, as pessoas desenvolvem padrões relacionados com o consumo (quantidade, circunstâncias, dias ou horários específicos, etc.);
- Distribuir a folha de atividades "Um dia típico", ler as instruções, oferecer um exemplo de como preenchê-la corretamente e pedir que completem o exercício;
- Auxiliar cada pessoa individualmente no preenchimento do exercício;
- Promover a discussão pedindo para que compartilhem suas rotinas com os colegas de grupo e falem do que aprenderam sobre sua rotina e os episódios de consumo;
- Comentar o que você percebeu sobre padrão de consumo dos membros do grupo e, em seguida, pedir para que identifiquem situações em que fogem do padrão, apontando quando consomem mais e quando consomem menos;
- Oferecer um resumo de tudo que foi aprendido durante a dinâmica.

Dicas das autoras

- Esta dinâmica é muito útil quando o cliente está no início do tratamento ou se encontra nos estágios iniciais de prontidão para mudança (pré-contemplação, contemplação e preparação);
- Um modelo mais detalhado pode ser elaborado para que o cliente anote em casa durante um dia ou uma semana todos os episódios de consumo da droga, bem como as quantidades, os horários em que usou, com quem estava, onde estava, o que estava fazendo e sentindo antes de iniciar o uso;
- Muitas pessoas se surpreendem ou se assustam ao visualizar uma "fotografia" do seu padrão de consumo. Este despertar da consciência sobre o uso como sendo problemático pode influenciar o acionamento dos motores que desencadeiam o processo de mudança. O facilitador deve aproveitar essas oportunidades para promover as falas de expressão de preocupação e de mudança, ajudando a aumentar a motivação para a mudança.

Anotações

Olhando para o futuro

Objetivos

- Aumentar a autoeficácia;
- Promover a discrepância;
- Evocar o desejo e a esperança de mudar;
- Oferecer a oportunidade para que os membros do grupo possam visualizar o seu futuro sem o uso da substância.

Indicação

- Individual;
- Grupo.

Tempo de duração

- 5 minutos para explicações gerais;
- 20 minutos para execução;
- 20 minutos para exposição;
- 10 minutos para finalização.

Material necessário

- Folha de atividades: Olhando para o futuro, para serem distribuídas a todos os membros do grupo.

Olhando para o futuro

Às vezes, é interessante ter um olhar futurista sobre nossas vidas. Ter uma noção de como queríamos que as coisas fossem pode nos ajudar a lidar com o estresse do dia a dia, a nos manter firmes em tempos de crise e a melhorar nossas vidas.

1. Quais são alguns de seus sonhos para o futuro?

____

____

____

____

2. O que você está fazendo atualmente para ajudar estes seus sonhos a se tornarem realidade?

____

____

____

____

3. Quais outras coisas você pode fazer para ajudar seus sonhos a se tornarem realidade?

____

____

____

____

Procedimentos

- Fazer a abertura da atividade do dia;
- Distribuir as folhas e explicar sobre a execução da atividade;
- Estimular cada membro do grupo a falar, para promover a discussão da atividade em grupo;
- Fazer um resumo dos principais aspectos abordados na discussão.

Dicas das autoras

- Esta atividade é indicada para clientes que estão estabilizados no tratamento e em estágios de motivação mais avançados (ação e manutenção);
- O trabalho pode ser proposto em nível grupal, explorando a perspectiva de futuro do grupo;
- A atividade também pode ser direcionada ao momento presente, sendo indicada principalmente para clientes em estágios iniciais do tratamento.

Anotações

Planejar para mudar

Objetivos

- Fortalecer a autoeficácia;
- Evocar a esperança e encorajar o cliente a mudar;
- Fortalecer o compromisso com a mudança;
- Oferecer ajuda ativa no desenvolvimento de um plano de ação, por meio de um planejamento concreto e detalhado;
- Revisar os progressos através dos estágios de mudança durante o tratamento.

Indicação

- Individual;
- Grupo.

Tempo de duração

- 5 minutos para explicações gerais;
- 20 minutos para execução;
- 20 minutos para exposição;
- 10 minutos para finalização.

Material necessário

- Folha de atividades: Plano de mudança, para serem distribuídas aos participantes do grupo.

Plano de mudança

- A mudança que quero realizar é: ______________________________
- As minhas razões para realizar esta mudança são: ______________________________
- Os passos que planejo para realizar a mudança são: ______________________________
- Outras pessoas que podem me ajudar e o tipo de ajuda que preciso: ______________________________
- Algumas coisas/pessoas que poderiam interferir em meus planos: ______________________________
- Saberei que o meu plano está funcionando se: ______________________________
- O que farei se o meu plano não estiver funcionando: ______________________________

Procedimentos

- Apresentação do tema "motivação", explicando como esta pode mudar e progredir até o ponto do indivíduo se sentir pronto para entrar em ação e mudar. Exemplificar dizendo que é muito comum uma pessoa se sentir pronta para mudar, mas não saber ao certo quando nem como implementar a mudança e com isso corre o risco de não sair do lugar;
- Apresentar a atividade: explicar que vão elaborar com a sua ajuda um plano de mudança, organizando no papel tudo o que vocês já planejaram verbalmente ao longo das últimas sessões. Mostrar que ao final eles terão um plano concreto e detalhado para que consigam implementá-lo e terão ferramentas para saber se seu plano estará funcionando ou se precisarão mudar de estratégia;
- Distribuir as folhas de atividade e instruir sobre como preenchê-la: o plano de mudança deverá conter cada passo do processo de mudança e eles devem escrever isso de forma clara e mais detalhada possível;
- Pedir para que cada um exponha para o grupo o seu plano de mudança;
- Discutir os planos apresentados, reforçando os aspectos positivos de cada plano pessoal, ajudando e oferecendo opções e ideias para aqueles que tiverem dúvidas ou dificuldades.

Dicas das autoras

- Durante a atividade, o facilitador deve circular pelo grupo para auxiliar cada indivíduo no preenchimento dos exercícios, atentando para o fato de que os passos e as metas devem ser possíveis de se realizar;
- Neste momento, o reforço positivo, a evocação da esperança e o oferecimento da sua opinião sobre o progresso do cliente e sobre a capacidade dele de conseguir implementar o projeto são fundamentais;
- Evitar críticas, julgamentos e comentários de dúvida ou pessimismo;
- Certifique-se de que o plano de mudança de cada membro do grupo foi descrito detalhadamente e que, ao final, ele tenha ferramentas práticas para implementar o seu projeto;
- Deixar claro que este planejamento será revisto outras vezes por vocês, para que sejam feitos ajustes, caso necessários;
- Você pode sugerir que cada pessoa marque uma data para iniciar o seu plano de ação. Também podem assiná-lo, como em um contrato comercial, firmando seu compromisso com eles mesmos;
- Compartilhar essa decisão com outras pessoas significativas pode ser muito bom para algumas pessoas, dependendo da rede social de apoio delas.

Como percebo meu tratamento

Objetivos

- Refletir e traçar metas individuais a serem alcançadas no tratamento;
- Promover a responsabilidade pessoal: possibilitar maior clareza e comprometimento com o tratamento;
- Promover a autoeficácia: trabalhar as motivações e os recursos pessoais para alcançar os objetivos.

Indicação

- Individual.

Tempo de duração

- 5 minutos para explicações gerais;
- 15 minutos para execução;
- 40 minutos para finalização.

Material necessário

- Folha de atividades: Objetivos do tratamento, para cada participante.

Objetivos do tratamento

- De 1 a 10 (em ordem crescente de importância), que nota dou para o meu tratamento? ____
  Por que? ____
  ____
- De 1 a 10 (em ordem crescente de importância), que nota dou para o meu desempenho no tratamento? ____ Por que? ____
- O que espero deste tratamento?
  ____
  ____
- De que tipo de ajuda preciso neste momento?
  ____
  ____
- Que atitudes devo ter e o que devo fazer para me ajudar no tratamento e obter êxito?
  ____
  ____
- Quais são os próximos passos que devo dar para avançar no tratamento?
  ____
  ____
- Qual é a mudança que quero realizar?
  ____
  ____

Procedimentos

- Distribuir uma folha de atividades para cada participante, pedindo que preencham, de maneira bem sincera, o que é solicitado;
- Solicitar que exponham o que fizeram;
- Conduzir o grupo, refletindo sobre a importância do que esperam do tratamento e do quanto estão comprometidos com ele;
- Integrar a motivação para o tratamento ao investimento que cada um está fazendo no processo de mudança para recuperação.

Dicas das autoras

- As respostas podem ser adaptadas utilizando-se recortes de revistas em vez de escrita, solicitando que recortem figuras que representem o que esperam do tratamento e figuras que simbolizem os tipos de ajuda que estão precisando;
- Verificando-se que o grupo está vulnerável a recaídas, é interessante atrelar a esta dinâmica uma outra de prevenção de recaída, que aumente as habilidades de enfrentamento de situações de risco.

Anotações

978-85-4120-168-1

REFERÊNCIAS BIBLIOGRÁFICAS

1. Velasquez, M.M.; Maurer, G.G.; Crouch, C.; DiClemente, C.C. Group Treatment for Substance Abuse: A Stages of Change Therapy Manual. New York, NY. The Guilford Press, 2001.

SEÇÃO 4

Prevenção de recaídas

SELMA BORDIN
ROBERTA PAYÁ
NELIANA BUZI FIGLIE

Recaídas funcionam como uma barreira para o alcance de uma mudança de comportamento duradoura. Entretanto, os riscos são iminentes e os clientes precisam estar preparados para lidar com eles.

A probabilidade de uma recaída aumenta ou diminui em função de vários fatores: a percepção de controle do cliente, suas habilidades para lidar com determinadas situações, a disponibilidade da substância, as expectativas de efeito desta substância, o nível de tensão emocional presente naquela situação, entre outros. Presumimos que o indivíduo experiencie um senso de controle enquanto mantém a abstinência – e quanto maior for o período de abstinência, maior será seu senso de autoeficácia. Esse estado permanecerá até que se encontre com uma ou mais que uma situação de alto risco (qualquer situação que represente uma ameaça e aumente o potencial risco de recaída).

As situações de alto risco são variadas e o que representa risco para um indivíduo pode não representar para outro. Disponibilidade e proximidade da substância costumam ser situações de risco para a maioria dos indivíduos. A combinação de vários riscos pode aumentar exponencialmente a probabilidade da recaída.

Diante das situações de risco, é quase certo que o indivíduo experimentará algum grau de fissura. Mas o que é fissura? Podemos defini-la como o desejo subjetivo para sentir os efeitos positivos daquela substância (experimentado várias vezes em situações de uso anteriores). Nos primeiros dias e até meses de abstinência, é certo que o indivíduo terá fissuras e vários estímulos, anteriormente condicionados, poderão desencadeá-las. É muito importante que quem trabalha com dependência química conheça esses processos e consiga transmitir ao cliente a segurança de que essas fissuras desaparecerão com a manutenção prolongada da abstinência. Surgirão, depois diminuirão e por fim desaparecerão. Este capítulo tem o propósito de oferecer atividades clínicas e dinâmicas de grupo que trabalhem a prevenção da recaída, a autoeficácia, as situações de risco e a fissura, de modo a fortalecer a manutenção da abstinência em dependentes químicos em tratamento.

Processo da fissura e prevenção da recaída

Objetivos

- Esclarecer o que é fissura e seus gatilhos;
- Desenvolver habilidades para desafiar a fissura.

Indicação

- Individual;
- Grupo.

Tempo de duração

- 10 minutos para explicações gerais;
- 20 minutos para questionar vivências grupais ou individuais;
- 15 minutos para discutir maneiras de lidar com os gatilhos;
- 15 minutos para discussão.

Material necessário

- Quadro ou apresentação em *Powerpoint;*
- Material de apoio ao facilitador: Processo da fissura e prevenção da recaída

Processo da fissura e prevenção da recaída

I) Fissura:
- Pode ser um gatilho para a recaída.
- Duração: mais intensa e frequente no início da abstinência, mas diminuirá com o passar do tempo.
- Experiência desconfortável, mas não é sinônimo de que as coisas vão mal ou de que tudo está perdido.
- Compará-las às *ondas do mar*: formam-se com rapidez, ganham volume e dão a impressão de que vão nos "engolir". Mas, se observarmos melhor, perceberemos que se "quebram" e que, assim como vieram, se vão. É necessário manter a calma e aguardar o tempo de irem embora.
- O que fazer quando a fissura não puder ser evitada? É fundamental ter um "repertório" de atividades possíveis que possam ajudar a distrair a mente no momento do "pico da onda": palavras cruzadas, *sudoku*, jogo dos sete erros, ouvir/cantar a canção favorita, caminhar, correr ou praticar seu esporte favorito, telefonar para alguém, leitura, navegar na internet, beber água, comer (coisas saudáveis, preferencialmente), etc.
- Desafiar a fissura (lembrar dos benefícios da abstinência e das consequências do consumo).

978-85-4120-168-1

II) Que situações funcionam como gatilhos para a fissura?
- Ver pessoas bebendo/usando a substância.
- Contato com locais, pessoas e situações associadas ao consumo.
- Certos estados emocionais.
- Certos sintomas físicos.
- Disponibilidade, proximidade da bebida/substância.
- Que outras situações?

III) Que situações podem ser evitadas?
- Que situações não podem ser evitadas?
- Como podem ser enfrentadas ou minimizadas?

IV) Desafiar a fissura:
- Eu posso evitar muitos gatilhos e aprender a lidar com os que não posso evitar.
- Posso adiar o consumo.
- Fissura tem tempo limitado. Se eu conseguir suportar o desconforto, ela irá embora e triunfarei sobre ela.
- As fissuras são desagradáveis, não catástrofes.
- Já passei por muitas delas no passado. Posso fazer de novo.
- A melhor coisa a fazer é falar com alguém que goste de mim e me dê apoio.
- Lapso – O que fazer se acontecer para não se transformar em uma recaída?

Procedimentos

- Explicar o que é fissura (desejo muito intenso de utilizar a substância, vontade avassaladora) e gatilho (estímulo associado ao uso que desperta essa vontade intensa);
- Questionar o grupo sobre suas experiências com fissura (geralmente mais frequentes no início do tratamento e que podem levar à retomada do consumo);
- Mostrar que a fissura pode durar minutos ou horas e que a intensidade e a frequência diminuem com o passar do tempo;
- Esclarecer que apesar de poder ser muito desconfortável, o fato de ocorrerem fissuras não significa que as coisas vão mal. O importante é aprender a reconhecer os gatilhos que a despertam e criar recursos para lidar com eles;
- Todas as situações que funcionam como gatilho para as fissuras, idealmente falando, devem ser evitadas. Entretanto, muitas vezes isso não será possível. Por isso, é importante aprender a desfocar, distrair-se com outras atividades. Alguns exemplos: caminhar, pedalar, conversar (está provado que atividades físicas diminuem a frequência e a intensidade das fissuras). Neste momento, solicitam-se sugestões dos participantes;
- Pode-se desafiar a fissura, lembrando-se os benefícios da abstinência e as perdas consequentes do consumo;
- Depois de 10 minutos de discussão, finalizar mostrando o que o cliente pode fazer para enfrentar a fissura.

Dicas das autoras

- Interessante realizar esta dinâmica em grupos de abstinência recente;
- Pode ser realizada em partes, em mais de uma sessão de grupo, explorando mais didaticamente todo o conteúdo.

TIPOS DE GATILHO

Objetivos

- Prevenir a recaída por meio do reconhecimento dos gatilhos que levam à fissura e, posteriormente, ao consumo de substâncias;
- Esclarecer o que são gatilhos e os vários tipos (ambientais, situacionais, internos e pessoais).

Indicação

- Individual;
- Grupo.

Tempo de duração

- 5 minutos para explicações gerais;
- 30 minutos para exploração dos temas;
- 25 minutos para discussão.

Material necessário

- canetas.
- Folha de atividades: Tipos de gatilho

Tipos de gatilho	Os meus gatilhos são
Lugares/Ambientes	
Situações	
Pessoais (sentimentos e pensamentos)	

Procedimentos

- Iniciar entregando a folha de atividades, de forma a explorar os tipos de gatilhos;
- Em seguida, explicar cada item, pedindo que preencham cada espaço;
- Estipular 15 minutos de atividade;
- Pedir para que cada um fale a respeito dos seus gatilhos;
- Finalizar reforçando a importância da identificação das situações geradoras de fissura, a fim de evitá-las ou de se preparar para enfrentá-las.

Dicas das autoras

- Interessante realizar esta dinâmica em grupos de abstinência recente;
- Definições de gatilhos:
  - Gatilhos ambientais: lugares, comemorações festivas, bares ou festas que podem eliciar o comportamento de consumo.
  - Gatilhos situacionais: pressão social, quando se é influenciado por outra pessoa ou grupo de forma direta.
  - Gatilhos pessoais: estados emocionais negativos (frustração, raiva, ansiedade, depressão) ou positivos (alegria intensa e desejo de comemorar).

Anotações

CONSTRUINDO CARTÕES DE ENFRENTAMENTO

Objetivos

- Ajudar o grupo a compreender que é possível antever e é necessário se preparar para enfrentar situações adversas;
- Desenvolver a habilidade de construção de cartões de enfrentamento para situações de fissura e alto risco de recaídas.

Indicação

- Individual;
- Grupo.

Tempo de duração

- 10 minutos para a discussão das fissuras e dos pensamentos permissivos;
- 10 minutos para identificar e compartilhar os pensamentos de controle;
- 20 minutos para confeccionar o cartão de enfrentamento;
- 20 minutos para refletir sobre outras formas de utilizar os cartões de enfrentamento.

Material necessário

- Papel em branco, cartões de 8 × 13 cm e canetas.

Procedimentos

- Inicie solicitando ao grupo que fale sobre a fissura, como esta aparece e qual sua importância para a recaída;
- Depois disso, peça que reflitam e escrevam os pensamentos que acompanham a fissura e que funcionam como "permissões" para o uso da substância ("eu não vou aguentar"; "é só desta vez"; "eu mereço"; "só um pouquinho"; "ninguém vai perceber", etc.);
- Estimule-os a refletir a respeito dos pensamentos de controle da fissura – aqueles que estimulam a manutenção da abstinência. Por exemplo:

> – *"Essa fissura vai passar".*
> – *"Já passei por isso outras vezes".*
> – *"Mereço prazeres que não me coloquem em risco".*
> – *"Tenho experiência suficiente para saber que o risco de não se limitar a 'só desta vez' ou 'só um pouquinho' é muito grande".*
> – *"Se usar, amanhã estarei me sentindo* (peça para completarem)*. Se não usar, vou sentir".*

Peça aos membros do grupo que compartilhem seus pensamentos de enfrentamento e que todos anotem aqueles que podem ser úteis para si;

- De posse de seus "pensamentos de controle", peça que cada um os resuma no cartão de enfrentamento, com suas próprias palavras. Por exemplo:

> – "Eu poderia pensar que não consigo passar por essa fissura, mas isso não é verdade. Muitas vezes, no passado, consegui ficar sem fumar. Quando fiquei no hospital, ao lado de minha esposa, fiquei horas sem fumar. Quando estou no escritório também consigo ficar horas sem fumar. Isso significa que posso ficar sem esse cigarro também. É muito prazeroso fumar. Mas também é prazeroso olhar para mim mesmo e dizer 'consegui!'. Sinto-me mais forte e feliz a cada cigarro que não fumo. Além disso, tantas pessoas foram capazes de parar de fumar e por que não eu? Elas não são melhores que eu! Pensamentos negativos apenas abalam minha convicção."

- Oriente-os a carregar seu cartão consigo e utilizá-lo quando se depararem com alguma situação de risco e fissura;
- Estimule-os a pensar de que outras maneiras poderão utilizar os cartões de enfrentamento.

Dicas das autoras

- Para realização dessa dinâmica, é importante que o grupo tenha noções sobre o processo da recaída e a importância de identificar situações de alto risco para a recaída;
- Indicada para participantes em abstinência recente.

Anotações

CONHECENDO A FISSURA

Objetivos

- Possibilitar maior conhecimento da fissura e do comportamento de uso;
- Aumentar o campo de alternativas de respostas e ações para abstinência.

Indicação

- Individual;
- Grupo.

Tempo de duração

- 5 minutos para explicações gerais;
- 10 minutos para respostas;
- 20 minutos para apresentação ao grupo;
- 25 minutos para discussão.

Material necessário

- Folhas com as frases e canetas ou lápis.
- Folha de atividades: Conhecendo a fissura

Conhecendo a fissura

1) Sinto mais vontade de consumir álcool, cigarro e drogas quando: ______
2) Quando a vontade vem, a primeira coisa em que penso é: ______
3) O que me ajuda a vencer a vontade é: ______
4) Se recaio, depois me sinto: ______
5) A maior "ilusão" que bebida/droga/cigarro me passa é: ______
6) A verdade é que: ______
7) No fundo, bebo ou uso drogas porque gostaria de: ______
8) O tratamento para mim é: ______
9) Quando consigo ser mais forte que a vontade, o que penso é: ______
10) Coisas às quais posso me apegar para me manter abstêmio: ______

Procedimentos

- Entregar uma folha contendo as frases a serem completadas;
- Pedir que cada participante as complete da forma mais sincera possível;
- É importante que não elaborem as frases, mas sim escrevam o que vier à mente, de preferência a primeira resposta que ocorrer;
- Por fim, solicitar que, de maneira voluntária, leiam o que preencheram;
- Refletir com o grupo sobre a importância do exercício: quanto podem cuidar do que é relevante? Como, às vezes, se afastam desses valores? Como o consumo de álcool, tabaco e drogas os distancia do que é realmente importante?

Dicas das autoras

- As frases podem ser adaptadas de acordo com várias necessidades, podendo ser úteis para a prevenção de recaída, para avaliação do tratamento, entre outros aspectos;
- Indicada para participantes em abstinência recente.

Anotações

Dinâmica da Ilha

Objetivo

- Observar o grau de fissura de cada paciente com a substância de escolha.

Indicação

- Grupo.

Duração

- 5 minutos para explicações gerais;
- 10 minutos para contar a história;
- 45 minutos para discussão (o que fariam).

Material necessário

- Nenhum.

Procedimentos

- Informar que será contada uma história que deverá ser ouvida com atenção;
- A história a seguir deve ser rica em detalhes:

> Um indivíduo acaba em uma ilha, sozinho, após um naufrágio. Junto a ele restaram caixas e caixas de bebidas (enfatizar o tipo ou relacionar às bebidas que os participantes costumavam ingerir). Nessa pequena ilha, não existe água potável nem alimento. O indivíduo sabe que existe uma única oportunidade de ser resgatado e que precisará estar atento quando esta aparecer. O indivíduo sabe que existe uma única oportunidade de ser resgatado e que precisará estar atento quando esta aparecer: um avião passará no local do naufrágio uma vez.

- Deixar um dilema a ser discutido: *o que fazer com tanta bebida em uma ilha isolada do mundo?*
- Esperar o pronunciamento voluntário dos participantes;
- Observar a posição de cada um com referência à tomada de decisão quanto à bebida, o que poderá alertar sobre a relação atual do participante com o álcool.

Dicas das autoras

- Para utilização desta dinâmica, é importante que haja certa familiaridade entre os participantes;
- Indicada para participantes em fase de manutenção do tratamento;
- Não é recomendado aplicar a dinâmica em grupos recém-formados, pouco integrados ou de abstinência recente;
- Opção de acrescentar ao álcool outra substância de escolha dos participantes;
- O facilitador pode sugerir dicas de utilizar a bebida em prol da sobrevivência. Exemplos: confecção de fogueira, limpeza, sinalização para o avião, etc.

Anotações

Finais diferentes

Objetivos

- Possibilitar maior contato com as situações de risco que vivenciam no dia a dia;
- Ampliar a visão quanto à possibilidade de alternativas para reagir com autoeficácia;
- Reforçar a ideia de tomar as próprias decisões.

Indicação

- Grupo.

Tempo de duração

- 5 minutos para explicações gerais;
- 10 minutos para aquecimento (*brainstorm*);
- 20 minutos para encenação;
- 30 minutos para discussão.

Material necessário

- Nenhum.

Procedimentos

- Primeiramente, deve-se sensibilizar o grupo para a atividade. O aquecimento pode ocorrer com um *brainstorm* para identificar os elementos presentes em situações de risco, como festas, Carnaval, Natal, *réveillon*, etc. (especifique o evento). É muito importante que identifiquem bebidas, pessoas servindo, pessoas fazendo convites para o uso, etc.;
- Depois do aquecimento, estimular os participantes a assumirem os diversos papéis para encenar/dramatizar o evento. Algumas pessoas deverão ser garçons, outras farão convites, outros resistirão, outros cederão à pressão;
- Após a encenação, pedir que compartilhem seus sentimentos e pensamentos decorrentes da situação: *como foi ver pessoas que recaíram? Como agiram para recair? E as que não recaíram?*
- Discutir as situações de risco que surgiram, bem como as várias reações de enfrentamento positivas e negativas.

Dicas das autoras

- Pode ser adaptada para diversas ocasiões, como festas em geral, Carnaval, encontro com antigos amigos, etc.;
- Pode-se também sugerir as situações de risco, como, por exemplo, um garçom servindo cocaína.

Anotações

Momentos difíceis

Objetivos

- Por meio de uma história hipotética, possibilitar aos participantes a percepção de gatilhos e seu impacto em suas vidas;
- Auxiliar no desenvolvimento de alternativas para enfrentar situações de risco;
- Aumentar a percepção e o controle de si.

Indicação

- Individual;
- Grupo.

Tempo de duração

- 5 minutos para explicações gerais e leitura;
- 50 minutos para discussão do caso, explorando, em paralelo, o impacto das dificuldades de cada um frente à abstinência e formas de lidar.

Material necessário

- Folha de atividade: Momentos difíceis

Momentos difíceis

J. está abstinente de álcool há aproximadamente um ano. Um tratamento o ajudou a parar de beber. Neste ano de abstinência, tem-se deparado com muitas dificuldades: não está conseguindo emprego, o que deixa sua família financeiramente instável. Percebe muitos ressentimentos da esposa (ele a traiu) e seus parentes ainda o olham como *alcoolista*. Depois que parou de beber, perdeu contato com alguns amigos que bebiam com ele e, por isso, está se sentindo muito só. Próximo à festa [especifique], ele observa o movimento das pessoas à sua volta e os preparativos, como por exemplo, compra de vinhos e espumantes. Às vezes, se depara com alguns antigos amigos de bar que, quando o encontram, ainda o convidam para "beber uma". Apesar de muito entusiasmado com o tratamento, vem sentindo vontade de beber sem saber explicar o motivo. Fica pensando como será a festa sem beber e sem poder comprar presentes, uma vez que está sem emprego. J. tem dois filhos, de dois e quatro anos de idade.

Em sua opinião, o que J. deve fazer para se proteger de uma recaída?

Procedimentos

- Ler a história para o grupo;
- Incentivar a discussão do caso para que deem sugestões de como a personagem deveria lidar com a situação, de forma a se proteger da recaída;
- Discutir o impacto das dificuldades no processo de recuperação e abstinência;
- Refletir sobre a importância de lidar com a realidade sem a busca de subterfúgios (que não resolvem problemas), como álcool e drogas;
- Trabalhar as expectativas pessoais acerca de como as coisas se encaminhariam se parasse o consumo (é comum associar o parar de usar com a resolução de todos os problemas). Na verdade, uma das consequências de parar é conseguir olhar adequadamente para a realidade.

Dica das autoras

- É interessante finalizar a atividade reforçando a necessidade e a possibilidade de lidar com os problemas de outras maneiras. Não é recomendado concentrar-se somente na discussão das dificuldades, o que pode gerar muita ansiedade.

Anotações

FESTA

Objetivo

- Proporcionar, pela dramatização de papéis, o fortalecimento de habilidades de enfrentamento perante situações de risco de recaída.

Indicação

- Grupo.

Tempo de duração

- 5 minutos para explicações gerais e sorteio dos papéis;
- 15 minutos para dramatização da festa;
- 40 minutos para discussão geral.

Material necessário

- Papeletas com o personagem a ser representado.

Papéis na festa
Bêbado: Você deve representar o bêbado da festa.
Amigo que estimula o beber: Você deve representar aquele "amigo" que a toda hora fica estimulando todos a beber.
Bebedor moderado: Amigo que bebe, mas estimula a sobriedade.
Bebedor social: Você deverá representar uma pessoa que bebe pouco.
Dependente de álcool em abstinência após tratamento: Você deverá representar um alcoolista em abstinência há dois anos.
Garçom: Você deverá representar o garçom que fica estimulando todos a beber sem parar (você ganha comissão pela quantidade de bebida consumida).
Abstinente com vontade de beber: Você deverá representar um alcoolista abstinente há dois meses, mas que está com muita fissura (muita vontade de beber).
Familiar do bêbado: Você deverá representar o familiar do bêbado.
Bebedor abusivo: Você deverá representar uma pessoa que está perdendo o limite de beber, ficando desagradável na festa, mas que diz para todos que não tem problemas com álcool.
Amigo consciente: Você deve representar aquele que sabe os limites de beber e de comportamento.

Procedimentos

- Distribuir, em forma de sorteio, uma papeleta a cada participante. O mesmo papel pode estar repetido para corresponder ao número exato de participantes;
- Pedir que cada um leia individualmente a sua, sem revelar aos demais o conteúdo;
- Incentivar a dramatização da situação em 15 minutos, representando o papel que pegaram;
- Finalizar perguntando ao grupo que papel cada um representou. Pedir para falarem como se sentiram no papel que representaram;
- Discutir as influências que as pessoas exercem umas sobre outras e as dificuldades e desafios de viver socialmente sem o uso de álcool ou drogas.

Dicas das autoras

- Em grupos com dependência de drogas, os papéis podem ser adaptados para outras substâncias além do álcool;
- Interessante utilizar em fim de ano;
- A postura do facilitador como alguém que incentiva a participação é muito importante, uma vez que os participantes podem encontrar dificuldade;
- Indicada para participantes em fase de manutenção do tratamento.

Anotações

Situações de risco: Carnaval

Objetivos

- Aumentar a possibilidade de respostas de autoeficácia frente a situações de risco;
- Auxiliar na prevenção de recaída, por meio da discussão de situações em épocas do ano que incentivam o uso de substâncias e o descuido com a saúde em geral.

Indicação

- Grupo.

Tempo de duração

- 5 minutos para explicações gerais e sorteio;
- 45 minutos para respostas;
- 10 minutos para discussão.

Material necessário

- Folha de atividades: Carnaval, esta folha deve ser impressa e cada frase sorteada entre os participantes.

Carnaval

1) Você foi convidado para desfilar na escola de samba de seu bairro.
2) Seus amigos antigos, que bebiam e curtiam o carnaval com você, têm ligado todos os dias, chamando-o para sair com a turma.
3) Você decidiu ir a um clube para curtir o Carnaval e se aproxima de você uma mulher muito bonita, mas que "bebe todas".
4) Você gosta muito de Carnaval e sua vontade é sair com a turma para curtir, mas todos bebem muito e você está inseguro, pois tem sentido muita vontade de beber.
5) Sua namorada o intima a pular o Carnaval, mas você ainda não se sente muito seguro quanto à abstinência.
6) No salão, você conhece uma pessoa com quem quer transar, mas ela se nega a usar camisinha.
7) Você saiu com um pessoal que não conhece e eles não param de lhe oferecer álcool e drogas.
8) Você perdeu o emprego quase na véspera do Carnaval. Está abstinente há poucos meses e ficou muito mal com o que lhe aconteceu. Um amigo diz para você curtir o Carnaval como forma de deixar a tristeza passar.
9) Um familiar muito próximo lhe diz, várias vezes, que você não vai conseguir passar o primeiro Carnaval, depois que parou de beber, abstinente.
10) Todos em sua casa foram viajar e você ficou sozinho no Carnaval. Além disso, o local em que você faz tratamento estará fechado nesse período.

Procedimentos

- Informar o grupo de que serão distribuídas papeletas que contêm situações relativas ao Carnaval;
- Distribuir as papeletas aleatoriamente, por sorteio. Cada participante fica com uma;
- Solicitar que cada um leia a sua e diga o que faria naquela situação;
- Pode ser sugerido ao grupo dar opiniões e sugestões referentes a cada situação;
- Finalizar discutindo a importância de se proteger em situações em que a oferta de substâncias é muito grande;
- Otimizar habilidades de enfrentamento para situações de risco.

Dicas das autoras

- As frases podem ser adaptadas de acordo com várias necessidades, sendo muito útil para trabalhar as habilidades de enfrentamento;
- Outras drogas podem ser acrescentadas às frases, de acordo com a realidade do grupo.

Anotações

MOMENTOS TENTADORES

Objetivo

- Promover, em cada participante, o conhecimento das situações-gatilho que podem levar à recaída.

Indicação

- Individual;
- Grupo.

Tempo de duração

- 5 minutos para explicações gerais;
- 30 minutos para exploração do material;
- 25 minutos para discussão.

Material necessário

- Folha de atividades: Momentos tentadores

Momentos tentadores

FISSURA

( ) Quando sinto que falta muito caminho a percorrer.
( ) Quando sinto que as pessoas importantes para mim não confiam no meu tratamento.
( ) Quando penso que posso experimentar mais uma vez para checar meu autocontrole.
( ) Quando penso que não serei capaz de obter prazer na minha vida, como antes.
( ) Quando vou a lugares em que bebia ou consumia droga.
( ) Quando encontro pessoas que bebiam ou usavam drogas comigo.
( ) Outro:

MUDANÇA DE ATITUDE

( ) Quando tenho sintomas de abstinência.
( ) Quando tenho urgência em tomar apenas uma dose para usar a droga.
( ) Quando desejo testar minha força de vontade.
( ) Quando sinto necessidade ou desejo físico.
( ) Quando preciso beber para usar a droga.
( ) Quando sinto que meu tratamento está muito lento.
( ) Outro:

FÍSICO

( ) Quando tenho dor de cabeça.
( ) Quando me preocupo com minha saúde.
( ) Quando sonho com o uso de álcool ou drogas.
( ) Quando estou fisicamente cansado.
( ) Quando estou com algum mal-estar físico.
( ) Outro:

EMOCIONAL

( ) Quando me sinto deprimido.
( ) Quando parece que vou explodir por sentir frustração.
( ) Quando sinto raiva.
( ) Quando estou de férias e quero relaxar.
( ) Quando me oferecem uma dose em uma situação social.
( ) Quando estou excitado, comemorando ou me divertindo com os outros.
( ) Quando me sinto sozinho.
( ) Quando discuto com alguém da minha família.
( ) Quando me preocupo com alguém.
( ) Outro:

Procedimentos

- Colocar no quadro quatro colunas contendo exemplos de situações, sensações e/ou pensamentos;
- Solicitar a cada participante que escreva, na folha sulfite, quais itens poderiam funcionar como gatilhos para uma recaída;
- Ao final da folha, solicitar que calculem o total de situações que acarretam desejo de uso e/ou recaídas;
- Discutir com o grupo alternativas para lidar com os gatilhos.

Dica das autoras

- O terapeuta poderá trabalhar o número de colunas de acordo com o acompanhamento do grupo, não sendo necessário abordar todas as colunas em uma única sessão.

DESCRIÇÃO DO AMBIENTE DE DEPENDÊNCIA *VERSUS* NÃO DEPENDÊNCIA

Objetivos

- Esclarecer a existência de ambientes de proteção e de risco para o uso de álcool e drogas;
- Discutir como enfrentar ambientes que propiciam o consumo e como aumentar a frequência a ambientes protetores.

Indicação

- Individual;
- Grupo;
- Família.

Tempo de duração

- 5 minutos para explicações gerais;
- 25 minutos para levantamento de ambientes de dependência e não dependência;
- 30 minutos para exposição e discussão gerais.

Material necessário

- *Flip-chart* ou cartolina e canetas.

Procedimentos

- Iniciar a sessão explicando que determinados lugares, conforme o dia a dia de cada um, podem oferecer perigo à abstinência;
- Solicitar a cada participante identificar quais lugares costuma frequentar (a própria casa, trabalho, amigos, lazer);
- Anotar os lugares identificados no *flip-chart*;
- Pedir que identifiquem os lugares que percebem como perigosos. Podem-se acrescentar locais já evitados, como bares, festas ou comemorações, *snooker*, praia, etc.;
- Solicitar que listem ambientes que podem protegê-los do consumo;
- Encerrar a sessão deixando claro para cada participante quais ambientes representam risco e como se colocar diante dessas situações, bem como frequentar ambientes de proteção.

Dica das autoras

- Indicada para participantes em abstinência recente.

Anotações

Consequências imediatas e tardias

Objetivos

- Possibilitar uma reflexão ampliada sobre as consequências positivas e negativas do uso da substância, imediatas e tardias.

Indicação

- Grupo.

Tempo de duração

- 5 minutos para as reflexões iniciais (aquecimento);
- 15 minutos para preenchimento da folha em branco;
- 15 minutos para o preenchimento da folha de atividades;
- 25 minutos para discussão do grupo.

Material necessário

- Uma folha em branco e canetas;
- Folha de atividades: Consequências imediatas e tardias, para cada participante.

Consequências imediatas e tardias

Como o uso de álcool/drogas pode ajudá-lo a atingir seus objetivos em 10 anos?
E o quanto poderá desviá-lo?

	Consequências imediatas do uso	Consequências tardias do uso
Positivas		
Negativas		

Procedimentos

- Provoque uma discussão a respeito do impacto das decisões importantes que nós mesmos ou outras pessoas tomam por nós em nossas vidas. Podem-se utilizar as seguintes perguntas:

1) Como sua vida seria se tivesse nascido em outra cidade ou país?
2) Como sua vida seria se tivesse tido pais de classe social diferente?
3) Como sua vida seria se tivesse estudado mais (ou menos)? Se tivesse escolhido outra profissão?
4) Quantas vezes você já se perguntou como estaria hoje se tivesse tomado outro rumo em determinado momento da sua vida?

- Reflita ainda sobre a importância de pequenas decisões. Quão distante do nosso objetivo estaríamos se errássemos apenas em 0,5 grau na definição da rota a seguir?

1) Se tivesse dado (ou não dado) aquele telefonema?
2) Se tivesse dito (ou não dito) aquilo?

- Peça então que escrevam brevemente, em uma folha em branco, como imaginam suas vidas em 10 anos, no que diz respeito a profissão, família, saúde e social.

1) Como quer estar profissionalmente?
2) Como quer que esteja sua situação familiar?
3) Como quer que esteja a sua saúde?
4) Como quer estar com relação a amigos, cultura e lazer?

- Provoque nova discussão: qual o impacto que o uso de álcool/drogas pode ter sobre essas suas metas em 10 anos?
- Distribua as folhas de atividades e solicite o preenchimento;
- Por fim, abrir para a discussão grupal, de forma que todos falem sobre suas reflexões.

Dica das autoras

- Pode ser realizada em partes, em mais de uma sessão de grupo, explorando mais didaticamente todo o conteúdo.

IMPACTO DA MÍDIA SOBRE O BEBER/FUMAR

Objetivos

- Com material publicitário (recortes de revistas ou jornais, impressos da internet, cartazes, etc.), propor uma discussão quanto à influência que a mídia exerce sobre o beber ou fumar, verificando como cada cliente reage e lida com tais estímulos;
- Possibilitar a discussão de como enfrentar o impacto da mídia sobre o comportamento de beber e fumar.

Indicação

- Grupo;
- Família.

Tempo de duração

- 5 minutos para explicações gerais;
- 20 minutos para confecção do painel;
- 35 minutos para exposição e discussões gerais.

Material necessário

- Revistas, jornais, impressos da internet, cartazes, cola, tesouras, lápis, canetas.

Procedimentos

- Deixar no centro da sala os materiais selecionados para utilização na atividade;
- Dividir os participantes em subgrupos e solicitar que escolham, nesse material, propagandas de bebidas alcoólicas e cigarros;
- Pedir que montem um painel no qual estejam representados (por figuras, desenhos e escrita) os pontos que as propagandas reforçam;
- Solicitar que exponham os painéis e falem sobre o conteúdo;
- É interessante estimulá-los a falar de como se sentem diante das propagandas (o impacto que produziam quando usavam a substância e quando abstinentes).

Dicas das autoras

- Essa dinâmica pode funcionar como um gatilho para fissuras. Não a utilize com grupos recém-formados, de abstinência recente, pouco integrados ou que ainda não tenham desenvolvido habilidades para enfrentar a fissura;
- Indicada para participantes em fase de manutenção do tratamento.

Anotações

O LADO QUE AS PROPAGANDAS NÃO ABORDAM

Objetivos

- Promover maior percepção da influência sedutora que a mídia exerce sobre o comportamento de consumo;
- Gerar maior conscientização das perdas causadas pela dependência das substâncias, contribuindo para a diminuição das expectativas positivas relacionadas com o uso, geralmente acentuadas pelas propagandas (formais ou informais).

Indicação

- Grupo.

Tempo de duração

- 5 minutos para explicações gerais;
- 15 minutos para confecção do painel;
- 10 minutos para exposição (5 minutos para cada subgrupo);
- 30 minutos para finalização e discussão.

Material necessário

- Revistas, jornais, impressos da internet, cartazes, lápis de cor, tesouras, cola e cartolina.

Procedimentos

- Dividir o grupo em dois subgrupos;
- Deixar os materiais no centro e orientar para escolherem o que quiserem, conforme o objetivo de seu grupo;
- Um subgrupo confeccionará um painel retratando os atrativos da bebida e do cigarro e, o outro, os malefícios;
- Pedir que cada grupo apresente seu painel tentando convencer o outro grupo de seus argumentos;
- Discutir com o grupo como a mídia e a propaganda podem funcionar como gatilhos, ao exaltarem apenas os aspectos positivos do consumo e negligenciarem ou minimizarem os aspectos negativos de beber e fumar;
- Discutir maneiras de minimizar o impacto da sedução que as propagandas exercem.

Dicas das autoras

- Essa dinâmica pode funcionar como gatilho para fissuras. Não a utilize com grupos recém-formados, de abstinência recente, pouco integrados ou que ainda não tenham desenvolvido habilidades para enfrentar a fissura;
- No caso de substâncias ilícitas, em que não há propaganda oficial, trabalhar a propaganda "informal", geralmente associada às sensações "boas", reforçada por quem as usa;
- Indicada para participantes em fase de manutenção do tratamento.

Anotações

Relaxamento para Aliviar Estresse e Fissura

Objetivos

- Desenvolver habilidades de relaxamento em situações de estresse e fissura.

Indicação

- Grupo;
- Família.

Tempo de duração

- 10 minutos para explicações gerais;
- 20 para exposição e discussão gerais.

Material necessário

- Nenhum.

Procedimentos

- Pergunte ao grupo o que entende por estresse e como este se relaciona com o uso de drogas;
- Esclareça que usar drogas pode ser uma maneira de lidar com situações e sentimentos estressantes. Muito provavelmente, eles experimentam sintomas físicos quando estão estressados: nervosismo, tensão muscular, dores de cabeça, taquicardia, etc.;
- É importante mudar a forma de responder às situações estressantes. E mudar pode ser desconfortável, física e mentalmente. O jeito "antigo" de lidar com o estresse era usar drogas. Agora terá de eleger outros mecanismos de enfrentamento das situações;
- Saber relaxar pode ser muito útil quando se sentir tenso, nervoso ou com fissuras e existem muitas maneiras. É importante experimentá-las para decidir qual delas pode ser útil em uma situação de crise;
- Discutir junto com os participantes as maneiras que cada um utiliza para relaxar, compartilhando informações e experiências.

Dicas das autoras

- Estabelecer um clima de descontração e participação é fundamental para o desenvolvimento da habilidade de relaxar;
- Pode-se utilizar uma música tranquila e calma, em volume baixo, para estimular o relaxamento, bem como o uso de aromas, a fim de estimular os sentidos.

Anotações

Relaxamento para aliviar estresse e fissura: Exercício de respiração profunda

Objetivos

- Desenvolver habilidades de relaxamento em situações de estresse e fissura.

Indicação

- Grupo;
- Família.

Tempo de duração

- 5 minutos para o procedimento inicial (descrito anteriormente);
- 5 minutos para orientação sobre a respiração profunda;
- 5 minutos para experimentação;
- 15 minutos para que as pessoas contem como foi a experiência para elas e em que situações acham que podem utilizar o exercício.

Material necessário

- Nenhum.

Procedimentos

- Respirar profundamente é um modo bastante eficaz de lidar com a tensão, seja esta causada pela abstinência ou não;
- Esse exercício pode ser feito sentado, em pé, deitado, no trânsito, em uma reunião ou sala de espera;
- Treine a respiração profunda 2 vezes/dia e use-a sempre que estiver sob tensão:

1. Feche os olhos e relaxe os ombros.
2. Inspire o mais lenta e profundamente que puder, contando até 6 enquanto empurra a barriga para fora.
3. Prenda a respiração e conte até 4.
4. Expire lentamente pela boca, contando até 6.
5. Repita todo o ciclo: inspirar (até 6), prender (até 4), expirar (até 6).
6. Novamente.
7. Novamente.
8. Novamente.
9. Novamente.
10. Agora abra seus olhos e conte para o grupo como foi sua experiência e em que situações do seu dia a dia esse exercício poderá ajudá-lo.

Dicas das autoras

- A postura neste tipo de prática é fundamental. Alguns participantes podem escolher cadeiras, mas é importante disponibilizar almofadas, travesseiros, colchões, tapetes, etc., e estimular os participantes a criarem uma atmosfera de familiaridade e descontração;
- Pode-se utilizar uma música tranquila e calma, em volume baixo, para estimular o relaxamento.

Anotações

RELAXAMENTO PARA ALIVIAR ESTRESSE E FISSURA: "ESPALHAR" A SENSAÇÃO DE RELAXAMENTO

Objetivos

- Desenvolver habilidades de relaxamento em situações de estresse e fissura.

Indicação

- Grupo;
- Família.

Tempo de duração

- 5 minutos para o procedimento inicial (descrito anteriormente);
- 15 minutos para experimentação;
- 20 minutos para que as pessoas contem como foi a experiência para elas e em que situações acham que podem utilizar o exercício.

Material necessário

- Nenhum.

Procedimentos

- Feche seus olhos e acomode-se o melhor possível na cadeira.
- Respire lenta e profundamente.
- Perceba seu abdome se expandindo e relaxando.
- Agora "viaje" pelo seu corpo. "Passeie" por seu pé direito e suba pela perna... agora o pé esquerdo... a perna esquerda... Suba pela pélvis... a barriga... o tórax... desça pelo braço direito... até sua mão direita... agora o braço esquerdo... até a mão esquerda... as costas... o pescoço... os músculos do seu rosto... suas pálpebras... o couro cabeludo.
- Agora identifique qual parte do seu corpo está mais relaxada.
- Agora imagine que esse relaxamento está se expandindo lentamente pelo seu corpo todo... contagiando cada pedacinho a seu lado... que contagia outro pedacinho... outro... outro e outro... aos poucos seu corpo vai sendo tomado pela sensação de relaxamento... relaxando... relaxando... até que todo seu corpo e mente estejam completamente relaxados.
- Apenas sinta por alguns minutos (deixe-os alguns minutos em silêncio).
- Respire fundo novamente... mexa lentamente seus pés, suas mãos, o pescoço e vá voltando para essa sala. Se quiser, pode espreguiçar-se...
- Agora conte para o grupo como foi sua experiência e em que situações do seu dia a dia acha que pode utilizar esse exercício.

Dicas das autoras

- A postura neste tipo de prática é fundamental. Alguns participantes podem escolher cadeiras, mas é importante disponibilizar almofadas, travesseiros, colchões, tapetes, etc., e estimular os participantes a criarem uma atmosfera de familiaridade e descontração;
- Pode-se utilizar uma música tranquila e calma, em volume baixo, para estimular o relaxamento.

Anotações

Relaxamento para aliviar estresse e fissura: "viagem" mental

Objetivos

- Desenvolver habilidades de relaxamento em situações de estresse e fissura.

Indicação

- Grupo;
- Família.

Tempo de duração

- 5 minutos para o procedimento inicial (descrito anteriormente);
- 10 minutos para experimentação;
- 10 minutos para que as pessoas contem como foi a experiência para elas e em que situações acham que podem utilizar o exercício.

Material necessário

- Nenhum.

Procedimentos

O facilitador dá os comandos a seguir:

- Se possível, faça com o grupo se deite;
- Fechem os olhos e acomodem-se o melhor possível.
- Respirem fundo, lentamente.
- Sinta seu abdome expandindo-se e relaxando.
- Inspire... expire...
- Inspire... expire...
- Agora você vai viajar para um lugar muito tranquilo.
- Você está em uma praia deserta.
- O mar está muito tranquilo.
- A temperatura é muito agradável e você sente o sol aquecendo seu corpo.
- Uma pequena brisa o toca agradavelmente.
- Você caminha por essa praia, sentindo a areia macia sob seus pés.
- Você avista dois coqueiros e uma rede.
- Você caminha até os coqueiros e se deita na rede.
- A rede balança suavemente... prá lá... prá cá... como que um colo que o faz ninar.
- Prá lá... pra cá...

- O sol está se pondo e seu reflexo ilumina o mar tranquilo, tranquilo...
- Pra lá... pra cá...
- Um pássaro canta...
- Pra lá... pra cá...
- A tranquilidade vai tomando conta de você...
- Pra lá... pra cá...
- Deixe-se ficar...
- Pra lá... pra cá...
- (Deixe o grupo com essa sensação por alguns minutos).
- Agora você vai se despedir desse seu recanto, mas com a certeza de que poderá voltar.
- Respire fundo... mexa suavemente seus pés... suas mãos e vá retornando para o aqui e agora.
- Compartilhe com o grupo como foi a experiência e em que situações poderá usar esse exercício.

978-85-4120-168-1

Anotações

SEÇÃO 5

Integração de grupo

Patrícia França Proença
Neliana Buzi Figlie
Roberta Payá

Como o tratamento do uso de substâncias é um processo longo, contínuo e não linear, espera-se uma diversidade de participantes, que irão percorrer várias intervenções. Também pela variedade de formatos e modelos que os grupos podem vir a ter, torna-se fundamental manter um senso de participação, coesão e harmonia entre os clientes, para que os objetivos do tratamento sejam atingidos.

Um ambiente favorável para a terapia de grupo é aquele que fornece segurança, senso de partilha e que aborde questões pertinentes ao tratamento ou estilo de vida dos clientes. Para tal, a integração do grupo deve ser constantemente proporcionada.

A integração do grupo é fundamental para o desenvolvimento da noção do compartilhar, o qual só é autêntico se baseado no autoconhecimento e no respeito à individualidade de cada participante, que, ao abolir a sua individualidade, dá espaço para a construção grupal.

As dinâmicas e atividades desta seção visam o autoconhecimento pessoal e interpessoal, dissipar resistências iniciais, a fim de desfazer tensões, trabalhar valores pessoais e a importância do trabalho em grupo, envolvendo comprometimento e respeito entre os participantes.

AUTÓGRAFOS

Objetivos

- Facilitar a descontração e a integração entre os participantes;
- Possibilitar maior identificação entre os participantes;
- Sensibilizar quanto à importância de cada participante no grupo.

Indicação

- Grupo.

Tempo de duração

- 5 minutos para explicações gerais e entrega das folhas;
- 20 minutos para pegar autógrafos;
- 35 minutos para discussão.

Material necessário

- Folha de atividades: Autógrafos

Autógrafos

Instruções:

- Diante das frases a seguir, procure descobrir pessoas no seu grupo que correspondam ao que está escrito. Quando encontrar, peça que assinem na frente da frase.
- É válido apenas um autógrafo de cada pessoa:

1) Que jogue futebol.
2) Que tenha filhos.
3) Que não veja os filhos há algum tempo.
4) Que esteja procurando emprego.
5) Que toque algum instrumento.
6) Que goste de ir ao cinema.
7) Que more com a sogra.
8) Que goste de cantar.
9) Que nasceu no mesmo mês que você.
10) Que goste de fazer amigos.
11) Que seja mais introvertido que extrovertido.
12) Que goste de falar em público.
13) Que tenha facilidade para escrever.

978-85-4120-168-1

Procedimentos

- Explicar que cada participante receberá uma folha com várias frases;
- Com a folha, deverão percorrer o grupo, a fim de descobrir pessoas que correspondam às frases. Caso encontrem, pedir um autógrafo da pessoa ao lado da frase. Exemplo: "Adoro meus filhos" estará assinado por alguém do grupo que tenha essa característica;
- Pedir que cada um pegue autógrafos de várias pessoas;
- Ao final, solicitar aos participantes que digam os autógrafos que conseguiram;
- Abrir espaço para cada um comentar como se sentiu, explorando questões do tipo: como é poder conhecer e ser conhecido pelas pessoas; poder descobrir coisas em comum, aproximar-se do outro (movimento de dar e receber), entre outros aspectos.

Dica das autoras

- As frases na folha de autógrafos podem ser adaptadas de acordo com as características de cada grupo.

Anotações

Dinâmica de apresentação

Objetivos

- Promover maior integração;
- Possibilitar apresentação de novos participantes no grupo, ou grupos, recém-formado;
- Criar clima de união e empatia.

Indicação

- Grupo.

Tempo de duração

- 5 minutos para explicações gerais;
- 10 minutos para exercício em dupla;
- 15 minutos para apresentações para o grupo.

Material necessário

- Nenhum.

Procedimentos

- Dividir o grupo em duplas, de preferência que tenham pouco contato;
- Pedir que um por vez se apresente (em 5 minutos) ao outro participante, dizendo coisas básicas sobre si. Exemplo: nome, onde mora, estado civil, se tem filhos, o que gosta de fazer, o que está sentindo;
- Depois dos 5 minutos de apresentação, pedir que o outro participante se apresente, utilizando o mesmo tempo;
- Em seguida, pedir que cada um apresente seu colega para o grupo, relatando as coisas que ele falou;
- Deixar espaço caso queiram acrescentar algo.

Dica das autoras

- A dinâmica pode ser encerrada permitindo que outras atividades sejam feitas, ou pode ser explorada, no sentido de como é ouvir o outro, como é ser ouvido, ser apresentando por outra pessoa, o que sentiram, etc.

Anotações

Apresentação participativa

Objetivos

- Promover um clima de descontração nas apresentações;
- Facilitar a atenção e memorização dos membros do grupo.

Indicação

- Grupo;
- Família.

Tempo de duração

- 10 a 15 minutos.

Material necessário

- Nenhum.

Procedimentos

- Dispor o grupo em círculo;
- O facilitador apresenta-se ao grupo, dizendo seu nome;
- Pedir que a pessoa do lado direito repita seu nome (do facilitador) e, em seguida, se apresente dizendo o nome, ou seja, o terceiro diz os nomes do primeiro, do segundo e depois o seu e assim por diante.

Dicas das autoras

- Além do nome, pode ser interessante (principalmente quando o grupo já se conhece) que cada pessoa diga uma característica pessoal (ou mais dados, conforme o objetivo da dinâmica). Exemplo: João tímido. As pessoas da roda, além de falarem os nomes, repetem também as respectivas características;
- Quando o último falar, a roda pode ser invertida; dessa vez, o primeiro que havia se apresentado passa a ser o último.

Anotações

Mãos entrelaçadas

Objetivos

- Percepção da importância da contribuição de cada participante para o grupo;
- Sensibilizar a reação de cada um frente a um conflito/situação difícil.

Indicação

- Grupo.

Tempo de duração

- 5 minutos para explicações gerais;
- 15 minutos para execução;
- 40 minutos para discussão.

Material necessário

- Nenhum.

Procedimentos

- Solicitar ao grupo que fique de pé e de costas para o centro e que, em roda, todos se deem as mãos;
- A tarefa consiste em: sem soltar as mãos, o grupo deve se movimentar de forma que a roda fique ao "contrário" (para que as pessoas fiquem de frente umas para as outras, ou seja, de frente para o centro do grupo);
- Informar as regras: não podem soltar as mãos, nem ficar com os braços cruzados sobre o colega;
- Pedir aos participantes que porventura conheçam o exercício para não contarem ao grupo o desfecho da situação, participando de forma mais passiva;
- O facilitador deve reforçar as regras, caso sejam descumpridas;
- Ao final, explorar como se sentiram; o que acharam quando a tarefa foi passada; quem achava que seria possível, quem achava que não; o que sentiram durante o exercício; como descobriram a saída;
- Refletir sobre a importância da contribuição de todos (importância do grupo) para um resultado positivo, assim como de poder olhar um para o outro (ficar de frente).
- Resolução mais comum – um dos participantes ergue o braço juntamente com seu colega, formando um arco sob o qual todos deverão passar, como uma quadrilha.

Dicas das autoras

- É importante que possam explorar o exercício, fazendo várias tentativas no intuito de encontrarem a saída;
- O facilitador deve ter uma postura ativa, lembrando as regras ao grupo, caso não estejam sendo cumpridas;
- Caso o grupo fique muito tempo (mais de 10 minutos) sem conseguir uma saída, é importante o facilitador dar dicas, a fim de ajudá-lo na resolução;
- A roda também pode ser feita virando-se de dentro para fora do grupo, explorando, neste caso, o olhar para fora, "olhar além do que está perto";
- Pode ser explorado o sentido da união do grupo frente ao mesmo objetivo, no caso, a abstinência.

Anotações

ENTREVISTA

Objetivos

- Possibilitar maior conhecimento, interação e confiança entre os membros do grupo;
- Promover maior autoconhecimento.

Indicação

- Grupo;
- Família.

Tempo de duração

- 5 minutos para explicações gerais;
- 30 minutos para execução;
- 25 minutos para finalização.

Material necessário

- Papeletas contendo uma pergunta em cada.
- Material de apoio ao facilitador: Sugestões de perguntas

Sugestões de perguntas

1. Como você preenche seu tempo de lazer?
2. O que mais o(a) aborrece?
3. Qual é, no momento, seu maior problema?
4. Qual a lembrança mais forte que possui?
5. O que o(a) deixa mais triste?
6. O que o(a) deixa mais alegre?
7. O que você mais gostaria de mudar em sua vida?
8. Do que mais se orgulha em você?
9. O que é mais importante para você no grupo?
10. O que é mais importante para você no tratamento?

Procedimentos

- O facilitador explica que cada participante pegará uma papeleta e tentará responder, da maneira mais sincera possível, a pergunta escrita;
- Distribuir as papeletas aleatoriamente e pedir que cada um, na sequência que quiser, leia a pergunta e a responda ao grupo.

Dicas das autoras

- As perguntas podem ser adaptadas de acordo com necessidades específicas;
- A atividade também pode ser realizada em subgrupos;
- É importante garantir um clima de respeito e confiança, já que as pessoas estarão dividindo, com o grupo, questões pessoais. O facilitador pode fazer esta introdução antes de dizer qual será a dinâmica.

Anotações

CONFIANÇA

Objetivos

- Promover maior confiança entre os membros do grupo;
- Sensibilizá-los para a capacidade de cada um cuidar e ajudar o outro e, ao mesmo tempo, permitir-se ser ajudado e cuidado.

Indicação

- Grupo.

Tempo de duração

- 5 minutos para explicações gerais;
- 25 minutos para execução;
- 30 minutos para finalização.

Material necessário

- Venda para os olhos;
- Materiais que possam ser utilizados como obstáculos, como barbante cortado representando uma avenida; caixa aberta no chão representando um buraco; algumas cadeiras representando um desvio que precisa ser feito, entre outros.

Procedimentos

- Explicar que esta dinâmica será dividida em duas etapas. Primeiro ficará metade do grupo na sala e a outra metade aguardará do lado de fora;
- Para o grupo que ficou na sala, explicar que cada um será responsável por um dos colegas que ficou do lado de fora, os quais entrarão, um a um, de olhos vendados e serão guiados por eles;
- Montar um percurso no chão, como se fosse uma estrada com obstáculos, e mostrar aos que estão na sala o percurso que deverá ser feito;
- As pessoas que conduzirão (são os que estão dentro da sala) serão responsáveis por cuidar que seu colega passe por todo o percurso sem se machucar e sem tocar nos obstáculos. Para isso, quem está conduzindo pode conversar baixinho com quem está sendo conduzido, podendo tocar levemente nos braços, pernas, mãos e pés deste, para facilitar quando tiver que passar pelos obstáculos;
- Para os que ficaram do lado de fora, dizer que precisam ficar com os olhos vendados e que entrarão na sala, um por vez. Se alguém ficar muito ansioso, explicar que na atividade ele será guiado;
- Cada um que entrar na sala será recebido por um que está conduzindo. Uma dupla por vez deve passar pelo percurso;

- Depois que o primeiro grupo conduziu os que estavam do lado de fora, invertem-se os papéis: os que conduziram serão agora conduzidos. Pede-se que estes saiam da sala e o percurso e os obstáculos são modificados;
- Passar as mesmas instruções para os que conduzirão e recomeçar o processo;
- Por fim, pedir que falem o que acharam da dinâmica, como se sentiram, como foi cuidar e ser cuidado, o que foi mais difícil, etc.

Dicas das autoras

- É importante que a dinâmica seja feita quando os participantes já se conhecem, pois, caso contrário, pode gerar muita ansiedade/angústia, dificultando para aqueles que possuem pouco contato;
- Esta é uma dinâmica que aborda o emocional das pessoas, portanto, precisa de um ambiente seguro, com firmeza e acolhimento do facilitador, além de um fechamento que possibilite que os participantes falem bastante sobre o que sentiram;
- Esta dinâmica também pode ser relacionada com as seguintes questões: quando a bebida e a droga os conduzem, quando o tratamento ou amigos/familiares os conduzem.

Anotações

JOGO DO EQUILÍBRIO

Objetivos

- Possibilitar relação de maior confiança entre as pessoas;
- Percepção de questões como ajudar e ser ajudado;
- Sensibilizar quanto à necessidade da troca para enriquecimento pessoal.

Indicação

- Grupo;
- Família.

Tempo de duração

- 5 minutos para explicações gerais;
- 15 minutos para execução;
- 40 minutos para finalização/discussão.

Material necessário

- Nenhum.

Procedimentos

- Promover um relaxamento, pedindo aos participantes que andem, à vontade, pela sala, em ritmos diferentes;
- Formar duplas;
- Na dupla, os participantes ficam de frente um para o outro. Pedir que juntem os pés e se deem as mãos, segurando nos pulsos um do outro;
- Explicar que haverá dois momentos na atividade: primeiro, um dos dois soltará seu corpo em diversas direções (sentindo-se seguro apenas pelo outro). Depois de 3 a 5 minutos, pedir que repitam o exercício (segundo momento), invertendo os papéis (o que estava segurando passa a ser segurado);
- Ao final, estimulá-los a refletir sobre o exercício, os sentimentos e as sensações que surgiram, entre outros aspectos;
- Relacionar a questões do tipo: grau de confiança entre a pessoa que segurou e a pessoa que foi segurada; de envolvimento no relacionamento; quem é esse outro em que confia e a que se entrega (é um amigo, um familiar, ou a bebida, a droga, comportamentos destrutivos, entre outros).

Dicas das autoras

- Pode ser aplicada entre familiares, explorando a relação entre a dinâmica de grupo familiar e o dependente químico;
- Esta atividade pode despertar vários níveis de ansiedade, sendo importante produzir um ambiente seguro, para que possam se envolver com mais tranquilidade;
- É pouco indicada para pessoas persecutórias, com funcionamento psicótico.

Anotações

O QUE O GRUPO REPRESENTA PARA NÓS

Objetivos

- Abrir canal de comunicação referente ao que se pensa sobre o grupo de tratamento e o quanto essa visão pode interferir no comportamento dos participantes;
- Verificar o nível de interação e motivação pessoal em relação ao grupo.

Indicação

- Grupo.

Tempo de duração

- 5 minutos para explicações gerais;
- 20 minutos para montarem o painel;
- 35 minutos para exposição e discussão.

Material necessário

- Cartolina, pincéis atômicos, revistas, tesouras, cola (materiais gráficos em geral).

Procedimentos

- Pedir que montem um painel, utilizando-se de desenhos, figuras, palavras, entre outros recursos, sobre o que o grupo representa para eles;
- Solicitar que exponham o painel explicando seu significado;
- Considerar os aspectos importantes que surgiram e, se oportuno, dar *feedback* sobre o que o facilitador percebeu como sendo a relação das pessoas com o grupo;
- Discutir a influência da visão e interação grupal nos comportamentos individuais, como por exemplo: desconfiança, isolamento, não expor e dividir o que pensa e sente, entre outros aspectos que podem refletir a visão que estão tendo dos membros do grupo.

Dicas das autoras

- Pode ser utilizada tanto em início de grupo, adaptando-se para "*o que se espera do grupo*", quanto em situações nas quais o grupo esteja constituído, sendo indicada principalmente em momentos de pouca interação e confiança grupal. Isso pode estar atrelado à imagem que possuem do grupo e que necessita ser trabalhada;
- Pode ser utilizada individualmente, com o título "*O que o grupo representa para mim*". Nesse caso, é indicado o uso de uma cartolina ou folha sulfite em que cada um escreve ou desenha o que sente, para depois ser discutido.

Anotações

O BARBANTE

Objetivos

- Sensibilizá-los para a comunicação construtiva;
- Trabalhar questões relacionais.

Indicação

- Grupo.

Tempo de duração

- 5 minutos para explicações gerais;
- 40 minutos para a execução da atividade com o barbante;
- 15 minutos para discussão.

Material necessário

- Um rolo de barbante.

Procedimentos

- Pedir que se sentem em círculo;
- O facilitador explica que, nesta atividade, haverá espaço para as pessoas falarem, de maneira bastante sincera, umas com as outras;
- O facilitador começa a dinâmica pegando o rolo de barbante e dando uma volta em seu dedo; em seguida, ele joga o rolo para alguém a quem queira dizer algo;
- Quem está com o barbante na mão dá uma volta em seu dedo e, da mesma forma, joga-o para alguém a quem queira dizer alguma coisa e assim sucessivamente, sendo importante que todos participem, não havendo problema caso a mesma pessoa receba o barbante mais de uma vez;
- Ao final, certificando-se de que todos tenham falado, pede-se ao grupo para dizer como se sentiram nessa dinâmica;
- Em seguida, o facilitador pede o barbante e fala sobre a importância dos laços entre as pessoas e que estas formam elos parecidos com a rede que se formou com o barbante: são os elos da interação.

Dicas das autoras

- Esta dinâmica pode ser utilizada em várias situações, como por exemplo, em despedidas, quando algum evento está sendo finalizado; quando estiver havendo dificuldade de comunicação no grupo; ou quando tiver havido algum problema no grupo que esteja prejudicando o relacionamento;
- Podem ser trabalhados conteúdos da dependência ao solicitar, na reflexão, que pensem nos elos bons que formam e nos elos prejudiciais.

Anotações

Bastão (construção do grupo)

Objetivos

- Possibilitar a construção de algo concreto que simbolize a união do grupo;
- Com a construção, despertar sentimentos como comprometimento, respeito, interação e verdade.

Indicação

- Grupo;
- Família.

Tempo de duração

- 5 minutos para explicações gerais;
- 20 minutos para a construção do bastão;
- 10 minutos para explorarem e falarem como foi a confecção;
- Cerca de 15 minutos para falarem o que estão pensando (1 minuto para cada participante);
- 10 minutos para finalização.

Material necessário

- Pedaço de madeira (como metade de um cabo de vassoura), materiais da natureza (folhas de árvore, feijão, arroz, trigo, pedrinhas, entre outros), cola, tesoura, barbante, fita adesiva e material reciclável.

Procedimentos

- Explicar que, nesta atividade, o grupo construirá algo precioso que servirá como um código de verdade entre eles. Sensibilizá-los para a importância da participação de todos na construção, pois certamente cada um poderá oferecer uma contribuição pessoal;
- Dispor os materiais no centro da sala e solicitar que construam um bastão da melhor forma possível, utilizando de preferência um pouco de cada material ali disponível. Informar o tempo que terão para a construção;
- Durante o exercício, incentivar a participação de todos.

- Após o tempo combinado, pedir que apresentem o bastão que construíram, falando como se sentiram e qual a contribuição que deram;
- Em seguida, explicar que o bastão representa a construção daquele grupo, algo peculiar a eles. Os materiais que utilizaram foram formas de representar a força e a importância de coisas básicas como alimento e natureza, associando a isto o respeito a coisas básicas, entre as pessoas (para que estas tenham um bom alimento), como sinceridade, união e troca (valores humanos);
- Solicitar que cada um, de posse do bastão, fale (durante 1 minuto) o que realmente estiver pensando (já que este é o representante da verdade). Explicar que o tempo, no caso, será cronometrado (significando divisão justa entre todos). Caso a pessoa extrapole o tempo, é importante informá-la;
- Assim que um participante terminar de falar, passa o bastão para outro (podendo ser seguida uma ordem ou não);
- Por fim, o facilitador também pode falar o que está pensando;
- Finalizar reforçando o significado do bastão e que este poderá ser utilizado em outros momentos do grupo.

Dicas das autoras

- Guardar o bastão de forma a preservá-lo, demonstrando que as produções do grupo podem ser bem cuidadas pelos facilitadores;
- Combinar que tanto eles podem solicitar o bastão como o facilitador pode levá-lo quando achar necessário.

Anotações

CANDIDATURA

Objetivos

- Expressar o valor das pessoas do grupo.

Indicação

- Grupo;
- Família.

Tempo de duração

- 5 minutos para explicações gerais e entrega do material;
- 10 minutos para escrever as virtudes do candidato e a preparação da campanha;
- 10 minutos para apresentação dos candidatos;
- 15 minutos para discussão.

Material necessário

- Papel e caneta para todos os integrantes.

Procedimentos

- Dividir o grupo em pequenos subgrupos e dar papel e caneta para cada participante;
- Cada subgrupo deve escolher um candidato para determinada missão (ser presidente de um grêmio escolar, ser técnico de um clube esportivo, ser síndico de um prédio, etc.);
- Cada participante coloca no papel as virtudes que vê naquela pessoa indicada para o cargo e como deveria fazer a propaganda de sua candidatura;
- Os subgrupos colocam em um outro papel a síntese das características em comum do candidato, juntando o que cada um escreveu, e preparam a campanha eleitoral;
- Apresentação dos candidatos;
- Cada candidato diz como se sentiu ao receber as virtudes que foram atribuídas e como foi a apresentação da campanha eleitoral;
- O grupo explica por que atribuiu determinadas virtudes;
- Avaliação do grupo sobre a dinâmica.

Dicas das autoras

- Os candidatos podem ser alternados entre os participantes do grupo;
- Dinâmica indicada para grupos que possuem uma certa familiaridade entre seus participantes.

Anotações

Características semelhantes

Objetivos

- Promover maior conhecimento entre os integrantes do grupo e mostrar a existência de afinidades entre eles.

Indicação

- Grupo;
- Família.

Tempo de duração

- 5 minutos para explicações gerais e entrega do material;
- 10 minutos para escrever as características individuais;
- 5 minutos para a formação das duplas;
- 5 minutos para conhecer a pessoa;
- 20 minutos para apresentação do grupo.

Material necessário

- Papel e lápis para todos os integrantes.

Procedimentos

- Entregar aos participantes lápis e papel;
- Pedir que cada integrante escreva no papel suas características (virtudes e defeitos);
- Cada pessoa deve procurar identificar outra que tenha características semelhantes às suas;
- Após as duplas estarem formadas, as pessoas terão 5 minutos para se conhecerem, trocarem os seus papéis e conversarem sobre suas características;
- Apresentação do(a) parceiro(a) e explicitar as semelhanças e diferenças entre eles.

Dicas das autoras

- Em vez de propor a formação de duplas, sugerir trios ou minigrupos de acordo com as características semelhantes;
- Sugerir que os participantes podem se unir somente com semelhanças das características positivas ou negativas.

Anotações

Em busca de um amigo

Objetivos

- Integrar o grupo;
- Facilitar o conhecimento entre os participantes.

Indicação

- Grupo.

Tempo de duração

- 5 minutos para explicações gerais e entrega do material;
- 10 minutos para escrever características individuais;
- 5 minutos para encontrar um(a) parceiro(a);
- 5 minutos para conhecer a pessoa;
- 20 minutos para apresentação do grupo.

Material necessário

- Papel, lápis, balões da mesma cor, reprodução de músicas.

Procedimentos

- Ao som de músicas animadas, entregar para cada participante um papel, um lápis e um balão;
- Pedir que cada pessoa escreva no papel suas características físicas e de personalidade;
- Cada participante deve enrolar o papel, colocar dentro do balão e, em seguida, enchê-lo de ar;
- Todos devem jogar os balões de modo aleatório e depois de um tempo cada integrante do grupo deve pegar um balão, estourar e procurar a pessoa cujas características físicas estejam descritas no papel que estava dentro do balão;
- Interromper a música e deixar um tempo para as duplas conhecerem mais as características de personalidade descritas no papel e discuti-las com a pessoa;
- Apresentação de todos os integrantes do grupo pelo companheiro que pegou o papel com suas características.

Dica das autoras

- É possível aprofundar o conhecimento dos participantes, sugerindo outras perguntas, como, por exemplo, falar dos motivos pelos quais decidiram fazer o tratamento e quais suas perspectivas de futuro.

Anotações

CONTE UMA HISTÓRIA

Objetivos

- Desenvolver a criatividade dos participantes e promover a integração grupal.

Indicação

- Grupo.

Tempo de duração

- 5 minutos para explicações gerais e formação do círculo;
- 10 minutos para contar a história;
- 15 minutos para discussão do grupo.

Material necessário

- Nenhum.

Procedimentos

- Formar um círculo de cadeiras com os integrantes do grupo sentados;
- O facilitador irá dizer as palavras: "tratamento e evolução";
- Pedir para um dos integrantes do grupo ir ao centro do círculo e começar uma história com as duas palavras citadas anteriormente;
- Cada vez que a pessoa disser "tratamento", os demais deverão levantar dos lugares, e quando disser "evolução", todos os participantes irão trocar de lugar;
- Ao final da atividade, todos devem refletir sobre o resultado da história e de como se sentiram.

Dicas das autoras

- Outras palavras podem ser utilizadas como desencadeadoras da história, dependendo do momento do tratamento;
- Pode-se sugerir que o grupo construa uma história coletiva e os narradores sejam alternados periodicamente.

Anotações

A PRIMEIRA IMPRESSÃO

Objetivos

- Integrar o grupo e proporcionar que os participantes se conheçam mais.

Indicação

- Grupo.

Tempo de duração

- 5 minutos para explicações gerais e formação das filas;
- 15 minutos para falar sobre o outro integrante;
- 15 minutos para cada pessoa falar de suas características.

Material necessário

- Nenhum.

Procedimentos

- Formar duas filas de pessoas, uma de frente para outra;
- Cada participante deverá dizer qual a primeira impressão que teve da pessoa que está à sua frente;
- Após todos dizerem suas impressões sobre os outros, cada integrante do grupo dirá o que concorda e o que discorda do que foi dito sobre si.

Dicas das autoras

- O facilitador pode propor que os integrantes do grupo possam escrever sobre a pessoa que está à sua frente, caso tenham dificuldade em expressar oralmente suas impressões;
- Trata-se de uma dinâmica de aquecimento.

Anotações

TELEFONE SEM FIO

Objetivos

- Integrar o grupo e mostrar a importância e as consequências de possíveis falhas na comunicação.

Indicação

- Grupo;
- Família.

Tempo de duração

- 5 minutos para explicações gerais;
- 5 minutos para falar a frase;
- 15 minutos para discussão do grupo.

Material necessário

- Nenhum.

Procedimentos

- Formar um círculo com os integrantes do grupo;
- Dizer uma frase em voz baixa no ouvido de um dos participantes, que deverá ser dita para o companheiro que está a sua direita e assim sucessivamente;
- A mensagem deverá ser dita no ouvido sem que os demais saibam qual é a frase;
- No final, o último integrante deverá repetir a frase em voz alta para que todos confirmem a mensagem recebida e que cada pessoa fale sobre o tema da frase proposta.

Dicas das autoras

- A frase deve ser dita rapidamente e com palavras que possam ser confundidas, para no final haver uma distorção que possa ser trabalhada pelo grupo;
- É interessante elaborar uma frase não muito longa que tenha uma mensagem positiva sobre o tratamento e a possibilidade de recuperação e mudança;
- Pode ser escolhida uma frase que reflita o momento atual do grupo e que, ao final da dinâmica, esta questão possa ser desenvolvida com o grupo;
- É possível pedir que os integrantes do grupo elaborem frases e proponham a atividade quantas vezes quiserem.

Anotações

O QUE VOCÊ PODE DIZER SOBRE O TRATAMENTO?

Objetivos

- Integrar o grupo e promover o conhecimento entre os participantes sobre as expectativas do tratamento.

Indicação

- Grupo.

Tempo de duração

- 5 minutos para explicações gerais;
- 5 minutos para formar os subgrupos;
- 15 minutos para discussão geral do grupo.

Material necessário

- Nenhum.

Procedimentos

- Formar um círculo com os integrantes do grupo em pé;
- Pedir para um dos participantes ir para o centro do círculo, escolher um dos integrantes do grupo e perguntar: "o que você pode me dizer sobre o tratamento?". A ideia é que o participante responda tendo como base características observáveis tanto do tratamento quanto do participante;
- Em seguida, o participante que responder escolhe alguém para fazer a pergunta e assim sucessivamente;
- Após todos os participantes se colocarem no centro, propor uma discussão sobre as colocações, e o facilitador fornece informação sobre a proposta de tratamento.

Dicas das autoras

- Observar a possibilidade de serem detectadas as expectativas sobre o tratamento;
- Também podem ser trabalhadas com o grupo situações de risco e proteção que cada um percebe em suas vidas mediante o processo de recuperação.

Anotações

Meu pôster

Objetivos

- Apresentação pessoal e integração dos participantes do grupo.

Indicação

- Grupo;
- Família.

Tempo de duração

- 5 minutos para explicações gerais;
- 20 minutos para preparação do pôster;
- 35 minutos para explanação dos textos e discussão geral do grupo.

Material necessário

- Papel cartolina, canetas ou lápis.

Procedimentos

- Cada participante do grupo terá que fazer o seu próprio pôster contendo sua apresentação pessoal para o grupo e salientar algumas de suas características marcantes, as quais fariam com que fosse considerado de grande benefício para o grupo tê-lo no tratamento;
- O pôster deve ser redigido como se fosse uma propaganda;
- A apresentação pode ser feita com a pessoa sentada na sua própria cadeira, em pé ou em frente ao grupo;
- Ao final das apresentações, o grupo discute como se sentiram com a atividade.

Dicas das autoras

- Indicada para a formação inicial de grupos;
- Esta dinâmica pode ser utilizada para analisar as características pessoais dos participantes e pode ser aprofundada conforme a percepção do facilitador do grupo.

Anotações

União de equipe

Objetivos

- Esta dinâmica trata de como a união do grupo é importante e como o contato físico entre os participantes faz com que haja maior interação.

Indicação

- Grupo.

Tempo de duração

- 5 minutos para explicações gerais;
- 5 minutos para um integrante "penetrar" no grupo;
- 5 minutos para formação de trios;
- 5 minutos para a queda;
- 10 minutos para discussão geral do grupo.

Material necessário

- Local amplo.

Procedimentos

- O coordenador orienta todos a se engancharem pelos braços fazendo uma roda;
- Um integrante sai da roda e tenta entrar, sendo impedido pela união dos braços (mostrando que a união impede ideias contrárias);
- Em seguida, o coordenador pede para que se formem pequenos grupos de três integrantes e um deles se deixa cair, pedindo que seus companheiros o segurem (mostrando como um companheiro do grupo pode ajudar o outro, impedindo que caia);
- Fazer um rodízio entre os integrantes dos trios, proporcionando a oportunidade de todos passarem pela experiência de segurar e ser segurado;
- Discutir como se sentiram ao cair, se conseguiram confiar no colega e como se sentiram em segurar o outro integrante do grupo.

Dicas das autoras

- Se necessário, mostre para o grupo antes, com sua própria participação, o procedimento do exercício;
- É possível trabalhar com o grupo os fatores protetores e de risco para o uso de substâncias em suas vidas.

Anotações

COMPARTILHANDO BONS MOMENTOS

Objetivos

- Promover melhor interação do grupo;
- Compartilhar momentos positivos na vida dos clientes.

Indicação

- Grupo;
- Família.

Tempo de duração

- 5 minutos para explicações gerais e distribuição dos balões;
- 10 minutos para o grupo falar e encher os balões;
- 5 minutos para jogar os balões;
- 10 minutos para discussão geral do grupo.

Material necessário

- Um balão para cada participante, dispositivo de som e músicas conhecidas e animadas para que todos possam cantar juntos.

Procedimentos

- Com o grupo em círculo, distribuir um balão para cada participante que falará algo bom que lhe aconteceu na vida, como por exemplo, o casamento, a namorada, o nascimento do filho, o primeiro emprego, comprar a casa própria, o primeiro carro, a formatura, etc.;
- Cada vez que a pessoa conta uma coisa boa, assopra o seu balão;
- O círculo vai se repetindo e contando coisas boas até que o balão se encha (se estourar, dar outro balão para o participante);
- Depois de encherem todos os balões, todos os participantes dão um nó no balão e jogam para cima;
- Após alguns minutos brincando com os balões, todos explodirão os balões, simbolizando o compartilhar de coisas boas de uns para os outros no grupo;
- Enquanto jogam os balões, deixar tocar uma música e incentivar para que todos cantem;
- Ao final, discutir com o grupo o que acharam da atividade.

Dica das autoras

- Conforme a necessidade do grupo, pode-se propor que os participantes compartilhem situações difíceis de suas vidas e como conseguiram superar esses momentos.

Anotações

DESAPEGO

Objetivos

- Promover a interação grupal.

Indicação

- Grupo;
- Família.

Tempo de duração

- 5 minutos para explicações gerais e distribuição dos números;
- 15 minutos para o grupo passar a caixa entre os integrantes;
- 15 minutos para a exposição dos motivos de dar a caixa ao colega;
- 25 minutos para discussão geral.

Material necessário

- Caixa de bombons embrulhada em papel de presente; lápis e papel.

Procedimentos

- Faça pequenos papéis com números conforme os participantes e atribua um número para cada integrante do grupo;
- Coloque dentro do embrulho um papel escrito: *"Passe esse presente para uma pessoa a quem você ainda não teve a oportunidade de lhe dizer o quanto ela é importante para as outras pessoas e não diga nada"*;
- Sorteie o embrulho e a pessoa que receber o presente passará para outra e assim sucessivamente (sem repetir as pessoas até que todos os participantes do grupo tenham recebido a caixa);
- No próximo momento, todos devem dizer o porquê escolheram determinada pessoa para dar a caixa.

Dicas das autoras

- Ao final da atividade, distribuir os bombons que estavam na caixa para todos os participantes;
- Observar as parcerias dentro do grupo;
- Observar o desapego com que o grupo compartilha os chocolates.

Anotações

Chega mais

Objetivos

- Aproximar e integrar os participantes do grupo.

Indicação

- Grupo.

Tempo de duração

- 5 minutos para explicações gerais;
- 10 minutos para os membros do grupo procurarem seus(suas) parceiros(as);
- 10 minutos para discussão do grupo.

Material necessário

- Espaço físico amplo, dispositivo de som para reproduzir músicas.

Procedimentos

- Os participantes devem andar livremente pela sala ouvindo uma música;
- Quando o facilitador parar a música, pedir aos participantes que procurem um(a) parceiro(a) que esteja usando uma peça de roupa com a cor parecida com a sua ou usando algum acessório parecido com o seu, e os pares devem se cumprimentar com um aperto de mão;
- Depois, volta a tocar a música e o grupo continua a andar. Ao parar novamente a música, sugerir que as pessoas que nasceram em meses pares procurem um(a) parceiro(a) que nasceu em mês par, ou ímpar com ímpar e assim sucessivamente. Em vez de apertarem as mãos, sugerir o toque nas costas;
- Realizar esta atividade sempre com uma parte diferente do corpo, sem repetir e alternando os(as) parceiros(as);
- Ao final, discutir com o grupo o que sentiram e o que acharam de conhecer os colegas de uma forma diferente.

Dicas das autoras

- Indicada para a formação inicial de grupos;
- Podem ser sugeridos vários tipos de semelhanças, dependendo do momento do grupo e da faixa etária. Algumas sugestões: quem nasceu em São Paulo – toque no ombro; quem nasceu fora de São Paulo – toque na orelha; quem tem irmãos – toque na cabeça... O importante é selecionar semelhanças que promovam a integração com a participação de todos.

Anotações

Caixa invisível

Objetivos

- Integração e desenvolvimento do trabalho em grupo;
- Compartilhar ideias em comum.

Indicação

- Grupo.

Tempo de duração

- 10 minutos para explicações gerais e divisão dos grupos;
- 15 minutos para os grupos procurarem a solução para a proposta;
- 15 minutos para discussão do grupo.

Material necessário

- Espaço físico amplo.

Procedimentos

- Divide-se o grupo aleatoriamente em dois;
- Uma pessoa fica abaixada sem se mexer, simulando estar no interior de uma caixa;
- O orientador deve fazer mímicas em torno da pessoa abaixada para os grupos imaginarem uma caixa invisível em torno dela;
- Os grupos devem tentar libertar a pessoa da caixa, mas ela não pode se mexer ou levantar;
- A solução é tirar a caixa por cima, mas não devem saber disso até que pensem nessa possibilidade;
- Após os grupos terem encontrado a solução, discutir com todos como foi encontrá-la.

Dicas das autoras

- O ideal é que os grupos criem uma parceria com troca de ideias ao tentar imaginar uma saída;
- É simples, mas grupos coesos descobrirão a solução com facilidade.

Anotações

Viagem de Navio

Objetivos

- Possibilitar o autoconhecimento;
- Facilitar a integração do grupo.

Indicação

- Grupo;
- Família.

Tempo de duração

- 5 minutos para explicações gerais;
- 15 minutos para a "viagem" de navio;
- 15 minutos para discussão do grupo.

Material necessário

- Giz, dispositivo de som para reproduzir músicas.

Procedimentos

- É desenhado no chão um espaço que simboliza um navio (o espaço deve ser grande o suficiente para conter todo o grupo);
- Todos devem "entrar" no navio e se movimentarem ao som da música, reconhecendo o espaço e cumprimentando-se de forma criativa, sem palavras;
- O coordenador solicita ao grupo que vivencie cada etapa adequadamente:

> – Navegar em mares calmos.
> – Observar a natureza em volta.
> – Perceber que uma tempestade se aproxima.
> – Enfrentar a tempestade.
> – Retornar à calmaria.
> – Avistar o porto.
> – Preparar-se para o fim da viagem.
> – Desembarcar.

- Ao final da atividade, cada participante diz o que mais chamou a atenção durante a viagem, avalia o nível de suas relações e levanta as suas dificuldades;
- Em seguida, comparar a "viagem" com as relações com os colegas do tratamento.

Dicas das autoras

- Várias relações podem ser avaliadas, como a família, os amigos, o trabalho, etc.;
- O tempo dado para cada ação dependerá do ritmo da maioria dos clientes.

Anotações

Conhecimento Mútuo

Objetivos

- Oportunizar maior conhecimento de si mesmo;
- Facilitar melhor relacionamento e integração interpessoal.

Indicação

- Grupo.

Tempo de duração

- 5 minutos para explicações gerais;
- 10 minutos para o grupo escrever sobre dados da vida;
- 10 minutos para ler as folhas recebidas;
- 15 minutos para discussões gerais.

Material necessário

- Um lápis e uma folha de papel em branco para cada participante. Uma sala com cadeiras e mesas, suficientemente ampla para acomodar todos os participantes.

Procedimentos

- Pedir que cada integrante do grupo escreva na folha em branco alguns dados de sua vida de maneira anônima e com letra de fôrma;
- O facilitador recolhe as folhas, mistura e redistribui;
- Cada pessoa lê em voz alta a folha que recebeu;
- O grupo deve descobrir de quem é a folha e justificar a indicação da pessoa;
- Após um espaço de discussão sobre alguns aspectos da autobiografia de cada um, seguem-se os comentários e a avaliação do exercício.

Dica das autoras

- É possível também trabalhar com os integrantes sobre como se sentiram sendo indicados e os motivos que justificaram essas indicações, como esses papéis ocorrem no dia a dia e como gostariam que fossem vistos pelos outros.

Anotações

NEM O MEU, NEM O SEU, O NOSSO

Objetivos

- Propiciar um clima de descontração e integração no grupo.

Indicação

- Grupo.

Tempo de duração

- 5 minutos para explicações gerais;
- 15 minutos para o grupo articular os passos;
- 15 minutos para discussões gerais.

Material necessário

- Dispositivo de som para reproduzir músicas.

Procedimentos

- Com o grupo de pé, espalhado pela sala e ao som da música, pedir que todos se movimentem de acordo com o ritmo, explorando os movimentos do corpo;
- Colocar música com ritmo marcado e, depois de um tempo, parar a música;
- Solicitar que formem dupla com a pessoa mais próxima e que, de braços dados, continuem a se movimentar no mesmo ritmo, procurando um passo comum quando a música recomeçar;
- Após um tempo, formar quartetos e assim sucessivamente, até que todo o grupo esteja se movimentando junto, no mesmo passo;
- Colocar uma música relaxante e pedir que o grupo se espalhe pela sala, pare e feche os olhos. Solicitar que respirem lentamente, até que se acalmem;
- Em seguida, pedir para que abram os olhos e se sentem em círculo;
- Discutir com o grupo o que puderam perceber com esta atividade, quais dificuldades encontradas na realização da dinâmica e como se sentiram.

Dicas das autoras

- Esta atividade pode ser enriquecida e acrescida de novas solicitações e propiciar uma reflexão sobre a identidade do grupo, as diferenças de ritmo entre os participantes, a facilidade ou a dificuldade com que alcançam a harmonia, chegando a um passo comum;
- O facilitador pode explorar a atividade, criando movimentos e formas que desafiem o ritmo grupal.

Anotações

DINAMIZANDO O GRUPO

Objetivos

- Promover a integração entre todos os participantes do grupo.

Indicação

- Grupo.

Tempo de duração

- 5 minutos para explicações gerais;
- 15 minutos para o grupo escrever as características do colega;
- 15 minutos para discussões gerais.

Material necessário

- Dispositivo de som para reproduzir música, papel e lápis.

Procedimentos

- Com o grupo em círculo e sentado, cada participante deve receber uma folha em branco e escrever o seu nome no alto dela;
- Em seguida, o facilitador diz para todos passarem a folha ao vizinho da direita, para que este possa escrever uma mensagem destinada à pessoa cujo nome se encontra no alto da folha;
- O procedimento se repete até que todos escrevam e a folha retorne ao ponto de origem;
- Propor que cada participante faça a leitura silenciosa das mensagens recebidas e em seguida comente com o grupo o que mais o surpreendeu, o que esperava e o que mais o tocou.

Dicas das autoras

- Pode ser discutido como o grupo, assim como cada pessoa, se sentiu escrevendo sobre o colega;
- Ressaltar a importância do respeito às diferenças entre as pessoas e como as relações de cooperação entre o grupo podem melhorar.

978-85-4120-168-1

Desenhar o pé

Objetivos

- Socializar e integrar;
- Perceber a necessidade de assumir compromissos e valorizar-se.

Indicação

- Grupo.

Tempo de duração

- 10 minutos para explicações gerais;
- 10 minutos para o grupo fazer o relaxamento;
- 10 minutos para desenhar a estação do ano;
- 10 minutos para formação dos subgrupos;
- 20 minutos para discussões gerais.

Material necessário

- Dispositivo de som para reproduzir músicas de preferência do grupo, folha grande de papel e caneta hidrocor para cada participante.

Procedimentos

- Distribuir uma folha e uma caneta hidrocor para cada participante do grupo e solicitar para que cada um desenhe o próprio pé;
- Em seguida, pedir que os participantes escrevam sobre o que pensam e o que sentem em relação às perguntas: todos os pés são iguais? Estes pés caminharam muito ou pouco? Por que precisam caminhar? Caminham sempre com um determinado objetivo? Quanto já caminharam?
- Lembrar de pessoas que lutaram por objetivos concretos e conseguiram alcançá-los;
- Após terminar a discussão, o facilitador deve pedir que todos escrevam no pé que desenharam algum compromisso concreto que irão assumir.

Dica das autoras

- Pode-se propor uma avaliação: o que foi observado que não era percebido anteriormente? O que sentiu ao assumir um compromisso? O quanto vai se dedicar para cumprir esse compromisso? O que aprendeu? O que essa dinâmica acrescenta para si e para o grupo?

Anotações

SEÇÃO 6

Autoestima e autoconhecimento

NELIANA BUZI FIGLIE
ROBERTA PAYÁ

Em psicologia, autoestima inclui a avaliação subjetiva que uma pessoa faz de si mesma como sendo intrinsecamente positiva ou negativa em algum grau[1].

A autoestima envolve tanto crenças e emoções autossignificantes, bem como encontra expressão no comportamento (por exemplo, assertividade/temeridade, confiança/cautela). A autoestima pode ser construída como uma característica permanente de personalidade (traço de autoestima) ou como uma condição psicológica temporária (estado de autoestima).

Com relação ao conhecimento que o indivíduo tem de si próprio, pode-se dividir este conhecimento em dois componentes distintos: um descritivo, chamado autoimagem, e outro valorativo, que se designa autoestima.

A baixa autoestima é bem estabelecida entre os fatores de risco individuais associados ao uso, ao abuso e à dependência de substâncias[2]. A autoestima é um dos elementos que expressa a emocionalidade da pessoa, de um modo tanto positivo quanto negativo.

Podemos dizer que o processo de mudança na vida de um usuário de substâncias implica na retomada e reconstrução de sua autoestima. Por muitas vezes, observamos no histórico de vida de usuários que inúmeras escolhas ou oportunidades não foram tomadas e nem vivenciadas devido à presença de baixa autoestima, reforçando com certa frequência um senso de incompetência, medo, insegurança e fragilidade.

Torna-se evidente a necessidade de abordar a autoestima como um dos fatores mais importantes na recuperação do usuário de substâncias e que, quando baixa e associada a outros fatores de risco, pode ainda aumentar o quadro de vulnerabilidades da pessoa.

Dessa forma, o desafio dos profissionais que atuam com pacientes e familiares, sejam adolescentes ou adultos, é identificar a autoestima como um componente essencial no percurso de tratamento e na promoção do autoconhecimento.

Caixa-surpresa

Objetivos

- Explorar expectativas do que se espera: o que a pessoa pode encontrar; refletir o modo com que lida e busca situações em sua vida;
- Refletir como as pessoas lidam com o desconhecido e os sentimentos por este ocasionados.

Indicação

- Grupo.

Tempo de duração

- 5 minutos para explicações gerais;
- 15 minutos para execução;
- 40 minutos para discussão e síntese conclusiva.

Material necessário

- Caixa com tampa;
- Materiais para colocar dentro da caixa. É interessante utilizar no mínimo três tipos de materiais com forma indefinida e texturas diferentes (por exemplo: algodão, massinha de modelar, plástico, lixa, pano, entre outros).

Procedimentos

- Preparar a caixa com os objetos dentro e deixá-la fechada;
- Explicar a dinâmica ao grupo, salientando ser importante que todos participem. Um por vez deve ir até a caixa e, sem olhar o seu interior, colocar a mão e mexer em seu conteúdo, tentando descobrir o que há dentro dela, porém, sem dizer nada;
- Voltar ao lugar, até que todos passem pelo mesmo processo;
- É importante que não ocorra comunicação alguma durante a dinâmica;
- Por fim, abrir espaço para discussão, perguntando o que achavam haver na caixa; qual a sensação despertada; o que pensaram e sentiram durante a dinâmica. Explorar questões do tipo: como lidam com o desconhecido; as fantasias que surgem; os sentimentos; fazer um paralelo de como é lidar com a mudança do comportamento aditivo (comportamento conhecido) para a abstinência (comportamento desconhecido).

978-85-4120-168-1

Dicas das autoras

- É imprescindível que o facilitador esteja ao lado da caixa durante a dinâmica, certificando-se de que ninguém veja seu conteúdo;
- A comunicação não verbal durante o exercício dá dicas muito importantes quanto ao que estão sentindo. É importante o facilitador estar atento às reações e ao tipo de fantasia que cada um teve, pois é um grande indicador de como as pessoas estão lidando com seus conteúdos internos.

Anotações

QUINTAL DA INFÂNCIA

Objetivos

- Criar espaço para o contato com a "criança interna" que existe em cada um, associando ao resgate de valores positivos;
- Entrar em contato consigo com um olhar mais afetivo, percebendo o que há de bom dentro de si.

Indicação

- Individual;
- Grupo.

Tempo de duração

- 5 minutos para explicações gerais;
- 10 minutos para pensarem na infância – sensibilização;
- 15 minutos para representarem no papel;
- 30 minutos para apresentações e discussão.

Material necessário

- Folhas sulfite, diversos lápis e giz de cera coloridos.

Procedimentos

- Explicar que será feita uma dinâmica descontraída, na qual não existe certo ou errado, pedindo-lhes que relaxem;
- Deixar o material no centro da sala;
- Pedir que pensem na infância (brincadeiras, pessoas importantes, o que gostavam de fazer, etc.);
- Solicitar que peguem uma folha para desenharem ou representarem, da forma que desejarem, fatos importantes e que marcaram a infância;
- Pedir que cada um (sem ordem específica) apresente aos demais seus desenhos, explicando o que representam;
- Valorizar o material feito e fazer uma síntese conclusiva para o grupo sobre o que foi representado e o momento atual, visando resgatar valores.

Dicas das autoras

- Por ser uma técnica projetiva e que trabalha com afetos, é importante adotar uma postura de acolhimento, destacando para cada participante uma mensagem positiva daquilo que percebeu de construtivo, reforçando a importância do afeto para com eles mesmos;
- Pode ser aplicada em duas partes, utilizando metade da folha para a representação do tempo presente (coisas que são importantes na atualidade) e a outra metade para representar a infância.

Anotações

Como sou

Objetivos

- Possibilitar maior autoconhecimento e percepção de si próprio;
- Resgatar valores importantes de vida.

Indicação

- Individual;
- Grupo.

Tempo de duração

- 5 minutos para explicações gerais;
- 10 minutos para respostas;
- 20 minutos para apresentação ao grupo;
- 25 minutos para discussão.

Material necessário

- Folha de atividades: Reflexão de "como sou"

Reflexão de "como sou"

Leia as frases a seguir e complete-as sinceramente, com a primeira resposta que lhe ocorrer:

1) Fico alegre quando: ____________________
2) Uma lembrança que guardo com saudade é: ____________________
3) As pessoas dizem que eu sou: ____________________
4) Nada me aborrece mais que: ____________________
5) Sinto que estou bem no grupo quando: ____________________
6) Uma coisa de que gosto muito em mim é: ____________________
7) As coisas mais importantes que tenho na vida são: ____________________
8) Daqui a um ano, eu pretendo: ____________________
9) Quando o grupo não me compreende, eu: ____________________
10) O que eu mais preciso agora é: ____________________
11) O que eu quero é: ____________________
12) Sinto-me confiante quando: ____________________
13) Sinto-me seguro quando: ____________________
14) Se pudesse me comparar ao passado, eu diria que hoje: ____________________
15) O que mais tenho aprendido com o tratamento é: ____________________

Procedimentos

- Entregar uma folha contendo frases a serem completadas;
- Pedir que cada participante complete as frases da forma mais sincera possível;
- É importante que não elaborem as frases, mas escrevam o que lhes vier à mente, de preferência a primeira resposta que ocorrer;
- Por fim, solicitar que, de maneira voluntária, leiam o que preencheram;
- Refletir com o grupo a importância do exercício, explorando questões como: o quanto podem cuidar do que é importante para eles, se estão próximos ou afastados destes valores e o quanto a bebida/droga faz com que fiquem longe daquilo que valorizam.

Dica das autoras

- As frases podem ser adaptadas de acordo com várias necessidades, podendo ser úteis para prevenção de recaída, avaliação da motivação para a mudança, avaliação do tratamento, entre outros aspectos.

Anotações

Um presente para você

Objetivos

- Potencializar a autoestima;
- Despertar o olhar para o outro de maneira construtiva;
- Valorizar a "troca" no relacionamento grupal.

Indicação

- Grupo.

Tempo de duração

- 5 minutos para explicações gerais;
- 20 a 30 minutos para execução;
- 20 minutos para discussão e síntese conclusiva.

Material necessário

- Papéis cortados (tipo cartão) do mesmo tamanho;
- Para cada um, serão entregues cartões referentes ao total de participantes menos ele.

Procedimentos

- Distribuir aos participantes cartões de tamanhos iguais;
- Se houver dez participantes, cada um receberá nove cartões (referentes aos outros nove, para os quais escreverá);
- Pedir que coloquem, em cada cartão, o nome de um participante, de modo que cada um tenha seu nome marcado em um cartão;
- Depois de colocarem os nomes, pedir que escrevam uma mensagem positiva ou um elogio para cada pessoa. Podem ou não assinar o papel no qual escreveram;
- Depois que cada um escreveu, pedir que coloquem os cartões no chão, com os nomes voltados para cima e que façam montinhos com mesmo nome;
- Em seguida, cada um pega os cartões com seu nome;
- Perguntar se alguém quer ler o que recebeu, voluntariamente;
- Abrir espaço para que possam falar o que sentiram nesta atividade, explorando questões como: a importância de olhar para si e para o outro, assim como a questão do respeito e da troca, valorizando o que há de melhor em si e no outro.

Dicas das autoras

- O exercício também pode ser utilizado para que as pessoas escrevam como veem as outras ou de acordo com outras necessidades, tomando cuidado para que o que estiver escrito possa ser visto e sentido de maneira construtiva. Este é um exercício que sensibiliza muito as pessoas, por isso, sugere-se evitar constrangimentos ou confrontos;
- Pode ser utilizado em ocasiões de fechamento de ano ou de grupo, envolvendo mensagens positivas e fortalecedoras.

Anotações

CONSTRUÇÃO DA FIGURA HUMANA

Objetivos

- Por meio da criação "concreta" de uma pessoa, recriar com o grupo a importância do ser humano, ou seja, de cada um;
- Possibilitar maior valorização do corpo e de sua integração: corpo, mente e alma.

Indicação

- Grupo.

Tempo de duração

- 5 minutos para explicações gerais;
- 20 a 30 minutos para execução;
- 25 minutos para apresentação e discussão.

Material necessário

- Material gráfico (cartolina ou papel pardo, lápis de cor, giz de cera, réguas, tesouras, cola, etc.).

Procedimentos

- Dividir em subgrupos e pedir que construam uma figura humana, em equipe, da melhor forma que puderem;
- Pedir que utilizem o material disponível e que, de preferência, não seja somente desenhado;
- Pedir que deem nome para a pessoa que estão construindo;
- Por fim, cada subgrupo apresenta a figura que elaborou, falando sobre como foi a construção, as dificuldades de fazer a pessoa. Solicitar que falem sobre presente, passado e futuro dessa pessoa, assim como de seus pontos positivos e negativos.

Dicas das autoras

- Uma alternativa para esta atividade é solicitar que construam uma pessoa dependente (de alguma substância) e outra pessoa sem dependência;
- A construção também pode ser feita solicitando-se a um dos participantes que se deite sobre o papel (pardo) e que outra pessoa faça seu contorno com pincel atômico, para depois recortarem e preencherem internamente com palavras, desenhos, etc.

Anotações

ESPELHO

Objetivos

- Trabalhar a autoestima do grupo;
- Refletir sobre a importância de cada um.

Indicação

- Grupo;
- Família.

Tempo de duração

- 5 minutos para explicações gerais;
- 15 para execução;
- 30 minutos para discussão.

Material necessário

- Uma caixa, por exemplo, de sapato, fechada, com um espelho dentro (virado para cima), proporcional ao tamanho da caixa.

Procedimentos

- O facilitador informa ao grupo que uma caixa fechada ficará em cima da mesa, no centro da sala;
- Dentro da caixa existe o que há de mais importante na vida de cada um, aquilo que há de mais valioso;
- Todos os participantes, um por vez, deverão ir até a caixa, abri-la e olhar para o seu interior, fechando-a em seguida e voltando ao lugar, sem fazer nenhum comentário, até que todos passem pelo processo;
- Assim que todos realizarem a tarefa, abrir a discussão. Pedir que falem sobre o que esperavam encontrar e como foi depararem-se com eles mesmos.

Dicas das autoras

- É importante ficar atento à comunicação não verbal;
- Esta dinâmica facilita a sensibilização quanto à necessidade de autocuidado e autovalorização, podendo ser bastante proveitosa, principalmente quando o grupo apresenta baixa autoestima;
- Podem ser utilizadas duas caixas, uma com espelho inteiro e outra com espelho quebrado; solicita-lhes compararem as duas imagens, associando o espelho quebrado à dependência.

Anotações

Pontos positivos e negativos

Objetivos

- Proporcionar maior interação grupal;
- Promover maior autoconhecimento/percepção, com a visão de si e do grupo, de maneira descontraída.

Indicação

- Grupo;
- Família.

Tempo de duração

- 5 minutos para explicações gerais;
- 5 minutos para execução;
- 30 minutos para exposição;
- 20 minutos para discussão e síntese conclusiva.

Material necessário

- Papel sulfite, lápis.

Procedimentos

- Pedir que cada um pense em três pontos positivos e três pontos negativos de si;
- Escrever os pontos positivos em uma folha e os pontos negativos em outra, sem se identificarem;
- Dobrar as folhas. O facilitador recolhe todas aquelas dos pontos positivos, misturando-as e distribuindo-as aleatoriamente para cada um;
- Ao abrir a folha, a pessoa lê o que está escrito para que os outros tentem adivinhar a quem se referem as características;
- Após todos terem falado os pontos positivos, o facilitador procede da mesma forma em relação aos pontos negativos;
- Finalizar solicitando comentários sobre a atividade e refletindo sobre a proximidade entre aquilo que a pessoa percebe em si e o que os outros percebem nela, bem como aspectos em sua personalidade que devem ser cultivados e mantidos e aspectos que necessitam ser trabalhados.

Dicas das autoras

- Solicitar reflexões sobre as características pessoais e sua relação com a dependência;
- Para utilização desta dinâmica, é importante que exista certa familiaridade entre as pessoas. Não é interessante aplicá-la em grupos recém-formados;
- No lugar da leitura, os participantes podem fazer uma mímica que represente o que está no papel.

Anotações

QUAL É A SUA MÁSCARA?

Objetivos

- Criar maior contato/conhecimento com as defesas pessoais;
- Despertar para a possibilidade de mudança;
- Promover autoconhecimento.

Indicação

- Individual;
- Grupo;
- Família.

Tempo de duração

- 5 minutos para explicações gerais;
- 15 minutos para confecção;
- 20 minutos para exposição;
- 20 minutos para discussão e síntese conclusiva.

Material necessário

- Revistas, jornais e material gráfico para construção de uma máscara (cartolina, cola, tesouras, papéis coloridos, elástico, barbante, entre outros).

Procedimentos

- Explicar que cada um deverá confeccionar uma máscara e preenchê-la com imagens, cores, palavras, sentimentos ou colagem de desenhos que representem sua forma de ser;
- Depois de pronta, pedir que mostrem a máscara, explicando-a;
- Auxiliar na reflexão sobre o quanto a máscara tem a ver com as "máscaras" que utilizam no dia a dia, associando máscara àquilo que desejamos que os outros vejam em nós;
- Finalizar relacionando a máscara que confeccionaram com a máscara pessoal e sua ligação com as dificuldades que enfrentam, como por exemplo, a dependência;
- Refletir sobre os momentos em que mais utilizam a máscara.

Dicas das autoras

- Para utilização desta dinâmica, é importante que exista certa familiaridade entre as pessoas. Não é interessante aplicá-la em grupos recém-formados;
- É interessante, no momento de reflexão, o facilitador explicar que todos nós utilizamos máscaras (alguns mais, outros menos; em algumas situações mais que em outras), a fim de causar menos resistência a se exporem, pois, caso contrário, pode ficar a impressão de crítica ou de que usar máscara é sinônimo de falsidade, o que dificulta a produtividade na dinâmica.

Anotações

PROXIMIDADE E LIMITE

Objetivos

- Criar maior percepção quanto às facilidades e dificuldades de vínculo/relacionamento pessoal;
- Pensar sobre a questão de proximidade e distância, assim como de excesso ou falta de limites no contato.

Indicação

- Grupo;
- Família.

Tempo de duração

- 5 minutos para explicações gerais;
- 20 minutos para execução;
- 35 minutos para discussão e síntese conclusiva.

Material necessário

- Giz para riscar o chão ou fita crepe.

Procedimentos

- Promover um relaxamento, pedindo que as pessoas andem, à vontade, pela sala, em ritmos diferentes;
- Formar duplas;
- Os participantes da dupla ficam de frente um para o outro. É solicitado que um fique parado, olhando nos olhos do(a) parceiro(a), enquanto o outro vai andando ao encontro deste. A pessoa que está parada pede, assim que quiser, que a outra pare de ir ao seu encontro. Quando ela disser a palavra "pare", fazer uma marca no chão;
- A dupla volta à posição inicial e repete-se o exercício; desta vez, a pessoa que ficar parada fechará os olhos (de preferência, vendá-los). A outra se aproximará até quando a que está com olhos fechados pedir para parar. Fazer a marca no chão. Ver a diferença de distância entre a primeira e a segunda marca;
- Inverter os papéis e repetir os dois momentos do exercício;
- Ao final, abrir a discussão sobre o que sentiram, as dificuldades que tiveram e finalizar relacionando questões do tipo: aproximação, distanciamento, limite, invasão,

não envolvimento, entre outros aspectos ligados ao relacionamento pessoal, assim como as diferenças de percepção quando se estava com os olhos abertos e fechados, estabelecendo um paralelo com a utilização de substâncias.

Dica das autoras

- Pode ser aplicada entre familiares, explorando a relação entre a dinâmica de grupo familiar e o dependente químico.

Anotações

Como me vejo e como vejo o outro

Objetivos

- Interação quanto à percepção de aspectos individuais e grupais;
- Exercitar o autoconceito, possibilitando maior contato com a imagem que a pessoa faz de si mesma e a imagem que possuem dela.

Indicação

- Grupo;
- Família.

Tempo de duração

- 5 minutos para explicações gerais;
- 5 minutos para escrever sobre si;
- 20 minutos para escrever sobre os colegas de grupo;
- 20 minutos para exposição e discussão.

Material necessário

- Folhas sulfite, fita crepe e canetas.

Procedimentos

- Distribuir uma folha sulfite a cada participante, solicitando que escrevam adjetivos que definam suas características pessoais ("como me vejo", apenas em um lado da folha), exercitando a imagem que possuem de si próprios;
- Colar a folha escrita nas costas com fita crepe, com a parte em branco para cima;
- Pedir para circularem pela sala e escreverem nas costas dos colegas: "como o vejo". O ideal é que cada participante escreva para todos os outros;
- Depois de terem escrito, pedir que retirem a folha das costas e leiam o que escreveram do lado "como me vejo" e o que os colegas escreveram em "como o vejo";
- Instruir sobre compararem e exporem ao grupo diferenças e semelhanças nas percepções individual e grupal;
- Discutir sobre a importância da coerência nas percepções e o que significa a pessoa ter uma imagem de si muito diferente daquela que os outros têm;
- Refletir sobre a autoimagem quando a pessoa faz uso de álcool ou drogas e como acha que os outros a veem nesta situação.

Dicas das autoras

- Pode ser adaptada para situações como despedidas e/ou término de grupo, solicitando-se que escrevam "o que aprendi com o grupo" de um lado da folha e, em seguida, "o que aprendi com você", nas costas uns dos outros;
- Colocar uma música de fundo durante a execução da dinâmica.

Anotações

TROCA DE SENTIMENTOS

Objetivos

- Promover abertura para maior conhecimento de si e do outro, possibilitando sentimentos de troca e comprometimento grupal.

Indicação

- Grupo;
- Família.

Tempo de duração

- 5 minutos para explicações gerais;
- 15 minutos para escolha dos cartões individuais e para escreverem características que necessitam adquirir;
- 20 minutos para troca dos cartões (negociações nas barracas);
- 20 minutos para discussão e síntese conclusiva.

Material necessário

- Cartões de cartolina (tamanho aproximado ao de cartão de visita), com uma característica pessoal em cada; pequenos pedaços de papel em branco.

Procedimentos

- Explicar que será feita uma atividade, na qual terão a oportunidade de pensar mais profundamente em si, sendo importante a participação sincera de cada um. Informar que não há certo nem errado e que não haverá, nesta atividade, espaço para críticas;
- Informar que a atividade consiste em trabalhar com características de personalidade e que não se trata, em nenhum momento, do exercício de características positivas ou negativas. Explicar que todos possuem várias características (muitas vezes ambíguas), sendo algumas em grande quantidade e outras em pouca. A atividade refere-se à intensidade dessas características para cada um e não à qualidade delas;
- Pedir que cada um vá até o local onde se encontram as fichas e escolha duas que tenham a ver com características pessoais que possuem em grande quantidade e que, portanto, podem doar um pouco, pois não fará falta (por exemplo: paciência, agressividade, etc.). Guardar as fichas consigo;
- Depois que todos pegarem suas fichas, distribuir um papel pequeno em branco (que ficará com a pessoa), solicitando que reflitam e escrevam duas características pessoais que precisam adquirir (sentem necessidade, mas possuem pouco);

- Informar que serão montadas duas barracas:
  - A primeira, com características que sobram (podem doar).
  - A segunda, com características que precisam adquirir (aquilo que falta em si).
- Incentivá-los a irem para as barracas fazer suas doações e tentar adquirir o que necessitam, entre si. Para isso, poderão doar as fichas que pegaram (daquilo que sobra) para quem necessite e tentarão adquirir fichas com características iguais ou próximas das que escreveram no papel. Informar o tempo para negociação;
- Ao final do tempo, pedir que mostrem o que conseguiram fazer, ou seja, o que doaram e o que adquiriram. Pedir que falem por que escolheram aquelas características (tanto as que sobram quanto as que faltam). Pedir para mostrarem o que gostariam de ter adquirido e o que realmente adquiriram nas barracas (procurando perceber a coerência entre eles). Solicitar que o grupo interaja, dando *feedbacks* construtivos.

Dicas das autoras

- Este exercício dá dicas importantes de como é a disponibilidade da pessoa para dar e receber, sobre o quanto ela se abre ou não para as trocas interpessoais e "por onde passa" o processo de escolha e percepção;
- É importante o *feedback* do facilitador quanto à percepção que teve durante o exercício;
- Nos cartões que ficam disponíveis, é importante haver várias características repetidas (pois várias pessoas podem precisar) e diversificadas (por exemplo: mau humor, paciência, agressividade, dinamismo, medo, indisposição, compreensão, alegria, tristeza, raiva, passividade, ansiedade, curiosidade, insegurança, segurança, ousadia, criatividade, inveja, ciúmes, atenção, sedução, timidez, introversão, extroversão, entre outras);
- A dinâmica também pode ser feita solicitando-se que escrevam (em cartões) características que possuem em grande quantidade, ao invés de deixar cartões prontos;
- Se houver maior disponibilidade de tempo, pode-se propor que reflitam sobre a relação das características com a dependência.

Anotações

COMO ESTAVA E COMO ESTOU

Objetivo

- Promover a visão de si em momentos diferentes de vida, oferecendo recursos para a percepção de mudanças e a qualidade destas mudanças para a pessoa.

Indicação

- Individual;
- Grupo.

Tempo de duração

- 5 minutos para explicações gerais;
- 20 minutos para realização do exercício;
- 35 minutos para apresentação e discussão.

Material necessário

- Folhas sulfite em branco, lápis e giz de cera de várias cores.

Procedimentos

- Sensibilizar para a importância da atividade como forma de auto-observação;
- Entregar uma folha sulfite a cada um, pedindo que a dobrem ao meio;
- Solicitar que de um lado desenhem como se viam antes do tratamento (ou no início do ano), ou seja, a autoimagem que possuíam;
- Deixá-los à vontade para desenhar da forma que desejarem e garantir que não precisam se preocupar com tal habilidade (o quanto desenham bem ou não, pois isso não será avaliado);
- Depois, pedir que desenhem, do outro lado, a imagem que possuem de si mesmos nesse exato momento de vida (após início do tratamento, ou no final do ano), ou seja, como se veem no presente;
- Pedir que mostrem o desenho, falando de seu significado;
- É importante o *feedback* do facilitador ou mesmo do grupo (caso estejam integrados) quanto ao que se percebe em relação à mudança de cada um.

Dicas das autoras

- É interessante ajudá-los a pensar no "antes e depois" relacionado a dependência, abstinência, recaídas, entre outros aspectos pertinentes;
- Esta dinâmica pode ser utilizada em outros momentos, com o intuito de avaliar tratamento, término ou fim de ano.

Anotações

GOSTO DE MIM OU NÃO QUANDO USO OU QUANDO NÃO USO

Objetivos

- Proporcionar autoavaliação da pessoa em dois momentos distintos: de consumo de alguma substância e de abstinência;
- Desenvolver condições pessoais de autocrítica em relação ao consumo de substâncias.

Indicação

- Individual;
- Grupo.

Tempo de duração

- 5 minutos para explicações gerais;
- 20 minutos para autoavaliação em situação de consumo e de abstinência;
- 30 minutos para apresentação e discussão geral.

Material necessário

- Papel sulfite e canetas;
- Ou quadro ou *flip-chart* e canetas;
- Ou folha de atividades: Gosto de mim ou não quando uso ou quando não uso

Gosto de mim ou não quando uso ou quando não uso	
O que faço, como me comporto quando estou usando álcool ou drogas?	**O que faço, como me comporto quando não estou usando álcool ou drogas?**

Procedimentos

- Solicitar que o grupo avalie e reflita sobre suas atitudes e comportamentos quando estão sob o efeito de álcool ou droga;
- Em seguida, colocar no quadro a percepção de cada um em relação ao comportamento aditivo;
- Posteriormente, do outro lado do quadro, colocar a percepção de cada participante quanto ao comportamento que tem quando não está intoxicado.

Dica das autoras

- Esta dinâmica pode ser aplicada ao se questionar o que a pessoa *sente*, quais *sensações* tem quando usa ou não usa álcool ou drogas.

Anotações

Presente e passado

Objetivos

- Proporcionar ao participante uma autoavaliação de suas mudanças entre o período em que consumia alguma substância e o momento presente;
- Averiguar o grau de percepção do paciente em relação a si próprio, bem como em relação ao seu padrão de consumo e comportamento.

Indicação

- Grupo.

Material necessário

- Folhas sulfite, canetinhas, lápis de cor e giz de cera.

Tempo de duração

- 5 minutos para explicações gerais;
- 30 minutos para realização dos desenhos;
- 25 minutos para apresentação e discussão geral.

Procedimento

- Entregar uma folha sulfite a cada participante;
- Dobrar a folha ao meio;
- Solicitar que desenhem, em uma metade, o presente, e na outra, o passado;
- Solicitar que os participantes exponham como se viam no passado (com o uso de alguma substância) e como se veem no presente (estando em tratamento);
- Ao final, o facilitador fornece um parecer sobre cada desenho, evidenciando as diferenças alcançadas ou não na vida de cada participante.

Dicas das autoras

- Aplicar esta dinâmica em grupos que estejam realizando tratamento há mais tempo;
- Indicada para participantes que estejam em estágio de preparação e/ou ação;
- Se os participantes tiverem dificuldade em se desenhar, sugerir que desenhem objetos ou situações representativas nos determinados períodos de vida.

Anotações

VASO

Objetivos

- Promover maior autopercepção de valores pessoais e a interferência da dependência nestes;
- Resgatar a importância da autoestima.

Indicação

- Grupo;
- Família.

Tempo de duração

- 10 minutos para exposição;
- 20 minutos para que falem sobre si;
- 30 minutos para discussão e síntese conclusiva.

Material necessário

- Quadro ou *flip-chart*.
- Utilizar o material descrito em procedimentos (vaso ou recipiente em vidro transparente que comporte: 5 pedras grandes, área e água).

Procedimentos

- Sensibilizar para a importância dessa atividade como uma forma de pensar em si;
- Desenhar um vaso na lousa e, ao redor (do lado de fora), cinco pedras de tamanho proporcional a ele (de forma que caibam nele);
- Explicar que o vaso representa a vida de uma pessoa, como se fosse o contorno desta e o interior do vaso representa os conteúdos e valores desta pessoa;
- Falar sobre cada um desses valores, sendo que cada valor corresponde a uma pedra. Escrever, ao lado de cada uma, o que representa: Família – Saúde – Profissional – Emocional – Social;

- Ao apresentar cada um dos valores, falar sobre sua importância no desenvolvimento saudável do ser humano;
- À medida que se apresenta cada um dos valores (pedras), desenhá-las dentro do vaso, de forma que sobre pouco espaço entre elas;
- Perguntar ao grupo se caberia mais alguma coisa dentro do vaso;
- Nos espaços que sobraram, desenhar pedrinhas pequenas, como se fossem grãos de areia;
- Perguntar ao grupo se caberia mais alguma coisa dentro do vaso;
- Em seguida, desenhar água no vaso;
- Explicar que, à medida que uma pessoa dependa de uma substância ou de alguma outra coisa prejudicial à sua vida, as pedras maiores vão se desgastando, se corroendo com o tempo, devido à influência da areia e da água;
- A partir dessa reflexão, solicitar que cada participante exponha suas impressões e conclusões para o grupo;
- Finalizar reforçando a importância de valores construtivos e da necessidade de um compromisso para consigo mesmo, no sentido de controlarem a entrada de substâncias que danificam as pedras originais e, consequentemente, o vaso, simbolizando, assim, a vida.

Dica das autoras

- Os valores (pedras) podem ser readaptados conforme a demanda do grupo.

Anotações

Portas

Objetivos

- Despertar para maior autoconhecimento;
- Maior visualização das mudanças ao longo do tempo;
- Percepção quanto às expectativas futuras.

Indicação

- Grupo.

Tempo de duração

- 5 minutos para exposição;
- 15 minutos para desenharem;
- 40 minutos para discussão e síntese conclusiva.

Material necessário

- Folhas sulfite em branco.

Procedimentos

- Solicitar que desenhem uma porta (aberta, fechada ou semiaberta), do jeito que preferirem. Esta porta se chamará Passado;
- Pedir que escrevam, ao lado, o que existe atrás da porta. Sensibilizá-los para que soltem a imaginação e escrevam como se estivessem vendo através da porta;
- Após terem escrito, pedir que desenhem outra porta (aberta, fechada ou semiaberta), com o nome Presente. Escrever ao lado o que estão vendo;
- Por último, desenhar uma terceira porta, com o nome Futuro, procedendo da mesma forma;
- Solicitar que apresentem as portas que desenharam, falando sobre seus significados;
- Explorar o que representam os três tempos na vida dessas pessoas;
- A abertura das portas dá indícios sobre o quanto se mobilizam em cada um desses tempos.

Dicas das autoras

- Esta atividade é pouco indicada para grupos em abstinência recente, devido ao grau de abstração necessário;
- Em grupos em tratamento há mais tempo, existem mais chances de explorar a riqueza de conteúdo da atividade, facilitando maior sentido e assimilação por parte dos integrantes.

Anotações

Meus relacionamentos

Objetivos

- Explorar com o grupo a importância de cada membro perceber o significado de contar consigo e buscar apoio em si mesmo;
- Identificar o campo relacional de cada membro, assim como oferecer a cada um o próprio reconhecimento por seu meio social, familiar e/ou afetivo.

Indicação

- Individual;
- Grupo.

Tempo de duração

- 10 minutos para explicação;
- 15 minutos para a tarefa 1;
- 15 minutos para a tarefa 2;
- 20 minutos para discussão e síntese conclusiva.

Material necessário

- Folha de atividades: Meus relacionamentos

Meus relacionamentos

1) Liste os nomes ou iniciais das pessoas com as quais você tem relacionamento e algumas com as quais gostaria de ter:

2) Qual a importância que as pessoas citadas têm para você? Escreva os nomes ou iniciais das pessoas que são mais importantes para você no círculo marcado. Em seguida, escreva iniciais/nomes das pessoas com as quais se sente mais próximo e assim por diante.

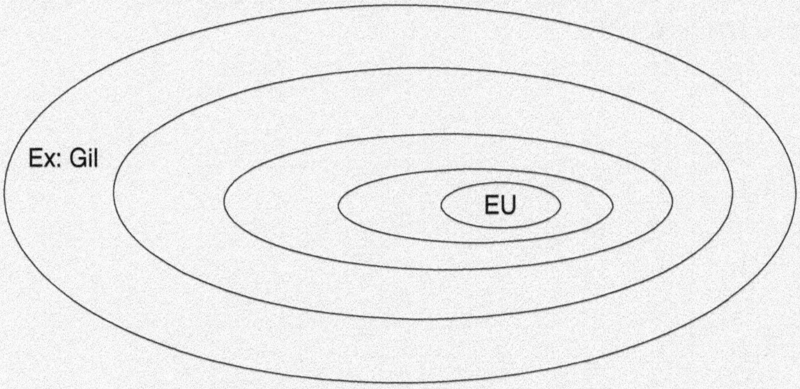

Ex: Gil

EU

Procedimentos

- Iniciar a sessão expondo a importância de os participantes terem proximidade com pessoas influentes positivamente no período de recuperação;
- Pedir que cada participante identifique pessoas consideradas como relevantes em suas vidas.

978-85-4120-168-1

Dicas das autoras

- É interessante ajudá-los a pensar no "antes e depois" relacionado a dependência/uso de substâncias;
- Estimular o conceito de rede social, pesquisando os recursos comunitários de cada participante.

Anotações

REFERÊNCIAS BIBLIOGRÁFICAS

1. SEDIKIDES, C.; GREGG, A. P. Portraits of the self. In: HOGG, M. A.; COOPER, J. (eds.). **Sage handbook of social psychology.** Londres: Sage Publications, 2003. p. 110-138.
2. WILSON, R.; KALANDER, C. A. **Drug abuse prevention: a school and community partnership.** Sudbury: Jones and Barlett Publishers, 1997.

SEÇÃO 7

Treinamento em habilidades de enfrentamento e resolução de problemas

NEIDE A. ZANELATTO
ROBERTA PAYÁ
NELIANA BUZI FIGLIE

O treinamento de habilidades sociais é baseado na teoria de aprendizagem que preconiza que o dependente de substâncias segue um modelo de déficit de enfrentamento de situações de risco não somente para o uso de substâncias, como também em situações estressantes, tanto no âmbito intrapessoal como no interpessoal. Nesse modelo, os indivíduos com déficits nas habilidades para enfrentar qualquer uma das várias situações de vida têm risco aumentado para o uso de substâncias. O tratamento com base na aprendizagem social visa melhorar as habilidades de enfrentamento como um meio de prevenir recaídas[1].

Nesse contexto, a resolução de problemas é fundamental, uma vez que a solução bem-sucedida de problemas reduz o mau ajustamento e melhora o ajustamento positivo, na medida em que a vida está repleta de problemas que devem ser superados para que se possa atuar de modo eficaz, em especial quando falamos da vida de um dependente de substâncias em recuperação[2].

A proposta desta seção é oferecer, aos profissionais, atividades clínicas e dinâmicas que possam desenvolver nos participantes as habilidades de enfrentamento e resolução de problemas.

Problemas na comunicação

Objetivos

- Demonstrar como as mensagens sofrem influências de acordo com interpretações/ valores pessoais;
- Refletir sobre a importância da clareza na comunicação, evitando deixar "coisas no ar", semiditas.

Indicação

- Grupo;
- Família;
- Individual.

Tempo de duração

- 5 minutos para leitura do texto;
- 30 minutos para discussão.

Material necessário

- Folha de atividades: Férias de verão, que poderá ser entregue aos participantes.

978-85-4120-168-1

Férias de verão

Uma família inglesa, visitando uma região pitoresca da França em um final de semana, notou que havia uma casa para alugar. Tendo todos gostado da casa, combinaram com o proprietário alugá-la para passarem as próximas férias.

De volta à Inglaterra, iniciaram os planos e preparativos para a viagem. Enquanto discutiam a localização dos cômodos, o filho mais novo perguntou onde se situava o banheiro. Como nenhum membro da família soube responder, a mãe escreveu ao proprietário solicitando informações:

"Caro Senhor!

Em nome da família que esteve aí na semana passada e alugou sua casa, solicito informar a localização do W. C."

O proprietário, pensando significar W. C. a abreviatura da Capela Inglesa (White Chapel), respondeu:

"Prezada Senhora:

Recebi sua carta e tenho o prazer de informar que W. C. se encontra a dez quilômetros da casa. Isso é bastante cômodo, principalmente se a família tem o hábito de frequentá-la periodicamente.

Quando para lá se dirigirem, é importante levar comida para permanecer o dia todo; alguns costumam ir a pé, outros de bicicleta ou moto.

Há lugares para quatrocentas pessoas sentadas e mais cinquenta em pé.

Existe ar condicionado, que sempre funciona. Os assentos são de veludo (é bom chegar cedo a fim de conseguir um lugar para sentar). As crianças ficam ao lado dos pais e todos cantam hinos de agradecimento pelo momento. Na entrada, é fornecida uma folha de papel para cada um, mas quem por acaso chegar atrasado poderá usar a folha do vizinho. A folha deve ser devolvida na saída, pois será entregue às crianças pobres da região. Existem fotógrafos que tiram flagrantes para os jornais da cidade; assim, todos podem ver seus irmãos no cumprimento de um dever tão humano.

BOAS FÉRIAS!!! Obs.: Gosto de negociar com pessoas tão religiosas."

Procedimentos

- Pedir que fiquem atentos ao texto que será lido;
- Ao final da leitura, perguntar o que acharam e a que conclusões chegaram;
- Discutir a questão do quanto a comunicação pode levar a diferentes interpretações e problemas;
- Falar sobre as barreiras na comunicação: boatos, distorções. Solicitar que deem exemplos de situações da vida real que geraram dificuldades, devido a problemas de comunicação.

Dica das autoras

- Esta atividade possibilita trabalhar, de maneira descontraída, problemas de comunicação no grupo.

Anotações

Prática da Assertividade

Objetivos

- Proporcionar conhecimento acerca do conceito de assertividade, bem como outros estilos de resposta (passivo, passivo-agressivo e agressivo);
- Capacitar os participantes para a prática da assertividade;
- Permitir que os participantes vivenciem a prática de respostas assertivas diante de situações de tensão.

Indicação

- Grupo;
- Individual;
- Família.

Tempo de duração

- 10 minutos para definição de situações de tensão ou alto risco;
- 10 minutos para a explicação do conceito dos estilos de resposta;
- 5 minutos para conversa a dois;
- 25 minutos para atividade em grupo;
- 10 minutos para o fechamento.

Material necessário

- Folhas de papel e lápis para cada participante;
- Material de apoio ao facilitador: Definição de estilos de comunicação

Definição de estilos de comunicação

1) *Passivo:* pessoas que tendem a abrir mão de seus direitos, quando acreditam na possibilidade de que, para defendê-los, precisam entrar em conflito com alguém. Normalmente, falham em deixar os outros saberem o que pensam ou sentem, escondendo seus sentimentos, mesmo quando isto não é necessário. Consequentemente, estão sempre se sentindo ansiosas ou com raiva. Às vezes, ficam deprimidas por sua falta de efetividade, ou magoadas com os outros. As pessoas não têm como saber o que os indivíduos que usam esse tipo de conduta desejam e, assim, acabam fazendo o que querem. Além disso, podem ficar ressentidas por não dizerem o que desejam.
2) *Agressivo:* são aquelas pessoas que agem para proteger seus direitos, mas, ao fazerem isto, acabam subestimando o direito dos outros. Apesar de terem suas necessidades imediatas satisfeitas, os resultados da agressividade são geralmente negativos em longo prazo. Como desconsideram as necessidades alheias para conseguirem o que querem, podem ser alvo de retaliação no futuro.
3) *Passivo-agressivo:* são pessoas cujo comportamento exteriorizado não corresponde exatamente àquilo que pensam ou sentem. Podem indicar o que querem, fazendo comentários sarcásticos ou murmurando coisas, sem dizer diretamente o que está em suas mentes. Ou, então, podem

"dizer" o que querem batendo portas, agindo com indiferença para com a pessoa, atrasando-se, etc. Às vezes, podem conseguir o que querem sem negociar diretamente. No entanto, as pessoas a seu redor normalmente não entendem a mensagem e se sentem confusas ou com raiva e o passivo-agressivo acaba se sentindo frustrado ou vítima da situação.

4) *Assertivo:* a pessoa assertiva decide o que quer, planeja uma forma de conseguir e age. Normalmente, o plano mais efetivo é deixar claros seus sentimentos ou opiniões e solicitar ao outro as mudanças que gostaria que ele fizesse, diretamente, evitando ameaças e declarações negativas. No entanto, em certas circunstâncias, uma pessoa assertiva pode decidir que uma resposta mais passiva é a melhor (com um chefe insensível), ou que uma resposta agressiva é necessária (com pessoas a quem inúmeras solicitações feitas de maneira educada não foram suficientes). É típico da pessoa assertiva que ela adapte seu comportamento conforme a situação. Geralmente, sentem-se satisfeitas e são bem vistas. A assertividade é o modo mais efetivo de fazer com que os outros saibam o que se passa com você ou que efeito o comportamento deles tem sobre você. Ao se expressar assertivamente, você pode resolver sentimentos desconfortáveis que, de outra maneira, permaneceriam e cresceriam e geralmente resulta na solução de problemas e em se sentir no controle da própria vida. A pessoa assertiva não se sente vítima das circunstâncias. No entanto, é importante deixar claro que suas metas não podem ser atingidas em todas as situações, uma vez que é impossível controlar a forma como as pessoas responderão.

Procedimentos

- Definir o que é assertividade, explorando os estilos de resposta: agressivo, passivo e passivo-agressivo;
- Solicitar aos participantes que, a partir de uma chuva de ideias, formulem no quadro de giz uma série de situações de risco que exigiriam uma resposta assertiva;
- A partir da entrega da folha de papel e lápis para cada um, pedir que escolham uma situação real vivenciada na semana e respondam de forma assertiva;
- Organizar os participantes em pares para que partilhem o que cada um escreveu (a partir deste momento, eles formarão uma dupla);
- Solicitar aos participantes que se coloquem novamente em grupo, em que cada participante exporá qual situação enfrentou, sendo que o grupo fará o papel de gerador de tensão, tornando a situação mais difícil para aquele que a relatou. O papel daquele que formava a dupla com o voluntário que relatou a situação será o de ajudá-lo a pensar em respostas assertivas, enquanto o grupo o desafiará;
- O papel do voluntário que relata a situação vai mudando de participante, até que todos tenham passado pela situação de desafio e de auxílio na obtenção da resposta mais assertiva;
- Ao final, colhem-se os sentimentos e as opiniões do grupo sobre a vivência.

Dicas das autoras

- Quando feita na forma individual, pede-se ao cliente que pense em situações de tensão ou alto risco, vivenciadas durante a semana, ou no período entre as sessões de atendimento, e o terapeuta, a partir das situações relatadas, cria outros contextos que poderiam dificultar o surgimento de uma resposta assertiva. O facilitador fará o papel do grupo que gera tensão;
- É importante que o terapeuta auxilie o cliente no alcance de uma resposta que aumente a autoeficácia deste em situações similares, fortaleça o autorrespeito e mantenha íntegras as relações interpessoais que foram objeto da situação relatada;
- Esta atividade possibilita trabalhar problemas de comunicação no grupo e com famílias.

PRÁTICA DA ASSERTIVIDADE: COMO DIZER NÃO

Objetivos

- Introduzir o tema assertividade e a importância de dizer aquilo que se sente e pensa, inclusive dizendo não quando necessário;
- A partir da exposição dos conceitos relativos ao estilo de comunicação: assertivo, passivo e agressivo (ver dinâmica anterior), rever na própria vida as experiências em que estes estilos estiveram presentes e quais suas consequências.

Indicação

- Grupo;
- Individual.

Tempo de duração

- 15 minutos para a explicação do conceito dos estilos de resposta;
- 5 minutos para leitura dos textos;
- 25 minutos para atividade em grupo (discussão dos textos e exposição das próprias situações);
- 15 minutos para o fechamento.

Material necessário

- Texto sobre as situações relativas aos estilos de resposta.

Situações relativas aos estilos de resposta

- Situação em que fui passivo: Na semana passada, minha irmã pegou R$ 100,00 de minha carteira sem pedir-me; em consequência disto, não pude sair com minha namorada e ir ao cinema ver o filme, conforme havia planejado. Ela já fez coisas como essa outras vezes, mas nunca lhe digo nada.
- Situação em que fui agressivo: Uma amiga discutia comigo na oficina. Eu tinha dor de cabeça, assim lhe disse gritando que ela era uma pessoa sem consideração, imatura, que não respeitava os sentimentos dos outros e fui embora deixando-a falando sozinha.
- Situação em que fui assertivo: Outro dia, eu estava com um amigo no carro e este me pediu um cigarro, já pegando o isqueiro. Eu lhe disse que fumar em um espaço tão reduzido e fechado não me agradava e pedi, por favor, que não fumasse enquanto estivéssemos dentro do carro. Ele então nem acendeu o cigarro.

Procedimentos

- Ler os textos da figura anterior, deixando um intervalo de tempo depois de cada história lida, de modo que os participantes possam identificar qual o estilo de resposta utilizado pelo personagem principal. (A dinâmica anterior pode completar a explanação do estilo de comunicação);
- Criar um ambiente em que os participantes tenham a oportunidade de expor suas experiências (situações vividas), indicando qual o estilo de resposta utilizado;
- Solicitar aos participantes que façam uma autoanálise dos estilos de resposta apresentados, em cada uma das áreas de sua vida – trabalho, saúde, família, escola – e apresentem um resumo rápido para o grupo;
- Discutir as experiências apresentadas em dupla ou no grupo maior, enfatizando que respostas assertivas nem sempre são fáceis de serem praticadas, mas o treino da habilidade tem como consequências, maior autorrespeito, grande chance de se atingir o objetivo e melhoria das relações interpessoais.

Dicas das autoras

- Ao invés de ler as situações-modelo para análise, pode-se distribuir folhas impressas para que os participantes tomem conhecimento da situação e façam suas considerações nesta folha;
- Ao terminar o exercício, permita que o participante leve com ele a folha na qual fez suas anotações.

Anotações

FALAR SOBRE SENTIMENTOS

Objetivos

- Treinar a habilidade de falar sobre sentimentos;
- Definir a importância de falar sobre sentimentos, como forma de aproximar as pessoas e aumentar a rede de suporte social.

Indicação

- Grupo;
- Família;
- Casal.

Tempo de duração

- 15 minutos para a explicação teórica da importância de se falar de sentimentos, explicando o passo a passo para o treino da habilidade;
- 20 minutos para a aplicação da técnica;
- 25 minutos para a discussão geral e o fechamento.

Material necessário

- Fita adesiva colorida (três cores);
- Papel sulfite;
- Canetas coloridas ou lápis de cor;
- Objetos de uso pessoal.

Procedimentos

- Iniciar com a explicação da importância de falar sobre sentimentos, como forma de se aproximar das pessoas e de conhecê-las melhor, discutindo quais as reais dificuldades que enfrentamos ao falar dos nossos sentimentos, explorando nossos medos e inseguranças;
- No chão da sala, colar fitas adesivas em linhas paralelas, deixando um espaço de 1 m entre elas. Cada espaço representará um momento na vida do participante/ou familiar em relação ao seu uso de drogas: presente, passado e futuro;
- Cada participante, em silêncio, vai até o espaço passado e vê como se sente, faz um desenho ou deixa ali um objeto de uso pessoal, que represente seu sentimento. Depois vai ao presente e ao futuro e repete o procedimento. À medida que um dos participantes muda de espaço, o participante seguinte assume seu lugar e também deixa ali a expressão do seu sentimento;
- Quando todos tiverem tido a oportunidade de deixarem ali a manifestação do seu sentimento, reúnem-se novamente no grupo e cada um traduz em palavras qual o significado do desenho ou da escolha de determinado objeto;
- Ao final, verifica-se como se sentiram ao falarem de seus sentimentos.

Dicas das autoras

- Este exercício deve ser aplicado quando os indivíduos do grupo já têm certo conhecimento entre si. Não deve ser um exercício introdutório;
- O vínculo entre o grupo deve estar bem estabelecido, a fim de que a possibilidade de acolhimento entre os membros seja viável;
- É importante que o terapeuta tenha a habilidade de conduzir situações nas quais emoções mais intensas possam aparecer.

Anotações

HABILIDADE DE FAZER E RECEBER ELOGIOS

Objetivos

- Apresentar o conceito de autoestima;
- Desenvolver a habilidade de fazer e receber elogios.

Indicação

- Grupo;
- Família.

Tempo de duração

- 15 minutos para discussão sobre o tema e apresentação das diretrizes de habilidades;
- 15 minutos para o exercício em grupo;
- 20 minutos para discussão;
- 10 minutos para o fechamento.

Materiais

- Cartões e canetas.

Procedimentos

- Iniciar a exposição acerca da importância de se fazer e receber elogios e o quanto estes comportamentos podem estar ligados à nossa autoestima. É importante citar quais as diretrizes para esta habilidade e tirar dúvidas, se houver necessidade;
- Pedir aos participantes que se sentem em círculo, com cartão e caneta em mãos;
- Solicitar a cada participante que escreva o seu nome no cartão e, a um sinal dado, passe o cartão para o amigo da direita, que deverá escrever um elogio para ele;
- Dar outro sinal, de modo que o cartão continue girando até que chegue de volta às mãos do dono;
- Interromper esse movimento quando cada um estiver com o cartão com seu nome em mãos;
- Pedir aos participantes que leiam os elogios recebidos e, após este momento, pedir que se autoavaliem em como receberam elogios.

Dica das autoras

- Como todos os exercícios que pressupõem um envolvimento maior entre os participantes (falar sobre sentimentos, fazer elogios, fazer críticas), este deve ser aplicado quando o grupo já tiver maior entrosamento.

Anotações

Habilidade de fazer e receber críticas

Objetivos

- Introduzir o treino da habilidade de fazer e receber críticas;
- Oferecer oportunidade para que cada participante analise como recebe uma crítica;
- Desenvolver a habilidade de aprender a receber uma crítica aproveitando o *feedback* recebido para fazer uma mudança positiva em seu comportamento.

Indicação

- Grupo;
- Família.

Tempo de duração

- 15 minutos para introdução do assunto e apresentação das diretrizes de habilidades;
- 10 minutos para a execução do exercício;
- 20 minutos para a discussão;
- 10 minutos para o fechamento.

Material necessário

- Papel, caneta e fita crepe.

Procedimentos

- Colar um papel nas costas de cada um dos participantes;
- Cada folha representa um participante, e, consequentemente, críticas pertinentes a esta pessoa;
- Pedir para que todos os participantes escrevam em cada folha de papel as críticas que poderiam fazer àquela pessoa;
- Após 10 minutos de leitura e reflexão, informar que os participantes poderão fazer o que desejarem com o papel colado às costas, até dobrá-lo e rasgá-lo sem ver quais as críticas escritas;
- Dar tempo ao grupo para que cada um proceda da maneira que quiser;
- Organizar novamente o grupo completo, em círculo, pedindo que cada um exponha como se sentiu ao receber críticas sem poder justificar-se e como lidou com a ansiedade, aguardando o momento para poder se colocar;
- Solicitar àqueles que não leram ou rasgaram o papel que exponham suas vivências e seus sentimentos;

- Fazer um fechamento ressaltando a importância de fazer críticas ao comportamento e não à pessoa, bem como da necessidade do treino em receber críticas. De modo que se possa aproveitar o conteúdo construtivo destas para favorecer as mudanças que temos necessidade de realizar.

Dicas das autoras

- É importante que o grupo esteja entrosado ao realizar este tipo de exercício;
- O facilitador deve estar muito atento para lidar com os comportamentos de baixa tolerância a críticas e de necessidade extrema de apresentar justificativas;
- Procure garantir que a atividade não é identificar quem escreveu as críticas, e sim refletir sobre como cada participante as recebe e de que modo lida com elas.

Anotações

Situações e soluções

Objetivos

- Oferecer alternativas e dicas importantes quanto a questões práticas do cotidiano, principalmente com as pessoas com quem mora, propiciando maiores recursos para lidar objetivamente com elas;
- Desenvolver ou aperfeiçoar habilidades para lidar com situações difíceis em relação a pessoas próximas e íntimas.

Indicação

- Individual;
- Família;
- Grupo.

Tempo de duração

- 5 minutos para explicações sobre o exercício que será feito;
- 15 minutos para leitura do formulário e preenchimento do campo "Alternativa de soluções";
- 40 minutos para discussão sobre as alternativas apresentadas.

Material necessário

- Folha de atividades: Situações e soluções

Situações e soluções	
Diante de situações hipotéticas relacionadas a seguir, coloque alternativas de solução que você tentaria, se fosse com você, ou o que sugeriria.	
Situações em família	**Alternativas de solução**
Ocorrem brigas em casa por qualquer motivo	
Não há, no momento, possibilidade de separação, mas existem muitos desentendimentos	
Pessoas na minha família me agridem verbalmente, acusando-me quanto à época em que eu bebia ou usava drogas	

(continuação)

Situações em família	Alternativas de solução
Meus familiares não acreditam em minha mudança, em minha recuperação	
Meus familiares ficam muito inseguros e com medo que eu recaia e, portanto, ficam querendo saber todos os meus passos, o que me deixa muito irritado	
Devido a mágoas e ressentimentos, fico muito agressivo com algumas pessoas próximas a mim	
Devido a problemas financeiros, ninguém está tendo paciência com ninguém em minha casa	

Procedimentos

- Entregar folha de atividades e solicitar que o grupo busque alternativas para as situações explicitadas, por meio de discussões e/ou dramatizações;
- Dar *feedback* sobre alternativas viáveis para cada situação;
- Promover a reflexão de quais situações apresentam maior vulnerabilidade para cada participante, e quais alternativas são mais eficazes para cada membro.

Dicas das autoras

- Algumas situações podem ser dramatizadas, representando-se alternativas viáveis ou não, o que contribui para o aprendizado dinâmico;
- Este quadro pode ser projetado ou escrito em *flip-chart* e preenchido em conjunto.

Anotações

Resolvendo problemas com quem mora

Objetivo

- Discutir condições de se relacionar melhor com os familiares.

Indicação

- Grupo;
- Família.

Tempo de duração

- 5 minutos para explicações gerais;
- 5 minutos para exposição da situação 1;
- 15 minutos para exploração da problemática;
- 5 minutos para exposição da situação 2;
- 15 minutos para exploração da problemática;
- 15 minutos para discussão.

Material necessário

- *Flip chart* e/ou espaço para dramatização;
- Material de apoio ao facilitador: Resolvendo problemas com quem mora

Resolvendo problemas com quem mora

Situação 1: Você havia arrumado suas roupas e pertences no armário. No dia seguinte, nota que sua esposa (ou familiar de convívio) tirou tudo do lugar e arrumou do jeito dela (dele).

- O que você sentiria vontade de falar?
- De que forma se comportaria?

Situação 2: Você foi acusado de ter esquecido de pagar a conta do telefone, mas não se lembra. Seus familiares estão discutindo com você e, ao mesmo tempo, sente-se sozinho e perdido para defender-se.

- Como você poderá se defender?
- O que fazer para que saibam o que ocorreu?
- Se, no meio da discussão, lembrar-se de que realmente havia esquecido de pagar, você admitiria?

Após ter apontado para o grupo tais situações, ou explorado os exemplos dados por eles, abra espaço à reflexão, para que cada membro possa pensar em como agir adequadamente em cada situação.

Procedimentos

- Ilustrar exemplos de situações conflitantes entre os participantes e seus familiares;
- Pedir para cada membro explicitar uma situação típica que encare como prejudicial ao seu tratamento;
- Selecionar um exemplo citado ou utilizar a dica a seguir.

Dica das autoras

- Fazer uma ligação com a prática das respostas assertivas, que em muito auxiliam no manejo das dificuldades com pessoas próximas e íntimas.

Anotações

Divisão de espaços

Objetivos

- Promover maior aproximação entre os participantes do grupo, dentro de uma proposta de divisão e colaboração para a resolução de um problema;
- Valorizar o sentido de grupo como apoio mútuo para melhores resultados em vários contextos da vida, bem como do processo de manutenção da mudança.

Indicação

- Grupo;
- Família.

Tempo de duração

- 5 minutos para explicações gerais;
- 15 minutos para o exercício;
- 30 minutos para discussão.

Material necessário

- Giz ou fita crepe.

Procedimentos

- Riscar o chão com giz ou colar fita crepe, formando um retângulo de tamanho proporcional à metade dos participantes (de modo que esta metade caiba em pé, dentro do retângulo);
- Explicar que a atividade consiste em que todos se ajeitem nesse espaço determinado, de modo que não fique ninguém de fora;
- Incentivar a participação de todos a buscar a solução para a atividade;
- Depois de terem cumprido a meta, abrir espaço para discutir o que sentiram; explorar crenças que tiveram quando o objetivo foi exposto e como foi dividir espaços, discutindo as dificuldades encontradas;
- Valorizar o apoio que o grupo proporciona, principalmente quando está em busca de um mesmo objetivo, como no caso, viver bem sem precisar das drogas ou do álcool.

Dicas das autoras

- A atividade facilita a percepção de como as pessoas interagem, bem como o comprometimento destas com o grupo e o quanto se sentem realmente dentro ou fora dele;
- Caso existam pessoas no grupo com dificuldade de aproximação (e provavelmente com muito embaraço para realizar a atividade), solicite sua participação como observador (em parceria com o facilitador);
- É importante evidenciar que, em um grupo de mútua ajuda, todos podem participar, oferecendo a ajuda que puderem, respeitando suas limitações.

Anotações

Como lidar com emergências: como enfrentar queixas do tratamento?

Objetivo

- Desenvolver a capacidade do cliente de se posicionar em relação a situações inesperadas no tratamento.

Indicação

- Individual;
- Grupo.

Tempo de duração

- 5 minutos para explicações gerais;
- 30 minutos para discussão das situações descritas no ambiente de tratamento;
- 25 minutos para exposição e discussão geral.

Material necessário

- *Flip-chart*;
- Material de apoio ao facilitador: Situações-problema

Situações-problema

1) Você é extremamente grato aos profissionais que o estão ajudando a se manter abstinente; inclusive, compartilhou com eles segredos de sua vida. Porém, descobriu que o terapeuta revelou uma informação a seu familiar.
   - Como lidar?
   - O que fazer?
   - Desistiria do tratamento?
   - Procuraria outro lugar para se tratar?
   - Falaria a verdade?
2) Você se apaixonou pelo(a) seu(sua) profissional e não sabe mais como disfarçar.
   - Como lidar?
   - O que fazer?
   - Desistiria do tratamento?
   - Procuraria outro lugar para se tratar?
   - Falaria a verdade?
3) Você está sem condições de pagar o terapeuta. Quer retribuir o apoio que ele vem lhe dando, mas não sabe como dizer que não tem condições de o pagar.
   - Como lidar?
   - O que fazer?
   - Desistiria do tratamento?
   - Procuraria outro lugar para se tratar?
   - Falaria a verdade?

4) Você é bastante participativo no tratamento, nunca falta, mas seu terapeuta sempre desmarca as sessões ou chega atrasado para atendê-lo.
   - Como lidar?
   - O que fazer?
   - Desistiria do tratamento?
   - Procuraria outro lugar para se tratar?
   - Falaria a verdade?

Procedimentos

- Exponha ao grupo situações constrangedoras que possam ocorrer durante o tratamento a que estão submetidos;
- Após ter lido as situações-problema para o grupo, abrir espaço para quem já passou por esse tipo de situação relatar como lidou com a questão;
- Encerrar a sessão desmistificando a imagem do terapeuta, esclarecendo que, mesmo como profissional, tais situações podem acontecer e que são importante material para o trabalho terapêutico e, por isso, a necessidade de trazê-las à discussão no grupo.

Dicas das autoras

- Oferecer a oportunidade de treino de como agir assertivamente, nos casos em que o participante nunca passou pela situação, mas pode vir eventualmente a enfrentá-la;
- Há a possibilidade de resolver alguma situação presente no momento que o grupo está passando, mas, se for o caso, dê uma atenção a mais aos envolvidos, o que pode ser até em um atendimento individual.

Anotações

ETAPAS IMPORTANTES NO PROCESSO DE SOLUÇÃO DE PROBLEMAS

Objetivos

- Oferecer alternativas e dicas importantes quanto aos passos necessários para solução de problemas, independentemente de quais sejam;
- Potencializar a capacidade de planejamento, objetividade e criatividade ao agir.

Indicação

- Grupo;
- Família;
- Individual.

Tempo de duração

- 5 minutos para explicações gerais;
- 10 minutos para o *brainstorm*;
- 30 minutos para discussão sobre solução de problemas;
- 15 minutos para discussão.

Material necessário

- Quadro ou *flip-chart*;
- Folha de atividades: Exemplo de roteiro de resolução de problemas

Exemplo de roteiro de resolução de problemas
1) Identificar o problema = "ponto central" (identificar quais os sintomas).
2) Qual seria a melhor solução?
3) O que acho que devo fazer?
4) O que não devo fazer?
5) Com quem posso contar?

Procedimentos

- Pedir aos participantes que compartilhem e escolham um problema que será usado como tema central da discussão. Deixar clara a diferença entre "problema" e "sintoma";
- O "sintoma" é indicativo da existência do problema. Quando atuamos sobre o sintoma, a solução do problema é adiada. Por exemplo: o filho vai mal na escola (problema ou sintoma?). Se nos preocuparmos com o que está por trás do ir mal na escola, estamos procurando soluções para o problema, mas se apenas o mudamos de lugar na classe, mudamos a forma de avaliar o aluno e podemos estar apenas contemplando o sintoma, o qual é ter um desempenho escolar baixo;
- A partir do problema escolhido, solicitar que digam tudo o que acham importante fazer quando é necessário solucionar um problema e quais as possíveis soluções para aquele problema específico;
- Fazer o *brainstorm*. Anotar no quadro tudo o que os participantes disserem. Regras para o *brainstorm*: é importante que todos participem; não devem criticar nenhuma ideia dada, nem interromper quem estiver falando; não devem debater as ideias nesse primeiro momento; podem falar o que quiserem em relação ao tema, não se preocupando, no momento, com certo ou errado;
- Após essa primeira etapa, conversar sobre as alternativas, pedindo para escolher as mais pertinentes e justificarem a escolha. É necessário que o grupo argumente e, se possível, chegue a um consenso quanto às alternativas escolhidas e excluídas (explicar o conceito de consenso, não permitindo que a alternativa de solução mais votada seja a escolhida, mas sim aquela que o grupo todo concordar que é a mais viável);
- Montar um minirroteiro para solução de problemas, com base nas alternativas criadas pelo grupo.

Dicas das autoras

- É interessante fornecer orientação básica, com dicas importantes em termos de planejamento, percepção de prazo, recursos necessários e outras questões relevantes para solução de problemas;
- O problema a ser solucionado pode ser uma dificuldade de um integrante do grupo ou uma questão do próprio grupo;
- Quando a técnica for utilizada individualmente, mantém-se o processo, exceto que as alternativas de solução são discutidas entre paciente e terapeuta;
- Na aplicação individual, o tempo deverá ser redimensionado.

Anotações

IDENTIFICAR O PROBLEMA A SER RESOLVIDO E BUSCAR ALTERNATIVAS

Objetivos

- Reconhecer qual(is) substância(s) está(ão) gerando problemas e desejo de consumo;
- Levantar quais passos devem ser seguidos para manter a motivação da manutenção de abstinência.

Indicação

- Grupo;
- Individual.

Tempo de duração

- 5 minutos para explicações sobre o andamento do exercício;
- 25 minutos para preencher o quadro com as informações relevantes para a identificação e a solução do problema;
- 30 minutos para discussão sobre as alternativas.

Material necessário

- Folhas sulfite e canetas;
- Folha de atividade: Identificar o problema a ser resolvido e buscar alternativas

Identificar o problema a ser resolvido e buscar alternativas
• Minha(s) substância(s)-problema:
• Meus objetivos para mudar o uso das substâncias são:
• Quais as ações que decidirei tomar para atingir meu objetivo? (Plano)
• O que pode interferir em que eu coloque meu plano em prática?
• Quais pessoas podem me ajudar?
• Quais podem ser os indicadores de que meu plano não está funcionando?

Procedimentos

- Pedir para cada participante avaliar sua substância-problema;
- A partir disso, preencher em folha sulfite a figura anterior;
- Discutir com o grupo quais os problemas e as alternativas apontadas.

Dica das autoras

- Coloque a figura anterior no *flip-chart* para todos acompanharem. Após três meses, reavaliá-la.

Anotações

À PROCURA DE UM EMPREGO

Objetivos

- Oferecer alternativas e dicas importantes quanto a questões práticas do cotidiano, propiciando maiores recursos para lidar objetivamente com elas;
- Desenvolver ou aperfeiçoar habilidades para situações de desafio.

Indicação

- Grupo;
- Individual.

Tempo de duração

- 5 minutos para explicações sobre o exercício que será feito;
- 15 minutos para leitura do formulário e preenchimento do campo "alternativa de soluções";
- 40 minutos para discussão sobre as alternativas apresentadas.

Material necessário

- Folha de atividades: Resolução de problemas

Resolução de problemas	
Frente às situações hipotéticas relacionadas a seguir, coloque alternativas de solução que você tentaria, se fosse com você, ou que sugeriria.	
Situações	**Alternativas de solução**
Fico muito inseguro e nervoso quando tenho que falar com as pessoas	
Não sei como devo proceder ao procurar emprego	
Não sei onde se pode procurar emprego	
Não tenho definido o que quero ou no que posso trabalhar	
Tenho experiência de trabalho, mas esta não é comprovada em carteira profissional	

(*Continuação*)

Situações	Alternativas de solução
Não sei como fazer meu currículo	
Não trabalho há muito tempo	
As pessoas não acreditam que eu possa conseguir	
Quero fazer algum trabalho voluntário	
Quero montar ou retomar meu serviço como autônomo (serviço próprio)	
Vão me perguntar o tempo que não trabalho e terei que falar do meu problema	
Tenho vergonha de explicar sobre o meu passado e, por conta disso, a minha pouca experiência...	
Outros:	

Procedimentos

- Entregar folhas de atividades e solicitar que o grupo busque alternativas para as situações citadas, por meio de discussões e/ou dramatizações;
- Dar *feedback* sobre alternativas viáveis para cada situação.

Dicas das autoras

- É interessante fornecer orientação básica, com dicas importantes, como vestimenta, organização dos documentos, planejamento quanto aos locais a serem procurados, postura, entre outras coisas para tal situação;
- Algumas situações podem ser dramatizadas, representando-se alternativas viáveis e não viáveis, o que contribui para o aprendizado dinâmico;
- Este quadro pode ser projetado ou escrito em *flip-chart* e preenchido em conjunto;
- Indicado acompanhar a evolução desta questão com o grupo, ou individualmente como plano de ação do tratamento.

Planejamento para lidar com situações novas: surpresa na entrevista de emprego

Objetivos

- Capacitar os participantes para lidar com situações de emergência;
- Desenvolver habilidades que permitam um desempenho adequado em entrevista inicial de emprego.

Indicação

- Grupo;
- Individual.

Tempo de duração

- 5 minutos para explicações gerais;
- 15 minutos para exposição da situação de entrevista para emprego;
- 40 minutos para exposição e discussão geral.

Material necessário

- *Flip-chart* ou espaço para dramatização;
- Material de apoio ao facilitador: Surpresa na entrevista de emprego

Surpresa na entrevista de emprego

O exemplo a seguir pode ser uma sugestão:

Você está desempregado há um ano e já faz seis meses que está abstinente.

Está numa condição melhor de retomar a vida e, após semanas buscando um serviço, é chamado para uma entrevista.

No momento em que a pessoa o convoca para a entrevista, vocês se reconhecem. O recrutador é um amigo de seu familiar e provavelmente sabe algo do seu passado. Você teme que ele lhe faça perguntas sobre sua saúde ou tratamento. Porém, você sabe que é sua chance de se sair bem.

Procedimentos

- Exponha ao grupo uma questão de desafio referente a situações de emprego;
- Após o texto ser lido, questione o grupo sobre quais seriam as dificuldades da entrevista;
- Liste as dificuldades no *flip-chart* e, posteriormente, estimule o grupo a pensar quais soluções podem ser dadas;
- A partir disso, faça uma dramatização com os membros que tenham se candidatado, para que todos avaliem e analisem as dificuldades e as possibilidades no momento da entrevista.

Dica das Autoras

- Favorável usar uma situação real com um dos membros caso alguém exemplifique para o fechamento da dramatização.

Anotações

Problemas do dia a dia e problemas persistentes

Objetivos

- Possibilitar que os participantes identifiquem situações-problema no dia a dia e problemas persistentes (que existem independentemente da mudança de comportamento de algumas pessoas);
- Refletir sobre formas de enfrentamento desta(s) situação(ões)-problema.

Indicação

- Grupo;
- Individual;
- Família.

Tempo de duração

- 5 minutos para explicações gerais;
- 5 minutos para a história 1;
- 15 minutos para exploração da problemática;
- 5 minutos para a história 2;
- 15 minutos para exploração da problemática;
- 15 minutos para discussão.

Material necessário

- Quadro ou *flip-chart*;
- Material de apoio ao facilitador: Resolução de problemas do dia a dia ou problemas persistentes

Resolução de problemas do dia a dia ou problemas persistentes

História 1

Augusto tinha uma entrevista na quarta-feira. Estava ansioso com a perspectiva de um novo emprego. Augusto estava há pouco tempo na cidade, praticamente sem dinheiro. Esse emprego era sua chance de recomeçar, inclusive de pagar suas dívidas. A entrevista seria às 9 h da manhã e ele teria que atravessar toda a cidade para chegar.

Solução da situação-problema:

O que ele poderia fazer?

____
____
____
____

O que pode acontecer?

História 2

Mauro tinha acabado de se mudar de Santos e estava trabalhando como carteiro. Era ótimo na separação de cartas na agência do correio, mas nunca conseguia acabar seu trajeto de entrega de correspondência a tempo. Esquecia onde ficavam as casas e quase sempre se perdia. Por isso, quando terminava de entregar as correspondências do dia, já era o dia seguinte. Desta forma, mantinha-se sempre atrasado. Na sexta-feira, seu supervisor lhe disse que era melhor ele aprender o trajeto antes da segunda-feira, ou então seria demitido.

Solução da situação-problema:

O que ele poderia fazer?

O que pode acontecer?

Procedimentos

- Explicar ao grupo que, para cada um, existem certas situações difíceis de enfrentar e superar e que estas situações podem gerar pensamentos e sentimentos que favoreçam a recaída;
- Exemplificar contando as histórias da figura anterior (contar uma história de cada vez e discutir cada questão apresentada);
- Pedir para o grupo apontar a solução apropriada às histórias narradas (sugerir que usem a técnica discutida anteriormente – passos importantes para solução de problemas);
- Incentivar a participação de todos os componentes do grupo.

Dica das autoras

- Interessante realizar esta atividade com grupos que se encontram em um período de abstinência de pelo menos três meses.

Resolução de Conflitos e Tomada de Decisão

Objetivos

- Auxiliar no processo de decisão a partir da amplitude de questionamentos e da criatividade;
- Aumentar o campo de alternativas para soluções de problemas em geral.

Indicação

- Grupo;
- Família;
- Individual.

Tempo de duração

- 5 minutos para explicações gerais;
- 5 minutos para ler a história;
- 15 minutos para a primeira parte do *brainstorm* (sem críticas);
- 15 minutos para discussão das alternativas;
- 20 minutos para discussão geral.

Material necessário

- Material de apoio ao facilitador: O mercador e sua filha

O mercador e sua filha

Há muitos anos, na época em que uma pessoa endividada poderia ser levada à prisão, um mercador londrino teve o azar de dever uma enorme soma de dinheiro a um agiota. Este, que era velho e feio, encantou-se com a jovem e linda filha do mercador. Propôs, então, um acordo. Disse que cancelaria a dívida do mercador se pudesse se casar com a filha dele.

Tanto o mercador quanto sua filha ficaram horrorizados. O esperto agiota propôs, então, que deixassem a decisão a cargo do "destino". Combinou que colocaria uma pedra preta e outra branca dentro de uma bolsa de dinheiro vazia e a moça deveria retirar uma delas.

Se retirasse da bolsa a pedra preta, tornar-se-ia sua esposa e a dívida do pai seria perdoada. Se retirasse a pedra branca, não teria que se casar com ele e, mesmo assim, a dívida seria cancelada. Porém, no caso de se recusar a retirar uma das pedras, seu pai seria atirado na prisão e ela morreria de fome.

O mercador concordou relutantemente. Estavam em um caminho cheio de pedras, no jardim do mercador. Enquanto conversavam, o agiota inclinou-se para apanhar as duas pedras e, ao fazê-lo, sem perceber foi visto pela moça, cuja visão estava aguçada pelo pavor. Esta viu que o agiota, disfarçadamente, colocou duas pedras pretas na bolsa. Em seguida, de maneira autoritária, ordenou-lhe que retirasse a pedra que indicaria não só a sua sorte, como também a de seu pai.

Imagine-se naquele caminho, no jardim do mercador. O que faria se fosse a infortunada moça?

Solução (que será lida, após a discussão):

A moça desse conto colocou a mão na bolsa e retirou uma pedra, porém, antes de olhá-la, desajeitadamente deixou-a cair no chão, de maneira a se misturar com as outras pedras e então disse:

"– Oh, que desastrada sou; mas não tem importância, pois se olharmos dentro da bolsa descobriremos, pela cor da pedra que restou, qual a que escolhi."

Como a pedra restante evidentemente era preta, ela só poderia ter escolhido a branca, pois o agiota não ousaria revelar sua falta de honestidade. Dessa forma, a moça transformou uma situação aparentemente impossível em outra bem vantajosa. Ficou em melhor situação do que se o agiota tivesse lidado com honestidade, pois, em tal caso, ela só teria uma possibilidade de se salvar.

Procedimentos

- Informar ao grupo que será lida uma história envolvendo uma situação que necessita de solução e que esta deverá ser dada pelo grupo;
- Após a leitura da história, pedir que todos deem sugestões de soluções, tendo como base as seguintes regras: os participantes não podem, em momento algum, interromper para questionar ou criticar a opinião dos colegas; neste primeiro momento não haverá questionamentos; é importante que falem espontaneamente as ideias que surgirem;
- O facilitador anota todas as sugestões em *flip-chart*;
- Depois de todos terem opinado, o grupo deverá, fundamentado nas sugestões dadas, excluir as que não são viáveis (por consenso), até ficarem com três alternativas mais razoáveis;
- A partir das três alternativas escolhidas, discutir qual a melhor solução para o problema;
- Refletir com o grupo sobre a solução que encontraram (viabilidade ou não). O facilitador pode se posicionar;
- Por fim, refletir sobre a tomada de decisões: se estas têm base em questionamentos ou se são mais impulsivas;
- Explorar as etapas de uma solução/decisão: 1) criatividade (pensar em várias alternativas); 2) eliminação (exclusão das não viáveis); 3) decisão (escolha consciente do que é melhor para a situação);
- Associar a esse processo a decisão de usar ou não álcool ou drogas.

Dicas das autoras

- Importante o incentivo do facilitador para que todos participem e a garantia de que não serão permitidas críticas no primeiro momento (chuva de ideias), para não inibir e podar a criatividade e a participação;
- Esta atividade também pode ser utilizada para se concentrar na questão da comunicação em grupo, reforçando aspectos como a importância da participação de todos, do respeito e do consenso;
- É indicada para discussão de problemas e soluções em geral, podendo ser empregado um fato concreto, ao invés de uma história lúdica.

Resolução de Conflitos e Tomada de Decisões

Objetivos

- Desenvolver nos participantes habilidades de resolução de conflitos, de forma que a escolha não resulte necessariamente em uma perda;
- Treinar a prática da flexibilidade cognitiva, aumentando as chances de, diante de uma situação de crise, visualizar várias possibilidades de solução;
- Permitir que os participantes lidem com o fato de terem que assumir sempre as consequências de seus atos.

Indicação

- Individual;
- Grupo;
- Família.

Tempo de duração

- 10 minutos para introdução do assunto "resolução de conflitos";
- 5 minutos para a leitura ou apresentação do "dilema";
- 5 minutos para reflexão individual;
- 10 minutos para discussão em dupla;
- 15 minutos para discussão no grupo;
- 10 minutos para conclusões finais/fechamento.

Material necessário

- Material de apoio ao facilitador: Dilema ético

Dilema ético

É noite de tempestade. Você dirige seu carro e à sua frente vê um ônibus. Ele passa pelo ponto e não para. Você passa em frente ao ponto de ônibus e vê três pessoas: uma senhora que precisa de atendimento médico com urgência, pois corre o risco de falecer se não for atendida; um médico que salvou sua vida no passado e por quem você tem uma gratidão eterna; e o grande amor de sua vida.

Em seu carro cabem apenas você e mais uma pessoa. Quem você levaria?

É importante lembrar que: não se pode pegar uma pessoa e depois voltar para pegar outra. A escolha de uma invalida automaticamente a escolha de uma segunda pessoa.

Em geral, após a discussão, surge a opção de alternativa, em que todos os envolvidos ganham: entregar a chave do carro para o médico, para que este leve a senhora até o hospital mais próximo, lá deixando o carro estacionado e a chave na recepção do hospital, e o personagem principal fica no ponto com o amor de sua vida, esperando pelo próximo ônibus.

Procedimentos

- Introduzir o assunto "resolução de conflitos", enfatizando que, diante de uma situação de crise, sempre tendemos a tomar a primeira decisão que nos vem à cabeça, sem levar em conta quais as consequências destes comportamentos. Hábitos antigos podem reaparecer como alternativas em situações consideradas de crise;
- Solicitar aos participantes que prestem atenção ao "dilema ético" que será apresentado e pedir que não façam comentários durante a leitura;
- Após o término da leitura, pedir que se reúnam em duplas e conversem sobre quais as possibilidades de solução e quais as consequências de cada uma das escolhas. Quais os pensamentos que levaram à escolha e quais os sentimentos envolvidos;
- Discutir as considerações apresentadas por cada uma das duplas com todo o grupo;
- Oferecer *feedback* e encerrar o exercício.

Dica das autoras

- Quando o exercício for feito individualmente, o facilitador faz o papel de desafiar as soluções escolhidas, de modo que o paciente pense nas consequências de cada escolha.

Anotações

Controle da impulsividade

Objetivos

- Desenvolver habilidades de avaliação da situação/contexto, sem a tomada de decisões de forma precipitada;
- Treinar a identificação do pensamento que antecede a ação;
- Aumentar a flexibilidade cognitiva, gerando uma gama de comportamentos mais adequados em termos de solução de problemas, e assim evitar perdas desnecessárias.

Indicação

- Individual;
- Grupo;
- Família.

Tempo de duração

- 10 minutos para introdução do assunto "manejo da impulsividade";
- 5 minutos para a leitura ou apresentação do "dilema";
- 5 minutos para reflexão individual;
- 10 minutos para discussão em dupla;
- 15 minutos para discussão no grupo;
- 10 minutos para conclusões finais/fechamento.

Material necessário

- Material de apoio ao facilitador: Dilema ético

Dilema ético

Um grupo de crianças brinca próximo a duas vias férreas. Uma das vias ainda está em uso e a outra está desativada. Apenas uma criança brinca na via desativada, enquanto as outras, na via em operação.

O trem está vindo e você está exatamente sobre aquele aparelho que pode mudar o trem de uma linha para outra.

Você pode fazer o trem mudar seu curso para a pista desativada e salvar a vida da maioria das crianças. Entretanto, isso significa que a solitária criança que brinca na via desativada será sacrificada.

Você deixaria o trem seguir seu caminho? O que você faria?

O texto deverá ser lido após os participantes se colocarem em dupla para o início da discussão.

É importante lembrar que a maioria das pessoas escolherá desviar o trem e sacrificar só uma criança. Exatamente: salvar a vida da maioria das crianças à custa de uma só criança é a decisão mais racional que a maioria das pessoas tomaria, tanto do ponto de vista emocional quanto moral. Porém, devemos considerar que a criança que escolheu brincar na via desativada foi a única que tomou a decisão correta de brincar num lugar seguro. Não obstante, tem que ser sacrificada por causa de seus amigos desavisados que escolheram brincar onde estava o perigo. Por outro lado, se a via tinha sido desativada, provavelmente não era segura. Se o trem for desviado para a outra via, a vida de todos os passageiros será colocada em risco. E em sua tentativa de salvar algumas crianças sacrificando apenas uma, você pode acabar sacrificando centenas de pessoas.

Conclusão: Se estamos com nossas vidas cheias de fortes decisões que precisam ser tomadas, não podemos esquecer que decisões apressadas nem sempre levam ao lugar certo.

978-85-4120-168-1

Procedimentos

- Introduzir o assunto impulsividade e "manejo da impulsividade";
- Definir comportamento impulsivo e discutir algumas técnicas de manejo. Por exemplo: adiamento de decisões por um tempo pré-determinado (24 h) ou treino constante do questionamento do pensamento que leva à impulsividade;
- Solicitar aos participantes que prestem atenção ao "dilema ético" que será apresentado e pedir que não façam comentários durante a leitura;
- Após o término da leitura, pedir que se reúnam em duplas e conversem sobre quais as possibilidades de solução e quais as consequências de cada uma das escolhas. Quais os pensamentos que levaram à escolha e quais os sentimentos envolvidos;
- Discutir as considerações apresentadas por cada uma das duplas com todo o grupo;
- Oferecer *feedback* e encerrar o exercício.

Dicas das autoras

- Alguns dilemas éticos têm um desfecho muito questionável em termos de adequação da resposta. Por esse motivo, embora estimulem a criatividade e o interesse pela discussão, geram concomitantemente discussões acaloradas que, em algumas situações, não nos levam a lugar nenhum. Por isso, a discussão sempre em duplas, para possibilitar um espaço para discussão, sem muitos obstáculos, e em um segundo momento, a discussão no grupo;
- É importante deixar claro que, muitas vezes, o problema existe claramente, é de difícil solução, não existe uma solução do tipo "ganha-ganha", mas a reflexão sobre cada problema aumenta muito as chances de uma tomada de decisões que não gere consequências negativas.

SITUAÇÕES DE ALTO RISCO

Objetivo

- Desenvolver recursos que facilitem enfrentar situações de risco de recaída, aumentando o repertório de alternativas viáveis para estas situações.

Indicação

- Grupo.

Tempo de duração

- 5 minutos para explicações gerais;
- 15 minutos para planejamento em subgrupos;
- 15 minutos para dramatização dos subgrupos;
- 30 a 40 minutos para discussão geral.

Material necessário

- *Flip-chart* e materiais diversos para encenação (o último item é opcional).

Procedimentos

- Explicar ao grupo que esta atividade será dividida em etapas e que a participação de todos é muito importante;
- Dividir em dois subgrupos: informar que um (determinar qual) deverá planejar uma situação em que uma pessoa abstinente sofra a pressão de outras pessoas no sentido de utilizar a substância (especificar conforme a necessidade do grupo). Este grupo deverá elaborar respostas (a serem dadas pela pessoa que estiver representando o abstinente) que não a protegerão da pressão para beber. Deverão ser respostas que deixem o participante mais vulnerável à influência, aumentando a possibilidade de recaída. O outro deverá representar a mesma situação, porém, a pessoa que representar o abstinente deverá dar respostas que a protejam da pressão para beber;
- Solicitar que os participantes pensem em uma dramatização que dure mais ou menos 7 minutos e elaborem várias respostas dentro dos objetivos solicitados;
- Informar o tempo que terão para planejamento. Pedir que cada subgrupo escolha a pessoa que representará o abstinente;
- Depois do tempo combinado, pedir que cada grupo dramatize a situação;
- O facilitador anotará no *flip-chart* as respostas dos dois grupos;
- Por fim, discutir, com o grupo todo, as respostas levantadas e a efetividade de cada uma delas na situação;

- Explorar a importância de algumas questões para maior efetividade da resposta, como por exemplo: ser firme e seguro ao recusar a oferta; não dar respostas evasivas (do tipo "agora não" ou "mais tarde"); propor um novo assunto para mudar o foco da conversa; evitar (o máximo possível) grupos/pessoas/ambientes que pressionam muito, principalmente quando a pessoa ainda não está muito segura de seus recursos para lidar com a vontade, entre outras questões.

Dicas das autoras

- Esta atividade é muito enriquecedora para explorar a autoeficácia em situações de risco;
- Pode ser utilizada em várias outras situações que possibilitem riscos e necessitem de soluções, como lidar com críticas negativas, lidar com a agressividade das pessoas, entre outras;
- Pode ser usada no contexto de prevenção da recaída.

Anotações

REFERÊNCIAS BIBLIOGRÁFICAS

1. MONTI, P. et al. **Tratando a dependência de álcool – um guia de treinamento das habilidades de enfrentamento.** São Paulo: Roca, 2005.
2. ZURILLA, T. D.; NEZU, A. M. **Terapia de solução de problemas – uma abordagem positiva à intervenção clínica.** São Paulo: Roca, 2010.
3. FIGLIE, N. B.; SELMA, B.; LARANJEIRA, R. **Aconselhamento em dependência química.** 3ª Ed. Rio de Janeiro: Roca, 2015.

SEÇÃO 8

Comunicação

ROBERTA PAYÁ
NELIANA BUZI FIGLIE

Muitas abordagens concentram-se na comunicação como sendo um aspecto fundamental no trabalho grupal. Conforme a abordagem, inúmeras técnicas podem ser utilizadas. Segundo o modelo BCT – a terapia comportamental de casais de O'Farrel e Fals-Stewart[1] – existem técnicas básicas que exploram tanto a importância do ouvir como a de expressar de modo direto sentimentos e impressões entre os membros.

Existem diferentes estilos individuais de comunicação: excessivamente agressivo, ou excessivamente passivo, ou ainda um estilo afirmativo perfeitamente correto, mas qualquer um dos três pode ser afetado pela ingestão alcoólica ou pelo efeito de alguma substância psicoativa. O fato é que a comunicação verbal e a não verbal devem ser exploradas para que haja maior entendimento daquilo que é dito e pedido por cada um. A comunicação não verbal contempla o contato visual, o volume, o tom de voz, a postura, a expressão facial e os gestos.

Com muita frequência, a comunicação em famílias que tenham algum membro passando pelo problema de abuso ou dependência apresenta dificuldade em decorrência de uma comunicação negativa, destrutiva ou indireta. Geralmente, os familiares não se ouvem e pouco ou nada se resolve. Além disso, discursos que carregam culpa ou enfatizam a desvalorização do outro são recorrentes, principalmente na relação de casais ou de pais e filhos em que uma das partes é a usuária de substâncias psicoativas. Por isso, é relevante que o profissional explore os chamados filtros comunicacionais que tendem a distorcer a mensagem enviada ou recebida.

TELEFONE SEM FIO

Objetivos

- Demonstrar como as mensagens sofrem influências de acordo com as interpretações pessoais;
- Refletir sobre a influência das distorções na relação grupal e os sentimentos decorrentes.

Indicação

- Grupo;
- Família.

Tempo de duração

- 5 minutos para explicações gerais;
- 15 minutos para transmissão da mensagem;
- 40 minutos para discussão.

Material necessário

- Nenhum.

Procedimentos

- Informar que será feita uma dinâmica que necessitará de um voluntário;
- O voluntário fica na sala com o facilitador e os demais saem da sala, permanecendo em um lugar próximo, mas onde não consigam ouvir o que é dito na sala;
- O facilitador diz para o voluntário prestar bastante atenção à mensagem que será lida e que ele deverá repassar (oralmente) para o próximo que entrar na sala, sem poder repeti-la;
- Após repassar a mensagem, deve sentar-se, em silêncio, observando os demais;
- Ao final, depois que o último participante receber a mensagem e passá-la para o grupo (que já estará todo na sala), o facilitador lerá a mensagem original;
- Abrir para discussão: o que acharam; como é lidar com distorções; o que pode influenciar as distorções; como as pessoas se sentem quando há distorções naquilo que foi dito, entre outros;
- Sugestões de frases:
  - Favor comunicar à Sra. Escolástica que o carro verde, de propriedade do Sr. Serafim, está começando a ser transportado do metrô para Limeira, onde deverá ser revisado a título de prevenção e totalmente pintado de amarelo.

978-85-4120-168-1

– Favor comunicar ao amigo do meu marido que a dentista que o atendeu, irmã da costureira, disse que é preciso fazer uma jaqueta, pois, caso contrário, sentirá muita dor no dente.

Dicas das autoras

- O texto a ser lido pode ser adaptado de acordo com cada grupo, levando-se em consideração que não podem ser mensagens simples demais e nem muito difíceis;
- Esta dinâmica é bastante propícia para momentos em que o grupo esteja passando por dificuldades relacionais, "boatos" ou má interpretação do que é dito, tanto entre os participantes como entre participantes e facilitador(es).

Anotações

DESENHO A PARTIR DE INSTRUÇÕES

Objetivos

- Percepção de diferentes formas de comunicação (a comunicação participativa e a unilateral);
- Maior contato com a maneira pessoal de lidar com conflitos e com situações obscuras.

Indicação

- Grupo;
- Família.

Tempo de duração

- 5 minutos para explicações gerais;
- 20 minutos para instruções (1ª fase);
- 20 minutos para instruções (2ª fase);
- 15 minutos para discussão.

Material necessário

- Lápis e folha sulfite para cada participante. Folha com desenho apenas para o instrutor.
- Material de apoio ao facilitador: Modelo do desenho a ser executado

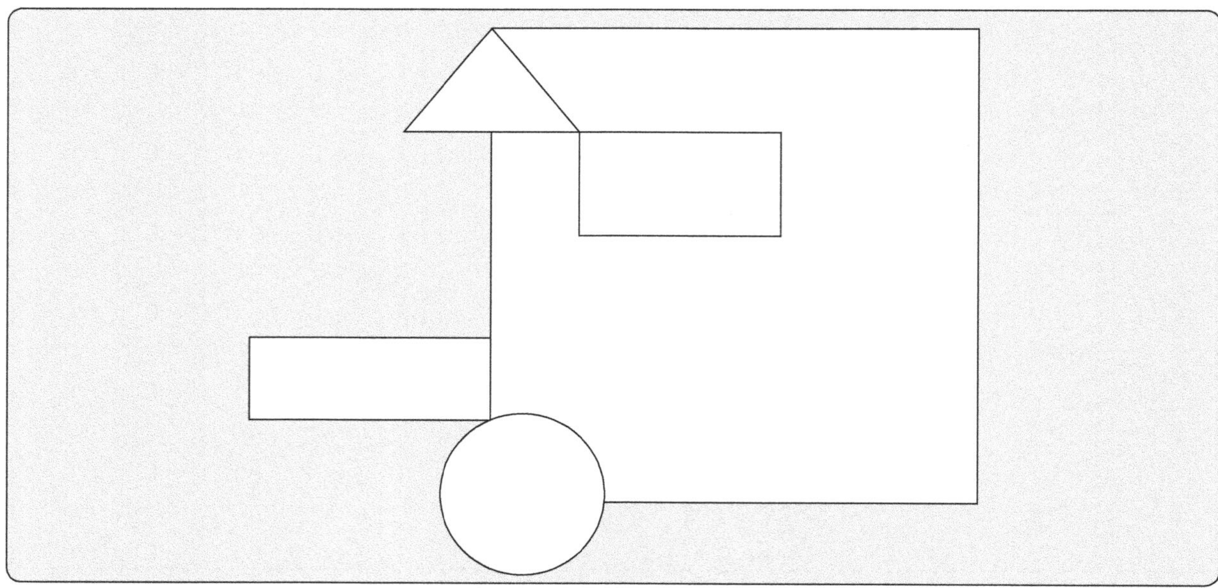

- Material de apoio ao facilitador: Instruções

> – Faça um triângulo de lados iguais na parte superior e central da folha, com a base medindo aproximadamente 5 centímetros.
> – Puxe uma reta para baixo, com cerca de 5 centímetros, a partir do meio da base do triângulo.
> – Começar um retângulo de aproximadamente 5 × 3 centímetros, a partir do final da reta para o lado esquerdo da folha.
> – No lado direito desse retângulo, desenhar um círculo como se estivesse preso à ponta do retângulo.
> – Volte para o triângulo acima e, na ponta direita da base, desenhe um quadrado, como se estivesse preso à ponta do triângulo.
> – A partir do vértice (ponta) superior do triângulo (parte central), puxe uma reta para a direita, medindo aproximadamente 6 centímetros.
> – No final dessa reta, puxe outra reta para baixo, até a altura do meio do círculo já desenhado.
> – Com outra reta, una essa linha ao círculo.

Procedimentos

- Distribuir uma folha e lápis a cada participante;
- Informar que o facilitador dará instruções ao grupo, referentes a um desenho que deverão fazer, individualmente;
- 1ª fase: informá-los que, nesse primeiro momento, não poderão fazer nenhum tipo de pergunta; deverão apenas desenhar conforme as instruções. Não é permitido também que troquem informações e nem mostrem seus desenhos aos colegas;
- Passar as instruções do desenho segundo o modelo a seguir. O facilitador não pode repetir as instruções e entre uma e outra deverá haver uma pausa de aproximadamente 30 segundos;
- Terminadas as instruções, pedir que virem a folha e entregar outra folha em branco para cada um;
- 2ª fase: repete-se o procedimento anterior, porém com modificação das normas, que passam a ser as seguintes: serão permitidas perguntas ao facilitador quanto às instruções, o qual deverá responder todas. O facilitador repetirá as instruções quantas vezes forem necessárias. Os participantes devem desenhar após compreensão do que é solicitado. Não podem mostrar os desenhos uns para os outros e devem fazer perguntas apenas ao facilitador;
- As instruções/explicações devem ser apenas orais;
- Terminado o desenho, solicitar que comparem o da primeira etapa com o da segunda e uns com os outros;
- Discutir sobre como se sentiram nas duas etapas, como reagiram, refletindo no que fica simbolizado em cada fase. A primeira representa o movimento das pessoas quando realizam coisas sem saber e sem refletir sobre o que estão fazendo. Na segunda fase, com a possibilidade de interação, a pessoa pode adquirir maior clareza nos seus atos.

Dicas das autoras

- O desenho pode ser modificado e deve ser adaptado ao nível de instrução dos participantes. Caso o entendimento intelectual seja baixo, sugere-se sejam desenhadas na lousa as figuras geométricas que serão utilizadas, de maneira aleatória; o desenho também pode ser simplificado, com menos etapas;
- É importante perceber o movimento do grupo, no sentido de irritabilidade, e agressividade quando as coisas fogem do controle: se os membros persistem e tentam acertar ou se desistem e tentam dispersar os colegas, entre vários outros aspectos importantes que a atividade traz à tona;
- É também interessante perceber e trabalhar o comportamento do grupo quando este tem a oportunidade de tirar dúvidas. É comum, mesmo com tal possibilidade, as pessoas se retraírem e fazerem as coisas cheias de dúvidas;
- O facilitador pode dar *feedback* do que percebeu durante a atividade.

Anotações

Pare

Objetivo

- Possibilitar maior espaço para que os participantes expressem de maneira menos defensiva e mais sincera o que estão sentindo ou pensando sobre determinado aspecto ou momento.

Indicação

- Grupo;
- Família.

Tempo de duração

- 10 minutos para escreverem o que estão pensando;
- 20 minutos para apresentarem e discutirem o que escreveram;
- 10 minutos para discussão e fechamento.

Material necessário

- Folhas sulfite e canetas.

Procedimentos

- Em um determinado momento da sessão, interrompê-la, solicitando que todos parem o que estão fazendo e escrevam rapidamente o que estão sentindo ou pensando naquele momento ou, de maneira mais específica, o que gostariam de falar para o grupo, para alguém em particular ou para o terapeuta;
- Sensibilizá-los para que fiquem à vontade e sejam sinceros, não se preocupando com o certo ou o errado no que vão escrever;
- Depois de escreverem, solicitar que contem ao grupo, para que possam discutir as questões que surgiram.

Dicas das autoras

- Esta atividade é bastante útil, principalmente em momentos nos quais o grupo apresenta questões "pendentes" que estão influenciando o comportamento das pessoas que, em contrapartida, não conversam abertamente sobre o que está acontecendo;
- O fator surpresa tende a produzir maior autenticidade ao que expõem. Podem também ser recolhidas as folhas escritas, sem se exigir identificação (para maior liberdade ao se expressarem) e lidas aleatoriamente;
- Pode-se solicitar que escrevam especificamente sobre determinado tema. Exemplos: abstinência gera qual sentimento; recaída faz pensar em quê, entre outros.

Anotações

Você é um bom ouvinte?

Objetivos

- Auxiliar na percepção da forma de interação pela possibilidade de se comunicar;
- Sensibilizar os participantes sobre a importância da empatia.

Indicação

- Grupo;
- Família.

Tempo de duração

- 5 minutos para explicações gerais;
- 15 minutos para exercício individual;
- 40 minutos para discussão.

Material necessário

- Folha de atividades com o questionário: Você é um bom ouvinte?

Você é um bom ouvinte[2]?

Assinale o número que corresponde à sua verdadeira ação para cada uma das frases. Não há certo nem errado, o importante é a reflexão sincera consigo mesmo.

	1 = Nunca	2 = Raramente	3 = Algumas vezes	4 = Sempre
1) Você permite que o outro se expresse sem interrompê-lo?	1	2	3	4
2) Você procura entender o sentido "por trás" das palavras que a pessoa está transmitindo?	1	2	3	4
3) Você se esforça para desenvolver sua habilidade em guardar as informações que a pessoa passou?	1	2	3	4
4) Você registra os detalhes mais importantes de uma conversa?	1	2	3	4
5) Ao relembrar um acontecimento qualquer, você procura localizar em sua mente os fatos mais importantes e as palavras-chave que realmente identificam aquele momento?	1	2	3	4

Você é um bom ouvinte[2]? (*continuação*)				
	1 = Nunca	**2 = Raramente**	**3 = Algumas vezes**	**4 = Sempre**
6) Você repete, para a pessoa com quem está conversando, detalhes essenciais da conversa antes que ela chegue ao fim, visando confirmar o que foi entendido?	1	2	3	4
7) Quando em conversa com uma pessoa, você tenta não imaginar a resposta dela sem que esta tenha expressado toda sua ideia?	1	2	3	4
8) Você evita tornar-se hostil ou agitado quando o ponto de vista da pessoa com quem conversa é diferente do seu?	1	2	3	4
9) Você ignora o que acontece ao redor quando está conversando?	1	2	3	4
10) Você sente e transmite interesse verdadeiro e respeito pelo que o outro está dizendo?	1	2	3	4

Procedimentos

- Explicar a atividade informando a importância de refletirem sobre os aspectos que serão transmitidos, para que os possam classificar de forma real e sincera;
- Entregar a folha com o questionário a cada participante;
- Informar o tempo que terão para o exercício;
- Depois de respondido, solicitar que somem os valores, contando as notas assinaladas;
- Abrir à discussão, a fim de dizerem se os resultados estão coerentes ou não com o que pensavam (imagem de si como ouvinte);
- Reforçar que a comunicação é um aspecto com grandes possibilidades de mudança e que, para isso, é importante uma visão mais real de como lidam com ele;
- Refletir sobre os benefícios da melhora na comunicação e a importância de ser empático.

Dicas das autoras

- Os resultados podem ser avaliados seguindo as instruções abaixo:
  - 31 ou mais pontos: você é um bom ouvinte, no sentido de despertar confiança e saber captar as ideias das pessoas com quem se comunica;
  - De 21 a 30 pontos: você tem certa facilidade de comunicação, parece tentar se esforçar para interagir e entender o que lhe dizem, apesar de, algumas vezes, apresentar dificuldades nesse processo;
  - De 11 a 20 pontos: você apresenta, várias vezes, dificuldade em ouvir com maior interação o que lhe dizem, demonstrando necessidade de mudanças para que possa ouvir com mais disponibilidade o que lhe passam;
  - Abaixo de 10 pontos: provavelmente, grande parte das mensagens que lhe transmitem sofre interferências fortes de seu ponto de vista, o que faz com que possam ser deturpadas, ficando diferentes da intenção inicial. É muito importante praticar a escuta.
- O questionário pode ser aplicado sem que, necessariamente, se utilize a contagem de pontos;
- Auxiliar pessoas com dificuldade de escrita;
- Esta atividade é mais indicada para grupos em que as pessoas estejam em abstinência há algum tempo.

Anotações

Comunicação não verbal

Objetivos

- Conscientizá-los da importância da comunicação não verbal nos processos comportamentais;
- Promover maior percepção sobre a comunicação dos sentimentos e emoções por meio dos gestos e da postura corporal e dessa influência nas reações das pessoas.

Indicação

- Grupo;
- Família.

Tempo de duração

- 5 minutos para explicações gerais;
- 15 minutos para representação;
- 40 minutos para discussão.

Material necessário

- Papeletas com a descrição do que será representado;
- Sugestões de papéis:

– Representar uma pessoa desanimada;
– Representar uma pessoa insegura;
– Representar uma pessoa com raiva;
– Representar uma pessoa preocupada;
– Representar uma pessoa que está fazendo algo escondido.

Procedimentos

- Informar que cada participante (ou um número "x" de voluntários) receberá uma papeleta onde estará escrito o que deverá ser representado;
- O grupo deverá descobrir o que a pessoa está transmitindo por intermédio de sua postura, não podendo ser utilizada a fala, apenas postura corporal e expressão facial;
- Entregar as papeletas aleatoriamente;
- Após todos terem representado, refletir sobre a atividade, relacionando com questões como: formas de comunicação; o quanto é perceptível a comunicação verbal contraditória à não verbal e os sentimentos que isso produz, entre outros aspectos pertinentes.

Dicas das autoras

- Os papéis podem ser adaptados de acordo com a necessidade;
- O facilitador pode decidir se é melhor que todos representem ou que alguns voluntários representem apenas situações mais pertinentes ao grupo.

Anotações

Como estou me comunicando

Objetivo

- Auxiliar no processo de mudança que envolve entraves por dificuldade de comunicação entre as pessoas.

Indicação

- Grupo;
- Família;
- Individual;
- Casal.

Tempo de duração

- 5 minutos para explicações gerais;
- 20 minutos para responder as questões;
- 40 minutos para discussão.

Material necessário

- Lápis para cada participante;
- Folha de atividades: Como estou me comunicando?

Como estou me comunicando?

Citar 3 pessoas com quem a comunicação acontece de maneira construtiva:

Quem é a pessoa?	O que faz com que nos comuniquemos bem?	Como esta pessoa se dirige a mim?	Como me dirijo a ela?

Citar 3 pessoas com quem a comunicação acontece de maneira ruim:

Quem é a pessoa?	Por que nos comunicamos tão mal?	Como esta pessoa se dirige a mim?	Como me dirijo a ela?	Como posso melhorar?

Procedimentos

- Sensibilizá-los quanto à importância da atividade, no sentido de pensar sobre como estão se relacionando com pessoas significativas, influenciadas pelo tipo de comunicação estabelecida;
- Pedir que respondam as questões da forma mais consciente e verdadeira possível;
- Informar o tempo que terão para isso;
- Após o tempo estipulado, solicitar que comentem o que responderam, refletindo com eles de maneira participativa, sobre o conteúdo abordado e o quanto podem manter ou melhorar o quadro atual.

Dicas das autoras

- Auxiliar as pessoas com dificuldade de escrita;
- Explorar bem a questão na hora da exposição, dando *feedbacks* sobre o que é percebido ou conhecido, que faça parte do processo terapêutico para cada cliente;
- Os itens podem ser modificados de acordo com outras questões. O maior objetivo destas é facilitar a discussão sobre as dificuldades encontradas pelos clientes no processo.

Anotações

FALE SEM PARAR

Objetivos

- Possibilitar o treino da escuta e do reforço da comunicação entre pares;
- Auxiliar o participante a desenvolver melhor condição de observação naquilo que procura transmitir a outra pessoa.

Indicação

- Grupo;
- Casal;
- Família.

Tempo de duração

- 5 minutos para instruções gerais, dando como exemplo a atividade entre um participante e o facilitador do grupo;
- 10 minutos de fala sem parar e sem interrupção de um membro (enquanto por 10 minutos o outro membro da dupla permanece apenas ouvindo, sem fazer qualquer pergunta ou interrupção);
- 10 minutos para repetir a atividade com a dupla trocada (o que falou passa a ficar no lugar de ouvir);
- Ocupar o tempo restante para levantar reflexões e explorar o que foi aprendido por meio da dinâmica.

Material necessário

- Nenhum.

Procedimentos

- Iniciar a atividade explicando que questões de comunicação sempre estão presentes em qualquer tipo de relação;
- Exemplificar a atividade se for preciso e apontar a importância de cada membro se auto-observar durante a aplicação da dinâmica;
- Após os 20 minutos da atividade principal, abrir para discussão com o grupo, o casal ou a família envolvida.

Anotações

JOGO DO "QUEM SOU EU?"

Objetivos

- Promover o lúdico, dando a possibilidade dos participantes se descontraírem;
- Explorar a percepção dos membros entre si ou na família por meio de recursos não verbais;
- Possibilitar uma atividade coletiva.

Indicação

- Grupo;
- Família.

Tempo de duração

- 5 minutos para instruções gerais, dando como exemplo a atividade entre um participante e o facilitador do grupo;
- 5 minutos para preparar o material e definir qual será o tema central do "quem sou eu": animais ou personagens;
- 25 minutos para a aplicação da atividade;
- 25 minutos para discussão.

Material necessário

- Ficha contendo nomes de animais, para serem recortados, como o exemplo a seguir:

Morcego	Cobra	Cavalo	Coelho
Borboleta	Coruja	Bode	Golfinho
Pássaro	Zebra	Vaca	Tubarão

Procedimentos

- Iniciar a atividade com a definição dada pelo grupo ou família sobre o tema que conduzirá o "quem sou eu";
- Já com o material recortado, explique aos participantes que todos estarão lendo qual animal (ou personagem) o membro interpreta e que, no entanto, ele (o membro) é o único que não sabe;
- O papel deverá estar colado na testa do integrante;
- A cada rodada, o integrante poderá fazer ao grupo uma pergunta que o ajude a descobrir qual é o animal referido. Uma única pessoa do grupo pode responder, ou, se todos concordarem, todos podem dar alguma resposta;

- O importante é que haja a promoção do lúdico, por isso, vale ressaltar que o que está em questão é a partilha da brincadeira;
- Conforme o participante descobre seu animal, pode seguir na atividade auxiliando outros membros a desvendarem seus papéis;
- Finalize com a discussão, explorando as reflexões de cada um e a relação de cada animal com o respectivo membro.

Dicas das autoras

- Há momentos da terapia de grupo ou do atendimento familiar em que é preciso elevar o lúdico entre os participantes, mas geralmente um grupo de membros jovens, ou famílias com crianças pequenas também podem se beneficiar desta atividade;
- Caso os membros tenham outras ideias que complementem a atividade, aceite-as.

Anotações

Vou falar disso... para não falar daquilo

Objetivos

- Propiciar ao facilitador e ao cliente que circulem assuntos que não são falados;
- Levantar temas e conteúdos que precisem ser trabalhados.

Indicação

- Família;
- Casal.

Tempo de duração

- 5 minutos para introduzir a atividade;
- 40 minutos para todos participarem;
- 15 minutos de discussão e interpretação dos temas apresentados.

Material necessário

- Nenhum.

Procedimentos

- Fazer um círculo com todos os participantes;
- Um dos participantes inicia dizendo: "Vou falar de X (um assunto qualquer) para não falar de Y (outro assunto)";
- A pessoa seguinte na roda segue dizendo: "Vou falar de Y (o último assunto falado) para não falar de Z (um novo assunto)";
- Conforme nomeiam os temas, o facilitador escreve no *flip-chart* cada um. Após todos terem dito, abre-se para discussão dos temas expressos.

Dicas das autoras

- Pode-se usar uma vela, das bem pequenas e finas. A pessoa que estiver falando segura a vela acesa e, se não terminar de falar antes de terminada a vela, será o protagonista para trabalhar o conteúdo de que falou. Essa hipótese acrescenta um nível extra de ansiedade e só deve ser usada em grupos terapêuticos ou famílias que estejam realmente envolvidos no processo terapêutico;
- Deve-se fazer circular, no mínimo, três vezes na roda. Caso aconteça de algum membro não querer participar, ou não ter nada a dizer, é indicado que este seja respeitado, mas no final abrir para pensarem juntos sobre sua escolha.

Anotações

O QUE FAZER E O QUE NÃO FAZER

Objetivos

- Explorar as condições comunicacionais de cada participante;
- Proporcionar a reflexão de cada um quanto ao que e como conseguem se comunicar com outros.

Indicação

- Grupo;
- Família.

Tempo de duração

- 5 minutos para introduzir a atividade;
- 40 minutos para todos participarem;
- 15 minutos de discussão.

Material necessário

- Folhas A4 e lápis;
- Conteúdo do material didático quanto ao que fazer e o que não fazer exposto no *flip-chart*;
- Material de apoio para o facilitador: O que fazer e o que não fazer

O que fazer e o que não fazer

Fazer

1. Usar afirmativas do tipo "*eu*".
2. Assumir a responsabilidade pelos próprios sentimentos.
3. Dizer como se sente em relação a algo que seu(sua) parceiro(a) tenha feito: "Senti.......... quando você..............".
4. Expressar sentimentos negativos com palavras e não com ações.
5. Discutir um assunto por vez.
6. Mostrar respeito.
7. Trabalhar em conjunto para resolver problemas.

Não fazer

a. Acusar: "Você............".

b. Culpar o(a) parceiro(a), familiar ou amigo pelo seu próprio estado de espírito.

c. Dizer "você nunca..............." ou "você sempre...............".

d. Gritar, insultar ou ofender o(a) parceiro(a).

e. Usar gestos ou tom de voz com irritação.

f. Ameaçar com violência ou separação/divórcio.

g. Trazer à tona o passado e outros assuntos.

h. Tentar "ganhar" a discussão ou "punir" o(a) parceiro(a).

i. Dar apelidos ao(à) parceiro(a).

j. Fugir passivamente.

Procedimentos

- Colocar no *flip-chart* ou em folha impressa para cada participante as regras do que fazer e do que não fazer frente à comunicação;
- Pedir que cada participante escreva quais aspectos de ambos os quadros têm o costume de fazer ao se comunicar;
- Após todos terem escrito, abra a discussão entre todos do grupo.

Anotações

Ouvir e compreender

Objetivos

- Explorar condições comunicacionais de cada participante;
- Proporcionar a reflexão de cada um em relação às formas que apresentam quanto ao comunicar-se.

Indicação

- Grupo;
- Família;
- Casal.

Tempo de duração

- 5 minutos para introdução da atividade;
- 40 minutos para todos, em dupla participarem;
- 15 minutos de discussão.

Material necessário

- Material de apoio ao facilitador: Como ouvir e como se expressar

Como ouvir e como se expressar

1. Ouvir:

- O ouvinte repete e verifica a precisão da mensagem recebida do falante:

O que ouvi você falando foi .... É isso mesmo?

- O facilitador explica e representa a atividade de ouvir.
- Cada pessoa pratica a parte do ouvinte enquanto o facilitador monitora.
- Depois, o facilitador explica a regra e representa a atividade de "ouvir compreendendo".

2. Compreensão:

- O ouvinte confirma que a ideia do falante tem sentido:

Tem sentido você sentir .... , *pois eu entendo que* .... (e mostra empatia): *Isso deve fazer você se sentir* ....

- Cada pessoa pratica o ouvir com compreensão enquanto o facilitador monitora.
- Ao final do exercício, abra para uma discussão de fechamento e proponha que a mesma tarefa seja feita em casa com algum familiar.

Procedimentos

- Pedir para o grupo formar duplas e cada participante terá 2 minutos para falar sem parar, qualquer tema que seja sobre sua vontade de usar alguma substância ou beber;
- Enquanto isso, coloque no *flip-chart* as regras sobre como ouvir e como se expressar.

Anotações

Planejamento para ampliar a comunicação

Objetivos

- Ampliar recursos para uma comunicação saudável entre participantes;
- Reforçar as habilidades de comunicação de cada um fora das sessões terapêuticas.

Indicação

- Grupo;
- Casal;
- Família.

Tempo de duração

- 5 minutos para a introdução;
- 5 minutos para ler as regras da atividade;
- 30 minutos para todos os participantes executarem a atividade;
- 20 minutos para discussão, explorando o que cada membro concluiu de seu grau de comunicação e compreensão com o outro.

Material necessário

- TV, celular, redes sociais e impresso.

Planejamento para ampliar a comunicação
• Sentem-se um diante do outro. Planejem hora e lugar antecipadamente, para garantir privacidade; não admitam distrações, tal como televisão etc. • Marquem de 5 a 15 minutos. • Escolham um tópico neutro ou positivo. • Trabalhem em conjunto, alternando quem falará e quem ouvirá. Decidam quem começa como falante e quem será o ouvinte. • O falante deve ser breve (duas ou três sentenças). • O ouvinte não deve responder ao falante, exceto para fazer perguntas pertinentes. • Prestem atenção específica à linguagem corporal, ao tom de voz e a filtros; evite a síndrome do "falar e não escutar".

Procedimentos

- Explicar a importância do planejamento para uma comunicação ocorrer de modo positivo e eficaz. Para isso, apresentar um treino em que cada membro dê plena atenção ao outro quando estiver aplicando a atividade;
- Pedir para formarem duplas e entregar a folha impressa contendo as regras (material de apoio para o facilitador – figura anterior);
- Aplicar a atividade depois das instruções e fazer com que cada par a repita de forma completa;
- Após todos terem concluído a atividade, abrir para discussão.

Anotações

Comunicando os sentimentos

Objetivos

- Ampliar as habilidades de comunicação de cada participante.

Indicação

- Grupo;
- Casal;
- Família.

Tempo de duração

- 5 minutos para a introdução;
- 5 minutos para ler as regras da atividade;
- 30 minutos para todos os participantes executarem a atividade;
- 20 minutos para discussão, explorando o que cada membro concluiu de seu grau de comunicação e compreensão com o outro.

Material necessário

- Folha de atividades: Expressão direta de sentimentos

Expressão direta de sentimentos

Expressão direta de sentimentos usando mensagens com "eu":

Eu sinto ______________________________ (emoção) quando você __________ ____ (atitude).

Eu sinto ______________________________ (emoção) quando você __________ ____________________ (atitude), porque ____________________ ______________________________ (razão específica).

Eu sinto ______________________________ (emoção) quando você __________ ____________________ (atitude), porque ____________________ (razão específica) e isto me faz pensar ______________________________ ____

Eu sinto ______________________________ (emoção) quando você ____________
______________________ (atitude), porque ______________________________
______________________________________ (razão específica) e isto me faz
pensar ______________________________ e acabo então sentindo ____________
____

Procedimentos

- A prática deste exercício é o treino pelo uso de mensagens que comecem com "eu";
- Os(As) parceiros(as) devem usar a fórmula simples mostrada na figura anterior;
- Pede-se que cada um preencha a folha de atividades. Importante notar que, na medida em que cada sentença é preenchida, a comunicação torna-se mais elaborada;
- Ao final, pedir para todos compartilharem a atividade e estimulá-los a levarem para casa e assim praticarem com um familiar escolhido.

Anotações

FLAGREM SEU(SUA) AMIGO(A) (PARCEIRO[A]) FAZENDO ALGO BACANA

Objetivos

- Identificar atitudes carinhosas entre parceiros(as), amigos(as) e próximos(as);
- Estimular a melhora das atitudes carinhosas em um relacionamento;
- Expressar de modo mais afetivo aquilo que reconhecem receber do outro.

Indicação

- Casal;
- Grupo;
- Família.

Tempo de duração

- 5 minutos para a introdução;
- 10 minutos para ler as regras da atividade;
- 30 minutos para todos os participantes executarem a atividade em duplas;
- 15 minutos para discussão, explorando o que cada membro concluiu de seu grau de comunicação e afetividade.

Material necessário

- Duas folhas de atividades:

1. Atividade

Dia	Período	Atitude carinhosa

2. Atividade			
Dia	Período	Atitude carinhosa	Diga*

* Marque X no local do "diga" se tiver dito ao(à) parceiro(a) que gostou da atitude adotada nesse dia.

Procedimentos

- O facilitador entregará as duas folhas de atividades explicando a importância do treino para resgatar a comunicação afetiva, principalmente pelo fato de as relações, ao longo do processo de tratamento e/ou dependência, se desgastarem;
- Pede-se que, em duplas (ou com o casal), cada um preencha a lista pelo menos com três atitudes recebidas ou observadas do par, as quais reconhecem ser positivas;
- Após três atitudes serem listadas, pede-se que um compartilhe com o outro de modo afetivo;
- Importante esclarecer todas as dúvidas e, uma vez que a aplicabilidade esteja clara, propor para o grupo (família ou casal) que ao longo da próxima semana façam este exercício em casa, observando atitudes positivas de seu par ou do familiar de escolha;
- Ressalte a importância de sair da sessão já com a escolha do par ou familiar definida. E a cada dia perceber, pelo menos, uma coisa bacana que seu(sua) parceiro(a) fez e anotá-la, pois sempre é possível observar uma *atitude carinhosa* – mesmo que não veja seu(sua) parceiro(a) ou par de escolha o dia inteiro;
- Em um segundo momento, a continuidade desta tarefa será completar a lista e compartilhar o que foi observado, daí o nome: *flagre e diga*. A cada dia, perceba uma coisa bacana que seu(sua) parceiro(a) fez e a anote. Depois, diga ao(à) parceiro(a) que gostou do que ele(a) fez e como você se sentiu.

Dica das autoras

- Ao fazer a tarefa em casa, o tempo será maior para observar as atitudes positivas do par, por isso, é indicado que sejam listadas mais de três atitudes.

Relato com barulho

Objetivos

- Identificar os elementos que dificultam a comunicação;
- Favorecer a comunicação entre os participantes;
- Exercitar a atenção e o saber ouvir no processo da comunicação.

Indicação

- Grupo.

Tempo de duração

- 5 minutos para apresentação da atividade;
- 5 minutos para divisão dos dois grupos e entrega do texto;
- 15 minutos para execução da atividade de fazer barulho e perturbação;
- 5 minutos para o primeiro relato de um participante;
- 20 minutos para outros depoimentos e fechamento.

Material necessário

- Material de apoio ao facilitador: texto Não deixe ninguém estragar seu dia!

Não deixe ninguém estragar seu dia!

O colunista Sydney Harris acompanhava um amigo à banca de jornal.

O amigo cumprimentou o jornaleiro amavelmente, mas, como retorno, recebeu um tratamento rude e grosseiro.

Pegando o jornal que foi atirado em sua direção, o amigo de Sydney sorriu atenciosamente e desejou ao jornaleiro um bom final de semana.

Quando os dois amigos desciam pela rua, o colunista perguntou:

- Ele sempre lhe trata com tanta grosseria?
- Sim, infelizmente é sempre assim.
- E você é sempre tão atencioso e amável com ele?
- Sim, sou.
- Por que você é tão educado, já que ele é tão rude com você?
- Porque não quero que ele decida como eu devo agir.

Nós somos nossos "próprios donos".

Não devemos nos curvar diante de qualquer vento que sopra, nem estar à mercê do mau humor, da mesquinharia, da impaciência e da raiva dos outros.

Não são os ambientes que nos transformam, e sim nós que transformamos os ambientes.

Os tristes acham que o vento geme.

Os alegres e cheios de espírito afirmam que ele canta.

O mundo é como um espelho, devolve a cada pessoa o reflexo de seus próprios pensamentos.

A maneira como você encara a vida faz toda a diferença.

Procedimentos

- O facilitador forma dois grupos (A e B) e entrega um texto para análise e discussão ao grupo A;
- Em particular, sem que o grupo A escute, orienta-se os componentes do grupo B a tumultuarem a sala, fazendo barulho, e a perturbarem a atenção do grupo A;
- Em seguida, o facilitador informa que voltem ao grande grupo e solicita a um voluntário que relate um fato ocorrido durante a atividade;
- Pede-se que cada um relate os sentimentos surgidos nas suas situações.

Dica das autoras

- Explore situações semelhantes no dia a dia dos participantes ao longo dos depoimentos.

Anotações

O MENININHO

Objetivos

- Mostrar a importância de ensinar a alguém os cuidados que devemos tomar para não tolhermos a criatividade do outro;
- Explorar situações em que os participantes possam ter sido impedidos de desenvolver sua criatividade.

Indicação

- Grupo;
- Individual.

Tempo de duração

- 5 minutos para introduzir a atividade;
- 10 minutos para a leitura do texto;
- 30 minutos para discussão e fechamento.

Material necessário

- Material de apoio ao facilitador: O menininho

O menininho[2]

Era uma vez um menininho. Ele era bastante pequeno. Sua escola era grande.

Mas quando o menininho descobriu que podia ir à sua sala caminhando pela porta da rua, ele ficou feliz.

E a escola não parecia tão grande quanto antes.

Uma manhã, quando o menininho estava na escola, a professora disse:

"– Hoje nós temos que fazer um desenho."

"– Que bom", pensou o menininho. Ele gostava de fazer desenhos.

Ele podia fazê-los de todos os tipos: leões, tigres, galinhas, vacas, trens e barcos. Ele pegou sua caixa de lápis e começou a desenhar. Mas a professora disse:

"– Espere, ainda não é hora de começar."

O menininho[2] (*continuação*)

E ela esperou até que todos estivessem prontos.

"– Agora", disse a professora, "nós iremos desenhar flores".

"– Que bom", pensou o menininho. Ele gostava de desenhar flores e começou a desenhar flores com lápis rosa, laranja e azul. Mas a professora disse:

"– Esperem, vou mostrar como fazer."

E a flor era vermelha de caule verde.

"– Assim", disse a professora. "– Agora podem começar."

Então ele olhou para sua flor. Ele gostava mais da sua flor, mas não podia dizer isso. Ele virou o papel e desenhou uma flor igual à da professora – uma flor vermelha com o caule verde.

No outro dia, quando estavam em aula ao ar livre, a professora disse: "– Hoje iremos fazer alguma coisa com o barro."

"– Que bom", pensou o menininho. Ele gostava de barro.

Ele pensou que podia fazer todos os tipos de coisas com o barro: elefante, camundongos, carros e caminhões. Ele começou a amassar a bola, mas a professora disse:

"– Esperem, não é hora de começar."

Ela esperou que todos estivessem prontos.

"– Agora nós iremos fazer um prato."

"– Que bom", pensou o menininho, ele gostava de fazer pratos de todas as formas e tamanhos.

A professora disse: "– Esperem, eu vou mostrar como se faz."

E ela mostrou a todos como fazer um prato fundo.

"– Assim" – disse a professora – "agora vocês podem começar."

O menininho olhou para o seu prato. Ele gostava mais do seu prato do que do da professora, mas ele não podia dizer isso. Ele amassou seu barro em uma grande bola novamente e fez um prato igual ao da professora. Era um prato fundo. E muito cedo o menininho aprendeu a esperar e olhar e a fazer as coisas exatamente como a professora.

E muito cedo ele não fazia mais as coisas por si próprio.

Foi então que o menininho e a família se mudaram para outra casa, em outra cidade, e o menininho tinha que ir para outra escola. Esta escola era ainda maior que a primeira. E não havia porta para sua sala, pois ele tinha que subir degraus até ela.

E no primeiro dia a professora estava lá e disse:

"– Hoje nós vamos fazer um desenho."

"– Que bom", pensou o menininho – e ele esperou que a professora dissesse o que fazer, mas a professora não disse nada. Ela apenas andava na sala, veio até o menino e disse:

"– Você não quer desenhar?"

"– Sim", disse o menino – "mas o que vamos desenhar?"

"– Eu não sei até que você faça" – disse a professora.

(*continua*)

O menininho[2] (*continuação*)

"– E de que cor?" – perguntou o menininho.

"– Se todo mundo fizer o mesmo desenho e usar as mesmas cores, como eu posso saber quem fez o quê e qual o desenho de casa um?"

"– Eu não sei", disse o menininho.

E começou a desenhar uma flor vermelha de caule verde.

Procedimentos

- Solicitar a leitura de um texto;
- Reforce que será importante a atenção de todos;
- Peça para algum participante ler o texto em voz alta;
- Explore a importância do "aprender é tão importante quanto a forma como se aprende";
- Leve-os a refletir sobre o quanto é possível aprender a arriscar, termos nossas expressões e permitir que os outros se expressem, pois sem isso não nos conheceremos. A criatividade vem do treino e da liberdade de se colocar.

Dica das autoras

- Estabelecer um paralelo de que a aprendizagem pode ser construtiva e destrutiva, relacionando o uso de álcool, tabaco e outras drogas.

Anotações

978-85-4120-168-1

Nota: ANDRADE, S. G. **Teoria e prática de dinâmica de grupo.** São Paulo: Casa do Psicólogo, 1999.

REFERÊNCIA BIBLIOGRÁFICA

1. O'FARREL, T. J.; FALS-STEWART, W. **Terapia comportamental de casais para dependência de álcool e abuso de substâncias.** São Paulo: Roca, 2011.
2. ANDRADE, S. G. **Teoria e prática de dinâmica de grupo.** São Paulo: Casa do Psicólogo, 1999.
3. ROSSET, S. M. **123 Técnicas de psicoterapia relacional sistêmica.** 4. ed. Curitiba: Sol, 2010.

LEITURA COMPLEMENTAR

COSTA, E. P. **Técnicas de dinâmica – Facilitando o trabalho com grupos.** 4. ed. Rio de Janeiro: Wak, 2007.

PARTE 3

DINÂMICAS PARA POPULAÇÕES ESPECÍFICAS

SEÇÃO 9

Família e casal

ROBERTA PAYÁ
NELIANA BUZI FIGLIE

Na complexidade da dependência química, encontramos a família como uma das esferas de suma importância para o sentido de sua etiologia. Atualmente, é bem estabelecido o quanto as relações familiares e a dinâmica do meio familiar como um todo podem contribuir para um cenário protetor, ou ainda colaborar para um contexto de riscos e vulnerabilidades[1].

Os primeiros facilitadores de família beneficiaram-se das técnicas da terapia de grupo porque, antes de qualquer coisa, as famílias são grupos. E, não por acaso, durante um longo tempo o modelo de terapia de grupo foi uma das abordagens mais amplamente usadas no tratamento de famílias.

Os objetivos de tratar os grupos familiares são, resumidamente, promover a individuação dos membros, melhorar seus relacionamentos, proporcionar o resgate da autonomia de cada membro e da família e, fundamentalmente, oferecer encorajamento para as mudanças[2].

A psicoterapia familiar na área da dependência química vem se desenvolvendo paralelamente à própria história da terapia familiar, mais especificamente há mais de 50 anos. Muitos estudos, de diferentes referenciais teóricos, ressaltam a importância da família, tanto na prevenção quanto no tratamento dos dependentes químicos, reforçando a visão da dependência química como um fenômeno que atinge não apenas o indivíduo, mas toda a família.

Com o objetivo de expandir os recursos necessários para explorar o tipo de suporte dado aos familiares, esta seção foi ampliada totalizando 20 dinâmicas que instrumentalizam facilitadores a conduzirem grupos ou sessões familiares. Temas como a valorização do convívio familiar, a promoção de um funcionamento familiar saudável, a retomada da afetividade e da confiança entre os membros e outros são apresentados a seguir.

Como as substâncias afetam a sua família?

Objetivo

- Identificar e lidar com os problemas familiares causados pela bebida.

Indicação

- Grupo;
- Família;
- Casal.

Tempo de duração

- 5 minutos para explicações gerais;
- 20 minutos para identificação de problemas;
- 20 minutos para discutir formas de lidar com os problemas;
- 35 minutos para exposição e discussão.

978-85-4120-168-1

Material necessário

- *Flip-chart*.

Procedimentos

- Mostrar ao grupo que muitas consequências da bebida ou do uso de drogas podem trazer para os familiares sentimentos de decepção, desconfiança e desesperança;
- Pergunte aos membros em quais situações, como usuários, perceberam haver realmente magoado seus familiares;
- Verifique quem ainda se vê agindo da mesma forma e proponha uma discussão com o grupo sobre como mudar e o que fazer;
- Anote no quadro o familiar e a atitude deste que mais afeta o paciente, para que possa identificá-la e saber como lidar durante a reflexão com o grupo.

Dica das autoras

- Esta dinâmica pode ser trabalhada em grupos de familiares, bem como em psicoterapia familiar.

Anotações

Como a família pode ser seu gatilho?

Objetivo

- Proporcionar aos familiares o reconhecimento de atitudes que corroboram situações de risco para o dependente químico.

Indicação

- Grupo;
- Família.

Tempo de duração

- 5 minutos para explicações gerais;
- 15 minutos para identificação de situações difíceis de serem compreendidas e encaradas;
- 15 minutos para explorar as situações entre as famílias, bem como os recursos para o enfrentamento;
- 25 minutos para exposição e discussão.

Material necessário

- *Flip-chart*.

Procedimentos

- Pedir que cada um pense sobre quais atitudes e de quais familiares sentem mais e têm maior dificuldade em lidar e compreender. Para facilitar, peça para escreverem sobre essas atitudes;
- Anotar no *flip-chart* o familiar e a atitude que mais incomodam o participante;
- Refletir com o grupo quais as situações semelhantes em cada família e explorar meios para criar recursos de enfrentamento;
- Identificar com o grupo como cada membro reage ao comportamento dos respectivos familiares, para que assim reconheçam situações de gatilho dentro de casa.

Dica das autoras

- Esta dinâmica pode ser aplicada para a prevenção da recaída em grupos de dependentes químicos.

Anotações

Expectativas a Serem Atingidas ao Longo do Ano

Objetivos

- Possibilitar que os membros observem os desejos e as expectativas de cada familiar em relação à melhora do convívio;
- Analisar o envolvimento de cada membro em relação ao dependente químico/ usuário na família.

Indicação

- Família;
- Casal.

Tempo de duração

- 5 minutos para explicações gerais;
- 20 minutos para expressão de expectativas e desejos em relação ao tratamento;
- 15 minutos para elucidação de metas, pelo facilitador;
- 20 minutos para exposição e discussão.

Material necessário

- Folhas sulfite e canetas.

Procedimentos

- Solicitar que cada um expresse seus desejos e expectativas em relação ao tratamento;
- Após o relato de cada um, caberá ao facilitador elucidar o que é possível oferecer em termos de apoio e metas, para que cada membro compreenda mais claramente a terapia;
- Concluir perguntando a cada membro, o que ele acredita ser possível acontecer a partir da mudança desejada.

Dicas das autoras

- Caso esta dinâmica seja oferecida em grupo de famílias, é indicado controlar o tempo para cada familiar, permitindo um tempo final ao facilitador para clarificar a proposta do tratamento e apresentar o contrato do grupo;
- A dinâmica pode ser efetuada em início ou término de tratamento ou, ainda, no final de ano.

Anotações

Genograma – Exploração da história familiar

Objetivos

- Explorar a história familiar por intermédio da estrutura das gerações que antecedem o ciclo de vida atual da família;
- Levantar os padrões de comportamento ou fatos familiares que se repetem ainda no momento do núcleo em tratamento, para que todos possam compreender a presença do álcool e/ou das drogas entre as gerações.

Indicação

- Família;
- Casal;
- Individual.

Tempo de duração

- 5 minutos para explicações gerais;
- 30 minutos para realização do genograma;
- 25 minutos para exposição e discussão.

Material necessário

- *Flip-chart*.
- Material de apoio ao facilitador: Símbolos usados no genograma

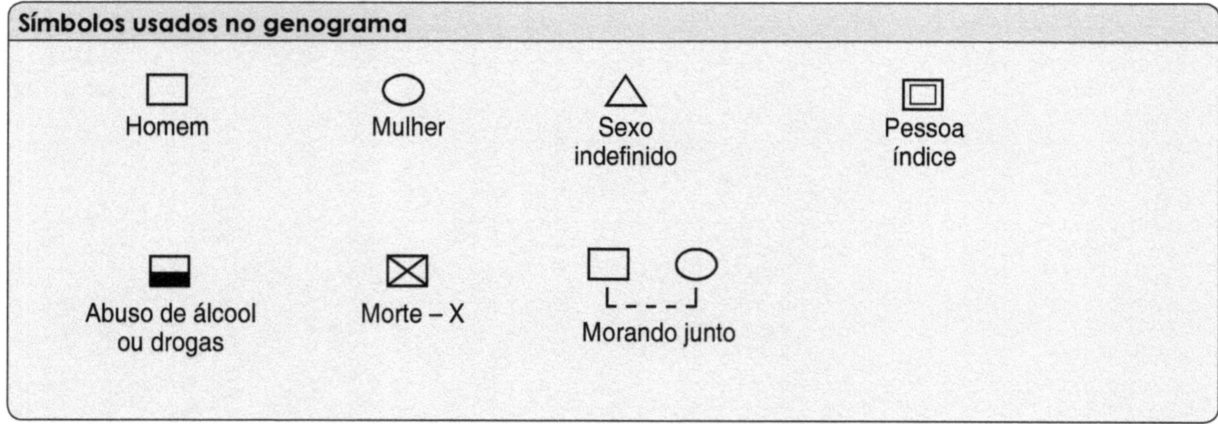

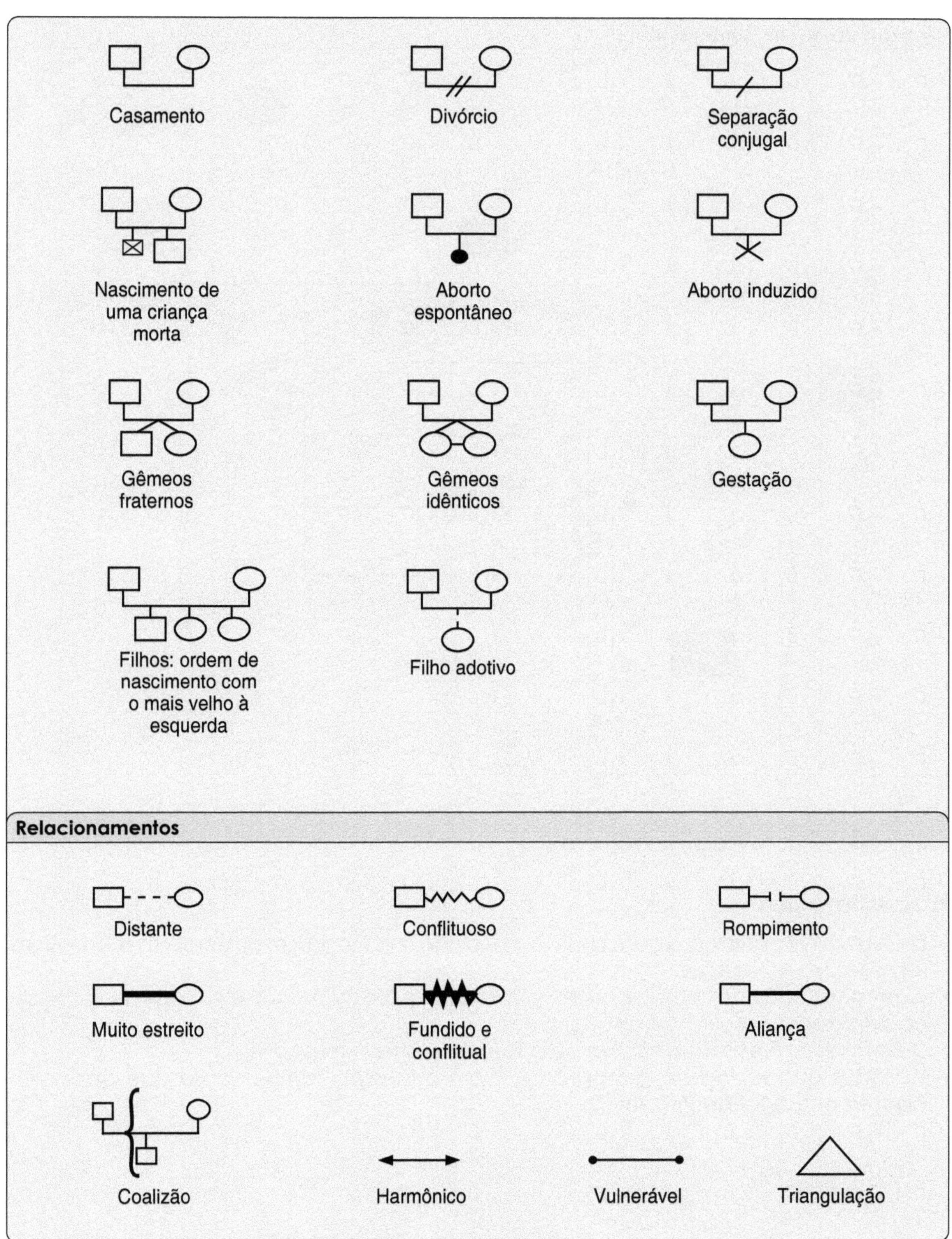

Todo instrumento familiar deve considerar a população LGBTQIAPN+.

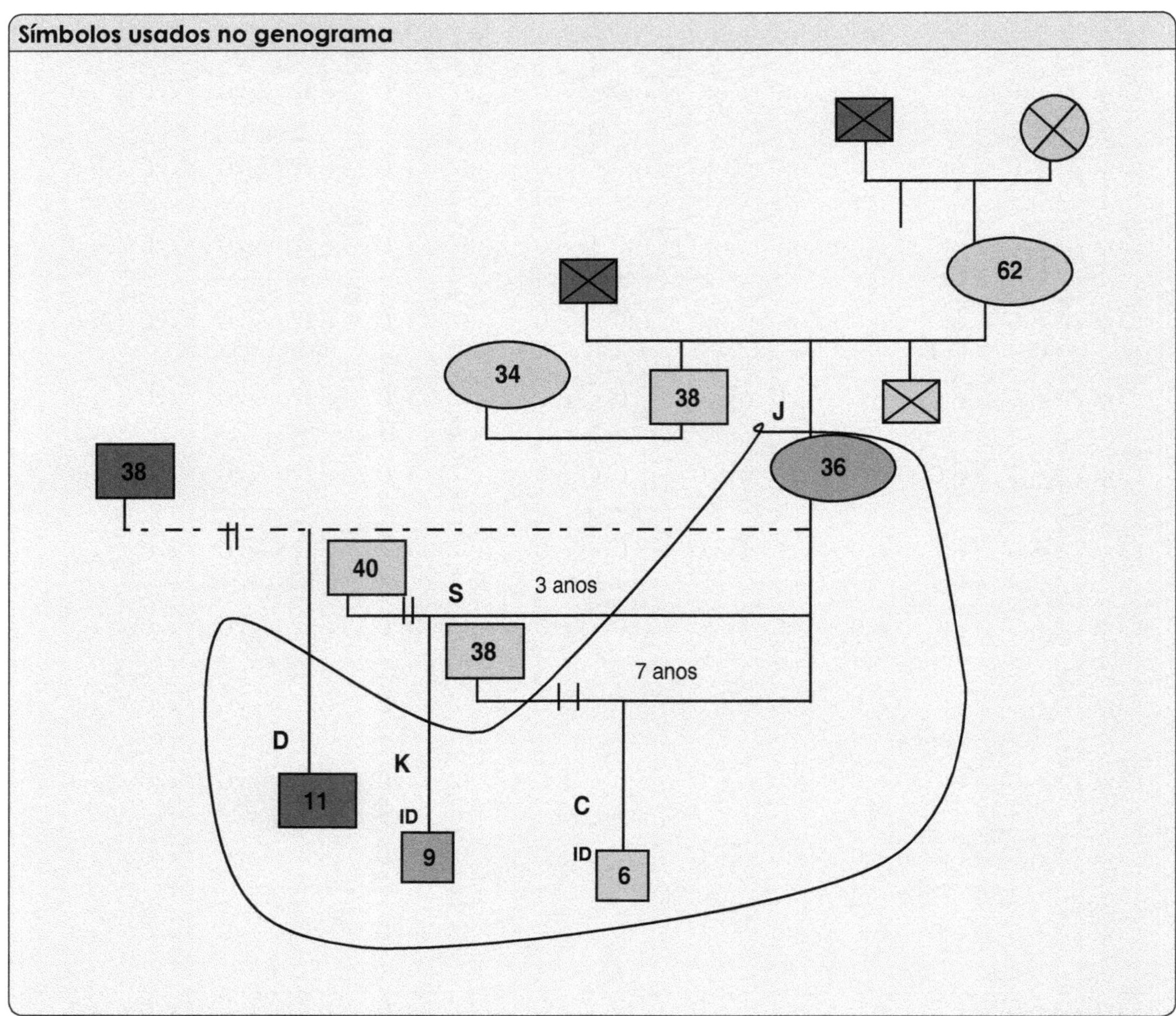

Modelo com três gerações para investigação do abuso.

Procedimentos

- Desenhar na cartolina o genograma da família, iniciando pelos membros mais jovens e presentes na sessão;
- Com perguntas aos participantes, explorar as características e as semelhanças de cada pessoa descrita no genograma;
- Desenvolver a estrutura *família* pelo menos em três gerações;
- Após ter obtido todo o genograma, abrir discussão familiar para que cada um aponte o que foi analisado.

Dicas das autoras

- O facilitador não deve, em hipótese alguma, interpretar a estrutura familiar. O objetivo é procurar recolher dados semelhantes entre os comportamentos dos membros;
- Explore padrões de consumo ou abuso entre as gerações de cada sistema familiar;
- Configurações e símbolos do genograma são continuamente atualizados. Links de ensino na Internet são indicados.

Anotações

DESENHO COLETIVO DA MORADIA/RECONHECIMENTO DO ESPAÇO FAMILIAR

Objetivos

- Avaliar as fronteiras familiares por meio do desenho elaborado em conjunto pelos membros da família;
- Verificar possíveis parcerias, proximidade e distanciamento entre os membros, conforme divisão esboçada no desenho.

Indicação

- Família;
- Casal.

Tempo de duração

- 30 minutos para cada membro selecionar cor de caneta e desenhar o ambiente em que circula em seu lar;
- 30 minutos para discussão da estrutura observada.

Material necessário

- Duas cartolinas soltas e conjunto de canetinhas.

Procedimentos

- Explicar que, nas cartolinas, os participantes deverão desenhar a planta da casa. Cada membro escolhe uma cor;
- Pedir para preencherem individualmente a cartolina, desenhando os cômodos que utilizam, a fim de criarem, em conjunto, a planta da casa;
- Permitir que os familiares desenvolvam a planta sem se preocuparem com a qualidade do desenho;
- Depois da planta formada, checar parcerias observadas entre os familiares, proximidade e distanciamento entre os membros no convívio familiar, bem como divisão de espaço, atitudes dos familiares, relação de poder e outros sinais, iniciando pelo comentário de cada membro.

Dicas das autoras

- A dinâmica pode ser dividida em duas sessões e, além disso, é aconselhável que o facilitador não interfira durante o desenho. O uso das duas cartolinas é opcional, uma vez que os membros deverão decidir como o farão;
- Também pode ser aplicada aos adolescentes;
- Atividade favorável para famílias com crianças, adolescentes e guarda compartilhada.

Anotações

LINHA DO TEMPO FAMILIAR

Objetivos

- Mostrar para a família a ocorrência dos fatos, em uma sequência temporal;
- Ressaltar, a partir dos fatos escolhidos pela família, datas importantes e maiores informações;
- Pesquisar dados revelados na linha do tempo como subsídios para um diagnóstico familiar;
- Promover o reconhecimento de fatores estressantes na história familiar, bem como a ocorrência da dependência química de um ou mais membros.

Indicação

- Família;
- Casal;
- Individual;
- Casal.

Tempo de duração

- 5 minutos para explicações gerais;
- 25 minutos para realização da *linha do tempo familiar*;
- 30 minutos para discussão.

Material necessário

- Cartolina, fita adesiva e conjunto de canetas.

Procedimentos

- Unir as cartolinas, uma ao lado da outra. Traçar uma linha grande e explicar aos familiares que será feita a linha do tempo da família;
- Perguntar, em primeiro lugar, em que data começa a história da família (pode ser o casamento, ou anterior a isso; interessante verificar o marco elegido pela família);
- A partir daí, seguir colocando datas e fatos, observando se há concordância na importância dos acontecimentos entre membros, casal e subsistemas (pais e filhos);
- Abrir para discussão e pedir que observem quais são os marcos históricos identificados por eles e quais temas aparecem com maior evidência.

Dicas das autoras

- A linha do tempo pode ser aplicada com o genograma, quando determinado episódio merecer maior destaque;
- Dependendo do histórico familiar, é aconselhável aplicar a linha do tempo em duas sessões;
- A linha do tempo familiar e/ou pessoal pode ser associada à linha do tempo do histórico de uso e abuso, ou ainda ao percurso do histórico de tratamento.

Anotações

ESTÁGIOS DE MUDANÇA – O QUE A FAMÍLIA PRECISA ENTENDER

Objetivos

- Proporcionar informações necessárias aos familiares sobre a fase em que o dependente se encontra em relação à modificação do comportamento aditivo;
- Explicar que o processo de mudança exige fases e tempo para qualquer pessoa que almeje uma mudança de comportamento;
- Informar que a recaída se situa entre os estágios de mudança, sendo um fator previsível durante o tratamento, mas que ainda assim não o invalida;
- Possibilitar à família identificar o estágio de mudança em que o familiar se encontra, bem como discutir formas de atuação conforme a motivação do dependente.

Indicação

- Família;
- Grupo;
- Casal.

Tempo de duração

- 5 minutos para explicações gerais;
- 15 minutos para explicações sobre os *estágios de mudança;*
- 10 minutos para identificação do estágio de mudança em que o familiar se encontra;
- 30 minutos para discussão.

Material necessário

- *Flip-chart* e canetas.
- Material de apoio ao facilitador: Orientações gerais para a família – o que fazer em cada estágio

Orientações gerais para a família – o que fazer em cada estágio

- Pré-contemplação:
  - Cuidar-se.
  - Ter limites.
  - Procurar ajuda para saber lidar com o dependente químico.
- Contemplação:
  - Dar informações.
  - Oferecer ajuda e tratamento ao dependente químico.
- Preparação:
  - Auxiliar na modificação do comportamento.
  - Não correr o risco de oferecer vários tratamentos e atividades (exemplos: esportes, religião, trabalho, etc.).
  - Perguntar o que o dependente químico acha que pode ajudar na sua recuperação.
- Ação:
  - Embora a recaída pareça distante, ficar atento.
  - Reforçar ganhos com a modificação do comportamento de risco.

- Manutenção:
  - Fase mais fácil para a família.
  - A família precisa se preparar para a alta do tratamento. Para tal, é importante ter o aconselhamento dos profissionais e locais que acompanham o caso.
- Recaída (ênfase dada para que reflitam o quanto esta fase é fundamental para recaída de comportamentos familiares):
  - Não recair junto. Por exemplo: achar que todo o tratamento de nada adiantou.
  - Ao invés de criticar, oferecer ajuda no primeiro momento.
  - Reforçar a autoestima.
  - Levar para o tratamento.

Procedimentos

- Explicar os estágios de mudança (ver Seção 3 – Parte 2, p. 114);
- Durante a explicação, reforçar a previsibilidade da recaída;
- Pesquisar o parecer de cada familiar sobre em qual estágio o dependente se encontra;
- Orientar sobre como agir com o usuário, conforme o estágio em que se encontra (ver orientações gerais para a família em *Dicas das autoras*);
- Explorar onde cada familiar se situa quanto à sua própria motivação.

Dicas das autoras

- Caso esta dinâmica seja aplicada em grupo de familiares, é indicado que todos participem;
- Caso seja dirigida a uma família, é indicado que o facilitador permita ao dependente químico se expressar, bem como otimizar o quadro levantado pelos familiares, uma vez que os estágios refletem mudança.

Anotações

Feridas familiares

Objetivos

- Levantar experiências emocionais vividas pelos membros da família em relação à dependência e às consequências do usuário;
- Capacitar cada familiar ao reconhecimento das sensações comuns entre os membros, para que possa ampliar o entendimento do funcionamento da família.

Indicação

- Família;
- Grupo;
- Casal.

Tempo de duração

- 5 minutos para explicações gerais;
- 25 minutos para exploração do quadro descrito a seguir;
- 30 minutos para discussão.

Material necessário

- Quadro e canetas;
- Material de apoio ao facilitador: Feridas familiares: reações típicas de familiares frente a dependência química

Feridas familiares: reações típicas de familiares frente a dependência química	
Sensação de muita tensão antes das brigas ou discussões	Sentindo-se frequentemente mal humorado ou queixando-se das coisas de casa
Hábito de intensificar a percepção do que está acontecendo com o membro dependente do que em relação a si próprio	Sensação de desesperança: nada vai mudar
Sensação de estar completamente envolvido com os problemas do dependente químico, sentindo ou reagindo como ele	Acreditando que será incapaz de ser feliz
Necessidade de sempre estar cuidando de alguém	Acreditando que não valerá a pena construir uma família
Sentindo raiva de um dos pais quando os vê discutindo com o dependente químico	Sentindo-se impotente

Sentindo-se menos importante do que a droga utilizada pelo dependente químico em relação à atenção da família.	Sentindo raiva ou ódio do familiar dependente
Sentindo que ninguém o quer ouvir ou compreender	Sentindo culpa ou vergonha pela dependência química presente na família
Sentindo-se sozinha(o)	Outros:

Procedimentos

- Iniciar a sessão explicando aos familiares que enquanto o usuário sente emoções diversas decorrentes de seu comportamento, ou em relação à própria família, cada membro também passa por situações de sofrimento e isolamento;
- Informar a importância de cada familiar refletir sobre as reações mais típicas que costumam sentir com a figura a seguir;
- A partir dos itens selecionados pelos familiares, pedir para os participantes refletirem sobre as sensações em comum;
- Pedir para cada um eleger a experiência pela qual não quer mais passar;
- Considerando a experiência elegida, questionar como será possível se protegerem ou impedirem que o mal-estar da experiência se repita, chamando a atenção para o exercício de sua própria autonomia;
- No final, o facilitador intensifica a importância do tratamento, uma vez que os familiares também se sentem afetados pelos conflitos.

Dicas das autoras

- Caso a dinâmica seja aplicada em psicoterapia familiar, é favorável que o membro dependente possa argumentar e expor seus sentimentos em relação aos comentários dos familiares;
- O facilitador deve ficar atento, porque é muito comum o familiar não dependente pautar-se na abstinência para sua proteção. Neste momento, é importante estimular sua autonomia, independente do cenário de uso.

Anotações

Gestos de amor – O que você pode fazer pela sua família?

Objetivos

- Proporcionar aos membros o reconhecimento das atitudes ou gestos que cada um é capaz de oferecer a toda a família;
- Explorar os sentimentos de carinho e de cuidado entre os membros, uma vez que a presença da droga gera situações adversas aos sentimentos de afeto.

Indicação

- Grupo;
- Família;
- Casal.

Tempo de duração

- 5 minutos para explicações gerais;
- 25 minutos para exploração do quadro descrito a seguir;
- 30 minutos para discussão.

Material necessário

- *Flip-chart* e canetas;
- Material de apoio ao facilitador: O que você pode fazer pela sua família?

O que você pode fazer pela sua família?

- Acordar à noite para cuidar de algum familiar.
- Deixar de ir a uma festa ou evento devido ao pedido do familiar que está triste ou com problemas.
- Não medir esforços no trabalho para melhorar a condição financeira de casa.
- Dividir seu quarto com um familiar mais idoso a pedido da família.
- Emprestar dinheiro de sua economia para pais/filhos.
- Guardar o segredo que aquele familiar lhe pediu.
- Acompanhar o familiar dependente ao tratamento.
- Participar da psicoterapia familiar para encontrar meios de superar os problemas da família.
- Pela família, ir à festa do tio sem estar com vontade.
- Dedicar as manhãs de sábados a arrumar a casa.
- Defender o familiar dependente quando sabe que este não foi culpado pelo desentendimento que ocorreu.
- Outros: ____________________

____

____

____

Procedimentos

- Iniciar a sessão explicando que, muitas vezes, em nome da família é necessário abrir mão de algum desejo ou de algo que precisaria fazer;
- A partir daí, indagar a cada membro o que poderia fazer, ou o que já foi feito, em nome de seus familiares, conforme a figura anterior, além dos exemplos que poderão surgir;
- No final, refletir com os membros presentes sobre atitudes ou gestos feitos por alguém e o que cada um pode reconhecer a partir do observado;
- Concluir, com os familiares, como todos podem ter o lado afetivo presente, uma vez que reconheçam ou que permitam espaço para tal.

Dica das autoras

- Esta dinâmica pode ser aplicada na sessão seguinte à dinâmica "feridas familiares".

Anotações

Comunicação familiar: Cinco coisas que quero lhe dizer

Objetivos

- Proporcionar aos membros a ampliação da comunicação, pois com as crises a comunicação fica prejudicada;
- Estimular os familiares a exercitarem gestos de gratidão e carinho, pois estes gestos são facilmente diminuídos sob a pressão das brigas constantes;
- Proporcionar a cada familiar um meio de amenizar o comportamento de defesa diante de crises familiares.

Indicação

- Família;
- Casal.

Tempo de duração

- 5 minutos para explicações gerais;
- 20 minutos para exploração da figura;
- 35 minutos para discussão.

Material necessário

- *Flip-chart* e canetas;
- Folha de atividades: Cinco coisas que eu gostaria de ouvir da minha família

Cinco coisas que eu gostaria de ouvir da minha família
1 –
2 –
3 –
4 –
5 –

Procedimentos

- Iniciar a sessão explicando a importância da troca de palavras carinhosas entre os membros;
- Dizer o quanto cada um precisa de reconhecimento e atenção por meio de palavras ou gestos que expressem a comunicação;
- Dar exemplos de frases, como "muito obrigado", "gostei de ter recebido sua ligação", "que bom que você está aqui", para que cada um comece a pensar no que gostaria ou poderia dizer para alguém da família;
- O quadro ou papel de cada membro deve ser preenchido como o modelo da figura anterior;
- Após o preenchimento, solicitar que cada familiar diga de quem especificamente gostaria de ouvi-las.

Dica das autoras

- Nesta dinâmica, os participantes podem, em vez de pedir cinco coisas que gostariam de ouvir, sugerir "cinco coisas que poderiam dizer".

Anotações

Minha culpa, meu perdão – Maneiras de reconhecer os próprios erros

Objetivos

- Permitir que cada membro da família possa reconhecer seus erros e falhas, bem como se desculpar por eles;
- Praticar atos de desculpas, como forma de minimizar a tensão e a responsabilidade que geralmente o dependente químico é obrigado a assumir.

Indicação

- Família;
- Grupo.

Tempo de duração

- 5 minutos para explicações gerais;
- 35 minutos para exploração da culpa e do perdão;
- 20 minutos para discussão.

Material necessário

- *Flip-chart*, papel sulfite e canetas.

Procedimentos

- Entregar uma folha a cada familiar;
- Pedir que cada um pense em algum ato cometido recentemente, ou no passado, contra outro membro;
- Em seguida, solicitar que procurem uma forma de se desculpar (se ainda não o fizeram) com aquele que foi provocado;
- Após cada membro ter citado uma falha e criado um meio de pedir desculpas, solicitar que pensem em outra situação pela qual haviam sido culpados;
- Posteriormente, solicitar a indicação de uma pessoa da família favorável a admitir uma falha e se desculpar.

Anotações

Minha qualidade, meu defeito

Objetivos

- Permitir que cada membro perceba como os outros da família o veem, a partir de um defeito e uma qualidade;
- Oferecer espaço terapêutico para que cada um avalie o outro familiar não apenas pelo prisma negativo, principalmente se a relação familiar com o dependente estiver desgastada.

Indicação

- Família;
- Grupo.

Tempo de duração

- 5 minutos para explicações gerais;
- 25 minutos para exploração das qualidades e dos defeitos;
- 20 minutos para discussão.

Material necessário

- *Flip-chart* e canetas.

Procedimentos

- Divida o *flip-chart* em duas colunas: Qualidade e Defeito;
- Peça para cada membro dizer uma ou mais qualidades e um ou mais defeitos de seus familiares;
- No final, abrir espaço para comentários sobre como se sentem frente à opinião dos outros membros.

Dica das autoras

- A exploração de qualidades e defeitos pode ser em folhas individuais, em caso de famílias muito agressivas.

Anotações

Retrospectiva do Tratamento Familiar

Objetivos

- Levantar autoavaliação de cada membro em relação ao tratamento, ao relacionamento e à postura na família e ao campo pessoal;
- Possibilitar condições para que todos visualizem as mudanças atingidas durante o período de tratamento, bem como na dinâmica familiar.

Indicação

- Grupo;
- Família;
- Casal.

Tempo de duração

- 5 minutos para explicações gerais;
- 25 minutos para avaliação;
- 30 minutos para discussão.

Material necessário

- *Flip-chart* e canetas.

Procedimentos

- Pedir que cada um se autoavalie em três áreas:

  - Tratamento.
  - Família.
  - Pessoal.

- Depois de cada participante ter respondido, pedir para avaliarem o que ainda desejam mudar ou o que sentem ser importante.

Dicas das autoras

- Esta dinâmica pode ser feita a cada seis meses de tratamento, ou quando o facilitador sentir certa desmotivação entre os membros, como forma de serem estimulados a reconhecer pequenas mudanças;
- O facilitador pode inserir outras áreas de importância para a família, como por exemplo: trabalho, cuidado com os filhos, religião, etc.

Anotações

EXPECTATIVAS SOBRE O TRATAMENTO FAMILIAR

Objetivos

- Levantar, de cada participante, o que deseja atingir durante o período de tratamento em relação às queixas apresentadas;
- Oferecer a cada membro condições de saber o que as outras pessoas da família esperam, como forma de estimular a comunicação entre eles;
- Para o facilitador, obter material referente aos desejos realizáveis ou não de cada membro.

Indicação

- Família;
- Grupo.

Tempo de duração

- 5 minutos para explicações gerais;
- 25 minutos para exploração das expectativas sobre o tratamento familiar;
- 20 minutos para discussão.

Material necessário

- *Flip-chart* e canetas.

Procedimentos

- Pedir para cada um dizer o que espera do tratamento e o que almeja alcançar para o bem da família;
- Após relato das expectativas, pedir que digam o que será preciso acontecer para os respectivos desejos se realizarem. Por exemplo: pai – "Gostaria que meu filho arrumasse um emprego. Para isso acontecer acho que poderia acompanhá-lo a algumas entrevistas de trabalho, como forma de apoiá-lo";
- Repetir tal questionamento com todos;
- No final, fechar com o parecer do facilitador, esclarecendo o que será possível ou não acontecer, como forma de prepará-los para o período de tratamento.

Dica das autoras

- Esta dinâmica é recomendada nas primeiras sessões de terapia, após entrevistas iniciais.

Anotações

Lembranças do passado

Objetivos

- Propiciar a partilha de sentimentos dentro da família;
- Auxiliar o facilitador a perceber a forma de comunicação dentro da família/grupo e como ela trata as diferentes situações.

Indicação

- Grupo;
- Família;
- Casal.

Tempo de duração

- 5 minutos para introduzir a atividade;
- 5 minutos para todos escolherem as formas coloridas na caixa;
- 40 minutos para todos expressarem suas escolhas;
- 10 minutos para discussão.

Material necessário

- Caixa contendo recortes de papéis variados que envolvam figuras representativas de situações de vida pessoal, familiar, qualidade de vida e sentimentos.
- As figuras podem ter formas e cores diversas. Elas representarão momentos, marcos ou sentimentos que os familiares irão definir.

Procedimentos

- Cada um escolhe, de dentro da caixa, uma quantidade de figuras correspondente aos membros que formam a família;
- Em seguida, usando uma figura para cada membro, peça para cada um relatar o momento de felicidade que ocorreu com este membro no passado;
- Cada um fala por vez sobre as figuras e os sentimentos;
- Dependendo do que está sendo trabalhado, pode ser pedido um momento de mágoa, um de intimidade, etc.;
- Pedir que cada membro escolha uma figura que represente um momento de felicidade e um momento de mágoa;
- No final, abrir para reflexões entre todos.

Dicas das autoras

- É favorável questionar cada membro sobre o que percebeu acerca de seu padrão de comunicação, se houve críticas ou elogios, sobre o que consideram ser situações fáceis ou difíceis e como lidam com isso;
- Também é possível explorar como cada um acredita que receberia mais tranquilamente o *feedback* do outro.

Anotações

Eu gostaria...

Objetivos

- Auxiliar o facilitador a enxergar o padrão de funcionamento do sistema;
- Trazer à tona as questões relacionais que não estão sendo clareadas e trabalhadas;
- Explicitar aos participantes o padrão de suas escolhas.

Indicação

- Família;
- Grupo.

Tempo de duração

- 5 minutos para introduzir a atividade;
- 5 minutos para todos escolherem a pessoa indicada ao exercício;
- 40 minutos para todos expressarem suas escolhas e compartilharem quem e o porquê do que foi elegido;
- 10 minutos para discussão.

Material necessário

- Papel e caneta.
- Folha de atividades:

– Eu gostaria de estudar com ______________________________
– Eu gostaria de passear com ______________________________
– Eu gostaria de conversar com ______________________________
– Eu gostaria de compartilhar com ______________________________
– Eu gostaria de trabalhar com ______________________________
– Outros______________________________

Procedimentos

- Escolha o nome de uma pessoa do grupo ou da família para completar cada uma das frases;
- O conteúdo e o número das frases devem ser organizados em função da realidade do grupo e do que se deseja trabalhar;
- Assim que todos completarem as listas, cada um lê a sua para o grupo e, a partir das situações expressas, as questões serão trabalhadas.

Dicas das autoras

- Os temas mais comuns que aparecem são: dificuldade de assumir escolhas, receio de magoar, sentimentos com relação a rejeição, etc. Por isso, é importante explorar se a pessoa escolhida (presente no grupo ou da família) por cada um tenha real disponibilidade para ver tais dificuldades;
- O que fazer se alguém não for escolhido? Não importa o conteúdo das escolhas, mas sim os padrões que aparecem; é neles que se deve concentrar e trabalhar.

Anotações

PARA LIMPAR AS MÁGOAS

Objetivos

- Possibilitar aos familiares desprenderem-se do passado e visualizarem o futuro;
- Simbolizar o desejo dos participantes de abrir mão das questões que impedem o processo funcional da relação.

Indicação

- Família;
- Casal.

Tempo de duração

- 5 minutos para introduzir a atividade;
- 40 minutos para todos escreveram nas listas;
- 15 minutos para discussão.

Material necessário

- Papel, lápis, envelope.

Procedimentos

- Entregar folha e caneta aos participantes;
- Listar, individualmente, todas as mágoas que cada um tem em relação ao outro – é importante que um não possa ver o que o outro escreveu;
- Permitir que sejam mágoas relacionadas com abuso e dependência de substância e com os comportamentos associados a isso que também produziram sentimentos negativos entre eles;
- No final, peça para colocarem tudo em um envelope;
- O facilitador ritualiza dizendo: "Eu vou lacrar e quero que enterrem em um lugar que não costumam frequentar, sem olhar o que tem dentro do envelope, mentalizando que estão deixando para trás o passado".

Dicas das autoras

- Pode-se pedir que, individualmente, os participantes enviem com antecedência as listas (caso tenham feito em casa). Assim, o facilitador coloca em um envelope lacrado e um cônjuge não vai sequer ver a lista do outro. Essa estratégia é útil quando se prevê que o montante de mágoas listadas por cada um é muito diferente;
- Caso queriam compartilhar o que escreveram, o facilitador deve discutir com todos a pertinência para a terapia e a disponibilidade real para fazer a tarefa. É importante compreenderem que é uma tarefa ritual, que tem a função de encerrar o "jogo sem fim" em que estão envolvidos e que mais importante do que o conteúdo das mágoas é o exercício de se desfazer do álibi que as mágoas dão;
- Caso discutam a respeito das mágoas ao longo da sessão, o facilitador deve refletir com eles sobre a dificuldade que têm de abrir mão de usar as mágoas passadas como uma arma mantenedora da discussão.

Anotações

Álbum da Vida

Objetivo

- Possibilitar ao cliente trazer à consciência elementos que ajudem a clarificar questões não entendidas até o momento.

Indicação

- Família;
- Casal;
- Individual.

Tempo de duração

- 5 minutos para introduzir a atividade;
- 20 minutos para todos apresentarem suas fotos escolhidas;
- 35 minutos para discussão dos momentos familiares de todos serem compartilhados e explorados como possíveis momentos futuros, uma vez que trabalhem para tal desfecho positivo.

Material necessário

- Fotografias.

Procedimentos

- O facilitador deve pedir, com uma semana de antecedência, aos participantes que tragam para a próxima sessão uma série de 10 fotografias, tiradas ao longo da sua vida;
- Com família: solicitar que cada um traga uma fotografia de um momento marcante, para si, na família. Pedir que a família em conjunto escolha 10 fotografias que contenham sua história e pedir que os membros tragam a fotografia que mais os emociona ou que melhor representa a família;
- Com casal: pedir que os(as) parceiros(as) escolham, juntos, 10 fotografias das várias etapas do relacionamento. Solicitar que escolham juntos 10 fotografias que contem sua história; solicitar que cada um traga cinco fotografias, nas quais apareçam, ou esteja representado de algum modo o que acham que é importante em um relacionamento; pedir para cada um trazer uma série pessoal e juntar as fotografias na sessão;
- Após a seleção, abre-se a conversa para todos compartilharem o porquê de cada fotografia escolhida, o momento pelo qual passavam referente à fotografia apresentada e o que representa tal imagem para todos;

- Pode-se também sugerir que todos reflitam sobre o que precisa acontecer novamente na vida familiar para resgatarem alguns dos momentos levantados por todos de modo saudoso.

Dicas das autoras

- Pedir fotografias da família, de relacionamentos, da vida social e da vida profissional;
- Como sugestão, pode-se pedir fotocópias coloridas das fotografias escolhidas e solicitar que façam uma montagem com recorte e colagem, conforme o objetivo da sessão;
- Ao pedir as fotografias, o facilitador deve ter clareza do objetivo, pois é isso que definirá o trabalho a ser feito a seguir.

Anotações

O QUE É UM CASAL?

Objetivos

- Auxiliar os participantes a identificar suas crenças e valores referentes a casamentos e relacionamentos a dois;
- Propiciar ao facilitador e ao casal identificarem ambivalências, concordâncias e rigidez presentes no relacionamento conjugal.

Indicação

- Casal;
- Grupo.

Tempo de duração

- 5 minutos para introduzir a atividade;
- 30 minutos para todos preencherem as perguntas;
- 25 minutos para discussão, na qual o facilitador deve ampliar as reflexões de cada um com perguntas, explorando os detalhes de cada conteúdo expresso entre os membros do casal.

Material necessário

- Papel e lápis.
- Material de apoio ao facilitador:

> – O que é um casal?
> – Por que um casal fica junto?
> – Quais são os casais felizes e infelizes que foram marcantes pra você?
> – Por que eles foram marcantes pra você?

Procedimentos

- Cada um deve refletir e escrever um pequeno parágrafo sobre cada uma das questões apresentadas.
- Após todos terem escrito suas impressões, o facilitador abre para uma discussão coletiva.

Dicas das autoras

- Pode-se solicitar que o casal explicite as questões anteriores por meio de outros materiais, como dobradura, modelagem, etc.;
- Quando se aplica essa técnica, é importante o facilitador ter consciência de que podem aparecer valores muito diferentes entre o casal. Se isso acontecer, deve-se trabalhar na sessão as dificuldades que surgem a partir dessas diferenças, salientando que as pessoas não precisam pensar de forma igual, mas é interessante encontrar estratégias para aceitar e respeitar as diferenças e aproveitá-las como oportunidade de crescimento.

Anotações

978-85-4120-168-1

Anotações

REFERÊNCIAS BIBLIOGRÁFICAS

1. PAYÁ, R. et al. **O intercâmbio das psicoterapias.** 2. ed. Rio de Janeiro: Roca, 2017.
2. NICHOLS, M. P.; SCHWARTZ, R. C. **Terapia familiar: conceitos e métodos.** 3. ed. Porto Alegre: Artmed, 1998.
3. ROSSET, S. M. **123 técnicas de psicoterapia relacional sistêmica.** 4. ed. Curitiba: Sol, 2010.

SEÇÃO 10

Adolescentes e o abuso de álcool e substâncias ilícitas

MARIA EVELINE CASCARDO RAMOS
MARIA APARECIDA PENSO

A adolescência é uma etapa da vida repleta de mudanças, na qual ocorrem rápidas, reais e significativas transformações físicas, psíquicas e sociais, gerando no adolescente crises impregnadas de instabilidade emocional.

No decorrer da construção de uma identidade, questões pessoais e questões que emergem a partir da convivência do grupo podem gerar interferências na vida do adolescente. Neste contexto, surge o uso de álcool, tabaco e outras drogas. Infelizmente, tornou-se evidente, nos últimos anos, o início cada vez mais precoce do uso de álcool, tabaco e outras drogas. Tal precocidade é um fator de predição do abuso e da dependência dessas substâncias, embora seja verdadeiro que muitos adolescentes usuários não evoluam para um quadro de uso nocivo ou dependência.

Na adolescência, quando a busca da identidade está associada à escassez de recursos psicológicos, quanto mais cedo ocorrer a experimentação de drogas, maior será o risco de evolução para um quadro abusivo ou até dependente. Nessa etapa, os danos decorrentes do abuso tornam-se evidentes (problemas psíquicos do adolescente, conflitos familiares, escolares e sociais) e cuidados especiais se fazem necessários.

A proposta desta seção é apresentar exercícios e jogos que, por si, levem os adolescentes a identificar situações, pensar nelas e no papel de cada um nas relações que estabelecem, a partir de seu próprio envolvimento nos trabalhos e dos sentimentos que experimentam durante o jogo; possibilitem o desenvolvimento da capacidade de crítica; e instiguem o grupo a criar situações que permitam a transformação mediada pelo reconhecimento de possibilidades que não conseguiam identificar.

As colocações e discussões de participantes adolescentes em atividades de grupo são em si elementos para a identificação de suas fantasias e projeções e permitem, ainda, que o facilitador reconheça as posições que esta faixa etária tem diante da vida. A atuação do facilitador é fundamental para fazer com que as tarefas fluam e as reflexões sejam profícuas. Cabe a ele facilitar, a cada um e ao grupo, essas identificações e percepções. Se isso não for feito, o exercício se perde na galeria das brincadeiras, sem efeito terapêutico algum.

Apresentação e integração do grupo

Objetivos

- Descontrair os adolescentes na fase inicial da terapia de grupo;
- Promover integração lúdica entre os membros.

Indicação

- Grupo.

Tempo de duração

- 5 minutos para explicações gerais;
- 30 minutos para o exercício;
- 15 minutos para finalização.

Material necessário

- Nenhum.

978-85-4120-168-1

Procedimentos

- No primeiro momento, sem que as pessoas se conheçam, os adolescentes apresentam aquele que está à sua esquerda (ou à sua direita, tanto faz) com o que a sua fantasia ditar;
- Pede-se que falem a respeito do outro, da forma que o facilitador possa imaginar, por exemplo: se estuda ou não estuda, em que ano está, se mora com os pais, se trabalha, se tem namorada(o), se tem filho(a), por qual time torce, enfim, o que imaginar sobre o outro;
- Explicar que não há compromisso com a verdade, pois ninguém se conhece ainda (mas todos costumam se divertir com o que evoca na imaginação do outro);
- Apenas depois que todos forem apresentados é que se pedirá a cada um que diga o que coincidiu e o que não tem a ver consigo. Nesta etapa, eles complementam com as informações corretas sobre si próprios, estimulados pelo terapeuta.

Anotações

Contrato para o trabalho grupal

Objetivos

- Elaborar um contrato em que todos se sintam seus criadores;
- Elevar a coesão entre os participantes por meio do contrato;
- Reforçar o bom funcionamento do grupo.

Indicação

- Grupo.

Tempo de duração

- 5 minutos para explicações gerais;
- 30 minutos para o exercício;
- 25 minutos para discussão.

Material necessário

- Folhas de papel pardo, pincel atômico e fita crepe.

Procedimentos

- O grupo precisa ser o autor do contrato para que este seja respeitado. Para isso, o facilitador do grupo vai explorando o que é importante para os adolescentes, individualmente e para o grupo, levando-os a registrar as regras em papel pardo grande que será colocado à vista em todos os encontros;
- Alguns pontos importantes que não podem faltar são:

> – A presença de todos aos encontros.
> – O tempo de tolerância para os atrasos.
> – A abstinência de álcool ou outras drogas no dia do encontro.
> – O respeito ao outro e ao local.

- Muitos outros pontos também precisam ser contratados e o profissional é o facilitador que vai estimular o grupo para fazê-los surgir;
- É importante que todos se sintam autores do que estiver escrito e responsáveis pelas regras que vão reger o funcionamento do grupo.

Dicas das autoras

- Em grupos abertos, o contrato deve ser apresentado a quem chegar pelos próprios adolescentes, que podem abrir para apreciação e, até, para algum acréscimo. O importante é que o novo elemento se sinta acolhido e pertencente a este grupo;
- Uma vez que as normas sejam elaboradas e validadas pelos adolescentes, haverá maior possibilidade de compromisso e colaboração de todos.

Anotações

ADOLESCENTE COM SUA FAMÍLIA

Objetivos

- Identificar os tipos de relação que os adolescentes mantêm com os familiares.

Indicação

- Individual;
- Grupo;
- Família.

Tempo de duração

- 20 minutos para o aquecimento;
- 30 minutos para desenhar a família do animal que cada um escolheu;
- 40 minutos para compartilhar as histórias.

Material necessário

- Folhas de papel A4, lápis e canetas hidrocor.
- Material de apoio ao facilitador:

> – Se eu fosse um meio de transporte, eu seria...
> – Se eu fosse uma estação do ano, eu seria...
> – Se eu fosse um animal, eu seria...

Procedimentos

- Para iniciar, aquecer os adolescentes para uma brincadeira *nonsense*, convidando-os a imaginar algumas situações impossíveis conforme Material de apoio ao facilitador;
- A cada situação, o facilitador do grupo provoca alguns comentários sobre as escolhas, mas o alvo é a última hipotetização: "se eu fosse um animal...", na qual se deve enfatizar com perguntas sobre a configuração da família deste animal, das relações estabelecidas por seus membros, até que estejam aquecidos para pensar sobre esta família que, na verdade, é a sua própria, pois ele a escolheu para representá-lo;
- Após esse aquecimento, distribui-se uma folha de papel A4 para cada um e pede-se que coloquem/desenhem ali a família do animal, mostrem a relação que estabelecem e deem o maior número de informações sobre eles;
- Pede-se, ainda, que deem nomes para todos os parentes, digam como a família está hoje, qual o futuro que veem para cada pessoa e para esse núcleo familiar;
- Ao final, trabalham-se os conteúdos surgidos, compartilhando uns com os outros.

Anotações

Jogo da planta baixa

Objetivos

- Identificar os tipos de relação que os adolescentes mantêm com os familiares;
- Explorar o reconhecimento de quanto são próximos e/ou distantes de seus familiares;
- Promover a observação das relações que estabelecem com a família.

Indicação

- Individual;
- Grupo.

Tempo de duração

- 10 minutos para explicar a atividade;
- 40 minutos para que cada um desenhe a sua casa e coloque as pessoas que moram com ele;
- 40 para compartilhar com o grupo.

Material necessário

- Folhas de papel A4, lápis e canetas hidrocor.

Procedimentos

- O exercício consiste em pedir aos adolescentes que desenhem, com a maior proximidade possível do real, a planta de sua casa, colocando sala(s), quarto(s), cozinha, banheiro(s), varandas, quartos/construções externos, enfim, todos os cômodos que a casa possui, incluindo os espaços de lazer, como jardins, etc.;
- Após o desenho, pede-se que coloquem as pessoas nos cômodos onde costumam ficar, dizer com quem ficam, onde dormem, o tempo que cada um fica em casa e com quem;
- Em seguida, pedir a cada um que comente o seu desenho. Estimular ao máximo para que seja contada a sua história da casa;
- Explorar ao máximo sobre quem lhe faz companhia, quem o apoia, quais as pessoas em quem confia ou não, se acha que os outros confiam nele, sempre identificando as proximidades físicas nesta casa e relacionando-as com as afetivas/emocionais;
- Deve-se buscar as informações que forem necessárias para que essa pessoa se conheça e perceba o grau de proximidade com seus familiares.

Dica das autoras

- Recomenda-se que, em alguns casos, os adolescentes façam tantas casas quantas forem as mudanças significativas, desde que isso seja colocado por eles ou percebido pelo terapeuta.

Anotações

Relacionamento com a escola

Objetivos

- Identificar os tipos de relação que os adolescentes mantêm com a escola.

Indicação

- Individual;
- Grupo.

Tempo de duração

- 20 minutos para o aquecimento, no qual conversarão sobre a escola;
- 40 minutos para escrever nas tiras de papel os pontos positivos e negativos e o que a escola pode oferecer e colocá-las nas respectivas caixas;
- 30 para retirar os papéis das caixas discutir.

Material necessário

- Três caixas de papel-cartão ou cartolina, confeccionadas pelo facilitador do grupo ou compradas, de aproximadamente 15 cm por 15 cm;
- Tiras de papel de aproximadamente 3 cm por 10 cm, em quantidade mínima superior a três vezes o número de adolescentes;
- Lápis ou canetas para todos.

Procedimentos

- O facilitador do grupo leva três caixas de papel-cartão ou cartolina, criadas por ele ou compradas;
- Para começar a atividade, aquece os adolescentes conversando sobre a escola, acolhendo as ideias dos adolescentes sobre esta e incluindo as queixas e as reclamações;
- Após essa conversa, distribuem-se pequenos papéis (de 3 cm por 10 cm) e pede-se para que escrevam, em cada papel, *algo que acham positivo na escola* – se quiserem escrever várias coisas, devem fazê-lo em papéis diferentes;
- O facilitador oferece a primeira caixa para que coloquem seus papéis, dobrados, dentro dela. Em seguida, distribui mais papéis e pede que escrevam *o que acham negativo na escola* e oferece a segunda caixa para colocarem seus papéis. Por fim, distribui mais papéis para quem precisar e pede que escrevam *aquilo que só a escola pode nos dar*. Procede-se da mesma forma, oferecendo a terceira caixa;
- O facilitador pede, então, que cada um tire um papel de cada caixa e inicia-se uma rodada de reflexões sobre o seu conteúdo, fazendo com que tudo que foi apontado nas três caixas seja discutido;
- Como o objetivo é fazer com que os adolescentes descubram o valor do conhecimento e da escola para a vida adulta e para a segurança da família, as reflexões sobre o conteúdo da terceira caixa – *o que só a escola pode nos dar* – devem ser mais cuidadosas, mais elaboradas.

Dica das autoras

- É importante conduzir as questões relacionadas com a prevenção ou diretamente sobre o experimento e o abuso de bebidas alcoólicas, tabaco e drogas, caso isso surja na segunda caixa.

Anotações

História de vida dos adolescentes

Objetivos

- Conhecer a história dos participantes adolescentes;
- Explorar os pontos que são mais significativos para eles;
- Promover partilha e confiança entre os participantes.

Indicação

- Individual;
- Grupo.

Tempo de duração

- 20 minutos para o aquecimento;
- 30 minutos para a construção da história do adolescente em quadrinhos;
- 20 minutos para cada um fazer a história da sua vida também em forma de quadrinhos;
- 10 minutos para que compartilhem a história de cada um e reflitam sobre elas.

Material necessário

- Papel pardo;
- Folhas de papel A4 (aproximadamente 10 para cada adolescente, divididas em duas, o que equivale a 20 papéis e mais 10 para a criação coletiva).

Procedimentos

- Para aquecê-los e propiciar-lhes um campo relaxado para falarem de si, pede-se que o grupo imagine um adolescente, lhe dê um nome e todas as características pessoais e da sua rede social;
- Enquanto isso, algum adolescente vai desenhando o jovem em papel pardo e escrevendo as características que lhe estão dando;
- O facilitador do grupo conversa com o grupo sobre este adolescente e pede-se que apresentem a história de vida dele, por meio de uma história em quadrinhos. Todo o grupo deve participar dessa criação coletiva;
- Feitas as reflexões sobre esse adolescente e sua rede de apoio, passa-se à segunda parte: a criação individual. Cada um mostrará, agora, a sua própria história, também no modelo dos quadrinhos, e todos refletirão sobre ela;
- Deve-se estar atento para fazer as articulações entre a história coletiva e as pessoais, valorizar todos os aspectos positivos, principalmente sua rede de apoio, fortalecendo a já existente, assim como os levando a entrar em contato com as possibilidades que existem para construir uma.

Dica das autoras

- Dependendo do grupo, é mais produtivo que esta dinâmica seja dividida em dois dias diferentes. Pode-se trabalhar em um primeiro dia até a construção da história de vida do adolescente que imaginaram e, no segundo dia, a história de cada um, tendo o cuidado de relacionar a história coletiva construída no primeiro dia e a história de cada um.

Anotações

PROJETOS PARA O FUTURO

Objetivos

- Provocar, no adolescente, o conhecimento ou a confirmação de seus desejos;
- Facilitar a articulação com as possibilidades de realizá-los (autoeficácia).

Indicação

- Grupo.

Tempo de duração

- 10 minutos para explicar a atividade;
- 10 minutos para a escolha das tampas e da massa de modelar;
- 30 minutos para a discussão das aspirações e possibilidades de cada um;
- 10 minutos para discutir como estas possibilidades e aspirações podem ser encaixadas na vida de cada um.

Material necessário

- 24 bastões de massa de modelar;
- Tampas de embalagens já utilizadas (tampas de tamanhos, formas e cores diferentes e massa de modelar; é necessária uma variedade grande de tampas de refrigerantes, amaciantes, xampus, requeijão, caixas de leite, tampas altas, baixas, compridas, rasas, longas, maiores e menores, enfim, quanto maior a variedade, melhor). O número de tampas deve ser bem maior do que o número de adolescentes, para que haja grande possibilidade de escolha.

Procedimentos

- Disponibilizam-se as tampas e a massa de modelar (vários bastões de diversas cores);
- Pede-se que escolham uma tampa que representará suas *possibilidades* e um bastão de massa que representará suas *aspirações*;
- Feitas as escolhas, pede-se que cada um lide com suas "aspirações" (massa) e as encaixem em suas "possibilidades" (tampa);
- Após a brincadeira, pergunta-se sobre as aspirações, quais são, se estão coerentes, se encaixam-se em suas possibilidades, o que precisam para alcançá-las. É importante estimulá-los a aspirar a uma vida digna, por isso, busca-se facilitar que identifiquem as possibilidades para isso;

- É importante que o facilitador do grupo perceba, pela quantidade de massa e a forma como é colocada na tampa, o quê e como o adolescente maneja estas duas variáveis em sua vida;
- A partir das descobertas sobre o que aspiram e de como podem construir as possibilidades, o momento é de dar início à criação de projetos para o futuro.

Dica das autoras

- Esta dinâmica pode ser aplicada no começo do tratamento e/ou ser aplicada mais de uma vez ao longo da permanência do adolescente no grupo/terapia.

Anotações

Nota: Esta é uma adaptação do exercício criado pela psicóloga Soraya Kátia Rodrigues Pereira, realizado nos grupos de postulantes à adoção, que desenvolvemos no Projeto Pré-adoção, junto com a Vara da Infância e da Juventude, em Brasília.

Construção do Projeto de Futuro

Objetivos

- Ajudar os adolescentes a construírem um projeto claro e acessível para o seu futuro;
- Identificar habilidades e competências viáveis na vida de cada um;
- Reconhecer como o uso de drogas pode prejudicar a realização do projeto pessoal de cada um.

Indicação

- Individual;
- Grupo.

Tempo de duração

- 10 minutos para explicação da atividade;
- 30 minutos para cada um escrever suas metas a curto, médio e longo prazo;
- 30 minutos para discussão sobre as metas apresentadas e como o uso de drogas pode prejudicar o alcance das metas estabelecidas;
- 20 para cada um construir um quadro final com as suas metas e as atividades que deverá executar para atingir cada uma delas.

Material necessário

- Folhas de papel A4, lápis e canetas hidrocor.

Procedimentos

- Motivar os adolescentes para a atividade e para a importância de pensar no futuro;
- Distribuir uma folha de papel para cada um, dividida em três colunas, para colocar as metas a curto (próximo ano), médio (cinco anos) e longo (dez anos) prazo.
- Orientar para que as metas sejam possíveis de serem alcançadas;
- Pedir para cada um ler o que escreveu. Discutir com o grupo a viabilidade de cada uma das metas dos membros;
- Depois que todos tiverem apresentado e discutido as suas metas, pedir que cada um construa um quadro com cada meta e as atividades que deverá executar;
- Orientar que este quadro seja fixado na casa do adolescente em um lugar visível, para que ele possa sempre se lembrar do que se propôs a fazer.

Anotações

Adolescentes e seus pares

Objetivos

- Conhecer e trabalhar as relações que os adolescentes desenvolvem com seus pares.

Indicação

- Grupo.

Tempo de duração

- 10 minutos para explicação da atividade;
- 10 minutos para que cada um escolha as suas figuras;
- 60 minutos para explorar com cada um as figuras que escolheu e o que representam.

Material necessário

- Figuras geométricas de diversas cores, tamanhos e formas, confeccionadas em papel-cartão ou cartolina. De preferência, cinco ou seis figuras de cada formato;
- As figuras podem ser feitas em papel-cartão ou cartolina, de diferentes formas: quadrados, retângulos, triângulos, círculos, trapézios, estrelas, figuras irregulares pontiagudas e de diferentes cores, sempre em número bem maior que o número de adolescentes, para que mais de um adolescente possa fazer a mesma escolha.

Procedimentos

- Usar figuras geométricas como objetos intermediários para identificar e refletir sobre as relações que os adolescentes estabelecem com seus pares e, no caso, com aqueles que escolhem como seus amigos mais importantes no momento;
- Colocam-se as figuras espalhadas para que sejam vistas;
- Pede-se que cada um escolha uma figura para representá-lo e outra(s) para representar o(s) amigo(s) com quem mais se entende e que monte uma figura com as peças e lhe dê um nome;
- O facilitador do grupo explora o significado das linhas retas, angulosas, curvas, etc. as formas das figuras que o representam e das que representam seus amigos e como se complementam;
- Estimula reflexões sobre a figura final – que representa sua relação com o(s) seu(s) amigo(s) – buscando identificar, junto com o adolescente, as relações que estabelecem com seus pares e o lugar que estes têm em sua vida.

Anotações

Adolescente e o trabalho

Objetivos

- Observar o conhecimento que os participantes têm sobre atividades de trabalho;
- Direcionar o adolescente a pensar em atividades produtivas, geradoras de renda;
- Explorar a ideia que os adolescentes têm sobre o trabalho e sobre a sua relação com ele.

Indicação

- Individual;
- Grupo.

Tempo de duração

- 10 minutos para explicar a atividade;
- 10 minutos para a escolha do material;
- 30 minutos para a discussão das aspirações e possibilidades de cada um;
- 10 minutos para discutir como estas possibilidades e aspirações podem ser encaixadas na vida profissional de cada um.

Material necessário

- Lápis, caneta e objetos que representem instrumentos utilizados no trabalho: fita métrica, trena; peças de brinquedos infantis como talheres e panelas de cores que não sugiram feminilidade; bonecos pequenos que representem bebês, crianças e adultos; estetoscópios e outros instrumentos médicos; alguns animais, como cachorros, gatos, bois; pás de pedreiro, ferramentas usadas por mecânicos e eletricistas, computadores, óculos, máquina registradora.

Procedimentos

- Estimule o grupo a identificar atividades e profissões e a relação com o trabalho, o dinheiro e a autonomia associados;
- São utilizados os objetos intermediários listados em *Material necessário*, que possam sugerir profissões, principalmente as técnicas, como enfermagem, radiologia, informática e tantas outras, por terem, estas, mais chance de acessibilidade pelo adolescente e retorno mais rápido do mercado de trabalho;
- Cada adolescente é chamado a escolher os objetos que o atraem. Dá-se um tempo para que pensem e façam suas escolhas. Em seguida, cada um fala de sua(s) escolha(s) e o facilitador do grupo dirige a conversa para as identificações surgidas com as profissões/atividades;
- Exploram-se os sonhos de serem reconhecidos como profissionais e as formas de usufruírem do dinheiro vindo do trabalho e das possibilidades de autonomia por meio deste;
- Ao final, pede-se que formulem um desejo, uns aos outros, em relação à vida futura.

Anotações

RELAÇÃO QUE O ADOLESCENTE ESTABELECE COM SUBSTÂNCIAS

Objetivos

- Conhecer e trabalhar a relação que os adolescentes estabelecem com as drogas.

Indicação

- Individual;
- Grupo.

Tempo de duração

- 10 minutos para explicar a atividade;
- 40 minutos para a discussão das aspirações e possibilidades de cada um;
- 5 minutos para introduzir os participantes escolhidos para seguirem a atividade;
- 15 minutos para abrir para todo o grupo discutir.

Material necessário

- Seis folhas de papel pardo, pincéis atômicos azul e vermelho.

Procedimentos

- O exercício consiste em identificar e refletir sobre os prazeres e perigos na adolescência;
- Para aquecê-los, pergunta-se como estão, fala-se sobre desejos e dificuldades, sobre coisas importantes da vida, desde as que se deve almejar até as que se deve evitar;
- Introduz-se o tema "droga", falando dos prazeres que a vida nos proporciona e dos perigos que nos espreitam;
- Em seguida, colocam-se duas folhas de papel pardo, uma para que sejam elencados os *prazeres* e outra para os *perigos*. Pede-se que continuem conversando e o terapeuta vai extraindo, junto com o grupo, o que é perigo e o que é prazer;
- O grupo escolhe um ou dois adolescentes para registrar o que é apontado e, após uma lista consistente, inicia-se a discussão e a reflexão sobre os fatores ali expostos. Se surgirem mais alguns pontos importantes para eles nesta etapa, devem ser acrescentados.

Dica das autoras

- Os temas não diferem muito nos grupos e alguns, como sexo e drogas, fazem parte de todas as listas. Os grupos costumam colocar as mesmas coisas nas duas listas e conseguem explicar as razões disso. O trabalho do terapeuta profissional é facilitar o surgimento do tema "drogas" e dirigir a discussão para o conhecimento e para uma boa reflexão sobre os temas.

Anotações

Nota: Este exercício é retirado do projeto *Prazeres e Perigos na Adolescência*, criado e desenvolvido por Maria Eveline Cascardo Ramos com alguns grupos de adolescentes nas comunidades e nas escolas. Em escolas, é aplicado a grupos maiores como, por exemplo, de *alunos de determinada série*, que pode abranger até 30 adolescentes. Entretanto, é realizado, também, com pequenos grupos de, aproximadamente, 10 adolescentes.

Fatores de risco e fatores de proteção de substâncias

Objetivos

- Ajudar o adolescente a compreender o seu envolvimento em fatores de risco ao usar drogas;
- Ampliar o conhecimento de fatores protetores na vida do adolescente.

Indicação

- Grupo.

Tempo de duração

- 10 minutos para explicações gerais;
- 10 minutos para que cada um escreva as palavras que associa a situações de risco e de proteção ao uso de drogas;
- 10 minutos para que cada um cole as suas fichas no papel pardo;
- 20 minutos para que cada um fale sobre as suas palavras;
- 40 minutos para discussão e construção de um quadro com os aspectos positivos e negativos do uso de drogas que são consenso entre os membros do grupo, após discussão entre eles.

Material necessário

- Papel pardo, pincéis, cartolinas cortadas em fichas de cerca de 10 cm por 5 cm, cola branca e canetas hidrocor coloridas.

Procedimentos

- Após as explicações iniciais, entregar a cada adolescente seis fichas de cartolina;
- Pedir que em cada uma escrevam uma palavra que os faça lembrar de situações em que estiveram em risco e situações em que se sentiram protegidos ao usarem drogas (três palavras para cada contexto);
- Colar um papel pardo em uma parede ou quadro, de modo que todos possam ver;
- Escrever de um lado, situações de proteção, e do outro, situações de risco;
- Solicitar a cada um que se levante e cole a suas fichas do lado que acharem que a palavra se adéque mais (risco ou proteção);
- Em seguida, abrir para a discussão, na qual cada um falará um pouco sobre as palavras que colocou, em qual contexto e por qual razão. A ideia é que reflitam se os contextos colocados são realmente de risco/proteção;

- Após esse primeiro momento, será proposto o quadro do consenso, em que, em outra folha de papel pardo, deverá ser criado um quadro com fatores de risco e proteção ao uso de drogas que sejam consenso para o grupo. Isso significa que para cada palavra colocada o grupo deverá estar de acordo sobre o contexto ao qual esta pertence;
- O momento de discussão deverá ser amplo, deixando-os discutir sobre as ideias que forem surgindo.

Dica das autoras

- É preciso estar atento para o fato de que o consenso não significa o que eles realmente querem. A proposta é levá-los à discussão em relação ao contexto a que pertencem as palavras que forem propostas e se o local em que foram colocadas é realmente o melhor.

Anotações

Construção de histórias de superação do uso de substâncias

Objetivos

- Ajudar o adolescente usuário de substâncias a perceber que pode ser capaz de conseguir superar suas dificuldades;
- Reforçar a autoeficácia;
- Explorar aspectos que reforçam a prevenção de recaída dos adolescentes.

Indicação

- Grupo.

Tempo de duração

- 10 minutos para explicações gerais;
- 30 minutos para a construção da história de alguém que conseguiu parar de usar drogas;
- 40 minutos para compartilharem as histórias e discutirem as alternativas que foram colocadas por todos.

Material necessário

- Papel A4, canetas, fichas de cartolina e canetas hidrocor coloridas.

Procedimentos

- Pedir para cada um escrever a história de um personagem inventado que conseguiu parar de usar drogas. Orientar que deverá ser detalhado na história todo o processo que o personagem precisou viver para chegar ao objetivo final (com quem pôde contar, o que precisou fazer, o que precisou ter, etc.);
- Solicitar que cada um leia a sua história;
- Após todos lerem suas histórias, discutir com o grupo os pontos em comum e as diferenças. O que precisou ser feito para se conseguir parar de usar drogas, por que escolheram tal história, se conhecem alguém com história semelhante;
- Discutir com o grupo o que cada um pode fazer para parar de usar drogas;
- Dar uma ficha de cartolina para cada um e pedir para escrever uma ação que acha possível fazer. Deverão levar esta ficha para casa e refletir sobre o que escreveram e como vão cumprir.

978-85-4120-168-1

Anotações

SEÇÃO 11

Filhos de dependentes de substâncias psicoativas

Daniele da Silva Gonçalves
Érica Alves da Silva
Flávio Félix
Neliana Buzi Figlie

Crescer em uma família que possui um dependente de substâncias é sempre um desafio, principalmente quando falamos do contato direto de crianças e adolescentes com o dependente de substâncias. Esse desafio pode atuar desenvolvendo competências para lidar com situações estressantes e soluções de problemas, bem como desestruturar o desenvolvimento saudável de uma criança/adolescente. Olhar para filhos de dependentes de substâncias significa olhar de maneira preventiva as vítimas indiretas do consumo de álcool e outras drogas, que sofrem diretamente as consequências deste envolvimento, uma vez que não tiveram o livre arbítrio para dizer "sim" ou "não" frente às consequências geradas pela dependência de substâncias na família[1].

A dependência de substâncias afeta não apenas o usuário, mas a família como um todo. Dentro dessa esfera conflituosa, estão os filhos, que, normalmente, sofrem problemas como depressão, ansiedade, baixa autoestima, dificuldades de relacionamento e de inserção social, maus tratos, violências física e sexual e dificuldades no desempenho cognitivo.

O uso de dinâmicas de grupo com filhos de dependentes de substâncias possibilita o trabalho de diversos temas vivenciados no ambiente familiar. Além disso, auxilia na compreensão e no esclarecimento dos fatores que envolvem a dependência de substâncias e busca explorar e fortalecer os recursos de enfrentamento que os filhos possuem para lidar com o familiar dependente de substâncias.

Esta seção apresenta dinâmicas de grupo utilizadas com crianças, adolescentes e adultos que convivem com a dependência de substâncias em seus lares, com a finalidade de trabalhar os conflitos decorrentes desta realidade.

Reconhecendo sentimentos

Objetivos

- A partir das próprias percepções das crianças, fazer com que conheçam os diversos sentimentos e possam reconhecê-los em si próprios.

Indicação

- Grupo;
- Família.

Tempo de duração

- 5 minutos para explicações gerais;
- 20 minutos para confecção das "carinhas";
- 30 minutos para apresentação e discussão.

Material necessário

- Círculos de cartolina (tamanho aproximado: 12 cm por 14 cm), lápis, borracha, lápis de colorir, caneta hidrocolor.

Procedimentos

- Fazer uma introdução do que podemos identificar como sentimentos e informar que será realizada uma atividade em que estarão expressando, por meio de desenhos, os sentimentos que conhecem;
- Esta atividade pode ser feita em círculo no chão ou em círculo em volta de uma mesa. No meio deste círculo, estarão dispostos os materiais e será pedido que cada participante faça (em quantas "carinhas" de cartolina quiser) as expressões dos sentimentos que são conhecidos por eles;
- Após o término desta confecção, cada participante apresentará para o grupo os sentimentos que confeccionou, dizendo por que escolheu aquela expressão, quando a teve e como foi se sentir daquela forma;
- Os demais poderão falar da apresentação do colega ou fazer perguntas.

978-85-4120-168-1

Dicas dos autores

- Esta atividade pode ser feita no início da trajetória do grupo, mas é importante que o facilitador saiba mediar as falas, para que todos os participantes tenham a oportunidade de expressar como se sentiram ao realizá-la;
- Essa atividade possibilita a identificação de sentimentos que surgem com relação à dependência de substâncias no núcleo familiar e, com isso, surgem alternativas para lidar com esses sentimentos.

Anotações

Desenho em grupo

Objetivos

- Identificar como cada participante se comporta quando necessita buscar seu espaço, respeitando o espaço do outro;
- Trabalhar a importância da convivência.

Indicação

- Grupo.

Tempo de duração

- 5 minutos para explicações gerais;
- 10 minutos para confecção do desenho;
- 30 minutos para discussão.

Material necessário

- Três folhas de cartolina unidas como uma só, lápis, borracha, lápis de colorir, caneta hidrocor.

Procedimentos

- Informar ao grupo que juntos irão fazer um desenho na folha de cartolina que está disposta no centro da roda e todos deverão participar desta confecção, sem exceção;
- Para um grupo de crianças é mais confortável que a atividade seja realizada no chão, pois os participantes terão mais liberdade e espaço para suas expressões;
- O facilitador deve observar os movimentos do grupo, pois ali poderão surgir as formas como esses participantes se relacionam com o mundo, ou seja:
  - Se conseguem obter seu espaço na relação com os outros, ou se cedem e ficam à margem do restante.
  - Ou se monopolizam o espaço, não conseguindo perceber o outro e a importância de relacionar-se com os demais.
- Quando terminarem o desenho, abre-se espaço para que os participantes possam falar como se sentiram na atividade. O facilitador pontua o que percebeu de cada um, fazendo com que reflitam como agem em grupo e possam trazer, para aquele momento, outras ocasiões em que agem desta mesma forma, podendo também ouvir como o colega se sentiu ao ser retirado de seu espaço, ou como se sentiu tendo todo o espaço, mas fazendo sozinho o desenho.

Dicas dos autores

- É importante que o facilitador observe a confecção do desenho e as formas de relações estabelecidas ali, mas que esteja atento, caso necessite mediar possíveis conflitos que apareçam no decorrer da atividade;
- Aqui o facilitador pode questionar se os participantes apresentam o mesmo comportamento em suas famílias e, com isso, trabalhar algumas técnicas de resolução de problemas, visto que filhos de dependentes de substâncias apresentam comportamentos semelhantes, como: cuidar dos irmãos mais novos; sentirem-se responsáveis pelos pais ou pela dependência de substâncias destes; organização da casa, entre outros.

Anotações

Dinâmica das figuras

Objetivos

- Por meio de uma atividade de colagem, o participante pode trazer e expressar sentimentos com relação a pessoas importantes de sua vida, dividindo sua história com os demais do grupo, ouvindo a história do outro;
- Compartilhar e aprender como outras pessoas também vivenciam situações semelhantes.

Indicação

- Grupo.

Tempo de duração

- 5 minutos para explicações gerais;
- 15 minutos para confecção das figuras;
- 30 minutos para apresentação e discussão.

Material necessário

- Revistas, impressos ou desenhos de recorte.

Procedimentos

- Pedir que os participantes pensem em uma pessoa que seja importante para eles e, por meio do recorte da revista, possam representar esta pessoa. Devem buscar se expressar com o máximo possível de figuras que digam algo sobre a pessoa que querem expor;
- Após essa primeira parte, pede-se que recortem figuras que representem como estão se sentindo ao falar sobre a pessoa escolhida;
- Em seguida ao término da confecção das figuras, abre-se para que os participantes possam falar sobre suas figuras e sobre como se sentiram fazendo-as. Pedir que digam por que escolheram/pensaram em determinada pessoa e o que esta representa em suas vidas.

Dicas dos autores

- É importante estar sensível aos conteúdos que vão surgindo, pois os participantes podem trazer a figura de alguém que represente agressão e sofrimento e o facilitador precisa mediar e fornecer suporte a esses sentimentos;
- Crianças que convivem com a dependência de substâncias, muitas vezes, necessitam de figuras de referência e, sendo assim, oferecer atividades que possibilitam a identificação destas figuras é importante. Além disso, esse público também sofre diversos tipos de violência, então, ter um espaço onde possam externar e compartilhar com iguais estas situações pode ser de fundamental importância para a elaboração delas.

Anotações

Dinâmica das polaridades

Objetivos

- Mostrar à criança que existem as polaridades, que todos são bons e ruins, legais e chatos, ou seja, todos vivenciam os "dois lados da mesma moeda".

Indicação

- Grupo;
- Família;
- Individual.

Tempo de duração

- 5 minutos para explicações gerais;
- 30 minutos para contar as histórias;
- 10 minutos para discussão e considerações finais.

Material necessário

- A história sugerida é: "Era uma vez um elefante que era muito bobinho quando estava com seus amigos e muito sério quando estava na sua casa. Agora, seja esse elefante e você mesmo vai contar o resto da história";

Procedimentos

- Sentados em círculo, explica-se que será contada uma história e que cada um dará a continuidade e o final que desejar;
- Após todos terem contado sua versão da história no papel do elefante, abre-se para a discussão das polaridades, mostrando que podemos transitar por elas e que este é um movimento natural das pessoas, que necessariamente não implica em um sentimento de culpabilidade quando se sente raiva de quem se ama.

Dicas dos autores

- Atividade indicada para crianças;
- A história mencionada é somente um modelo e o facilitador pode modificá-la, inclusive utilizando características das próprias crianças/participantes, para potencializar e facilitar a reflexão;
- Trabalhar polaridades com crianças inseridas no contexto da dependência de substâncias é importante, pois se sentem confusas e assustadas com seus sentimentos, bem como com as "cisões" que enxergam nos adultos ao seu redor.

Anotações

O QUE PENSAM DE MIM

Objetivos

- Entender qual papel a criança acredita estar representando em seu contexto familiar.

Indicação

- Grupo;
- Família.

Tempo de duração

- 5 minutos para explicações gerais;
- 30 minutos para simular a situação do telefonema;
- 15 minutos para discussão e considerações finais.

Material necessário

- Nenhum.

Procedimentos

- O facilitador recebe os participantes do grupo, pede que se acomodem e, em seguida, diz que a mãe de um deles ligou para contar algo sobre o filho. Diante disso, pede a cada um que responda: "Se fosse a sua mãe que tivesse me ligado, o que ela me contaria?";
- No final, discutem-se as impressões que as crianças têm de como suas famílias as veem, podendo-se desmistificar fantasias e medos;
- É importante que todas as crianças possam falar e que possam também opinar sobre a história do outro, pois assim a criança que contou poderá ouvir diversas opiniões do grupo sobre ela e, então, poderá entender melhor sua imagem para os outros.

Dicas dos autores

- Para realização desta dinâmica, é importante que exista familiaridade entre os participantes;
- Em caso de resistência por parte do participante, o facilitador deve explicar que se trata de uma brincadeira e que o objetivo é de autoconhecimento;
- Quando a dependência de substâncias está inserida no contexto familiar, um dos trabalhos fundamentais é a compreensão dos papéis familiares. Visto que neste ambiente muito se confunde, e as crianças tendem a desempenhar um papel que nem sempre lhes pertence.

Anotações

Dinâmica da Árvore

Objetivos

- Entender a compreensão da criança do que é necessário para um desenvolvimento saudável.

Indicação

- Grupo;
- Individual.

Tempo de duração

- 5 minutos para explicações gerais;
- 15 a 20 minutos para a confecção da árvore;
- 10 a 20 minutos para discussão (de acordo com a quantidade de participantes).

Material necessário

- Folha branca, lápis colorido e preto e borracha.

Procedimentos

- O facilitador pede que os participantes desenhem na folha uma árvore simples;
- Após o desenho, pede que escrevam ou desenhem o que essa árvore necessita para crescer de forma saudável;
- Quando os participantes terminarem, o facilitador abre para discussão e vai fazendo com que relacionem a árvore e suas necessidades com as de uma criança, de modo a motivar os participantes a falarem sobre suas próprias necessidades.

Dica dos autores

- Crianças que convivem com a dependência de substâncias têm muitas de suas necessidades não supridas. Compreender quais são elas é de fundamental importância para que, no processo terapêutico, a criança possa criar estratégias para lidar com essas faltas.

Anotações

Apresentação pelas características da minha família

Objetivos

- Possibilitar a troca e a percepção das características presentes em famílias que possuem um dependente de substâncias;
- Promover a integração e a mútua ajuda entre os participantes do grupo.

Indicação

- Grupo.

Tempo de duração

- 5 minutos para explicações gerais;
- 20 minutos para a execução;
- 35 minutos para a discussão.

Material necessário

- Balões (um para cada membro), filipetas de papel (uma para cada membro), caneta ou lápis (um para cada membro), aparelho de som com música animada.

Procedimentos

- Cada integrante recebe um balão, uma filipeta e uma caneta ou lápis;
- São orientados a escrever na filipeta uma ou mais características que identifiquem para o grupo algumas características presentes em sua família;
- Após escritas as filipetas, colocá-las no balão e enchê-lo;
- O facilitador coloca uma música, de preferência da faixa etária, e orienta cada um a brincar com seu balão, prestar atenção na cor e no tamanho e não o deixar cair enquanto brinca ao som da música;
- Em seguida, orienta todos a jogarem com todos os balões, sem os deixar cair no chão;
- O facilitador para a música e orienta cada um a pegar um balão qualquer e o segurar;
- Em seguida, solicita que todos estourem os balões pegando as filipetas dentro deles;
- Por fim, um a um lê a filipeta e todos ajudam a discutir o impacto dessas características em suas vidas.

Dicas dos autores

- Atividade recomendada para adolescentes;
- É comum entre adolescentes, principalmente filhos de dependentes de substâncias, a dificuldade de entrar em contato com suas próprias características ou com as de outras pessoas. A dinâmica permite que os participantes pensem sobre si próprios e entrem em contato com eles mesmos e com os demais;
- Possibilita a criação de um clima de descontração no grupo, usando o momento não apenas para apresentação de nomes;
- É importante levar uma música animada e os balões coloridos para facilitar a troca;
- O facilitador do grupo pode ajudar a escrever e ler as filipetas daqueles que não estão alfabetizados ou têm alguma dificuldade de leitura e escrita.

Anotações

Refletindo sobre vantagens e desvantagens

Objetivos

- Criar um momento de reflexão sobre como avaliar situações;
- Possibilitar a troca de experiências e opiniões.

Indicação

- Grupo;
- Individual.

Tempo de duração

- 5 minutos para explicações gerais;
- 20 minutos para a execução;
- 35 minutos para a discussão.

Material necessário

- Cartolina, caneta esferográfica, régua;
- Desenhar na cartolina uma tabela, conforme a figura a seguir.
- Material de apoio ao facilitador: Vantagens e desvantagens

Vantagens e desvantagens

	Ir à festa	**Não ir à festa**
Vantagens		
Desvantagens		

Procedimentos

- O facilitador deve criar uma situação em que irá ocorrer uma festa sem a aprovação dos pais para que os filhos compareçam, e os filhos, por sua vez, querem ir;
- Em seguida, pede para que todos os membros do grupo conversem entre si e pensem em palavras ou frases que defendam as vantagens e as desvantagens de ir ou não a essa festa;
- Com a produção do grupo, levanta-se a discussão sobre ir ou não à festa;
- O facilitador pode, ainda, cruzar os resultados, juntando as vantagens de ir com as desvantagens de não ir para defender a ida à festa. Em seguida, cruzar as desvantagens de ir à festa com as vantagens de não ir;
- A partir da produção, ampliar a discussão.

Dicas dos autores

- Atividade recomendada para adolescentes;
- É comum a existência de situações como essa em que pais e filhos não conseguem entrar em um acordo, gerando diversos conflitos que quase sempre não são resolvidos e acabam em brigas e discussões, tendo efeitos importantes no relacionamento familiar como um todo;
- A dinâmica possibilita realizar de fato uma reflexão sobre a situação-problema, que não necessariamente será "ir a uma festa", podendo-se utilizá-la para outras situações;
- Indicada principalmente para adolescentes, mas pode ser aplicada a outros públicos com situações diversas;
- Muito utilizada em adolescentes com interesse ou que já experimentaram alguma substância psicoativa, ajudando a entender a maior tendência ao uso ou à abstinência a partir do cruzamento dos resultados.

Anotações

Como eu me vejo

Objetivos

- Refletir sobre si;
- Compartilhar com o grupo a forma como se vê individualmente;
- Possibilitar a reflexão sobre si e conhecer melhor os outros membros.

Indicação

- Grupo;
- Individual.

Tempo de duração

- 5 minutos para explicações gerais;
- 20 minutos para a execução;
- 35 minutos para a discussão.

Material necessário

- Uma folha sulfite para cada participante, dividida ao meio, canetas ou lápis.
- Se aplicada individualmente, usar como folha de atividades.

Procedimentos

- Cada participante recebe uma folha sulfite dobrada ao meio e todos são orientados a escrever individualmente. De um lado, as características positivas, e no outro lado, as características negativas que considera sobre si;
- Após escreverem, todos partilham o que escreveram com o grupo.

Dicas dos autores

- Atividade recomendada para adolescentes;
- Adolescentes, de modo geral, apresentam dificuldades de reflexão e de autoavaliação. Em filhos de dependentes de substâncias e adolescentes em uso de substâncias psicoativas, isso pode se acentuar;
- A dinâmica possibilita um autoconhecimento pessoal e que cada participante possa aprender a falar sobre suas qualidades e, também, dificuldades;
- A efetividade dessa atividade é maior em grupos que já se encontram por um período maior, não sendo indicada para os primeiros encontros;
- Indicada para melhorar ou até mesmo desenvolver a percepção de si e exercitar a expressão desta para terceiros, além de promover o respeito às potencialidades e limitações dos colegas.

Anotações

Como me percebo no grupo

Objetivos

- Pensar sobre seus papéis e importância para o grupo;
- Refletir sobre as dificuldades de trabalhar em grupo.

Indicação

- Grupo.

Tempo de duração

- 5 minutos para explicações gerais;
- 20 minutos para a execução;
- 35 minutos para a discussão.

Material necessário

- Papéis diversos, lápis, caneta, revistas, jornais, tesouras, colas.

Procedimentos

- Dividir os participantes em três subgrupos de três ou quatro integrantes;
- O facilitador solicita que os membros conversem entre si sobre suas atuações dentro do grupo, fazendo uma avaliação de como está o processo;
- Em seguida, cada subgrupo cria um material que melhor expresse as contribuições que têm com o grupo todo, podendo usar todos os materiais disponíveis;
- Por fim, cada subgrupo apresenta seu material e explica sobre como pensaram suas contribuições no grupo.

Dicas dos autores

- Atividade recomendada para adolescentes;
- Conforme já descrito, adolescentes têm dificuldades de realizar avaliações ou pensar sobre si próprios e precisam ser incentivados para que se percebam como integrantes do processo e também possam se avaliar antes de avaliar os outros. Isso permitirá que levem essa experiência a outros espaços e momentos da própria vida prática;
- Indicada para avaliar o processo grupal, de preferência com grupos que já se encontram por algum tempo;
- Permite que cada um perceba sua atuação e importância para o grupo e que todos percebam a importância de cada membro para que o grupo exista.

Anotações

Coisas que queremos mudar

Objetivos

- Avaliar situações que fazem parte do cotidiano;
- Pensar em como podem contribuir para mudanças de situações que consideram ruins;
- Adotar atitudes positivas frente a situações-problema.

Indicação

- Grupo;
- Individual.

Tempo de duração

- 5 minutos para explicações gerais;
- 20 minutos para a execução;
- 35 minutos para a discussão.

Material necessário

- Cartaz grande com as frases escritas:

"Que situações ou problemas me incomodam?"; "Como faria para mudar as situações ou resolver esses problemas?"; "Com quais pessoas eu poderia contar?"; "Que dificuldades encontraria para alcançar meus objetivos?";

- Canetas hidrográficas;
- Fita adesiva para colar o cartaz.

Procedimentos

- O cartaz é colado em local de fácil acesso aos integrantes com as frases já escritas com espaços para serem preenchidos pelos participantes;
- Os integrantes do grupo são convidados a, juntos, conversarem e pensarem em situações comuns que vivenciam e em que gostariam de pensar;
- Em seguida, vão preenchendo o cartaz conforme as questões solicitam;
- Após a conclusão, o facilitador convida-os a refletirem sobre as informações apresentadas.

Dicas dos autores

- Normalmente, as pessoas se desesperam frente a um problema. Especificamente na vivência com a dependência de substâncias, diversos problemas podem nortear o convívio familiar e o adolescente pode se sentir sem saída;
- A dinâmica possibilita que pensem sobre situações reais e que busquem soluções reais a partir das próprias vivências e possibilidades, aprendendo a poder contar com pessoas e locais de sua confiança na resolução dos conflitos/problemas;
- É importante que os participantes possam perceber que podem aplicar isso na vida prática;
- Em aplicação individual, é necessário elaborar uma folha de atividades com as questões.

Anotações

TIPOS DE FAMÍLIAS

Objetivos

- Pensar na sua família e conhecer um pouco sobre as famílias dos outros participantes do grupo;
- Perceber semelhanças e diferenças entre as famílias.

Indicação

- Grupo.

Tempo de duração

- 5 minutos para explicações gerais;
- 20 minutos para a execução;
- 35 minutos para a discussão.

Material necessário

- Revistas e jornais contendo figuras de pessoas diversas, tesoura, cola, canetas hidrográficas, cartolina;
- Revistas, jornais, impressos de figuras de pessoas diversas.

Procedimentos

- Os integrantes são orientados a conversarem entre si sobre quem são os membros de sua família ou sobre com quem moram;
- Em seguida, com auxílio dos materiais, os integrantes criarão todos os formatos de famílias que conhecem na cartolina;
- Por fim, discute-se sobre os diversos arranjos familiares existentes atualmente.

Dicas dos autores

- Atividade recomendada para adolescentes;
- Sabe-se que atualmente os formatos de família são diversos e não seguem uma regra única e os adolescentes desta geração, principalmente filhos de dependentes de substâncias, sentem essa diferença. É importante conhecer as origens e como funciona a própria família, possibilitando entender melhor seu próprio funcionamento;
- Possibilita ter outros modelos que não apenas o seu próprio, podendo melhor escolher seu arranjo familiar futuro;
- Utilizar a dinâmica para tratar do tema família e das diversas mudanças pelas quais esta instituição já passou, ajudando a todos a pensar sobre sua própria família e a compreender as demais.

Anotações

Definindo juntos

Objetivos

- Possibilitar maior proximidade e discussão de temas polêmicos que normalmente geram divergências no ambiente familiar;
- Promover maior reflexão sobre esses temas, na tentativa de elucidá-los e evitar preconceitos e estigmas.

Indicação

- Família;
- Grupo.

Tempo de duração

- 5 minutos para explicações gerais;
- 20 minutos para a elaboração;
- 35 minutos para a discussão.

Material necessário

- Folha de atividades e caneta.
- Material de apoio ao facilitador: Temas

Temas
• O que é droga?
• Álcool é uma droga?
• O que é dependência de substâncias?
• O que é um dependente de substâncias?
• Como um dependente de substâncias deve ser tratado?

Procedimentos

- Solicitar que os familiares (pais e filhos) definam juntos os temas impressos nas folhas de atividades;
- Discutir as definições dadas e trazer os conceitos científicos para esclarecer essas questões e evitar preconceitos.

Dicas dos autores

- Atividade recomendada para adolescentes;
- Esta dinâmica auxilia na compreensão dos problemas relacionados com a dependência de substâncias e trabalha de forma preventiva essas questões com os filhos;
- Os temas citados são apenas algumas sugestões que podem ser mudadas ou ampliadas, de acordo com a necessidade do grupo e do facilitador.

Anotações

O QUE POSSO FAZER PARA AJUDAR?

Objetivos

- Reforçar os recursos de enfrentamento que os familiares possuem para lidar com o dependente de substâncias;
- Buscar formas mais adaptativas de convivência com essa problemática e ampliar o repertório de respostas para a resolução de conflitos;
- Proporcionar maior proximidade entre os membros da família na busca de soluções de problemas.

Indicação

- Família;
- Grupo.

Tempo de duração

- 5 minutos para explicações gerais;
- 20 minutos para a elaboração;
- 35 minutos para a discussão.

Material necessário

- Folhas sulfite e caneta.

Procedimentos

- Pedir para que relatem uma situação de conflito vivenciada no ambiente familiar relacionada com o dependente de substâncias;
- Solicitar a descrição dos comportamentos manifestados por eles e pelo dependente. Investigar quais foram os resultados (positivos e negativos);
- Discutir sobre as medidas tomadas e as formas de intervenção mais eficazes.

Dicas dos autores

- Esta dinâmica busca explorar os recursos de enfrentamento que os filhos de dependentes de substâncias possuem para lidar com o membro dependente. Trabalha os comportamentos disfuncionais apresentados e discute possibilidades de mudança;
- É importante que o filho participante da dinâmica não seja o membro dependente de substâncias, pois isto poderá mobilizar outros conteúdos e desviar o foco da proposta;
- O facilitador deverá controlar o tempo para que todas as famílias possam relatar suas experiências.

Anotações

O QUE ACONTECE NO FINAL?

Objetivos

- Possibilitar maior contato entre pais e filhos;
- Discutir as diferentes percepções existentes entre os familiares;
- Ampliar o diálogo entre os membros e facilitar a discussão sobre comportamentos de risco, como o uso de drogas;
- Trabalhar as crenças em relação ao eu e ao mundo de cada integrante no grupo familiar.

Indicação

- Família;
- Grupo.

Tempo de duração

- 5 minutos para explicações gerais;
- 15 minutos para o exercício;
- 40 minutos para discussão.

Material necessário

- Folhas sulfite e caneta.
- Material de apoio ao facilitador: O que acontece no final?

O que acontece no final?

Lucas tem 9 anos e mora com os pais e três irmãos mais novos. Seu pai, José, é dependente de álcool e quando está intoxicado discute com a esposa e os filhos e, algumas vezes, os agride fisicamente.

Lucas não pode ir à escola, pois tem que cuidar dos irmãos mais novos, já que a mãe tem depressão e não consegue cuidar deles. A situação financeira é muito precária e, algumas vezes, faltam alimentos para as crianças. Certo dia, um rapaz chama Lucas para buscar algo para ele na "biqueira" e, em troca, lhe dará alguns "trocados".

O que Lucas fará?

____

____

____

____

Procedimentos

- O facilitador do grupo conta uma história que envolve aspectos importantes da dinâmica familiar e comportamentos de risco;
- Interrompe a história que será continuada e finalizada por cada um dos participantes separadamente;
- Pedir para que também escrevam sobre o futuro do protagonista da história contada, mostrando como será a vida dele daqui a 10 anos;
- Discutir os diferentes finais e pontos de vista acerca da mesma situação.

Dicas dos autores

- Esta dinâmica auxilia os filhos de dependentes de substâncias a identificar e evitar as situações de risco com que poderão se deparar. Possibilita também trabalhar suas expectativas em relação ao futuro e mostrar aos pais como podem intervir e estimular as habilidades e potencialidades de seus filhos;
- É necessário que o facilitador esteja atento a algumas situações conflituosas que possam surgir a partir das histórias relatadas;
- É importante controlar o tempo de cada família, para que todos tenham a oportunidade de falar, pois essa atividade possui conteúdos muito complexos, com amplas discussões, dependendo da história fornecida;
- Podem-se também utilizar casos reais, desde que sejam omitidos os dados de identificação dos envolvidos.

Anotações

Nossa história

Objetivos

- Possibilitar maior aproximação e diálogo entre pais e filhos;
- Refletir sobre questões importantes vivenciadas, tanto positivas quanto negativas, em relação aos filhos e ao dependente de substâncias;
- Aprofundar as questões que trazem angústia e sofrimento e poder trabalhá-las, de forma a amenizar esses sentimentos negativos.

Indicação

- Família;
- Grupo.

Tempo de duração

- 5 minutos para explicações gerais;
- 20 minutos para a execução;
- 35 minutos para a discussão.

Material necessário

- Cartolina, revistas, jornais, tesouras, cola, lápis, caneta, lápis de cor, canetinha, giz de cera.

Procedimentos

- Disponibilizar o material no centro da sala;
- Propor ao grupo a montagem de um livro com a história de vida de cada família participante, desde o nascimento do filho até o momento atual. Solicitar que exponham os momentos mais marcantes, com os fatos positivos e negativos vivenciados;
- Na apresentação de cada história, explorar os aspectos de superação e resolução de conflitos em relação aos filhos e ao dependente de substâncias. Trabalhar os problemas ainda existentes.

Dicas dos autores

- Esta dinâmica possibilita a identificação do papel que os filhos ocupam no ambiente familiar, já que é comum assumirem posições e responsabilidades inapropriadas quando se trata de uma família que possui um dependente de substâncias. Auxilia também na visualização da trajetória e do histórico familiar, identificando as conquistas e os problemas ainda existentes;
- O facilitador deverá ficar atento aos comportamentos verbais e não verbais de cada núcleo familiar, ou seja, se estão próximos fisicamente, como se comunicam e reagem no trabalho em grupo. A partir dessas observações, pode-se avaliar melhor o funcionamento familiar e dar um *feedback* a cada família sobre os comportamentos observados.

Anotações

Como nos percebemos

Objetivos

- Refletir sobre como cada membro percebe um ao outro dentro da esfera familiar;
- Propiciar maior entendimento e discussão das divergências;
- Elucidar aspectos comportamentais causadores de conflitos e buscar novas formas de comportamento.

Indicação

- Família;
- Grupo.

Tempo de duração

- 5 minutos para explicações gerais;
- 20 minutos para a execução;
- 35 minutos para a discussão.

Material necessário

- Folha sulfite e caneta.

Procedimentos

- Solicitar aos participantes que dividam a folha com a caneta em duas partes;
- Em um dos lados, deverão escrever os aspectos positivos do familiar acompanhante e, do outro lado, os aspectos negativos deste;
- Pedir que cada participante leia o que escreveu sobre o outro membro;
- Discutir sobre os comportamentos que acarretam conflitos e formas de intervenção;
- Ampliar e reforçar os aspectos positivos do outro.

Dicas dos autores

- Esta dinâmica possibilita que os filhos de dependentes de substâncias exponham suas percepções e pensamentos positivos em relação aos pais, já que o espaço de diálogo no ambiente familiar normalmente é muito precário e permeado de aspectos negativos. Permite também trabalhar de forma mais concreta as percepções negativas e refletir possibilidades de mudança;
- É importante estar atento às situações conflituosas que possam surgir, já que essa atividade poderá mobilizar alguns conteúdos negativos nos participantes e, assim, possivelmente, o facilitador terá que mediar essas divergências.

Anotações

Discutindo sobre adolescência e sexualidade

Objetivos

- Possibilitar e/ou ampliar o espaço de discussão entre pais e filhos sobre os temas adolescência e sexualidade.

Indicação

- Família;
- Grupo.

Tempo de duração

- 5 minutos para explicações gerais;
- 25 minutos para execução da tarefa;
- 30 minutos para discussão.

Material necessário

- Folha de atividades.
- Material de apoio ao facilitador: Adolescência e sexualidade

Adolescência e sexualidade	
O que é adolescência?	Quais são as transformações físicas (corpo) mais comuns (tanto femininas quanto masculinas)?
Quais são as transformações emocionais (sentimentos) mais comuns?	O que é sexualidade?

Procedimentos

- Solicitar que cada família preencha a folha de atividades com seus filhos;
- Discutir as respostas dadas e questionar sobre a dificuldade que sentiram quanto aos temas.

Dicas dos autores

- Esta dinâmica busca esclarecer alguns conceitos que normalmente são causadores de conflitos no ambiente familiar, conflitos estes que podem ser intensificados em famílias de dependentes de substâncias. Além disso, mostra aos pais a importância de ampliar o diálogo sobre esses temas para prevenir situações indesejáveis, como gravidez na adolescência ou doenças sexualmente transmissíveis. Permite também trabalhar algumas crenças e estreitar o vínculo entre pais e filhos;
- Verificar como os familiares se comportam durante a atividade, observando suas expressões faciais e outros comportamentos não verbais;
- Trazer informações baseadas em evidências científicas sobre cada questão durante a discussão;
- Conduzir a atividade de modo que esta não cause constrangimento aos membros do grupo, já que esse é um tema, muitas vezes, evitado nos núcleos familiares.

978-85-4120-168-1

Anotações

Irmãos gêmeos: fatores de risco e fatores de proteção

Objetivos

- Pesquisar fatores de risco e de proteção no desenvolvimento de uma criança ou um adolescente que convive com a dependência de substâncias em seu lar;
- Propiciar maior compreensão dos fatores de risco e proteção e discussão das divergências.

Indicação

- Casal/família;
- Grupo.

Tempo de duração

- 5 minutos para explicações gerais;
- 10 minutos para a confecção dos bonecos;
- 25 minutos para a discussão e fechamento.

Material necessário

- Papel *craft* e caneta.
- Material de apoio ao facilitador:

> - Fatores de risco são características variáveis ou eventos que, se presentes em um indivíduo, fazem com que ele tenha maior probabilidade de desenvolver o uso de drogas.
> - Fatores de proteção são aqueles que minimizam a interferência dos fatores de risco, aumentam a resistência ou fazem com que o envolvimento do indivíduo com o uso de substâncias seja menos provável.
> - Existem vários fatores de risco para o uso de substâncias. Cada um representa um desafio ao desenvolvimento psicológico e social do indivíduo, causando um impacto diferente em cada fase do desenvolvimento:
>   - Fatores de risco individuais e interpessoais: baixa autoestima, fatores genéticos, busca de novas sensações, agressividade, problemas de comportamento, excesso de timidez, rebeldia, alienação, fracasso escolar, pouco comprometimento escolar, etc.
>   - Fatores de risco relacionados com o grupo: proximidade com indivíduos que usam álcool e outras drogas; ligação com jovens que se envolvem em atividades delinquentes; pressão de amigos para o uso de substâncias, etc.
>   - Fatores de risco ligados à família: pais dependentes; permissividade dos pais em relação ao uso de álcool, tabaco e outras drogas; falta de disciplina dos pais; padrões de comunicação negativos; conflitos na família; estresse e disfunções causados por trauma de morte; divórcio; histórico de delitos e/ou prisão dos pais; precariedade socioeconômica;

ausência de suporte para lidar com problemas familiares; rejeição familiar; falta de acompanhamento de adultos em relação às atividades das crianças; falta de rituais familiares (como diálogo, almoços, lazer, passeios e férias em família).

- Fatores de risco ligados à escola: falta de suporte para valores e atitudes positivos; disfunção escolar; altas taxas de uso nocivo de substâncias; baixa autoestima de estudantes e professores; ambiente escolar pouco encorajador para a abstinência; falta de envolvimento entre professores e alunos; falta de envolvimento da escola com o processo de aprendizado dos alunos; fracasso escolar; falta de oportunidades de envolvimento e recompensa (como regras e normas injustas e pouco claras em relação à proibição ao uso de drogas).
- Fatores de risco ligados à comunidade: altas taxas de criminalidade; alta densidade populacional; deterioração física; alta disponibilidade de drogas; valores e atitudes comunitários ambivalentes ou que favoreçam o uso de substâncias; comunidade disfuncional; falta de instituições comunitárias atuantes; falta de inserção e/ou envolvimento na comunidade; falta de oportunidades para o envolvimento de jovens em atividades positivas; altas taxas de uso nocivo de substâncias; pobreza e falta de oportunidades de emprego; facilidade na obtenção de álcool ou drogas e falta de mobilidade e suporte social.

Procedimentos

- Solicitar um voluntário, o qual deverá se deitar sobre a folha bem longa de papel *craft* e os outros participantes farão o contorno do corpo deste em duas folhas;
- Desenhado o contorno, os participantes recortam dois bonecos idênticos que serão dispostos no chão ou colocados na parede com fita crepe;
- A seguir, o facilitador relata que se tratam de irmãos gêmeos idênticos que moram na mesma casa, com um familiar dependente de substâncias;
- O facilitador solicita ao grupo que diga quem é o dependente de substâncias, qual(is) substância(s) ele utiliza e a descrição da personalidade desse familiar;
- Depois, o facilitador relata que um dos irmãos utiliza droga e o outro não;
- A partir desta informação, o facilitador pede aos participantes que comecem a descrever a personalidade de cada um dos irmãos, escrevendo ou desenhando nos respectivos bonecos;
- Por fim, o facilitador propõe discutir os fatores de risco e de proteção de cada um dos irmãos, bem como alternativas de ajuda e resolução de problemas, tanto na esfera individual quanto na familiar.

Dicas dos autores

- É importante estar atento às situações conflituosas que possam surgir no que tange à violência física e doméstica, bem como envolvimento com tráfico. Neste contexto, é importante garantir um clima de sigilo e facilitar a identificação e a projeção nos bonecos, evitando trabalhar na individualidade;
- O facilitador pode sugerir fatores de risco e proteção que interfiram positiva ou negativamente no envolvimento de uma pessoa com o uso de substâncias[2] indicados no Material de apoio ao facilitador.

REFERÊNCIAS BIBLIOGRÁFICAS

1. FIGLIE, N. B.; MILAGRES, E.; CROWE, J. **Família e dependência química: uma experiência com crianças e adolescentes no Jardim Ângela.** São Paulo: Roca, 2009.
2. PEREIRA, C. A.; CAMPOS, G. M.; BORDIN, S.; FIGLIE, N. B. Prevenção ao uso de álcool e outras drogas. In: FIGLIE, N. B.; SELMA, B.; LARANJEIRA, R. **Aconselhamento em dependência química.** 3. ed. Rio de Janeiro: Roca, 2015.

LEITURA COMPLEMENTAR

GIFFONI, V. L. **Enquanto espero... Atendimento psicológico em grupo de sala de espera em serviços de saúde.** São Paulo: Pontifícia Universidade Católica de São Paulo, 2002.

OAKLANDER, V. **Descobrindo crianças: a abordagem gestáltica com crianças e adolescentes.** São Paulo: Summus, 1980.

SEÇÃO 12

Mulheres e a dependência de substâncias psicoativas

Juliana de Almeida Castro Marinho
Marina Ribeiro Rodrigues
Rosiane Lopes da Silva

O consumo de substâncias psicoativas entre mulheres tem aumentado de forma considerável, denunciando um problema crescente na saúde pública. Mulheres representam um dos principais desafios no tratamento do uso de substâncias, uma vez que precisam ser percebidas em seus pormenores, em suas variações comportamentais e em sua condição clínica. A destacar: desenvolvem concentrações mais elevadas de álcool no sangue quando ingerem a mesma quantidade de bebida alcoólica devidamente ajustada para peso e altura que os homens; riscos do uso de substâncias durante a gestação; uso de substâncias é associado à maioria dos casos de violência contra as mulheres; apresentam maior taxa de comorbidades psiquiátricas quando comparado com o gênero masculino, como, por exemplo, os transtornos de humor, depressão, ansiedade e transtornos alimentares; alta prevalência de suicídio; mostram maior tendência à união com homens dependentes de substâncias; os problemas de saúde são mais salientes; preconceito e estigma social exacerbados, entre outros[1].

A maioria dos programas de tratamento existentes foi desenhada com base nas necessidades masculinas e com poucas considerações para as diferenças entre os sexos, sejam fisiológicas, psicológicas ou sociais. Temos o desafio de desenvolver programas de tratamento que sejam sensíveis às particularidades das mulheres dependentes de substâncias e que levem em consideração os diferentes estágios do seu ciclo de vida, dentre eles adolescência, gestação, amamentação, menopausa e envelhecimento.

O objetivo desta seção é proporcionar algumas sugestões de dinâmicas de grupos e atividades que possam ser aplicadas ao gênero feminino, de modo a aumentar a adesão ao tratamento, promover autoconhecimento e motivar para a mudança de comportamentos de risco, principalmente aqueles relacionados com o uso de substâncias.

Tabagismo e a Saúde da Mulher

Objetivos

- Possibilitar que as participantes conheçam alguns malefícios do uso do cigarro;
- Discutir sobre os temas relacionados com o assunto;
- Sensibilizar para o tratamento.

Indicação

- Grupo.

Tempo de duração

- 5 minutos para explicações gerais;
- 30 minutos para a leitura de cada frase e discussão do tema;
- 10 minutos para a leitura do texto;
- 10 minutos para a discussão.

Material necessário

- Frases impressas: Tabagismo e a Saúde da Mulher em papel e recortadas separadamente

978-85-4120-168-1

Quadro 1 – Frases para Discussão: Tabagismo e a Saúde da Mulher

1. A mulher tornou-se um dos alvos prediletos da indústria do tabaco, que vende o cigarro como símbolo de emancipação e independência.
2. Por trás da imagem vendida pela publicidade do cigarro está um produto que causa dependência física e outras doenças, além de danos ambientais. Então, não caia na deles!
3. As doenças cardiovasculares e respiratórias, como infarto, hipertensão arterial, bronquite e enfisema são exemplos de males causados a mulheres que fumam cigarros.
4. A exposição à fumaça do tabaco durante a gestação também aumenta as chances de episódios de hemorragia, complicações com a placenta e durante o parto.
5. Mesmo depois de dar à luz, quando a mãe fuma, a nicotina do cigarro contamina o leite e é absorvida pela criança. O tabagismo também aumenta o risco de osteoporose, infertilidade e menopausa precoce em mulheres.
6. As mulheres que fumam têm mais risco que os homens de desenvolverem câncer de pulmão.
7. O tabagismo está associado ao câncer do colo do útero, segundo tipo mais comum entre as brasileiras.
8. O risco de doenças do aparelho circulatório chega a ser 10 vezes maior em mulheres jovens que usam anticoncepcionais orais e fumam.
9. Mulher, você merece algo melhor que o cigarro!
10. Mesmo quem não fuma, mas respira a fumaça de produtos de tabaco, se torna fumante passivo e corre o risco de ter câncer de pulmão, infarto e muitas outras doenças graves.
11. As pontas de cigarro lideram a lista de itens mais coletados nas praias e correspondem a até 50% de todo o lixo coletado em ruas e rodovias.

12. O cultivo de tabaco envolve largo uso de agrotóxicos, que causam sérios danos à saúde dos fumicultores e poluem rios e o solo.
13. O tabagismo é um causador independente do envelhecimento da pele.
14. A madeira é o principal combustível para a secagem das folhas do tabaco. Isso faz com que o tabagismo contribua de forma significativa para o desmatamento global.
15. As guimbas ou cigarros acesos são importantes causas de incêndio, tanto domésticos quanto em matas e florestas.
16. Uma vez abandonado o cigarro, o risco de doença cardíaca começa a diminuir. Após 1 ano, o risco é reduzido à metade e, após 10 anos, atinge o mesmo nível daqueles que nunca fumaram.
17. Não fumar melhora a beleza, a saúde e o meio ambiente.
18. Sua respiração, seu fôlego e seus batimentos cardíacos começam a voltar ao normal no primeiro dia sem fumar.
19. O filtro do cigarro demora quase 25 anos para se decompor e é levado pela chuva para rios, lagos e oceanos, prejudicando peixes e aves marinhas que podem ingeri-lo.
20. Ao parar de fumar, sua pele fica mais saudável e diminui a chance de você ter rugas e envelhecimento precoce, causados pelo cigarro.
21. O dinheiro gasto com cigarros pode ser investido em outras necessidades pessoais e da família.
22. O SUS oferece tratamento gratuito para quem deseja parar de fumar. Para orientações sobre como deixar de fumar ou encontrar um centro de tratamento mais próximo a sua casa, ligue para 0800-611997.

- Material de apoio ao facilitador: Quadro 2

Quadro 2 – Tabagismo feminino

Epidemiologia do tabagismo: o tabagismo feminino traz uma nova preocupação para a saúde pública. Os dados epidemiológicos do tabagismo feminino sob a ótica da leitura sociológica identificam três tendências – a pauperização, a juvenilização e a feminização.

A tendência de crescimento do tabagismo feminino ao longo das últimas décadas aponta para um quadro extremamente complexo, no qual problemas emergentes se articulam aos anteriores e em que questões de saúde reprodutiva se associam às não reprodutivas. O uso do tabaco potencializa os riscos, por exemplo, das associações entre doenças cardiocerebrovasculares e a contracepção hormonal e, nas patologias tradicionais, as relacionadas com a gravidez e o parto. As tendências epidemiológicas do tabagismo apontam para um problema que, dentro de poucos anos, será majoritariamente feminino.

Impacto do tabagismo na saúde da mulher: as principais causas de morte na população feminina hoje são, em primeiro lugar, as cardiovasculares (infarto agudo do miocárdio e acidente vascular encefálico). Em segundo, as neoplasias – mama, pulmão e colo de útero. E, em terceiro, as doenças respiratórias. É possível perceber que as três causas podem estar relacionadas com o tabagismo, sendo que o câncer responsável pela maioria das mortes femininas (mama) já foi ultrapassado em incidência pelo de pulmão entre mulheres em diversos países desenvolvidos.

Dados sobre o impacto do tabagismo na saúde da mulher fumante:

1. O risco de infarto do miocárdio, embolia pulmonar e tromboflebite em mulheres jovens que usam anticoncepcionais orais e fumam chega a ser 10 vezes maior que nas que não fumam e usam este método de controle da natalidade.

2. Mulheres fumantes de dois ou mais maços de cigarros por dia têm 20 vezes mais chances de morrer de câncer de pulmão do que mulheres que não fumam.

(continua)

Quadro 2 – Tabagismo feminino (*continuação*)

3. As mulheres têm risco maior de ter câncer de pulmão com exposições menores do que os homens. Adenocarcinomas ocorrem mais em mulheres fumantes do que em homens e estão associados ao modo diferenciado de fumar (inalação profunda) e/ou produtos voltados para as mulheres.

4. Calcula-se que o tabagismo seja responsável por 40% dos óbitos nas mulheres com menos de 65 anos de idade e por 10% das mortes por doença coronariana nas mulheres com mais de 65 anos.

5. Mulheres fumantes que não usam métodos contraceptivos hormonais reduzem a taxa de fertilidade de 75% para 57%, devido ao efeito causado pelas taxas de concentração de nicotina no ovário.

6. As fumantes que fazem uso de contraceptivos orais apresentam risco de doenças do sistema circulatório, aumentando em 39% as chances de desenvolverem doenças coronarianas e em 22% as de acidentes vasculares cerebrais.

7. Fumar durante a gravidez traz sérios riscos. Abortos espontâneos, nascimentos prematuros, bebês de baixo peso, mortes fetais e de recém-nascidos, complicações com a placenta e episódios de hemorragia (sangramento) ocorrem mais frequentemente quando a grávida é fumante. Tais problemas se devem, principalmente, aos efeitos do monóxido de carbono e da nicotina exercidos sobre o feto, após a absorção pelo organismo materno.

8. Um único cigarro fumado pela gestante é capaz de acelerar em poucos minutos os batimentos cardíacos do feto, devido ao efeito da nicotina sobre seu aparelho cardiovascular.

Procedimentos

- Fazer um círculo;
- Pedir que uma participante sorteie um papel e leia a frase que tirou e diga o sentido que tem para si e também o que pensa sobre o tema;
- Seguindo no círculo, cada uma deve tirar uma frase e apresentar até que o último papel seja retirado;
- O terapeuta lê o texto de apoio para elucidar a atividade;
- Por fim, refletir com o grupo sobre a importância de entrar em contato com as informações sobre os malefícios do uso de tabaco e da possibilidade de tratamento via Sistema Único de Saúde (SUS);
- Entregar o texto de apoio para elas.

Dica das autoras

- Algumas participantes podem estar mais motivadas e abertas ao assunto que outras. De qualquer maneira, deve-se ter atenção para não entrar nas resistências que se apresentarem (pode-se atender a estes casos individualmente após o grupo) e enfocar o caráter psicoeducativo da atividade.

Anotações

Álcool – o que me atrai?

Objetivos

- Refletir sobre o papel que o álcool ocupa na vida;
- Reconhecer comportamentos relacionados.

Indicação

- Individual;
- Grupo.

Tempo de duração

- 10 minutos para explicações gerais;
- 20 minutos para realização da atividade;
- 20 minutos para discussão e apresentação da atividade para o grupo;
- 10 minutos para discussão.

Material necessário

- Lápis.
- Atividade impressa para cada participante; álcool: o que me atrai?

Álcool: o que me atrai?

1. Que sensações positivas tenho quando faço uso do álcool?

____

____

____

2. Que sensações positivas tenho quando *não* faço uso do álcool?

____

____

____

3. Como me comporto quando estou alcoolizada?

____

____

____

4. Como me comporto quando *não* estou alcoolizada?

____

____

____

Procedimento

- Estimular as participantes a pensarem sobre as questões da figura anterior.

Dicas das autoras

- Reforçar aspectos positivos da abstinência e motivar as pacientes para a mudança de comportamentos;
- Para complementar a dinâmica e estimular a paciente participante a pensar sobre sua doença, sugere-se que seja feito um material psicoeducativo ilustrado a respeito das doenças clínicas relacionadas com o alcoolismo;
- Esta dinâmica pode ser adaptada para dependentes de maconha e benzodiazepínicos.

Anotações

COCAÍNA, *CRACK* E AS VULNERABILIDADES

Objetivo

- Reflexão sobre o uso de cocaína e *crack* e suas consequências.

Indicação

- Individual;
- Grupo.

Tempo de duração

- 20 minutos para explicações gerais e leitura da poesia;
- 30 minutos para realização da atividade;
- 30 minutos para discussão;
- 10 minutos para discussão.

Material necessário

- Lápis e papel sulfite.
- Material de apoio ao facilitador: Poesia

"A cocaína" (versos de uma prostituta usuária de cocaína, musicados por Sinhô [1888-1938]).

I

Só um vício me traz/Cabisbaixa me faz

Reduz-me a pequenina/Quando não tenho à mão

A forte cocaína/Quando junto de mim

Ingerido em porção/Sinto sã sensação

Alivia-me as dores/Deste meu coração

REFRÃO

Ai, ai, és a gota orvalina/Só tu és minha vida

Só tu, ó cocaína/Ai, ai, mais que flor purpurina

É o vício arrogante/De tomar cocaína

II

Sinto tal comoção/Que não sei explicar
A minha sensação/Louca chego a ficar
Quando sinto faltar/Este sal ruidoso
Que a mim só traz gozo/Somente em olhar
Para ele esquecer/Eu começo a beber

III

Quando estou cabisbaixa
Chorando sentida/Bem entristecida
É que o vício da vida/Deixa a alma perdida
Sou capaz de roubar/Mesmo estrangular
Para o vício afogar/Neste tóxico bravo
Que me há de findar

Procedimentos

- Ler a poesia da figura a seguir e solicitar que cada participante, individualmente, reflita e destaque trechos em que se identifique, com base em sua história de vida e de uso de substâncias;
- Sugerir que seja feito um texto expressando os sentimentos gerados pela leitura;
- Convidar as participantes a explorar suas reflexões espontaneamente com o grupo para finalização.

Dica das autoras

- Temas que podem ser trabalhados com base na poesia sugerida: autoestima, sofrimentos e sentimentos, papéis sociais, prazeres, alívio de problemas e abstinência, expectativa com relação à droga *versus* expectativa para a vida.

Tratamentos anteriores: tenho vergonha do quê?

Objetivos

- Propiciar reflexão sobre os tratamentos pelos quais já tenham passado;
- Os ganhos e as dificuldades que encontraram;
- Promover o autoconhecimento;
- Predispor à maior consciência quanto a gatilhos, situações de risco e recaídas, assim como possibilidades de aumento do enfrentamento e habilidades psicossociais;
- Promover uma nova perspectiva quanto ao tratamento atual.

Indicação

- Individual;
- Grupo.

Tempo de duração

- 5 minutos para explicações gerais;
- 25 minutos para realização do exercício;
- 30 minutos para apresentação e discussão.

Material necessário

- Lápis preto.
- Folha de atividades: Tratamentos anteriores: tenho vergonha do quê?

Tratamentos anteriores: tenho vergonha do quê?

1) Início do uso (idades, substâncias e situações):

____

____

2) Barreiras para o tratamento (situações, sentimentos, dificuldades):

____

____

3) Êxitos em tratamentos anteriores/sucesso no alcance e na manutenção da abstinência (fatores de proteção, vantagens em não usar, autoeficácia):

____

____

4) Profissional/participante ou alguém de referência importante para você em algum tratamento anterior:

____

Procedimentos

- Entregar uma folha de atividades a cada participante;
- Auxiliar quem necessite de apoio durante a execução do exercício;
- Pedir que escrevam a respeito dos tópicos da figura anterior;
- Incentivar a reflexão dos principais impedimentos externos e internos que influenciam a não adesão ao tratamento;
- Reforçar o seguimento do tratamento como fundamental para a manutenção da abstinência e das mudanças pessoais necessárias.

Dicas das autoras

- Incentivar a reflexão dos principais impedimentos externos e internos que influenciam a não adesão ao tratamento;
- Reforçar o seguimento do tratamento como fundamental para a manutenção da abstinência e das mudanças pessoais necessárias.

Anotações

Comorbidades psiquiátricas

Objetivos

- Oferecer informações sobre os principais transtornos psiquiátricos associados ao uso de substâncias nas mulheres;
- Estimular o tratamento da comorbidade.

Indicação

- Grupo.

Tempo de duração

- 10 minutos para explicações gerais;
- 30 minutos para exposição do tema escolhido;
- 20 minutos para discussão.

Material necessário

- *Datashow*;
- Material de apoio ao facilitador: Principais comorbidades a serem abordadas

Principais comorbidades a serem abordadas

- Transtornos de ansiedade. A ansiedade, por si mesma, é um estado natural do ser humano, que pode aparecer diante de situações que provocam medo e angústia, porém esses sintomas são transitórios e logo se dissipam. Eles podem estar presentes em momentos importantes à sobrevivência do ser humano, pois são esses sentimentos que o impulsionam a agir diante das situações perigosas[2]. Porém, em seu estado patológico, ele pode causar sérios problemas adaptativos à pessoa. Os principais transtornos de ansiedade na mulher dependente química são fobias sociais, transtornos do pânico, ansiedade generalizada, transtorno obsessivo-compulsivo e estresse pós-traumático. Sabe-se que o consumo de álcool e outras drogas aumenta em 2 a 3 vezes os riscos para um transtorno de ansiedade. Devido ao mecanismo de ação de cada droga no sistema nervoso central, a ansiedade pode estar presente no momento da abstinência (drogas depressoras, p. ex. álcool) e da intoxicação (drogas estimulantes, p. ex. cocaína). As drogas perturbadoras (p. ex., maconha) podem causar sintomas de ansiedade transitórios[3]. Os transtornos de ansiedade são compreendidos por manifestações de dificuldades e sentimentos intensos e persistentes de ansiedade que podem perdurar por seis meses ou mais, são diferentes de medos passageiros que todas as pessoas podem ter ao longo da vida[2]. Além disso, eles provocam uma aflição extrema que não está relacionada a um perigo real ou iminente; dificilmente são minimizados por gestos tranquilizadores ou pelo uso da razão ou à evidência. Não podem ser controlados pelo uso da vontade; podem persistir por um tempo prolongado, interferindo em seu desenvolvimento[2].

- As fobias sociais podem ser entendidas como a apresentação de um medo acentuado e persistente em que a pessoa possa vir a ser avaliada negativamente ou a agir de forma inapropriada em situações sociais[2,4].
- No transtorno do pânico, a pessoa é acometida por ataques súbitos de pânico recorrentes, que ocorrem em situações diversas sem relação com uma ameaça vital, uma doença, um outro transtorno ou ao uso de substâncias psicoativas[2]. Esses ataques são limitados, porém muito brutais, pois atingem o auge em minutos e diminuem a intensidade rapidamente. Por ser extremamente intrusivo, ele provoca o temor de novos ataques semelhante ou mais graves, de tal forma que a pessoa acometida por esse transtorno preocupa-se com as consequências negativas sobre sua saúde física e mental. Fica em estado de alerta para novos episódios, prestando atenção para qualquer sinal que possa estar relacionado ao ataque, como respiração, dor, etc.; apresenta pensamento catastrófico diante desses sinais[2].
- Transtorno obsessivo-compulsivo, também conhecido como TOC, caracteriza-se por obsessões e/ou compulsões recorrentes que atrapalham a vida cotidiana do indivíduo, seus relacionamentos, vida ocupacional e social, pois consome tempo consideravelmente grande (mais de uma hora por dia). As obsessões podem estar presentes na forma de ideias, pensamentos, impulsos ou imagens vivenciados como intrusivos e inadequados que causam grande ansiedade e desconforto, gerando sofrimento no indivíduo. As compulsões estão relacionadas a comportamentos repetitivos ou atos mentais, como, por exemplo, lavar as mãos, ordenar, verificar ou orar, contar, repetir palavras em silêncio. Tais atos possuem a função de prevenir ou minimizar a ansiedade[4].
- O sintoma essencial no transtorno de ansiedade generalizada é a presença de uma ansiedade ou preocupação excessiva, que ocorre na maioria dos dias ou diariamente, por um período de seis meses ou mais. Outros sintomas podem estar presentes, além da ansiedade e preocupação, como inquietação, fatigabilidade, dificuldade em concentrar-se, irritabilidade, tensão muscular e perturbação do sono[4].
- Os sintomas de ansiedade do transtorno de estresse pós-traumático ocorrem após a exposição a um evento estressor traumático envolvendo a própria pessoa (ameaças de morte, abuso sexual, violência) ou pessoas próximas a ela (morte ou agressão grave de um membro da família)[2,4]. A resposta ao evento envolve reações de medo intenso, impotência ou horror, que podem perduram por mais de um mês, causando sofrimento e prejuízo no funcionamento social, ocupacional e em outras áreas da vida da pessoa, que pode passar a evitar situações sociais com medo de que o evento traumático possa ocorrer novamente[4].

• Transtornos do humor:
- Transtorno afetivo bipolar: este transtorno é caracterizado por episódios repetidos (isto é, pelo menos dois) nos quais o humor e os níveis de atividade do indivíduo estão significativamente perturbados. Em algumas ocasiões, com uma elevação do humor e aumento de energia e atividade (mania ou hipomania) e em outras de um rebaixamento do humor e diminuição de energia e atividade (depressão). Ocorre aproximadamente igual em ambos os sexos. Indivíduos que sofrem somente de episódios de mania são raros e se assemelham em sua história familiar, personalidade pré-mórbida, idade de início e prognóstico a longo prazo. Aqueles que têm também, pelo menos, episódios ocasionais de depressão, são classificados como bipolares[5]. O transtorno bipolar é um fator de risco para o consumo de álcool e outras drogas, e o uso destas complica o prognóstico dessas pacientes. Quanto mais cedo o transtorno inicia, maior a chance do consumo de substâncias, e esse uso parece aumentar os sintomas depressivos e de mania e diminuir as chances de sucesso de abordagens medicamentosas e psicossociais, aumentando o período de internações[3].
- Episódios depressivos: a depressão é, comprovadamente, a doença que mais causa incapacitação em mulheres com idade entre 15 a 44 anos. O suicídio é a segunda causa de morte para mulheres nessa faixa etária. A depressão maior na mulher pode se manifestar a partir dos 11 até os 14 anos, assim se mantendo no decorrer da vida adulta. Fatores de risco

(continua)

(*continuação*)

associados à depressão têm sido identificados, como história familiar, adversidade na infância, aspectos associados à personalidade, isolamento social e exposição a experiências estressantes. Taxas de ansiedade associada à depressão mostram maior abuso de substâncias psicoativas e transtornos de conduta[6]. Os hormônios sexuais sugerem um papel determinante nos episódios depressivos. Situações de variação hormonal têm sido associadas ao humor depressivo, como o período pré-menstrual, puerpério, menopausa, uso de contraceptivos orais e terapia de reposição hormonal. O período pós-parto está associado também ao aumento substancial das taxas de depressão, e é mais frequente ocorrer pela primeira vez em mulheres que têm história familiar de depressão, comparados com os quadros recorrentes[6]. Há maior persistência dos episódios depressivos em mulheres que em homens, devido à influência de pressões sociais, estresse crônico e baixo nível de satisfação associadas ao desempenho de papéis tradicionalmente femininos, ou pela maneira diferente entre os gêneros de lidar com problemas e buscar soluções[6]. A depressão atípica é o quadro mais comum em mulheres, caracterizada principalmente por sintomas vegetativos reversos, como hipersonia e hiperfagia. Geralmente, o quadro tem início em idade precoce e se apresenta com maiores índices de sintomas depressivos, ideias e tentativas de suicídio, comorbidade psiquiátrica (pânico, fobia social e dependência a substâncias psicoativas), presença de sintomas ansiosos, irritabilidade, abuso sexual e negligência na infância, além de maior incapacitação e uso de recursos de saúde[6]. Segundo a CID-10 (1993), os episódios depressivos podem ser classificados em leve, moderado e grave. O indivíduo geralmente sofre de humor deprimido, perda de interesse e prazer e energia reduzida, levando a uma fatigabilidade aumentada e atividade diminuída. Cansaço marcante após esforços leves também é comum. Outros sintomas comuns são:

- Concentração e atenção reduzidas;
- Autoestima e autoconfiança reduzidas;
- Ideias de culpa e inutilidade (mesmo em um tipo leve de episódio);
- Visões desoladas e pessimistas do futuro;
- Ideias ou atos autolesivos ou de suicídio;
- Sono perturbado;
- Apetite diminuído.

• Transtorno alimentar: das mulheres diagnosticadas com algum tipo de transtorno da alimentação, um quarto tem ou teve abuso ou dependência de álcool, que é maior entre as pacientes com bulimia e um terço delas utiliza outras substâncias, como as anfetaminas[3]. Os transtornos alimentares (TA), particularmente a anorexia e a bulimia nervosa, são causas importantes de morbidade e mortalidade em adolescentes do sexo feminino e mulheres jovens. Esses transtornos estão associados a consequências clínicas e psicológicas devastadoras, incluindo retardo no crescimento e desenvolvimento, infertilidade, osteoporose e morte. A história clínica típica pode levar ao diagnóstico sem auxílio de métodos laboratoriais. A abordagem clínica completa ressalta: o início do quadro, velocidade da perda de peso, magnitude da perda, hábitos alimentares, descrição detalhada da ingestão alimentar, uso de laxativos, diuréticos ou medicações anorexígenas; distúrbios gastrointestinais, alterações na pele e dentição, além da história menstrual. Outro detalhe importante avaliado é o nível de atividade física de cada paciente, visando determinar o gasto energético diário. Deve-se descartar, de maneira segura, causas orgânicas, como desnutrição, tumores do sistema nervoso central, doenças consuptivas, síndromes de má-absorção intestinal, doenças do colágeno, hipotireoidismo, fibrose cística, *diabetes mellitus* e infecções, antes de se iniciar a terapêutica psiquiátrica e nutricional[6].

– Anorexia nervosa (AN): caracteriza-se por recusa em manter o peso corporal dentro do mínimo esperado para a idade e a altura, medo intenso de engordar ou de se tornar obeso (mesmo apresentando déficit e desnutrição), distorção da imagem corporal ou negação da gravidade de sua condição nutricional, amenorreia primária ou secundária. De acordo com o tipo de comportamento alimentar, a AN também é dividida nos subtipos restritivo e purgativo. O risco de se desenvolver anorexia nervosa em mulheres é de 0,5% a 1%, mas não é um transtorno comum na população geral[6].

– Bulimia nervosa (BN): define-se pela presença frequente de compulsão alimentar, com ingestão, em um período curto de tempo (inferior a 2 horas), de grande quantidade de alimento. Esses episódios são acompanhados de sentimento de perda do controle sobre a quantidade de alimentos ingeridos e seguidos frequentemente de eventos compensatórios para prevenção de ganho de peso (vômitos provocados, uso de laxantes, diuréticos, inibidores de apetite, enemas, realização de exercício excessivo e de jejum)[6].

- Transtornos de personalidade:
  – Transtorno de personalidade dependente: é caracterizado pela dependência afetiva e física de outras pessoas. Geralmente, os indivíduos evitam situações que os levem a assumir responsabilidades para si, muitas vezes por se julgarem impotentes e/ou insuficientes[7]. Indivíduos com esse transtorno necessitam de relações de apoio para administrar suas vidas. São pessoas mansas, amáveis, passivas e dispostas a dar tudo de si, mesmo que em alguns momentos estejam em situações desagradáveis, uma vez que estes comportamentos podem gerar a atenção ao apoio que precisam. Apresentam dificuldade em iniciar projetos pessoais e têm grande preocupação com o abandono, já que se sentem incapazes de cuidar de si mesmos.
  – Transtorno de personalidade histriônica: esses indivíduos apresentam necessidade excessiva de chamar atenção para si mesmos, buscando apoio e aprovação. São sedutores, animados e manipuladores, apresentam exagerada demonstração de emoções, a fim de suprir suas próprias necessidades. Eles têm baixa tolerância à frustração, rápida variação de humor e tendem a tomar decisões precipitadas[7]. Em geral são bons profissionais, porém têm baixos índices de sucesso social. Frequentemente não conseguem perceber sua situação pessoal de forma realista e tendem a dramatizar e exagerar suas dificuldades.
  – Transtorno de personalidade emocionalmente instável: Também conhecido como transtorno de personalidade *borderline*. Os indivíduos com esse transtorno estabelecem relações interpessoais instáveis e sentimentos de vazio, o que gera esforço intenso para evitar o abandono, seja esse real ou imaginário[8]. Apresentam baixo limiar a frustração, dificuldade em controlar a raiva, automutilação, tentativas de suicídio manipulativas e necessidade de se achar especial.
  – Transtorno de personalidade antissocial: Também conhecido como sociopatia ou psicopatia, é caracterizado por um comportamento impulsivo, pelo desprezo das normas sociais, completa ausência de empatia com outros seres humanos, irritabilidade e agressividade[7]. São indivíduos interesseiros, mentirosos e egoístas, não se preocupam com o bem-estar do próximo e geram prejuízos aos que convivem com eles, sem apresentar qualquer sinal de remorso ou arrependimento. Incapazes de sentir amor ou afeto, eles têm uma vida sexual impessoal e dificuldade de estabelecer planos de vida. São pessoas incapazes de manter uma relação leal e duradoura, maltratam animais e dificilmente aprendem e modificam atitudes com as punições.

Procedimentos

- Exposição do conteúdo de forma didática;
- Gerar um clima de conversa, estimulando o interesse das participantes;
- Finalizar concentrando-se na importância do tratamento medicamentoso e psicoterapêutico.

RELAXAMENTO

Objetivos

- Aliviar a tensão psíquica que gera tensão muscular;
- Reduzir a ansiedade;
- Gerar um estado de tranquilidade mental e emocional;
- Dotar as participantes a utilizar a técnica como uma habilidade de enfrentamento das situações cotidianas que estão produzindo tensão e ansiedade.

Indicação

- Individual;
- Grupo.

Tempo de duração

- 5 minutos para explicações gerais;
- 30 minutos para execução;
- 15 minutos para discussão.

Material necessário

- Colchonetes (preferencialmente) ou cadeiras ou poltrona confortável (colocar um travesseiro sob a cabeça, se possível);
- Dispositivo de som para reproduzir músicas (escolher músicas clássicas);
- Material de apoio ao facilitador: Relaxamento: série de exercícios

Relaxamento: série de exercícios

Exercício 1 – Respiração lenta e abdominal – explicar e praticar 10 respirações:

- Respirar de maneira profunda e calma, predominantemente pelo abdome.
- Respiração lenta com a expiração durando aproximadamente o dobro da inspiração. Observar o retesamento da caixa torácica na inspiração e a descontração na expiração.
- Pensar em frases como: "estou calma e tranquila, nada pode me perturbar".

Exercício 2 – Contração do braço direito:

- Imaginar que seu braço direito está ficando pesado, cada vez mais pesado, como se fosse de chumbo.
- Deve-se repetir o exercício aproximadamente seis vezes e, depois de um pequeno intervalo de alguns segundos, passar para o braço esquerdo.

Exercício 3 – Duas etapas:

- Refazer os exercícios 1 e 2.
- Fazer o mesmo exercício para os membros inferiores, começando pela perna direita e passando depois para a esquerda. Valem as mesmas recomendações gerais anteriores.

Exercício 4 – Três etapas:

- Refazer o exercício para sensação de peso nos braços.
- Refazer o exercício para sensação de peso nas pernas.
- Dizer a frase: "seu corpo todo agora está ficando pesado, pesado como se fosse um chumbo" – repetir a afirmação por seis vezes.
- Exercício para sensação de peso no corpo.
- Voltar ao estado de vigília normal – após cada exercício, abrir lentamente os olhos, espreguiçar-se e voltar à posição inicial.

Procedimentos

- Explicar sobre a técnica de Jacobson, que é a aprendizagem do relaxamento progressivo: colocar em repouso região por região, do ponto de vista mental – territórios do cérebro correspondentes às partes do corpo relaxadas;
- Preferencialmente, o participante deve ficar em decúbito dorsal, manter os braços um pouco afastados do corpo, em ângulo aproximado de 20°, e com os olhos fechados ou semicerrados. As pernas devem estar entreabertas, em um ângulo semelhante, e os pés voltados para fora. As palmas das mãos voltadas para dentro, mas sem forçar a musculatura dos braços e dos punhos, e os dedos semifletidos (no ioga esta é a "posição do morto");
- Lembretes:

– É importante saber discriminar as reações do corpo antes e depois do relaxamento;
– Não usar a chamada "força de vontade";
– Entregar-se passivamente à imaginação, com espontaneidade, confiança e sem "forçar" o pensamento;
– Se houver distração, isto é, a intromissão de outro pensamento qualquer na mente, deve-se observar tranquilamente este pensamento vir e passar, como se observasse um objeto descendo sobre um riacho, e então retomar o exercício.

Dicas das autoras

- O participante deverá fazer cada série de exercícios duas vezes por dia;
- O facilitador dará o treinamento inicial e aferirá os resultados periodicamente, pelo menos uma vez por semana, para que o paciente vá aprofundando a consciência do movimento de contração e, principalmente, de descontração;
- Sugestão de músicas: Vivaldi (*As quatro estações: o inverno*); Bach (*Ária para corda [sol]*); Beethoven (*Romance para violino e orquestra nº 2, opus 50*);
- Esta dinâmica também pode ser aplicada a grupos de pacientes homens e/ou adolescentes.

CONHECENDO MINHA AUTOESTIMA

Objetivos

- Promover melhor aceitação de si mesma;
- Possibilitar maior confiança e enfrentamento dos problemas e obstáculos do dia a dia;
- Desfrutar os resultados dos próprios esforços;
- Promover maior conscientização das próprias necessidades para obtenção da autoestima.

Indicação

- Individual;
- Grupo.

Tempo de duração

- 5 minutos para explicações gerais;
- 20 minutos para execução do exercício individualmente;
- 10 minutos para cálculo do resultado do questionário;
- 30 minutos para apresentação do texto complementar;
- 15 minutos para discussão com o grupo sobre os resultados do questionário e o texto;
- 10 minutos para fechamento.

Material necessário

- Folha de atividades: Questionário Rosenberg (UNIFESP-EPM) – ver página 501.

Questionário Rosenberg (UNIFESP-EPM)

Nome e idade: ______________________________ Data: ______

Por favor, leia cada questão, veja o que você acha e faça um círculo na letra que lhe parecer a melhor resposta.

		Concordo plenamente	Concordo	Discordo	Discordo plenamente
1	De forma geral, estou satisfeita comigo mesma.	A	B	C	D
2	Às vezes, acho que não sirvo para nada.	A	B	C	D
3	Sinto que tenho um tanto de boas qualidades.	A	B	C	D
4	Sou capaz de fazer coisas tão bem quanto a maioria das outras pessoas.	A	B	C	D
5	Sinto que não tenho muito do que me orgulhar.	A	B	C	D
6	Às vezes, realmente me sinto inútil.	A	B	C	D
7	Sinto que sou uma pessoa de valor, pelo menos do mesmo nível que as outras pessoas.	A	B	C	D
8	Gostaria de ter mais respeito por mim mesma.	A	B	C	D
9	Quase sempre estou inclinada a achar que sou uma fracassada.	A	B	C	D
10	Tenho uma atitude positiva em relação a mim mesma.	A	B	C	D

Para calcular o escore:

- As afirmativas 1, 3, 4, 7 e 10 estão relacionadas à autoestima elevada:
  - Pontue 0 para a alternativa A, "concordo plenamente".
  - Pontue 1 para a alternativa B, "concordo".
  - Pontue 2 para a alternativa C, "discordo".
  - Pontue 3 para a alternativa D, "discordo plenamente".
- As afirmativas 2, 5, 6, 8 e 9 estão relacionadas à baixa autoestima:
  - Pontue 3 para a alternativa A, "concordo plenamente".
  - Pontue 2 para a alternativa B, "concordo".
  - Pontue 1 para a alternativa C, "discordo".
  - Pontue 0 para a alternativa D, "discordo plenamente".
- Sugestão de análise:
  - 0 a 4: baixa autoestima.
  - 5 a 8: média autoestima.
  - 9 a 12: autoestima elevada.

- Material de apoio ao facilitador: Autoestima

Autoestima

Autoestima é a avaliação que a pessoa faz de si mesma, que pode ser elevada, quando se sente confiante e competente, confiando em suas ideias e no seu modo de enfrentar os problemas.

A baixa autoestima é composta de falta de confiança em si mesmo, insegurança para enfrentar os problemas da vida, falta de respeito por si mesmo, sentimentos de desvalorização ou menos valia, acreditar que não merece o amor e o respeito das outras pessoas e achar que não merece ser feliz, além do medo de expor suas ideias, vontades e necessidades.

A autoestima pode ser média, quando oscila entre os sentimentos de confiança e competência e os sentimentos de falta de confiança em si mesmo e incompetência.

Alguns fatores estão relacionados com a baixa autoestima, tais como violência familiar, violência sexual, uso de substâncias psicoativas, baixo desempenho escolar e outros.

Para desenvolver sua autoestima e deixá-la elevada é importante *viver conscientemente*, participando de modo ativo do que lhe interessa, estando aberta às informações e conhecimentos de seu interesse; *aceitar-se*, saber ouvir críticas, aprendendo a não ser hostil ou competitiva com as outras pessoas, respeitando seus próprios valores e os das outras pessoas; *responsabilizar-se* pela própria vida e bem-estar, não delegando isto a terceiros ou responsabilizando-os por experiências do passado; *viver o hoje*, pedindo ajuda quando achar necessário; *viver objetivamente*, estabelecendo objetivos e metas de curto e longo prazos, entendendo que a vida está em constante transformação e que seus desejos e necessidades mudam conforme você os atinge; *ser íntegra*, sincera e compromissada, seguindo os valores que admira; *harmonizar o lar*, deixando-o limpo e bem cuidado; *alimentar-se bem*, comendo adequadamente; *observar-se*, prestando atenção em seus próprios pensamentos, se negativos, positivos, ou neutros; *ter objetivos* materiais e espirituais, procurando ser paciente, bondosa, serena, confiável, amiga, humilde, aberta, sincera, simples, esperançosa e confiante; *exercitar-se*, escolhendo uma atividade que goste; *descobrir talentos* como forma de *ocupar o tempo*; *aceitar a vida*, parando de reclamar, aceitando as pessoas como elas são, mas também sem se acomodar com os problemas e dificuldades da vida. Mudar o que é possível e aceitar o que não é; *harmonizar-se com a natureza*, visitando parques, não jogando lixo nas vias públicas, pois como parte da natureza é importante respeitá-la para manter nossa qualidade de vida.

Procedimentos

- Introduzir o tema da autoestima perguntando ao grupo sobre o que pensam ser autoestima;
- Em seguida, propor o exercício prático, para que as participantes observem como anda sua autoestima;
- Fazer o cálculo da escala;
- Iniciar a explicação do tema, utilizando o texto complementar, uma apresentação em *slides* ou outros recursos que achar apropriados;
- Fazer o fechamento com base nos resultados do questionário, no texto complementar e nas colocações das participantes.

Dicas das autoras

- Esta dinâmica requer algum nível de vínculo entre as participantes e os coordenadores. Estimula o surgimento de muitos conteúdos que deverão ser abordados em sessões seguintes;
- O questionário pode ser aplicado no início ou após a leitura do texto/explicação do tema;
- Dinâmica também indicada para adolescentes.

Anotações

Melhorando minha autoestima

Objetivos

- Promover o conhecimento da autoestima;
- Possibilitar maior contato com as crenças a respeito de si mesma.

Indicação

- Individual;
- Grupo.

Tempo de duração

- 5 minutos para explicações gerais;
- 30 minutos para execução do exercício individualmente;
- 45 minutos para apresentação dos desenhos e fechamento.

Material necessário

- Folhas sulfite, lápis de cor, canetas hidrocor, revistas para recortar, cola branca, tesoura.

Procedimentos

- Introduzir o tema da autoestima retomando o questionário e o texto complementar da dinâmica anterior página ... conhecendo minha autoestima;
- Pedir ao grupo que utilize a criatividade para desenhar ou recortar figuras que representem o que falta em suas vidas para que tenham autoestima e o que podem fazer para melhorá-la;
- Dar um tempo para que realizem a tarefa e, em seguida, pedir que cada uma apresente seu trabalho para o grupo;
- Fazer o fechamento com base no que as participantes falaram, recortaram ou desenharam.

Dicas das autoras

- Esta dinâmica deve ser aplicada em sessão após o questionário e o texto explicativo, pois as participantes terão mais recursos para dar sugestões e sugerir melhorar a autoestima;
- Pode ser comum certa resistência de início e comentários do tipo "não sei desenhar" ou "não estudei o suficiente". É importante deixar claro que não serão avaliadas dessa forma e que a dinâmica ajuda na melhor compreensão e abordagem do tema. Se não quiserem desenhar, devem dispor de revistas. É importante o desenho ou a colagem, para que saiam um pouco do racional e possam se expressar de outra forma, estimulando assim a criatividade.

Anotações

Cuidando de si mesma

Objetivos

- Promover o conhecimento das necessidades de autocuidado;
- Possibilitar a reflexão sobre como lidam com a própria saúde e o autocuidado;
- Criar um clima de motivação para o autocuidado.

Indicação

- Individual;
- Grupo.

Tempo de duração

- 10 minutos para explicações gerais;
- 40 minutos para apresentação do conteúdo;
- 20 minutos para discussão.

Material necessário

- Computador ou retroprojetor.
- Material de apoio ao facilitador: Cuidando de si mesma

Cuidando de si mesma	
Autocuidado	Ações de cuidado dirigidas a si mesma, a partir da conscientização sobre a influência de hábitos pessoais para o seu próprio bem-estar, manutenção da vida e da saúde total. Essa necessidade surge quando nos preocupamos com a nossa própria saúde.
Prevenção	Consiste em proteger e promover a saúde e a qualidade de vida, por meio do diagnóstico de doenças ou a promoção da reabilitação. São medidas de saúde que podem barrar o aparecimento das doenças, ou tratá-las quando já estiverem instaladas, a fim de que haja diminuição de complicações e mortalidade. A vacinação é um exemplo de prevenção, pois impede o aparecimento de algumas doenças infecciosas. A mamografia é um exame preventivo de câncer de mama e o papanicolau, do colo do útero.
Qualidade de vida	Cuidar de si mesma, ter consciência das necessidades do corpo e da mente, evitar hábitos nocivos, desenvolver uma alimentação sadia, conhecer e controlar os fatores de risco que levam às doenças e adotar medidas de prevenção de doenças são formas de melhorar o estilo de vida.
Dieta saudável	A ingestão de alimentos de fácil digestão, que não produzam depósito de gorduras e açúcares, e com pouco sal. Ter o hábito de beber muito líquido e comer verduras e frutas. Uma dieta saudável previne vários tipos de doenças.
Exercícios físicos	Realizá-los pelo menos 3 vezes por semana, pois favorecem o sono, o apetite, o bom funcionamento do intestino, a concentração, a manutenção do equilíbrio e a coordenação motora, bem como reduzem o sobrepeso, melhoram o funcionamento cerebral e previnem a depressão e outras doenças.

Maus hábitos	Tabagismo, alcoolismo, drogadição e sedentarismo aumentam a toxicidade no organismo, deteriorando artérias e órgãos e provocando a diminuição da oxigenação das células do organismo.
Bons hábitos	A escovação de dentes, gengivas, língua, dentaduras ou aparelhos dentários ao acordar e após as refeições e a utilização do fio dental são práticas básicas para a evitação de cáries, mau hálito, placas bacterianas, problemas de gengiva e outros problemas relacionados à saúde. O banho diário e lavar as mãos antes das refeições e após ir ao banheiro são hábitos que evitam o aparecimento de doenças como diarreia e vômitos, provocadas por infecções por bactérias. Ter horários de alimentação, trabalho, lazer e sono são essenciais para uma vida saudável. Usar roupas limpas e adequadas à estação (inverno: malhas; verão: roupas leves e que deixem o corpo respirar) também é importante para uma vida mais saudável. Evitar exposição ao sol das 10 h às 16 h e utilizar filtro solar com fator de proteção (FPS) 15, no mínimo, são hábitos necessários para evitar o câncer de pele.
Interação social	Manter relacionamentos saudáveis com familiares, vizinhos e colegas de trabalho, visitar amigos e familiares, conversar e rir são fundamentais para manter o equilíbrio emocional.
Práticas preventivas	Ir ao posto de saúde com a carteirinha de vacinação e atualizar suas vacinas é uma prática de autocuidado, além de fazer o controle de sua pressão arterial e peso, fazer o exame preventivo do câncer de colo de útero anualmente, ir ao dentista, prevenir a gravidez indesejada com a utilização de métodos contraceptivos (aconselhando-se com um ginecologista a respeito do melhor método a adotar, fazendo o planejamento familiar em sua Unidade Básica de Saúde [UBS]), prevenir o aparecimento de doenças sexualmente transmissíveis com o uso de camisinha, controlar os níveis de colesterol e triglicerídeos (*check up*, exames de sangue), fazer o autoexame de mamas mensalmente.
Compreensão do processo saúde/doença	Conhecer a doença, suas causas, gravidade e complicações, bem como a percepção da necessidade de tratamento, é fundamental para alcançar a saúde e o equilíbrio, além da aceitação das orientações e confiança na equipe que a acompanha e a modificação do estilo de vida, evitando situações de risco para a recaída.
Autoexame de mamas	Além do autoexame, realizado pela própria mulher, apalpando as mamas e axilas para verificar a existência de caroço ou dor (nem todo caroço é câncer, por isso, é necessário se consultar com um profissional de saúde – médico ou enfermeiro treinado – para fazer o exame clínico das mamas e axilas). O câncer de mama, se identificado precocemente, tem tratamento e cura.

Procedimentos

- Iniciar a sessão expondo o tema a ser abordado;
- Passar a apresentação dos *slides*, explorando cada um para que o grupo fixe bem a informação;
- Estimular a participação do grupo, caso alguém queira comentar, mas não deixar que o foco saia do assunto.

Dicas das autoras

- Peça como tarefa de casa para que as participantes observem durante a semana o que conseguiram praticar como autocuidado, não deixando o tema esmorecer e incentivando, no início ou final da sessão, que comentem rapidamente sobre a mudança dos hábitos ou dificuldade para colocá-los em prática;
- Para uma sessão mais dinâmica, peça para as participantes montarem imagens que representem cada item. Isso ajuda na fixação do tema;
- Caso não consiga trabalhar tudo em uma única sessão, divida o tema em dois encontros.

OFICINA DE BELEZA

Objetivos

- Fornecer um espaço agradável que promova integração entre as participantes;
- Possibilitar o resgate do autocuidado e da autoestima;
- Sensibilizar essa prática no cotidiano.

Indicação

- Grupo.

Tempo de duração

- 5 minutos para explicações gerais;
- 1 hora e 30 minutos para execução;
- 10 minutos para discussão.

Material necessário

- Para cuidar das mãos: creme hidratante, lixas de unha, esmaltes e removedor de esmalte, algodão, palitos de madeira, tesourinha e cortador de unha;
- Para cuidar do rosto: pinça, corretivo, base, pó compacto, *blush*, sombra, lápis delineador e rímel;
- Uma mesa grande (ou mesas) e cadeiras;
- Dispositivo de som para reproduzir músicas (selecionar músicas variadas);
- Todos os materiais devem estar sob a supervisão do profissional responsável pela atividade. O facilitador deve descartar lixas e palitos após o uso e higienizar os materiais que serão reutilizados em outros encontros. Guardar todo o *kit* em uma caixa plástica lavável.

Procedimentos

- Convidar o grupo a montar duplas;
- Fornecer os materiais e orientar que os mantenham em ordem e sejam divididos com as demais;
- Estimular aquelas que encontrem resistência ao autocuidado;
- Ajudar as participantes que encontrem dificuldades para fazer sozinhas.

Dica das autoras

- Manter um clima amistoso em toda a atividade. Acolher as demandas que possam surgir e incentivar bons assuntos entre as participantes.

Anotações

Eu e minha família

Objetivos

- Refletir sobre os vínculos familiares;
- Observar onde se situa o padrão de dependência dentro da dinâmica familiar.

Indicação

- Individual;
- Grupo;
- Família.

Tempo de duração

- 10 minutos para explicações gerais;
- 30 minutos para execução do exercício individualmente;
- 30 minutos para apresentações para o grupo;
- 20 minutos para discussão.

Material necessário

- Folhas sulfite, lápis de cor, canetas hidrocor, borracha, apontador, lápis preto;
- Material de apoio ao facilitador: Eu e minha família

Eu e minha família

Todo indivíduo está inserido em uma família. Nascemos em uma família com pessoas que possuem padrões, costumes, valores e crenças muito diferentes e particulares.

A família não é uma estrutura estática. Ela muda conforme as pessoas que a compõem mudam. Quando uma pessoa na família muda sua forma de agir e se comportar, de alguma forma, as outras pessoas também mudam para se adaptar ao novo sistema. As mudanças ocorrem naturalmente, quando, por exemplo, há o nascimento de uma criança, quando é uma família com filhos adolescentes, quando os filhos entram na faculdade ou conseguem o primeiro emprego. No entanto, se as mudanças não ocorrem naturalmente, a família tende a sofrer além do necessário, pois existirá uma fixação em uma fase de desenvolvimento familiar.

Toda família possui um sistema de *fronteiras* que podem ser *nítidas*, *difusas* ou *rígidas*. As fronteiras nítidas são aquelas em que há interação entre os membros intrafamiliares (família nuclear) e extrafamiliares (família de origem, amigos), em que cada um sabe seu papel e os limites dele. As fronteiras difusas são aquelas em que os membros invadem o espaço do outro e os limites de atuação de cada membro não são claros. As fronteiras rígidas são aquelas em que os membros são distantes emocionalmente uns dos outros.

Das fronteiras difusa e rígida podem surgir famílias *emaranhadas* ou *aglutinadas* e famílias *desligadas*. As famílias emaranhadas ou aglutinadas são aquelas que apresentam fronteiras difusas, em que existe pouca distância emocional entre os membros, apoio mútuo e prontidão para ajudar nas dificuldades de cada membro. Os pais apresentam zelo excessivo, as crianças são muito amadas e ocupam um espaço central na família. As experiências são vividas intensamente dentro da família e os filhos têm dificuldade em se desligar e crescer, apresentando muita dependência dos pais.

As famílias desligadas são aquelas que apresentam fronteiras rígidas. Possuem como característica a excessiva distância emocional entre os membros, não se ajudam ou se apoiam mutuamente quando necessário, demonstram pouco afeto e proteção uns com os outros, têm dificuldade de perceber quando há algo de errado com um dos membros e somente após muito estresse é que conseguem perceber. As fronteiras com o ambiente externo são muito abertas e os filhos são muito independentes.

Outro elemento que forma a família é a *hierarquia*. Nela, cada pessoa possui uma função diferenciada, sem que isto signifique uma importância maior ou menor de cada um. As hierarquias são necessárias para a organização e a funcionalidade do sistema familiar e essenciais para a manutenção da vida. Nelas, existe o comando, a determinação e a organização de funções, papéis e regras, que normalmente são exercidos pelos pais. Quando essas funções são exercidas pelos filhos, por exemplo, há uma inversão de papéis nem sempre saudável.

As *alianças* são o último elemento desse sistema. Podem ser de quatro tipos:

1) *Amigáveis:* o vínculo entre os membros é saudável, permitindo a aproximação e o distanciamento no momento certo.

2) *Débeis:* quando o vínculo entre os membros em relação à aproximação e ao distanciamento são frágeis (encontrada em famílias desligadas).

3) *De superenvolvimento:* a aproximação excessiva dá o tom entre os membros familiares (encontrada em famílias aglutinadas ou emaranhadas).

4) *De conflito:* quando há brigas, discussões excessivas ou violência entre os membros.

A *triangulação* é uma forma ruim de aliança, em que os pais exigem que o filho tome partido de um dos lados. A negociação é uma outra forma de aliança negativa, em que o filho faz o papel de mediador do estresse conjugal dos pais, por meio de comportamentos inapropriados, como a agressividade, em que a patologia fica depositada no filho. Por último, existe a coalizão, que é quando um dos pais se une exageradamente a um filho contra o outro cônjuge.

Procedimentos

- Solicitar que desenhe as pessoas da família com quem convive e se relaciona normalmente, ainda que não more com elas, mas cujo contato seja próximo;
- Pedir que desenhem, em uma folha, a família atual, e em outra, a família de origem;
- Explicar que não serão avaliadas em termos da qualidade do desenho, se sabem desenhar ou não. Orientar que o objetivo dos desenhos é verificar como estão seus relacionamentos familiares por meio de uma atividade lúdica.

Dicas das autoras

- Talvez sejam necessárias mais de uma sessão para abordar esse assunto;
- Uma outra forma de conduzir a sessão é trazer alguns objetos, como Lego e bonecos, e pedir que representem sua família e como um está em relação ao outro. Quando todas tiverem feito a representação, pedir que escolham um dos membros para falar e, no lugar dele, discorrer sobre como é a relação (a dinâmica) familiar;
- Pode-se optar por desenhos cromáticos ou acromáticos;
- O texto é somente um apoio para o facilitador do grupo. O importante é reforçar que todas as famílias possuem problemas, mas que, também, são nelas que aprendemos a dar os primeiros passos. Se sua funcionalidade não é ou foi tão positiva, o importante é ter esse conhecimento para não repetir os mesmos erros;
- A confecção dos desenhos costuma tomar bastante tempo da sessão e é necessário dar atenção a eles posteriormente, incentivando que falem a respeito da família e como é a convivência. Nesta fase, podem surgir diversos sentimentos e conteúdos que favorecerão intervenções posteriores. Por isso, pode ser conveniente dar atenção a esses conteúdos em vez de se programar para expor o texto complementar que pode ser discutido em outro encontro;
- Esta dinâmica pode ser aplicada em sessões familiares.

Anotações

O QUE GOSTO E NÃO GOSTO EM MEU(MINHA) PARCEIRO(A)

Objetivos

- Refletir sobre a vida conjugal e amorosa;
- Responsabilizar-se pela escolha amorosa.

Indicação

- Individual;
- Grupo;
- Casal.

Tempo de duração

- 5 minutos para explicações gerais;
- 10 minutos para execução do exercício individualmente (pesquisa das relações conjugais/amorosas);
- 10 minutos para execução do exercício (listar o que gosta e não gosta no[a] parceiro[a]);
- 30 minutos para discussão geral com o grupo e fechamento.

Material necessário

- Folhas sulfite, lápis, borracha e caneta.
- Material de apoio ao facilitador:
  - Folha de atividades 1: Pesquisa das relações conjugais/amorosas

Pesquisa das relações conjugais/amorosas

1) Como anda minha relação amorosa?

2) O que eu e meu(minha) parceiro(a) podemos fazer para melhorar nossa relação amorosa?

3) O que gosto em meu(minha) parceiro(a)?

– Folha de atividades 2: O que gosto em meu(minha) parceiro(a)

O que gosto em meu(minha) parceiro(a)	
	É protetor(a)
	É carinhoso(a)
	Proporciona-me conforto
	Tem dinheiro
	Sinto orgulho dele(a)
	Gosta de passear
	Gosta de ir a festas
	Gosta de receber amigos em casa
	Sem ele(a), sinto-me só
	Gosta de praticar esportes
	É bonito(a)
	Gosta da natureza
	Gosta de música
	Gosta de ler
	Gosta de arte (pintura, escultura, desenho)
	Toca um instrumento musical
	Gosta de debater sobre assuntos intelectuais
	Gosta de ajudar os outros
	Gosta de frequentar igrejas ou cultos religiosos
	É uma pessoa justa
	Acredita em Deus
	Gosta de crianças
	Quer ter filhos
	É uma pessoa emotiva
	É uma pessoa racional
	Gosta de trabalhar
	É conquistador(a)
	É ciumento(a)
	Gosta de sexo
	É fiel
	É alegre
	Faz-me rir
	É atraente
	Dá-me flores
	Chega cedo em casa
	Leva-me para sair/passear
	É uma pessoa sóbria (não faz uso de drogas, álcool, tabaco – especificar)
	Tem bom relacionamento com minha família
	Outro

– Folha de atividades 3: O que não gosto em meu(minha) parceiro(a)

	O que não gosto em meu(minha) parceiro(a)
	Não apoia minhas ideias
	Não me ouve
	É muito quieto(a)
	É muito falante
	É mau-humorado(a)
	É agressivo(a)
	Só pensa em sexo
	Nunca me procura sexualmente
	É infiel
	Não se dedica aos filhos
	Não me leva para passear
	Só quer saber dos amigos
	Chega tarde em casa
	Contradiz-me na frente das outras pessoas
	Trata-me como se fosse seu(sua) empregado(a)
	Não me elogia
	Não é carinhoso(a)
	É contra eu trabalhar fora
	Não ajuda em casa
	Critica-me (comida, roupa, cabelo, casa)
	Não gosta de trabalhar
	Nunca tem dinheiro
	Gasta muito dinheiro
	Não vai à igreja
	Não acredita em Deus
	Não tem amigos
	Não gosta de passear
	Não gosta de viajar
	Não gosta de ir a festas
	Não gosta de receber amigos em casa
	Está sempre triste
	Só reclama
	Faz uso de drogas, álcool ou tabaco (especificar)
	Não quer ter filhos
	Não se relaciona bem com minha família
	Outro

Procedimentos

- Introduzir o tema a ser trabalhado falando sobre as escolhas que fazemos na vida;
- Propor um primeiro momento de reflexão sugerindo a realização do exercício de pesquisa das relações amorosas e entregando na sequência os exercícios seguintes;
- Informar que as escolhas se baseiam na balança entre os aspectos positivos e negativos do(a) parceiro(a). De todo modo, sempre há uma escolha. Escolher é responsabilizar-se pelos ganhos e perdas subsequentes;
- Após o preenchimento das folhas de atividades, abrir para discussão geral, deixando que as participantes falem espontaneamente sobre a reflexão que fizeram a respeito de seus relacionamentos.

Dicas das autoras

- As listas são apenas uma proposta facilitadora no caso de grupos com poucos recursos ou dificuldades para expressar suas motivações. Se observar que ficam muito presas às listas, pode-se optar em fazer a pergunta "o que gosto e não gosto em meu(minha) parceiro(a)?" de forma aberta para que se expressem espontaneamente;
- Deixar claro que podem acrescentar itens à lista.

Anotações

Sexualidade da mulher

Objetivos

- Promover maior conhecimento sobre a afetividade e a sexualidade da mulher;
- Auxiliar as participantes a compreenderem as fases da vida;
- Estimular a prevenção;
- Estimular o interesse por temas relacionados.

Indicação

- Grupo.

Tempo de duração

- 10 minutos para explicações gerais sobre o funcionamento da oficina;
- 30 minutos para exposição do tema escolhido para o dia;
- 20 minutos para discussão final.

Material necessário

- *Datashow*;
- Conteúdo com base em material educativo para ser entregue e/ou exposto às participantes de acordo com o tema a ser trabalhado;
- Material de apoio ao facilitador: Temas a serem discutidos

Temas a serem discutidos

- Anatomia e fisiologia do corpo da mulher;
- Sexualidade e afetividade;
- Relação sexual – resposta sexual humana;
- Tensão pré-menstrual e ciclo menstrual;
- Métodos contraceptivos e planejamento familiar;
- Menopausa;
- Ciclo vital;
- Doenças sexualmente transmissíveis e prevenção;
- Comportamento sexual de risco;
- Disfunções sexuais na mulher e tratamento;
- Transtornos sexuais;
- Compulsão sexual.

- Material de apoio ao facilitador: Afetividade e sexualidade

Afetividade e sexualidade

O mundo moderno preconiza que o ser humano logre melhor qualidade de vida. A sexualidade humana está embutida nessa melhoria porque, sem sombra de dúvida, é uma das maiores, senão a maior fonte de prazer da espécie humana.

A *sexualidade* não cumpre apenas a função social de reprodução da espécie, mas também da busca de prazer pessoal. A sexualidade deve ser compreendida em todas as suas esferas, biológica, psicológica e social. Nela, há a necessidade de receber e expressar afeto e o contato que todas as pessoas possuem e que traz sensações prazerosas. Não é apenas sexo ou ato sexual, mas é toque, abraço, gesto, carinho e troca afetiva. Embasa o bem-estar do indivíduo, tanto do ponto de vista físico quanto psicológico, e este é o sentido da sexualidade.

A *afetividade* compreende o estado de humor ou ânimo, os sentimentos, as emoções e as paixões e reflete sempre a capacidade de experimentar sentimentos e emoções. É ela quem determina a atitude geral das pessoas diante de qualquer experiência, promove impulsos motivacionais e inibidores e faz perceber os fatos de maneira agradável ou sofrível. É uma dinâmica profunda e completa que liga uma pessoa a outra, na descoberta dos sentimentos de relação afetiva.

Procedimentos

- O facilitador do grupo deverá preparar o material, de forma ilustrativa e educativa sobre o tema a ser discutido;
- Ler o texto introdutório;
- Explicar às participantes que este é um grupo psicoeducativo;
- Pedir que se identifiquem, sempre que possível, com o que está sendo exposto;
- Finalizar com um espaço para que possam relatar experiências de vida e oferecer apoio.

Dica das autoras

- Esta dinâmica é recomendada para o uso com adolescentes.

Anotações

Gravidez: recordando histórias, refletindo comportamentos

Objetivos

- Resgatar as recordações das gestações anteriores;
- Resgatar suas próprias histórias como filhas.

Indicação

- Individual;
- Grupo.

Tempo de duração

- 5 minutos para explicações gerais;
- 30 minutos para execução do exercício individualmente;
- 30 minutos para apresentações para o grupo;
- 10 minutos para discussão.

Material necessário

- Folhas sulfite, lápis de cor, canetas hidrocor, revistas para recortar, cola branca, tesoura.

Procedimentos

- Dividir o grupo em duplas e solicitar que conversem sobre a experiência da gravidez/maternidade;
- Introduzir perguntas como: "o que é estar grávida?" e "você sabe como foi a gravidez de sua mãe, quando esperava por você?"; e para quem já teve filhos: "como foram as gravidezes anteriores?";
- Após a conversa em duplas, abrir para o compartilhamento geral em grupo;
- Intervir na medida em que surgirem os temas: medo, raiva, arrependimento, culpa, desejo, uso de substâncias psicoativas pela mãe, violência sofrida durante a gravidez, história de violência sofrida pela mãe, relacionamento com companheiro/pai da criança, desejo pela gravidez, mudanças no corpo. Se os temas não surgirem espontaneamente, explorá-los de forma direta;

- Explicar as diferenças entre gravidez (gerar uma criança) e maternidade (cuidar, educar);
- Finalizar com a pergunta: "o que pensa para o filho que está por vir (no caso de estar grávida), o que deseja para ele no futuro?". Levar a uma reflexão sobre os riscos de uso de substâncias psicoativas durante a gravidez e o desenvolvimento saudável do feto;
- Fazer o fechamento retomando os aspectos psicológicos da gravidez;
- Informar que haverá uma próxima sessão, na qual serão abordadas as consequências do uso de substâncias psicoativas de forma mais objetiva, com foco em cada substância.

Dicas das autoras

- O facilitador do grupo deve ter uma atitude ativa, indo às duplas e estimulando a conversa;
- Esta dinâmica é recomendada para o uso com adolescentes gestantes.

Anotações

O QUE DEVO SABER SOBRE USO DE SUBSTÂNCIAS PSICOATIVAS E GRAVIDEZ

Objetivos

- Sensibilizar e informar sobre os riscos do uso de substâncias psicoativas durante a gravidez e o aleitamento.

Indicação

- Individual;
- Grupo.

Tempo de duração

- 10 minutos para explicações gerais e introdução do tema;
- 25 minutos para apresentação e explicações sobre os riscos do uso de substâncias psicoativas durante a gravidez e o aleitamento;
- 25 minutos para discussão.

Material necessário

- *Datashow*, computador ou retroprojetor;
- Material de apoio ao facilitador: O que devo saber sobre uso de substâncias psicoativas e gravidez

O que devo saber sobre uso de substâncias psicoativas e gravidez
Placenta: • Capacidade da substância de atravessar a barreira placentária. • Potencial teratogênico (provocar anomalias e malformações durante o desenvolvimento do embrião e do feto). Gestação: • É importante informar-se a respeito de sua gravidez, realizando o pré-natal. Tabagismo: • O uso de tabaco durante a gravidez pode resultar em muitas complicações.

- Complicações obstétricas: prematuridade, retardo de crescimento intrauterino, ruptura prematura de membranas, trabalho de parto prematuro, placenta prévia (placenta se implanta no colo do útero, desencadeando sangramento e outras complicações), abortamento espontâneo, diminuição de oxigênio ao feto, prejudicando seu crescimento.

- Complicações perinatais: baixo peso ao nascer, síndrome da morte perinatal súbita, asma, redução da circunferência craniana, desenvolvimento intelectual abaixo do normal, infecções de vias respiratórias, transtornos de conduta e transtornos de déficit de atenção e hiperatividade.

- A cessação do hábito de fumar durante a gravidez previne mais de 4.000 mortes perinatais por ano nos Estados Unidos.

- Fumo passivo: provoca infecções de ouvido, nariz, olhos e garganta, bronquite e outros problemas respiratórios no recém-nascido.

Álcool:

- Síndrome alcoólica fetal (SAF): é a moléstia máxima que pode ocorrer com a exposição do feto ao álcool. Compõe um conjunto de características físicas, disfunções cognitivas e comportamentais. São elas:
  - Retardo de crescimento intrauterino, baixo peso ao nascer e retardo de crescimento após o nascimento, ainda que sob cuidados nutricionais adequados.
  - Características faciais: alterações em pálpebras, narinas e lábios.
  - Disfunções do sistema nervoso central: microcefalia, retardo no desenvolvimento de habilidades motoras e sociais, desenvolvimento intelectual abaixo do normal, distúrbios comportamentais no recém-nascido, como irritabilidade e dificuldades na amamentação.

Maconha:

- Distúrbios no desenvolvimento neurocomportamental da criança: comprometimento intelectual, distúrbios do sono, dificuldade de compreensão em leitura e aprendizado escolar, prejuízo da fala, impulsividade, diminuição da atenção e concentração, maior risco para desenvolver transtorno de conduta.

Cocaína:

- À mãe/gestante: aumentam os riscos de contrair doenças sexualmente transmissíveis (DST), AIDS e hepatites, bem como há maior exposição à violência, especialmente dentro de casa. Aumenta o risco de crises hipertensivas, trabalho de parto prematuro, aborto espontâneo e placenta prévia.

- Ao feto: retardo de crescimento intrauterino, diminuição do peso e do tamanho ao nascer, taquicardia, hipertensão e acidente vascular cerebral. Síndrome de abstinência nos três primeiros dias pós-parto, com sintomas como dificuldades de sucção, irritabilidade, hipertonia (rigidez muscular), bocejos e espirros.

- Após o nascimento: agitação, irritabilidade, tremores, sucção excessiva, choro agudo.

- Manifestações tardias: problemas neurocomportamentais, dificuldades de aprendizagem.

- Solventes:
  - Diminuição do crescimento intrauterino e após o nascimento.
  - Alterações semelhantes à SAF causada pelo álcool.

(continua)

(*continuação*)

- Puerpério/aleitamento:
  - Aleitamento materno prejudicado pelo tabagismo.
  - Redução da produção de leite e da quantidade de lactose e aumento da quantidade de gordura no leite, provocados pelo uso do álcool.
  - Comprometimento do desenvolvimento motor, letargia e redução das mamadas pela diminuição do interesse de mamar e diminuição da produção de leite provocado pelo uso de maconha.
  - Taquicardia, tontura, ataxia, irritabilidade, desorientação, *delirium* e convulsões no feto, provocados pelo uso de cocaína pela mãe.

Procedimentos

- Retomar o tema já trabalhado em sessão anterior sobre os riscos do uso de substâncias psicoativas durante a gravidez;
- Apresentar cada item e suas interações na gravidez.

Dicas das autoras

- É interessante realizar essa sessão com uma enfermeira com conhecimentos em obstetrícia para tirar dúvidas mais específicas sobre gravidez, caso o facilitador do grupo não tenha este conhecimento;
- Esta dinâmica é recomendada para o uso com adolescentes gestantes.

Anotações

Vida profissional

Objetivos

- Verificar o interesse em atividade ocupacional remunerada;
- Despertar motivação para a reinserção na vida profissional;
- Proporcionar o autoconhecimento para melhor percepção da escolha profissional.

Indicação

- Individual;
- Grupo.

Tempo de duração

- 5 minutos para explicações gerais;
- 15 minutos para execução da primeira parte (quem sou eu; o que gosto de fazer);
- 15 minutos para execução da segunda parte (lista de características);
- 10 minutos para identificar e compartilhar experiências com o grupo;
- 30 minutos para compartilhar experiências com o grupo e intervenções dos coordenadores;
- 15 minutos para encerramento.

Material necessário

- Folhas sulfite, lápis, borracha e caneta;
- Material de apoio ao facilitador: Roteiro de perguntas facilitadoras para o coordenador do grupo

Roteiro de perguntas facilitadoras para o coordenador do grupo
1) Trabalhar para quê?
2) Como avaliar o sucesso em sua vida?
3) O que lhe dá orgulho e satisfação?
4) Como conciliar vida familiar (filhos, marido) e vida profissional?
5) Como procurar vagas de emprego (*sites* – Centro de Apoio ao Trabalho: http://www.prefeitura.sp.gov.br/; Poupatempo, jornal, *network*, cursos)?
6) Como o uso de substâncias psicoativas atrapalha ou atrapalhou sua vida profissional?
7) Como escolher uma profissão (Guia do Estudante, Catálogo Nacional de Cursos Técnicos – http://catalogonct.mec.gov.br/, Senac, Senai)?

• Folha de atividade: Lista de características pessoais

Lista de características pessoais			
	Amigo(a)		Independente
	Leal		Autônomo(a)
	Companheiro(a)		Bem-humorado(a)
	Sincero(a)		Otimista
	Assertivo(a) (dá respostas adequadas)		Alegre
	Perseverante		Divertido(a)
	Confiável		Responsável
	Fiel		Planejador(a)
	Sedutor(a)		Tem garra
	Vaidoso(a)		Adorável
	Discreto(a)		Notável
	Tranquilo(a)		Apaixonado(a)
	Ágil		Respeitador(a)
	Ativo(a)		Trabalhador(a)
	Criativo(a)		Tem boa concentração
	Espontâneo(a)		Perfeccionista
	Carinhoso(a)		Gosta de organização
	Tem jogo de cintura		Gosta de limpeza
	Apaziguador(a) (pacificador[a])		Paciente
	Ponderado(a) (refletir, examinar com atenção)		Cidadã(o)
	Analisador(a)		Expansivo(a)
	Empreendedor(a)		Aventureiro(a)
	Ambicioso(a)		Gosta de rotina
	Financeiramente equilibrado(a)		Compromissado(a)
	Romântico(a)		Simpático(a)
	Equilibrado(a)		Comunicativo(a)
	Sensível		Inteligente
	Generoso(a)		Nível cultural bom
	Altruísta (preocupa-se com o outro)		Seguro(a) de si
	Compassivo(a) (sente na pele a dor do outro)		Humilde
	Honesto(a)		Busca conhecimentos
	Íntegro(a)		Carismático(a)
	Bom caráter		

• Material de apoio ao facilitador: Exemplos de valores e objetivos de vida

Exemplos de valores e objetivos de vida	
Liderança	Gosta de ser uma pessoa influente, que organiza e controla as atividades das pessoas para atingir um objetivo comum
Competência	Ser um profissional renomado em sua área de estudo/conhecimento
Poder	Conseguir uma posição elevada na sociedade. Ter fama e prestígio
Riqueza	Ganhar muito dinheiro, ter muitos bens materiais
Prazer	Levar uma vida simples, sem preocupações, divertir-se com coisas baratas
Bem comum	Ser útil, ajudar outras pessoas, o país e a sociedade em geral

(continua)

(*continuação*)

Realização humana	Desenvolver-se como pessoa, nos aspectos: cultural, espiritual, moral, ético, humano e existencial
Afeição	Valorizar o afeto e a amizade das pessoas
Segurança	Conseguir uma vida estável e a certeza de que terá um futuro tranquilo
Independência	Ser o chefe de si mesmo, sem se submeter a ordens de outras pessoas

Procedimentos

- Primeiro, pedir ao grupo que identifique, em um lado de uma folha sulfite, "quem sou eu" por meio da escrita, identificando seus pontos fortes e fracos em termos de aptidões, conhecimentos, interesses, aspirações, objetivos de vida, valores pessoais e experiências profissionais. No outro lado da folha, pedir que escrevam "o que gosto de fazer";
- Em seguida, fornecer uma lista com características pessoais (Folha de atividades: Lista de características pessoais) e pedir que coloquem um X naquelas alternativas com que mais se identificam;
- Após o preenchimento da lista de características pessoais, solicitar que procurem pela sala outras pessoas com características semelhantes e troquem experiências sobre suas ocupações profissionais;
- Pedir que compartilhem com o grupo suas experiências e inserir perguntas facilitadoras, utilizando o Roteiro de perguntas facilitadoras para o coordenador do grupo;
- Explicar os principais valores e objetivos de vida (Material de apoio ao facilitador: Exemplos de valores e objetivos de vida) identificando as profissões que se correlacionariam (por exemplo: honestidade – pessoa que pode trabalhar com dinheiro, documentos importantes, etc.).

Dicas das autoras

- O facilitador do grupo pode escolher trabalhar em uma sessão, aprofundando mais as perguntas facilitadoras, e em outra, enfatizando as características pessoais;
- É importante resgatar as características pessoais, pois, com o uso de substâncias psicoativas, a pessoa acaba perdendo essa noção de identidade;
- Esta dinâmica é recomendada para o uso com adolescentes.

Anotações

QUALIDADE DE VIDA DA MULHER

Objetivo

- Identificar os fatores de risco e de proteção que afetam a qualidade de vida.

Indicação

- Individual;
- Grupo.

Tempo de duração

- 5 minutos para explicações gerais;
- 20 minutos para responder às perguntas;
- 25 minutos para exposição ao grupo;
- 10 minutos para discussão.

Material necessário

- Lápis preto ou caneta, borracha;
- Folha de atividades: Qualidade de vida da mulher

Qualidade de vida da mulher

1) O que mais a preocupa em sua saúde/vida?
2) Como anda sua vida sexual?
3) Você tem alguma atividade de lazer? Quais? Quais gostaria de desenvolver?
4) O que você pensa para o seu futuro? Como se vê daqui a 1 ano, 5 anos e 10 anos?
5) Você tem amigos? Você os procura quando necessita? Onde poderia fazer amigos?
6) Você gosta do local onde mora?
7) Você atualmente trabalha? Como se sustenta financeiramente?
8) Você tem algum hábito religioso?
9) Como é o seu relacionamento com familiares (pais, irmãos, filhos, cônjuge)? Como é o ambiente familiar?
10) Você ajuda nas atividades diárias de sua casa?

Procedimentos

- Dizer ao grupo que as perguntas que lhes serão entregues têm o objetivo de aquecer para o tema "qualidade de vida";
- Distribuir as folhas de atividades e pedir que respondam com toda a sinceridade.

Dicas das autoras

- Esta é uma sessão complementar a "cuidado de si mesma" e pode ser utilizada em sessões seguintes;
- A pergunta 4 da figura pode identificar o projeto de vida das participantes e o contato com a realidade.

Anotações

978-85-4120-168-1

REFERÊNCIAS BIBLIOGRÁFICAS

1. BORDIN, S.; ZILBERMAN, M. L.; FIGLIE, N. B.; LARANJEIRA, R. Dependência química na mulher. In: FIGLIE, N. B.; BORDIN, S.; LARANJEIRA, R. **Aconselhamento em dependência química.** 2 ed. São Paulo: Roca, 2010. Cap. 25, p. 395-404.
2. DUMAS, J. E. Os transtornos de ansiedade. In: DUMAS, J. E. **Psicopatologia da infância e da adolescência.** 3. ed. Porto Alegre: Artmed, 2011.
3. CORDEIRO, D. C.; DIEHL, A. Comorbidades psiquiáricas. In: DIEHL, A.; CORDEIRO, D. C.; LARANJEIRA, R. (Orgs.). **Dependência química: prevenção, tratamento e políticas públicas.** Porto Alegre: Artmed, 2011.
4. MANUAL diagnóstico e estatístico de transtornos mentais (DSM-IV). 4. ed. Porto Alegre: Artmed, 2000.
5. ORGANIZAÇÃO MUNDIAL DA SAÚDE. **Classificação de transtornos mentais e de comportamento da CID-10:** Descrições clínicas e diretrizes diagnósticas. Porto Alegre: Artmed, 1993.
6. ANDRADE, L. H. S. G.; VIANA, M. C.; SILVEIRA, C. M. Epidemiologia dos transtornos psiquiátricos na mulher. **Revista de Psiquiatria Clínica**, v. 33, n. 2, p. 43-54, 2006.
7. WIKIPEDIA. Disponível em URL: http://pt.wikipedia.org/wiki. Acesso em: 09/09/2012.
8. GABBARD, G. E. **Psiquiatria Psicodinâmica na Prática Clínica.** 4. ed. Porto Alegre: Artmed, 2006.

LEITURA COMPLEMENTAR

ARAÚJO, A. J. *et al.* Abordagens de populações especiais: tabagismo e mulher – razões para abordagem específica de gênero. In: GIGLIOTTI, A. P.; PRESMAN, S. (orgs.). **Atualização no tratamento do tabagismo.** Rio de Janeiro: ABP – Saúde, 2006. p. 107-128.

BARROS, I. P. M. **Movimentos do desejo materno antes e após o nascimento do filho: um estudo longitudinal.** São Paulo, 2010, 405p. Tese (Doutorado) – Universidade de São Paulo.

BOTEGA, N. J. *et al.* Tratamentos psicológicos: psicoterapia de apoio, relaxamento, meditação. In: **Prática psiquiátrica no hospital geral: interconsulta e emergência.** 2. ed. Porto Alegre: Artmed, 2006.

DINI, G. M.; QUARESMA, M. R.; FERREIRA, L. M. Adaptação cultural e validação da versão brasileira da Escala de Autoestima de Rosenberg. **Rev. Soc. Bras. Cir. Plást.**, v. 19, n. 1, p. 41-52, 2004.

EDWARDS, G.; MARSHALL, E. J.; COOK, C. C. H. Mulheres com problemas relacionados com o consumo de álcool. In: EDWARDS, G.; MARSHALL, E. J.; COOK, C. C. H. **O tratamento do alcoolismo.** Porto Alegre: Artmed; 2005, p. 155-162.

FONSECA, L. A. **O estigma sobre as mulheres alcoolistas em tratamento no Serviço de Estudo e Atenção a Usuários de Álcool e Outras Drogas do Hospital Universitário de Brasília.** Brasília, 2009, 74p. Monografia – Departamento de Serviço Social. Universidade de Brasília.

GABBARD, G. O. **Psiquiatria psicodinâmica na prática clínica.** 4. ed. Porto Alegre: Artmed, 2006. 462p.

GARCIA, R.; ROSSI, N. F.; GIACHETI, C. M.. Perfil de habilidades de comunicação de dois irmãos com a síndrome alcoólica fetal. **Rev. CEFAC.**, v. 9, n. 4, p. 461-468, 2007.

GOMES, V. **A dependência química em mulheres: figurações de um sintoma partilhado.** São Paulo, 2010, 226p. Tese (Doutorado) – Universidade de São Paulo.

GUIMARÃES, A. B. P. **Mulheres dependentes de álcool: levantamento transgeracional do genograma familiar.** São Paulo, 2009, 212p. Tese (Doutorado) – Universidade de São Paulo.

INSTITUTO NACIONAL DO CÂNCER (INCA). **Câncer de mama: a cura é possível, conhecer é necessário.** Disponível em http://www.inca.gov.br/publicacoes/Folheto_mama.pdf. Acesso em: 14/12/2010.

INSTITUTO NACIONAL DO CÂNCER (INCA). **Mulher, você merece algo melhor que o cigarro!** Disponível em: http://www.inca.gov.br. Acesso em 24/11/2010.

KAHHALE, E. M. P. Subsídios para reflexão sobre sexualidade na adolescência. In: BOCK, A. M. B.; GONÇALVES, M. G. M.; FURTADO, O. (org.). **Psicologia sócio-histórica (uma perspectiva crítica em psicologia).** São Paulo: Cortez; 2001. p. 179-191.

KIMURA, M.; SILVA, J. V. Índice de qualidade de vida de Ferrans e Powers. **Rev. Esc. Enferm. USP**, v. 43 (Esp.), p. 1098-1104, 2009.

LARANJEIRA, R.; PINSKY, I. **O alcoolismo.** 8. ed. São Paulo: Contexto, 2005. 61p.

MAINARDI, S. M. **O que é autoestima.** Disponível em http://www.ilv.com.br/noticias/2004/11novembro/portal/autoestima/oquee.html. Acesso em: 17/11/2010.

MELLO, F. A. F. **O desafio da escolha profissional.** Campinas: Papirus, 2002. 240 p.

MITSUHIRO, S. S.; LARANJEIRA, R. Gestantes e perinatal. In: DIEHL, A.; CORDEIRO, D.C.; LARANJEIRA, R. **Dependência química: prevenção, tratamento e políticas públicas.** Porto Alegre: Artmed, 2011. Cap. 35, p. 383-390.

NAPPO, S. A. (org.). **Comportamento de risco de mulheres usuárias de crack em relação às DST/AIDS.** São Paulo: CEBRID – Centro Brasileiro de Informações sobre Drogas Psicotrópicas, 2004. Disponível em http://www.mp.go.gov.br/drogadicao/1_livros/cebrid/Usuarias-de-crack-CEBRID_(miolo).pdf. Acesso em: 10/out/2009.

ORIENTAÇÕES MÉDICAS. **Qualidade de vida e autocuidado.** Disponível em http://www.orientacoesmedicas.com.br/autocuidado.asp. Acesso em 17/11/2010.

RENNÓ JUNIOR, J. **Mentes femininas: a saúde mental ao alcance da mulher.** São Paulo: Ediouro/Segmento Farma, 2008.

RODRIGUES, M. R.; LIMA, L. P.; MINOHARA, M. K.; ROCHA JUNIOR, A. Profissionais do sexo e o uso/abuso e dependência de substâncias psicoativas. In: DIEHL, A.; CORDEIRO, D. C.; LARANJEIRA, R. **Dependência química: prevenção, tratamento e políticas públicas.** Porto Alegre, 2011.

WEIL, P. **Amar e ser amado: a comunicação no amor.** 33. ed. Petrópolis: Vozes, 2004. 165p.

SEÇÃO 13

Idosos e uso de substâncias

LILIAN MARIA BORGES GONZALEZ
SHEILA GIARDINI MURTA

O Brasil apresenta processos notáveis de transição demográfica e epidemiológica, com incremento na proporção de idosos e modificação da incidência e prevalência de doenças na população. Observa-se maior controle de doenças transmissíveis e predominância de enfermidades crônicas com suas complicações. Diante dessa nova realidade, os profissionais de saúde foram convocados a enfrentar os desafios de compreender os aspectos psicossociais do envelhecimento avançado e de oferecer serviços adequados às características e necessidades das pessoas idosas.

Observa-se, dessa forma, a necessidade imperativa do desenvolvimento de estratégias de intervenção para idosos com diferentes problemas de saúde, de modo a favorecer estes indivíduos a viverem com maior satisfação e menos limitações. Os grupos constituem espaços privilegiados para o alcance desses objetivos, pois propiciam o compartilhamento de experiências, a construção coletiva de conhecimentos e a vivência social.

As características peculiares da terceira idade colocam a necessidade de se buscar atividades grupais motivadoras e de criar um clima psicológico favorecedor de um ambiente encorajador e positivo. Mais do que simplesmente ouvir as orientações dos profissionais de saúde, os idosos necessitam ter a oportunidade de expressar seus sentimentos, organizar seus pensamentos e refletir sobre sua realidade e seus problemas. Dessa forma, podem transformar-se de beneficiários passivos a agentes do seu próprio cuidado.

Tomando-se em consideração que as dinâmicas de grupo são muito mais do que um conjunto de instruções e materiais, o objetivo desta seção é proporcionar algumas sugestões de atividades que possam ser adaptadas a contextos de intervenção em grupo de idosos, principalmente aqueles com problemas relacionados ao uso de substâncias.

Dinâmica das Semelhanças e Diferenças

Objetivos

- Promover a integração inicial dos participantes;
- Gerar um sentimento de identidade e de troca entre os membros do grupo.

Indicação

- Grupo.

Tempo de duração

- 10 minutos para a introdução e leitura das frases;
- 15 minutos para a discussão;
- 5 minutos para o contrato grupal.

Material necessário

- Nenhum.

Procedimentos

- Apresentar oralmente aos participantes frases relativas à sondagem de dados pessoais e solicitar que, após a leitura de cada frase, se agrupem por semelhança com relação às alternativas de respostas "sim" ou "não". Por exemplo: quem é casado? Quem tem mais de sessenta anos? Quem nasceu na região nordeste? Quem tem netos? Quem gosta de dançar? Quem é católico? Quem gosta de jiló? Quem é aposentado? Quem usa óculos?
- Ao final, questionar quais semelhanças e quais diferenças os participantes perceberam ter em relação aos companheiros do grupo;
- Ponderar que, em um grupo, é esperado que haja características tanto similares como distintas entre seus componentes, sendo o mais importante que todos tenham e busquem um objetivo comum;
- Refletir sobre a importância de aceitar e lidar adequadamente com as diferenças entre as pessoas;
- Discutir quais devem ser os objetivos e os compromissos principais dos membros do grupo em questão, de modo a aproveitarem interesses comuns para se apoiarem mutuamente e unirem esforços.

978-85-4120-168-1

Dicas das autoras

- Uma versão alternativa desta dinâmica consiste em solicitar que cada participante escreva suas respostas às questões sobre dados pessoais em uma folha que deve, ao final, ser fixada em seu peito como se fosse um crachá. Em seguida, os participantes são orientados a circularem pela sala, buscando identificar suas diferenças e semelhanças com os demais integrantes do grupo;
- Algumas sugestões de perguntas específicas sobre substâncias psicoativas: quem tem o hábito de beber frequentemente? Quem é fumante? Quem usa remédios para dormir?

Anotações

Dinâmica da Árvore e seus Frutos

Objetivos

- Ampliar a visão sobre os limites e as potencialidades do envelhecimento;
- Analisar os efeitos do uso de drogas sobre o envelhecer;
- Sensibilizar para a mudança.

Indicação

- Grupo;
- Individual.

Tempo de duração

- 5 minutos para as explicações e comandos iniciais;
- 15 minutos para a identificação e fixação das figuras com os frutos do envelhecer;
- 15 minutos para discussão acerca dos resultados do envelhecimento;
- 10 minutos para discussão acerca dos efeitos da droga sobre o envelhecimento e sobre modos de favorecer a saúde na velhice;
- 5 minutos para síntese das informações e experiências.

Material necessário

- Cartolina;
- Pedaços de papel com figuras em forma de fruto impressas ou desenhadas;
- Pincéis atômicos ou canetas para todos;
- Fita adesiva.

Procedimentos

- Apresentar, em uma cartolina, o desenho de uma árvore contendo raízes, tronco, folhas e frutos e explicar que se trata de uma árvore que simboliza a vida;
- Complementar que a figura representa uma árvore antiga, mas que, apesar do envelhecimento avançado, produz muitos frutos;
- Solicitar aos participantes que imaginem quais os frutos desta árvore. Simbolicamente, quais os frutos do envelhecimento, o que o ele trouxe de bom e de ruim?
- Em seguida, entregar aos participantes de quatro a seis recortes de papel com figuras em forma de fruto (pode ser de uma maçã) e requerer destes que, individualmente, escrevam, em cada papel, algo que é fruto do seu próprio envelhecimento;
- Quando todos tiverem concluído a tarefa, pedir que identifiquem quais dos frutos são doces, representando os ganhos do envelhecer, e quais são azedos, indicando as perdas ou limitações acarretadas por este processo;

- Recolher as figuras e fixá-las ao lado do desenho da árvore, organizando os frutos doces de um lado e os frutos azedos de outro lado;
- Ler, em voz alta, o conteúdo expresso nas diferentes figuras, sem identificação dos seus autores, de modo a permitir um panorama geral da percepção dos membros do grupo e a destacar o que prevaleceu como ganhos e como perdas;
- Discutir sobre as limitações do envelhecimento e destacar também as suas possibilidades e vantagens;
- Na sequência, acrescentar que, na raiz desta árvore, foi depositada uma droga que, com o passar do tempo, teve efeitos sobre ela;
- Discutir como essa droga pode ter contribuído para transformar os frutos da árvore. Que frutos se tornaram mais doces ou mais azedos? Que frutos se tornaram menos doces ou menos azedos?
- Realizar uma análise conjunta acerca dos modos como as drogas podem agir para alterar determinados aspectos na vida das pessoas ao longo do processo de envelhecimento;
- Para finalizar, debater como a árvore da vida poderia ser "adubada" para favorecer bons frutos aos idosos;
- Apresentar uma síntese conclusiva, resumindo as principais questões apontadas pelos participantes.

Dicas das autoras

- Ao invés de apresentar o desenho da árvore em uma cartolina, este pode ser projetado em uma tela com uso de recursos audiovisuais ou pode ser feito em um quadro com giz ou pincel atômico;
- Caso os participantes tenham dificuldades para escrever nas figuras disponibilizadas, podem ser auxiliados nesta tarefa pelo(s) facilitador(es) ou podem optar por manifestar verbalmente suas respostas para que sejam registradas.

Anotações

Nota: Adaptada de Assis, M. Envelhecimento: limites e possibilidades. In: ASSIS, M. Promoção da saúde e envelhecimento: orientações para o desenvolvimento de ações educativas com idosos. Rio de Janeiro: CRDE, UnATI, UERJ, 2002. (Série Livros Eletrônicos Programas de Atenção a Idosos).

DINÂMICA DAS EXPRESSÕES FACIAIS

Objetivos

- Favorecer a identificação, o reconhecimento e a expressão de emoções básicas;
- Reconhecer a relação entre sentimentos, pensamentos e comportamentos;
- Analisar a relação do uso de drogas (lícitas e ilícitas) com a expressão das emoções;
- Ampliar o autoconhecimento.

Indicação

- Grupo de filhos (crianças e adolescentes).

Tempo de duração

- 5 minutos para a introdução e a distribuição dos cartões;
- 15 a 20 minutos para a descrição das cenas e apresentação das emoções correspondentes;
- 15 minutos para a discussão;
- 10 minutos para síntese das informações e experiências.

Material necessário

- Cartões retangulares com fotografias ou desenhos de expressões faciais.

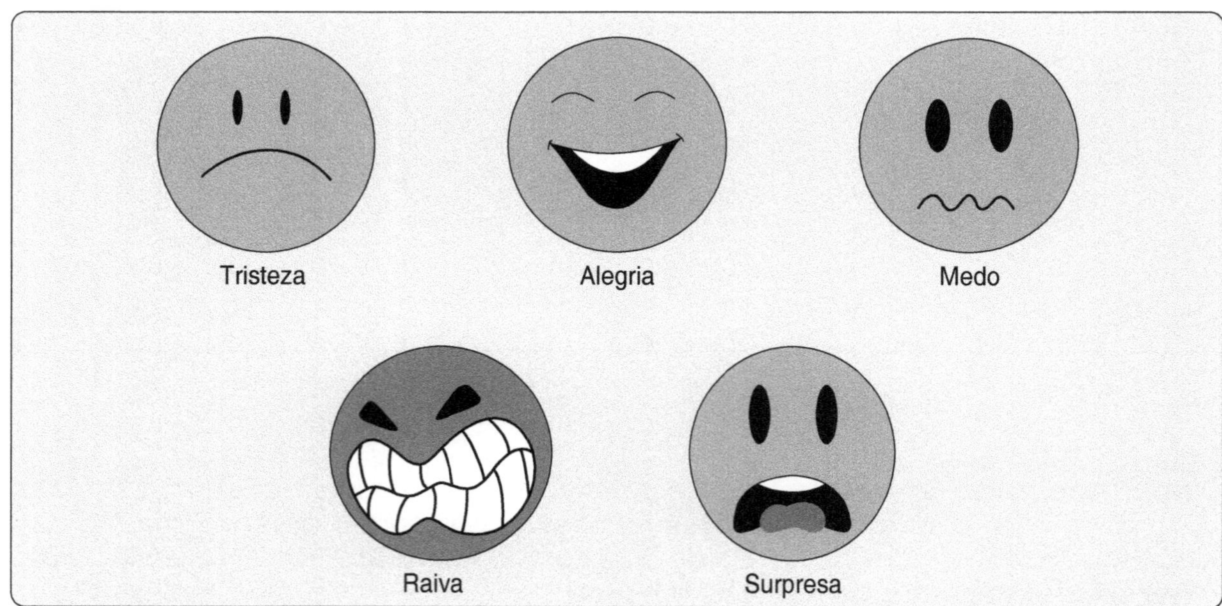

Procedimentos

- Entregar, a cada participante, quatro a seis cartões contendo fotografias ou desenhos de faces humanas adultas com expressões faciais indicativas de diferentes emoções, que podem ser de tristeza, alegria, medo, raiva, surpresa e desprezo;
- Descrever, oralmente e de modo sucinto, três ou quatro casos para o grupo, pedindo aos participantes que identifiquem como provavelmente se sentiriam se estivessem no lugar do protagonista em cada um deles. As cenas podem representar situações de conflito ou de alvo de uma crítica negativa mediante o uso de tabaco, álcool ou outras substâncias; situações de conquista; de dano ou de perda, como discutir com um filho, receber um prêmio e/ou receber a notícia de morte ou doença de um familiar;
- Em cada cena descrita, pedir que os participantes exibam o cartão correspondente à emoção selecionada e abrir espaço para as explicações desejadas;
- Em seguida, questionar os participantes como costumam agir quando vivenciam essas emoções e se observaram mudanças na forma de comunicá-las ao longo do ciclo de vida;
- Promover um espaço de troca para compartilhamento de opiniões e experiências;
- Discutir sobre as formas de manifestar emoções negativas e positivas aprendidas no decorrer da vida e como as drogas e o álcool se relacionam à expressão destas emoções;
- Ponderar sobre formas alternativas e adaptativas de reagir às emoções sem o uso de drogas lícitas ou ilícitas;
- Apresentar uma síntese conclusiva, resumindo as principais questões apontadas pelos participantes.

Dicas das autoras

- Ao invés de entregar aos participantes cartões individuais relativos a cada sentimento ou emoção, uma alternativa consiste em entregar uma folha de papel A4 contendo as faces com as diferentes expressões. As imagens podem também ser projetadas por meio de recurso audiovisual.

Anotações

DINÂMICA DA BALANÇA

Objetivos

- Favorecer o balanço entre prós (vantagens) e contras (custos) do uso de álcool, tabaco e outras drogas;
- Discutir as consequências imediatas e em longo prazo dos comportamentos de risco à saúde;
- Sensibilizar para a mudança.

Indicação

- Grupo.

Tempo de duração

- 10 minutos para formação das duplas e orientações iniciais sobre a atividade com entrega do material correspondente;
- 10 minutos para o trabalho em dupla;
- 20 minutos para a discussão geral;
- 10 minutos para a síntese conclusiva.

Material necessário

- Folha de atividade contendo o desenho de uma balança:

- Tiras de cartolina com frases relativas a possíveis efeitos do uso de álcool, tabaco e outras drogas.

Possíveis efeitos do uso de álcool, tabaco e outras drogas
Ficar mais sociável
Perder a vergonha ou a timidez
Perder a insegurança
Sentir-se mais confiante
Sentir-se mais relaxado
Esquecer dos problemas
Discutir com pessoas da família
Envolver-se em brigas com outros
Sentir dores de cabeça, apresentar problemas gastrointestinais
Sentir-se culpado
Perder dinheiro
Ter problemas no trabalho
Ficar agressivo
Sentir ciúmes
Outro. Especifique:_______________________

Procedimentos

- Após situar os objetivos da atividade, organizar os participantes em duplas e entregar a cada uma delas a figura de uma balança desenhada em uma folha de papel;
- Juntamente com o desenho da balança, entregar cartões com possíveis efeitos físicos, psicológicos e sociais do uso de drogas, tais como ficar mais sociável, perder a vergonha ou a timidez, perder a insegurança, sentir-se mais confiante, sentir-se mais relaxado, esquecer dos problemas, discutir com pessoas da família, envolver-se em brigas com outros, sentir dores de cabeça, apresentar problemas gastrointestinais, sentir-se culpado, perder dinheiro, ter problemas no trabalho, ficar agressivo e sentir ciúmes;
- Na sequência, solicitar às duplas que façam uma avaliação das vantagens e desvantagens de usar drogas e, com base em suas experiências pessoais, coloquem de um lado da balança suas consequências usuais que julgam negativas e aquelas que julgam positivas;
- Desfazer as duplas e, no grupo maior, estimular a troca de opiniões e experiências, questionando acerca dos pesos dados às diferentes consequências positivas e negativas selecionadas e perguntando sobre o lado para o qual a balança mais pesou;
- Apresentar uma síntese conclusiva, resumindo as principais questões apontadas pelos participantes.

Dicas das autoras

- Pode ser útil entregar cartões em branco junto com os cartões que já contêm alternativas de resposta para que os participantes, se assim o desejarem, possam preencher com outras consequências além das fornecidas;
- É preferível usar letras ampliadas nos cartões para favorecer a leitura pelos idosos;
- Os participantes podem ser solicitados a escrever as vantagens e as desvantagens do uso de drogas sem o recurso dos cartões prévios.

Dinâmica do semáforo

Objetivos

- Refletir sobre as dificuldades do processo de mudança ao longo do tratamento;
- Levantar e analisar situações de risco para o uso de álcool, tabaco e outras drogas;
- Contribuir para a prevenção da recaída;
- Ampliar o autoconhecimento.

Indicação

- Grupo;
- Família.

Tempo de duração

- 5 minutos para as explicações iniciais e entrega do material correspondente;
- 15 minutos para apresentação das situações e dos cartões;
- 20 minutos para a discussão;
- 5 minutos para a síntese conclusiva.

Material necessário

- Cartões em forma de círculo nas cores vermelha, verde e amarela em número suficiente para todos os participantes;
- Palitos de picolé para serem afixados na base dos cartões.

Procedimentos

- Após a explicitação dos objetivos e procedimentos da dinâmica, entregar a cada participante três cartões, sendo um na cor vermelha, um na cor verde e outro na cor amarela, representado os sinais de trânsito;
- Explicar que serão citadas, oralmente, situações variadas e que, para cada uma delas, eles devem levantar o cartão de uma cor específica para indicar o nível de dificuldade ou ameaça percebido para resistir ao uso de álcool, tabaco e outras drogas;
- Assim, o cartão vermelho deve sinalizar grande dificuldade, o cartão amarelo, dificuldade moderada e o cartão verde, pequena ou nenhuma dificuldade;
- Apresentar as situações, orientando os participantes a imaginarem que estão em uma estrada longa e que, ao longo do caminho, diferentes acontecimentos podem advir. Idealmente, devem ser apresentadas situações que representem eventos que sejam mais prováveis na vida de pessoas idosas, tais como sentir dores físicas, descobrir que tem uma doença, sentir solidão, sentir tristeza ou desânimo, recordar

momentos ruins da própria vida, perder um ente querido, sentir que seus feitos não foram reconhecidos, sentir-se frustrado, sentir tédio da vida, passar por conflitos familiares, receber uma quantia em dinheiro, sentir-se culpado, sofrer preconceito/ discriminação, ter insônia, apresentar problemas sexuais e sentir-se sem esperanças;

- Ao final, discutir os resultados do grupo, destacando as situações que se mostraram mais difíceis quanto a interromper o uso de drogas ou a evitar o seu uso e manter a abstinência;
- Apresentar uma síntese conclusiva, resumindo as principais questões apontadas pelos participantes.

Dica das autoras

- À medida que os participantes forem apresentando os cartões, é aconselhável tomar nota da frequência de cada resposta.

Anotações

DINÂMICA DO DAR E RECEBER

Objetivos

- Estimular a capacidade de comunicação;
- Proporcionar o reconhecimento e a expressão de necessidades e desejos;
- Estimular o exercício da assertividade e da empatia nas relações interpessoais.

Indicação

- Grupo;
- Família.

Tempo de duração

- 5 minutos para explicitação do comando da atividade;
- 10 minutos para a realização dos desenhos ou escrita das coisas que os participantes gostariam de receber e que poderiam doar a outros;
- 5 minutos para a discussão em dupla;
- 15 minutos para discussão no grupo maior e síntese conclusiva.

Material necessário

- Folhas de papel em número suficiente para todos os participantes;
- Pincéis atômicos ou canetas para todos.

Procedimentos

- Orientar os participantes a escreverem ou desenharem em uma folha de papel as contribuições ou ajuda que gostariam de receber de outras pessoas;
- Em seguida, pedir que, do outro lado da folha, escrevam ou desenhem as coisas boas que poderiam oferecer aos outros, em termos de suas qualidades pessoais, habilidades e conhecimentos;
- Em seguida, estimular que troquem suas doações simbólicas com o(a) companheiro(a) sentado(a) ao lado, entregando-lhe a folha de papel com as coisas que gostariam de receber e as que se sentem prontos para doar;
- Solicitar que verifiquem a correspondência entre o que receberam e o que desejaram e entre o que ofertaram e a necessidade da outra pessoa, discutindo em seguida os ajustes que devem ser feitos para que ambos se sintam satisfeitos;
- Refletir sobre a importância de dar e receber nos relacionamentos humanos e de fazer uso da empatia, reconhecendo as necessidades e os desejos do outro além dos seus próprios.

Dica das autoras

- Como uma versão alternativa, os participantes poderão escolher a pessoa para a qual gostariam de doar suas qualidades e aquela da qual gostariam de receber coisas boas.

Anotações

DINÂMICA DOS DITADOS POPULARES

Objetivos

- Promover a reflexão sobre a saúde pessoal e o tratamento.

Indicação

- Grupo;
- Individual.

Tempo de duração

- 5 minutos para o comando da atividade e entrega do material;
- 5 minutos para a leitura e a seleção dos ditados;
- 15 minutos para apresentação e explicação dos ditados escolhidos;
- 10 minutos para a discussão.

Material necessário

- Folha de atividades com uma relação de dez a vinte ditados populares.
- Material de apoio ao facilitador: Ditados populares

Ditados populares

- "A união faz a força".
- "Agora, Inês é morta".
- "Água mole em pedra dura, tanto bate até que fura".
- "Antes tarde do que nunca".
- "As aparências enganam".
- "Cada cabeça, uma sentença".
- "Cada coisa a seu tempo".
- "Cada macaco no seu galho".
- "Cautela nunca é demais".
- "De grão em grão, a galinha enche o papo".
- "Depois da tormenta, sempre vem a bonança".
- "Desgraça pouca é bobagem".
- "Devagar se vai longe".
- "Dizei-me com quem andas e eu te direi quem és".
- "É melhor prevenir do que remediar".
- "É na necessidade que se conhece o amigo".
- "Em terra de cego, quem tem um olho é rei".
- "Gato escaldado tem medo de água fria".
- "Mais vale um pássaro na mão do que cem voando".
- "Nada como um dia após o outro".
- "Não adianta chorar sobre o leite derramado".
- "Não confie na sorte. O triunfo nasce da luta".

- "Não há bem que sempre dure, nem mal que nunca se acabe".
- "Não há marcas que o tempo não apague".
- "Nem tudo que reluz é ouro".
- "Pense rápido, fale devagar".
- "Quem espera sempre alcança".
- "Quem não tem cão caça com gato".
- "Um homem prevenido vale por dois".
- "Uma andorinha só não faz verão".
- "A idade traz sabedoria".
- "O seguro morreu de velho".
- "Para frente é que se anda".
- "Não coloque o carro na frente dos bois".
- "Macaco velho não mete a mão em cumbuca".
- "Matar dois coelhos com uma cajadada só".
- "Se correr o bicho pega, se ficar o bicho come".
- "Rapadura é doce, mas não é mole não".
- "A pressa é inimiga da perfeição".
- "Águas passadas não movem moinhos".
- "A ocasião faz o ladrão".
- "A minha liberdade acaba onde começa a liberdade dos outros".
- "A ignorância é a mãe de todas as doenças".
- "Ainda que sejas prudente e velho, não desprezes o conselho".
- "Antes só do que mal acompanhado".
- "A preguiça é a mãe de todos os vícios".
- "A palavra é de prata e o silêncio é de ouro".
- "Amor com amor se paga".

Procedimentos

- Fornecer a cada um dos participantes uma relação impressa de ditados populares e solicitar que escolham um ou dois destes ditados que possam associar à sua condição de saúde atual e/ou tratamento;
- Conceder um tempo para a leitura e a seleção dos ditados;
- Em seguida, abrir espaço para que os participantes indiquem os ditados selecionados e exponham os motivos destas escolhas;
- Discutir sobre a importância dos cuidados com a dependência química e da adesão ao tratamento.

Dicas das autoras

- Os ditados populares podem ser substituídos por frases de pessoas ilustres;
- Abrir espaço aos participantes para elaboração ou citação de outros ditados.

Dinâmica da busca conjunta de solução

Objetivos

- Estimular a busca conjunta de resolução de problemas;
- Sensibilizar para o valor do apoio e do estímulo do grupo;
- Estimular a motivação para o tratamento.

Indicação

- Grupo;
- Individual.

Tempo de duração

- 5 minutos para formação dos subgrupos;
- 5 minutos para leitura do caso e explicações iniciais;
- 10 minutos para a busca de solução conjunta;
- 20 minutos para explicações e discussões no grupo maior;
- 10 minutos para a síntese conclusiva.

Material necessário

- Folha de atividades com a descrição de um caso.

"O casamento de João terminou, após 20 anos de união estável, quando sua esposa saiu de casa e levou os filhos, alegando não mais suportar suas crises de ciúmes e sua agressividade após a ingestão de álcool. Diante do 'abandono', João passou a consumir ainda mais bebidas alcoólicas e seus patrões ameaçaram demiti-lo do emprego, pois consideraram que já não podiam mais confiar nele. Nesta ocasião, João começou a sentir sintomas de que algo não estava bem em seu corpo e tinha medo de ir ao médico e descobrir que estava com alguma doença grave. Diante desta situação, o que João deve fazer?"

Procedimentos

- Organizar os participantes em subgrupos de três a quatro pessoas;
- Solicitar a atenção dos participantes e fornecer, verbalmente e/ou por escrito, a descrição de um caso, com um questionamento ao final;
- Solicitar aos participantes de cada subgrupo que busquem conjuntamente uma solução para o problema apresentado;
- Unir os subgrupos e, em seguida, solicitar a cada um que exponha brevemente a solução pensada para o caso e explique como chegaram a tal desfecho;
- Discutir sobre a necessidade de buscar alternativas diante dos problemas enfrentados e de contar com o apoio de familiares e amigos neste processo;
- Apresentar uma síntese conclusiva, resumindo as principais questões apontadas pelos participantes.

Dicas das autoras

- Pode-se solicitar aos participantes que encenem o caso descrito, incluindo a solução sugerida;
- A situação proposta pode reunir situações relatadas anteriormente por alguns integrantes do grupo, sem a identificação destes.

Anotações

Dinâmica Conversando com o Corpo

Objetivos

- Incrementar a auto-observação de sensações físicas;
- Sensibilizar para o autocuidado à saúde.

Indicação

- Grupo;
- Individual.

Tempo de duração

- 5 minutos para instruções iniciais;
- 15 minutos para relaxamento e visualização;
- 30 minutos para expor a conversa com um órgão do corpo;
- 20 minutos para a discussão dos sentimentos, descobertas e enfrentamento.

Material necessário

- Música para relaxamento;
- Dispositivo de som para reproduzir músicas.

Procedimentos

- O facilitador deve informar aos participantes o tema do dia: como nosso corpo reage aos nossos cuidados;
- Colocar música e instruir os participantes a fazerem respiração diafragmática;
- Pedir que façam um exercício de faz-de-conta e se imaginem sendo um órgão de seu próprio corpo falando sobre como se sentia tratado por seu "dono". Todos os participantes devem escolher um órgão (por exemplo: pele, estômago, coração, pés, etc.) e se apresentar verbalmente para o grupo falando como se fosse o órgão escolhido. Dificuldades e progressos em autocuidados à saúde, ao longo da vida, devem ser discutidos;
- Em seguida, o facilitador deve perguntar, por ordem: (a) o que sentiram durante a atividade?; (b) o que descobriram sobre si mesmos?; e (c) o que desejam fazer com o que descobriram? Há planos a serem feitos? Há decisões a serem tomadas? Há providências a serem executadas?
- Na psicoeducação, com base nos relatos do grupo, discutir como os comportamentos de risco e de proteção à saúde afetam o bem-estar e a qualidade de vida;
- A avaliação da sessão deve ser feita ao final. Os participantes podem ser convidados a relatarem seus sentimentos decorrentes da sessão do dia.

Dicas das autoras

- Esta atividade pode ser útil para se incrementar a motivação dos participantes para a mudança. Ganhos e perdas decorrentes do padrão atual de cuidados com a saúde podem ser discutidos;
- O facilitador deve evitar posturas moralistas ou punitivas com o grupo. A valorização das auto-observações do grupo deve ser feita, bem como de pequenos progressos ou relatos de motivação para o autocuidado;
- A ênfase na mudança como processo deve ser explicitada.

Anotações

Dinâmica da Árvore do Trabalho

Objetivos

- Promover autoconhecimento sobre a rotina de trabalho ou outras ocupações do idoso;
- Discutir a função do trabalho ou outras ocupações na vida do idoso;
- Sensibilizar para o estabelecimento de uma rotina de trabalho ou outras ocupações, de modo a reduzir a chance de recaída no uso de álcool, tabaco e outras drogas.

Indicação

- Grupo.

Tempo de duração

- 5 minutos para instruções iniciais;
- 15 minutos para o desenho da árvore do trabalho;
- 30 minutos para a apresentação da árvore do trabalho;
- 30 minutos para a discussão de sentimentos, descobertas e enfrentamento;
- 10 minutos para síntese conclusiva.

Material necessário

- Uma folha de papel para cada participante;
- Um lápis preto para cada participante.

Procedimentos

- Dar as instruções: faça o desenho de uma árvore, com raízes, caule e copa. Na copa, escreva suas ocupações diárias. Nas raízes, escreva seus recursos para se manter ativo: talentos, necessidades, pessoas, família, local de trabalho, igreja, serviços comunitários, etc. A natureza é cheia de predadores. Animais e outras plantas podem ser predatórias para árvores. Escreva no caule os predadores (condições que podem te impedir de se ocupar ou retirar sua energia para o trabalho) que você julga que existem em sua vida diária;
- Aguardar que cada participante faça o seu desenho da árvore do trabalho. Quando todos tiverem feito, solicitar que apresentem o conteúdo do seu desenho;
- Explorar a atividade, indagando ao grupo, por ordem: (a) como se sentiram ao fazer a atividade?; (b) o que descobriram sobre si mesmos?; e (c) o que desejam fazer com o que descobriram? Cada uma destas perguntas deve ser feita individualmente, dando tempo ao grupo para pensar e se expressar;

- Fazer psicoeducação, de acordo com a produção prévia do grupo, estabelecendo conexões entre ter ocupação e não ter ocupação como fatores de risco ou de proteção para recaídas no uso de drogas. Apoiar o grupo no estabelecimento de procedimentos de solução de problemas para inserção de ocupação na vida diária;
- Avaliar a sessão do dia, solicitando aos participantes que completem as sentenças: "no encontro de hoje eu senti que..."; "eu pensei que..."; "eu tive vontade de...".

Dica das autoras

- Esta dinâmica pode ser feita em grupos maiores. Neste caso, os participantes devem ser subdivididos em grupos menores (por exemplo, de quatro integrantes). Após os desenhos feitos, estes podem ser discutidos nos subgrupos. Em seguida, o facilitador pede que um representante do subgrupo apresente ao grupo maior uma síntese do que foi discutido. Uma outra variação é solicitar a cada subgrupo que faça uma colagem das árvores em pontos distintos da sala. Assim, cada subgrupo visita a produção do outro e ouve as explicações sobre sua produção, até que todos os subgrupos sejam visitados e possam expor suas produções.

Anotações

DINÂMICA DAS HERANÇAS RECEBIDAS E TRANSMITIDAS

Objetivos

- Refletir sobre os processos de aprendizagem de comportamentos entre as gerações;
- Identificar, na história de vida, modelos de comportamentos de risco e de proteção à saúde que influenciaram no comportamento de abusar de drogas ou de abandonar as substâncias psicoativas;
- Sensibilizar para o legado que está sendo deixado para os filhos e pessoas de convívio próximo;
- Fortalecer o senso de integração das experiências passadas e o sentido da vida.

Indicação

- Grupo;
- Individual.

Tempo de duração

- 10 minutos para ouvir a música "Como nossos pais" (Belchior) e instruções iniciais;
- 10 minutos para o preenchimento do formulário;
- 20 minutos para a discussão das heranças recebidas;
- 20 minutos para a discussão das heranças transmitidas;
- 20 minutos para a discussão dos sentimentos, descobertas e enfrentamento;
- 10 minutos para síntese conclusiva.

Material necessário

- Música "Como nosso pais" (Belchior), cantada por Elis Regina;
- Folha de atividades: Inventário de Heranças Psicológicas, com os dizeres colocados em lados opostos da folha: lado A, com heranças recebidas, e lado B, com heranças transmitidas.

Inventário de heranças psicológicas

Lado A – Heranças recebidas: lembre-se de comportamentos e valores que você aprendeu com seus pais. Em que você se parece com eles? O que você deseja fazer com as "heranças" recebidas de seus pais?

Heranças que quero manter	Heranças que quero reformar	Heranças que quero abandonar

Lado B – Heranças transmitidas: reflita sobre os comportamentos e valores que você tem ensinado aos seus filhos. Em que seus filhos se parecem com você? O que você deseja que seus filhos façam com as "heranças" que você tem deixado para eles?

Heranças que desejo que sejam mantidas	Heranças que desejo que sejam reformadas	Heranças que desejo que sejam abandonadas

Procedimentos

- O facilitador deve informar aos participantes o tema do dia: como aprendemos com as gerações passadas e como influenciamos as gerações futuras. Deve convidá-los a ouvirem a música "Como nossos pais", composta por Belchior;
- Distribuir o formulário *Inventário de heranças psicológicas*. Informar aos participantes os objetivos da atividade:

> – Pensar sobre o que recebemos de "herança" de nossos pais (em termos de modos de ver a vida, de se comportar, de se relacionar com os outros e de cuidar da própria saúde) e o que estamos deixando de "herança" para nossos filhos.
> – Perceber como as "heranças" podem ser mantidas ou mudadas, tal como heranças materiais em um inventário de bens após o falecimento dos pais (por exemplo: uma casa pode ser mantida, pode ser reformada ou pode ser vendida).

- Pedir que lembrem-se de seus pais e preencham o *Lado A* com as heranças recebidas. Aguardar que todos o façam. Em seguida, pedir que preencham o *Lado B* com as heranças transmitidas. Dar exemplos e explicações para tornar a atividade compreensível para todos;

- Terminado o preenchimento do *Inventário de heranças psicológicas*, pedir que cada integrante do grupo, livremente, apresente suas heranças recebidas e transmitidas, especificando o que desejam manter, reformar ou abandonar. Limitar tempo por participante ou limitar o número de heranças (apenas uma, por exemplo) por categoria, para que todos possam, conforme o desejo pessoal, se expressar;
- Em seguida, perguntar, por ordem: (a) o que sentiram durante a atividade?; (b) o que descobriram sobre si mesmos?; e (c) o que desejam fazer com o que descobriram? Há planos a serem feitos? Há decisões a serem tomadas? Há providências a serem executadas?
- Com base nos relatos do grupo, discutir como os comportamentos de risco e de proteção à saúde são aprendidos e podem ser modificados ao longo da vida, desde que existam recursos que permitam a mudança. Ênfase deve ser dada aos comportamentos de proteção e heranças a serem mantidas, para fortalecer a autoeficácia dos participantes;
- Promover a avaliação da sessão ao final e a síntese conclusiva. Os participantes podem ser convidados a relatarem seus sentimentos decorrentes da sessão do dia.

Dicas das autoras

- Esta dinâmica deve ser feita em grupos que já se conhecem e já estão integrados. Sentimentos dolorosos podem emergir, frente a experiências de maus tratos e negligência pelos pais, luto pela perda dos pais ou culpa pela relação com os filhos. Exigem-se do facilitador habilidades empáticas para reagir a relatos de emoções desagradáveis, habilidades para fazer perguntas que acessem recursos e estratégias para enfrentamento (por exemplo: se você pudesse, o que você faria com isto? O que você já tentou?) e habilidades para fomentar o processo grupal (por exemplo: vocês se veem na experiência de "Fulano"? Como este progresso de "Fulano" inspira vocês a reformarem as heranças ruins?);
- Adicionalmente, o contato com a morte e a finitude pode emergir, sobretudo na discussão das heranças transmitidas. O facilitador deve estar atento aos seus sentimentos e preparado para lidar com o tema, para não se esquivar de temas relevantes e para não punir relatos importantes por parte do grupo, bloqueando a sua produção;
- Durante a discussão das heranças a reformar e a abandonar, é possível que o uso abusivo de álcool e outras drogas seja relatado pelo grupo. Este é um momento oportuno para o facilitador valorizar a auto-observação do grupo (ou participante que relatou este conteúdo), incrementar a ambivalência frente ao uso da droga e instigar seu desejo de mudança. As perguntas "*o que você tem ganhado com esta herança?, O que você tem perdido?*" podem ser úteis neste processo;
- Se o grupo for muito comunicativo, é recomendável dividir esta dinâmica em duas sessões: uma para discutir as heranças recebidas e outra para as heranças transmitidas.

Anotações

CONSIDERAÇÕES FINAIS

As dinâmicas podem ser instrumentos valiosos de trabalho em grupos de idosos. No entanto, a condução adequada de grupos é uma tarefa que guarda certa complexidade e requer a preparação dos profissionais, para que possam realmente cumprir o papel de educadores ou facilitadores. Para que as atividades grupais atinjam seus objetivos, é requerido do facilitador um conjunto de conhecimentos e competências, como:

- Conhecimentos sobre o desenvolvimento do idoso;
- Conhecimentos sobre a dinâmica de funcionamento de grupos;
- Conhecimentos sobre o abuso de álcool e outras drogas, em especial benzodiazepínicos;
- Habilidades para implementar o procedimento com integridade;
- Habilidades para fomentar o processo grupal;
- Habilidades para se comunicar com o grupo;
- Sensibilidade ética para evitar erros profissionais.

Uma *checklist* de habilidades terapêuticas na condução de grupos psicoeducativos está apresentada na figura a seguir (adaptada de Murta[2]), com o intuito de facilitar a auto-observação do facilitador sobre seu próprio desempenho. Se o trabalho for conduzido por dupla ou por uma equipe de facilitadores, tal tarefa pode ser feita de maneira ainda mais completa, com avaliação pelos pares.

As atividades em grupo apresentam potencial para propiciar espaços privilegiados nos contextos de saúde. Seus integrantes devem ser levados a refletir sobre suas formas habituais de pensar, sentir e agir. Nessa perspectiva, a promoção dessas atividades pode constituir uma oportunidade importante para os idosos sentirem-se apoiados e vislumbrarem formas alternativas de lidar com situações estressantes decorrentes tanto do envelhecimento avançado como do tratamento do uso de substâncias. A troca de experiências e a percepção de que outras pessoas lidam com problemas semelhantes comumente são enriquecedoras. Além disso, esse tipo de intervenção tem o benefício de reunir e atingir um maior número de pessoas em relação ao atendimento individual e mostra-se útil para estimular mudanças comportamentais, reduzir fatores de risco, revisar crenças, favorecer o autoconhecimento e o autocuidado, prevenir a recaída e treinar habilidades sociais.

Há ainda um imenso campo a ser explorado e sugere-se a realização de trabalhos que busquem verificar a eficácia e a efetividade de intervenções grupais voltadas para o fortalecimento do repertório comportamental de idosos em relação aos cuidados com a própria saúde e ao tratamento de doenças prevalentes nessa faixa de idade.

Checklist de habilidades do terapeuta na condução de grupos psicoeducativos

COMPORTAMENTOS	Sim	Não	Não se aplica
Preparando a sessão			
O terapeuta cuidou da aparência pessoal?			
Revisou o planejamento da sessão e fez lembretes dos passos a seguir?			
Preparou o material necessário?			
Preparou o ambiente?			
Iniciando a sessão			
Cumprimentou e deu as boas-vindas aos participantes?			
Perguntou o que praticaram da tarefa de casa?			
Resumiu os progressos alcançados pelo grupo com a tarefa de casa?			
Implementando as dinâmicas durante a sessão			
Antes da dinâmica, deu instruções claras para a sua realização?			
Após a dinâmica, perguntou como os participantes se sentiram durante a atividade?			
Perguntou o que descobriram sobre si mesmos durante a dinâmica?			
Perguntou o que a dinâmica tem a ver com a vida?			
Perguntou o que poderiam retirar daquela experiência (vivenciada na dinâmica) e usar na vida pessoal?			
Fortalecendo o processo grupal e a aliança terapêutica			
Fez comentários positivos sobre os progressos dos participantes?			
Ofereceu informações para que os participantes pudessem compreender as causas do seu comportamento?			
Ofereceu instruções para que os participantes pudessem experimentar uma nova forma de agir?			
Resumiu com precisão o que os participantes disseram?			
Espelhou com precisão os sentimentos dos participantes?			
Solicitou apoio social do grupo frente a um relato de sofrimento de algum participante?			
Solicitou *feedback* do grupo sobre a ação de algum participante?			
Perguntou ao grupo como se sentia após relato de progresso de algum dos participantes?			
Fez perguntas abertas para acessar sentimentos?			
Fez perguntas abertas para acessar vantagens e desvantagens de comportamentos de risco?			
Fez perguntas para examinar alternativas de solução de problemas?			
Fez perguntas sobre ganhos e perdas percebidos resultantes de comportamentos de risco relatados pelos participantes?			
Fez observações claras, sem hesitações ou reformulações?			
Ofereceu informação sobre processos comportamentais?			
Fez autorrevelações de modo pertinente e adequado?			
Manteve contato visual com o participante?			
O tom de voz transmitiu empatia e interesse?			
A expressão facial transmitiu empatia e interesse?			
A postura transmitiu empatia e interesse?			
A expressão facial demonstrou firmeza quando necessário?			
Finalizando a sessão			
Resumiu os aspectos mais marcantes da sessão?			
Propôs tarefa de casa?			
Verificou obstáculos e viabilidade para a execução de tarefa de casa?			
Avaliou a sessão do dia?			

978-85-4120-168-1

REFERÊNCIAS BIBLIOGRÁFICAS

1. ASSIS, M. Envelhecimento: limites e possibilidades. In: ASSIS, M. **Promoção da saúde e envelhecimento: orientações para o desenvolvimento de ações educativas com idosos.** Rio de Janeiro: CRDE, UnATI, UERJ, 2002. (Série Livros Eletrônicos Programas de Atenção a Idosos).
2. MURTA, S. G. **Programa de habilidades de vida para adolescentes: manual para aplicadores.** Goiânia: Porã Cultural, 2008.

SEÇÃO 14

Diversidade sexual

LUCA SANTORO GOMES
ALESSANDRA DIEHL
NELIANA BUZI FIGLIE
ROBERTA PAYÁ

Evidências científicas têm demonstrado que a população LGBTQIAPN+ apresenta risco elevado para transtornos relacionados com uso, abuso e dependência de substâncias psicoativas, evoluindo geralmente com pior prognóstico quando comparados à população geral[1,2].

A maioria dos programas de tratamento destinados a usuários de substâncias psicoativas não investiga ou não aborda questões relativas à orientação afetivo-sexual de seus pacientes. Na prática, observa-se que poucos são os serviços com habilidades para ter esse "olhar diferenciado" e, frequentemente, apresentam falta de recursos e/ou treinamento para atender às necessidades dessa população[3].

Habilidades em reconhecer e estimular a reflexão crítica sobre as questões pertinentes às vulnerabilidades que atravessam o campo da dependência química e da diversidade são fatores importantes no processo de acolhimento, de promoção de saúde e prevenção, de facilitação do acesso e da oferta de serviços e tratamentos adequados para essa população. Poucas são as pesquisas nacionais, assim como os equipamentos especializados nas duas áreas e as portas de entrada dos dispositivos de saúde que se dedicam a olhar atentamente essas complexas associações[1,3].

Assim sendo, a palavra-chave desta seção é inclusão. Não se trata, portanto, de estigmatizar ou "patologizar" a questão e, consequentemente, criar "guetos terapêuticos segregados". Mas caminhar para a percepção de que quanto mais esse público se sentir incluído e acolhido por seus pares, familiares, amigos e profissionais de saúde, menores serão as barreiras referentes aos diversos preconceitos, principalmente a homofobia, que certamente afastam do tratamento.

Ampliar o foco para além da sexualidade e do abuso de substâncias, propiciando atenção a outras vulnerabilidades importantes da vida e dos papéis sociais desses indivíduos, possibilita a percepção de que a orientação sexual é apenas uma das características de uma pessoa e não o que a define como indivíduo[1].

O objetivo desta seção é apresentar algumas possibilidades de dinâmicas de grupos que abordem vulnerabilidades comuns desse público em *settings* diversos de atenção à saúde e cuidados sociais.

MITOS E PRECONCEITOS COM RELAÇÃO AO PORTADOR DO HIV – "SER, QUERER E PRECISAR"

Objetivos

- Promover a reflexão e educar contra os mitos e preconceitos que envolvem o portador do vírus da imunodeficiência humana (HIV).

Indicação

- Grupo.

Tempo de duração

- 10 minutos para introdução do exercício;
- 35 minutos para execução;
- 15 minutos para discussão e finalização.

Material necessário

- *Flip-chart*, papel e caneta.
- Material de apoio ao facilitador: Mitos e verdades HIV

Mitos e verdades

- HIV/AIDS estão relacionados exclusivamente a grupos de risco. Conceito errado, pois a denominação de grupos de risco surgiu no início da epidemia na década de 80. Nesta época, a doença crescia entre homossexuais, hemofílicos e dependentes químicos. Mas essa distinção logo se mostrou inapropriada, pois hoje o conceito de aquisição esta relacionado a comportamentos de risco;
- O risco de contágio do HIV é maior através do sexo anal. Está correto, pois a mucosa anal é mais vulnerável do que a vaginal, o risco de contágio é maior;
- A circuncisão reduz o risco de contágio do HIV. Certo: este procedimento pode diminuir em até 50% o risco de contaminação. Mas a prevenção com uso de preservativo continua sendo o método mais seguro;
- O beijo na boca pode transmitir HIV. Errado, isso só vai acontecer se o indivíduo estiver com sangramento importante, pois a saliva tem várias substâncias danosas ao vírus;
- O uso de retroviral deve ser continuamente estudado e discutido entre as pessoas e em seus relacionamentos. Correto.

978-85-4120-168-1

Procedimentos

- O facilitador solicita a cada participante que divida uma folha de papel em três colunas e escreva o que pensa que um portador do HIV é, quer e precisa (cada um em sua respectiva coluna);
- Depois, o facilitador anota no *flip-chart* as opiniões de todos (também nas três colunas);
- Na discussão, o facilitador discrimina o que é fato, mito e preconceito, estimulando os participantes a refletirem sobre os conceitos apresentados, sendo o papel do facilitador esclarecer dúvidas, educar e orientar.

Dicas dos autores

- É imprescindível que o facilitador tenha conhecimento sobre o tema e habilidade para lidar com situações em que os participantes possam se exaltar, devido a divergências de opiniões e discussões acaloradas;
-

Anotações

ROLE-PLAY DA NEGOCIAÇÃO DE SEXO SEGURO

Objetivos

- Treinar a negociação para a prática de sexo seguro.

Indicação

- Individual;
- Grupo.

Tempo de duração

- 10 minutos para introdução do exercício;
- 35 minutos para execução;
- 15 minutos para discussão e finalização.

Material necessário

- Nenhum.

Procedimentos

- Dividir o grupo em duplas. Cada dupla deve dramatizar uma situação em que é necessária a negociação para sexo seguro (uso de preservativo, por exemplo);
- É dado um tempo de aproximadamente 10 minutos para que possam se preparar;
- Após a dramatização de todos os participantes, o facilitador abre para a discussão, na qual poderão ser abordados os aspectos pessoais de identificação com as situações apresentadas, os riscos e outras estratégias de negociação.

Dicas dos autores

- Essa dinâmica pode ser bastante rica para proporcionar o reconhecimento de situações de risco e treinamento de habilidades de negociação. Caso estas não apareçam durante a dinâmica, o facilitador deve lembrar que o uso de substâncias pode dificultar a negociação e a prática de sexo seguro;
- Caso as dinâmicas não apresentem muitas variações, cabe ao facilitador sugerir outras situações, como sexo oral, sexo com parceria habitual, várias parcerias ao mesmo tempo, utilização de "brinquedinhos sexuais" (por exemplo: vibrador, anéis penianos, etc.).

Anotações

O PREÇO DO *GLAMOUR*

Objetivos

- Identificar comportamentos de risco e vulnerabilidades associados ao universo deste grupo.

Indicação

- Individual;
- Grupo.

Tempo de duração

- 10 minutos para introdução do exercício;
- 35 minutos para execução;
- 15 minutos para discussão e finalização.

Material necessário

- *Flip-chart*, pincel atômico.

Procedimentos

- Solicita-se aos participantes que completem a seguinte frase:

> – "Na minha vida, para eu ser uma travesti, eu preciso fazer ...., ter .... e ser ....";

- O facilitador anota no *flip-chart* as respostas nas três colunas. Segue-se a discussão sobre as vulnerabilidades dessa população, como, por exemplo: uso de hormônios, aplicação de silicone, cirurgias, uso de substâncias psicoativas, transtorno alimentar, violência, sexo desprotegido, etc.

Dicas dos autores

- Dinâmica indicada para travestis;
- O facilitador deve ter competência cultural para abordar questões ligadas ao universo deste público.

Anotações

PERCEPÇÕES SOBRE HIV/AIDS AO LONGO DO TEMPO

Objetivo

- Promover uma reflexão sobre as mudanças individuais e sociais do início da epidemia de HIV/AIDS aos dias atuais.

Indicação

- Individual;
- Grupo.

Tempo de duração

- 10 minutos para introdução do exercício;
- 35 minutos para execução;
- 15 minutos para discussão e finalização.

Material necessário

- Papel, caneta, *flip-chart*, pincel atômico.

Procedimentos

- O facilitador inicia a atividade com a seguinte proposta: "Lembrem-se da primeira vez em que ouviram falar sobre HIV/AIDS. Onde foi? Quando foi? O que ouviram? Em que situação?";
- Descrever sentimentos e reações. Durante a discussão, o facilitador conduz o grupo a debater sobre a percepção de se algo mudou de lá para cá, assim como o que e por que mudou.

Anotações

TESTE DE CONHECIMENTO – "*QUIZ*"

Objetivos

- Testar o conhecimento sobre infecções sexualmente transmissíveis (IST), HIV e síndrome da imunodeficiência adquirida (AIDS).

Indicação

- Grupo.

Tempo de duração

- 10 minutos para introdução do exercício;
- 35 minutos para execução;
- 15 minutos para discussão e finalização.

Material necessário

- *Flip-chart*, pincel atômico, tiras de papel com perguntas, saco ou caixa de sorteio, buzina ou apito.
- Material de apoio ao facilitador: Quiz

Quiz

1) Transar com duas camisinhas previne mais do que apenas com uma?

2) Só é contaminado pelo HIV quem faz sexo anal?

3) Se usar preservativo, não pega HPV?

4) O que quer dizer a sigla AIDS?

5) Em uma relação vaginal desprotegida, quem está mais vulnerável à infecção pelo HIV?

6) Usuários de drogas injetáveis que compartilham seringas estão expostos à contaminação apenas pelo vírus HIV e não da hepatite C?

Respostas: 1. Não; 2. Não; 3 .Não ; 4. Síndrome da Imunodeficiência Adquirida; 5. Ambos correm risco, mas a mulher apresenta maior vulnerabilidade; 6. Não, usuários de drogas injetáveis estão mais expostos à HIV e Hepatite C.

Procedimentos

- O facilitador dividirá o grupo em dois ou mais subgrupos (dependendo do número de participantes). A atividade consiste em uma competição, na qual os grupos responderão questões relacionadas com IST, HIV e AIDS;
- O sorteio das perguntas é realizado alternadamente entre os grupos. A resposta deve ser dada imediatamente pelo grupo da vez. Caso a resposta esteja errada, é acionada a buzina e dada a chance de resposta ao grupo oponente;
- O grupo que responder corretamente o maior número de questões será o vencedor. Esta é uma excelente oportunidade para a psicoeducação;
- Cabe ao facilitador criar as perguntas conforme seu público-alvo.

Dica dos autores

- Para esta atividade ser estimulante, é necessário um grande número de perguntas, pois assim aumentam as chances da atividade durar mais tempo e ser mais competitiva.

Anotações

Fatores que Predispõem ao Uso, Abuso e Dependência de Substâncias Psicoativas na População Lgbtqiapn+

Objetivos

- Debater os fatores de vulnerabilidade associados ao uso de substâncias psicoativas mais comuns neste público;
- Identificar e desenvolver estratégias de prevenção de recaída.

Indicação

- Grupo;
- Individual.

Tempo de duração

- 10 minutos para introdução do exercício;
- 35 minutos para execução;
- 15 minutos para discussão e finalização.

Material necessário

- Nenhum.

Procedimentos

- O facilitador sugere um fator de vulnerabilidade para a discussão (por exemplo: homofobia, heterossexismo, homofobia internalizada, processo de "sair do armário", facilidade de acesso a substâncias psicoativas em "baladas", pressão do grupo);
- Os participantes discutirão suas próprias vivências pessoais ou de terceiros com relação aos temas propostos.

Anotações

Sem lenço, sem documento

Objetivos

- Debater os fatores de vulnerabilidade associados ao uso de substâncias psicoativas específicos em minorias, com o intuito de identificar e desenvolver estratégias de prevenção de recaída.

Indicação

- Grupo.

Tempo de duração

- 10 minutos para introdução do exercício;
- 35 minutos para execução;
- 15 minutos para discussão e finalização.

Material necessário

- Nenhum.

Procedimentos

- O facilitador sugere um fator de vulnerabilidade para discussão (por exemplo: lidar com a separação da família, viver sozinho, hábitos, costumes e idioma/sotaques diferentes, subemprego, desigualdade social, clandestinidade, etc.);
- Os participantes discutirão suas próprias vivências pessoais ou de terceiros com relação aos temas propostos;
- É importante que todos participem e que o facilitador garanta um espaço seguro e de confiança entre todos.

Anotações

"NÃO ESTOU SOZINHO"

Objetivos

- Promover a sensação de pertencimento entre os transgêneros;
- Encontrar pessoas que vivenciam a mesma realidade;
- Estimular fatores de proteção quanto à transfobia.

Indicação

- Grupo.

Tempo de duração

- 10 minutos para introdução do exercício;
- 35 minutos para execução;
- 15 minutos para discussão e finalização.

Material necessário

- Papel e caneta.

Procedimentos

- O facilitador sugere o tema transfobia para discussão (por exemplo: você já sofreu com ataques verbais, com pessoas na rua que lhe chamam de "aberração", por exemplo? Como você tem lidado com isso? Quais as estratégias que você utiliza para se proteger dessa situação? Usar substâncias psicoativas é uma estratégia bem-sucedida?);
- Os participantes discutirão suas próprias vivências pessoais com relação ao tema proposto;
- Ao final, o facilitador faz uma devolutiva aos participantes sobre os principais pontos levantados na discussão.

Dica dos autores

- Para esta dinâmica de vivência, é importante haver certa competência cultural por parte do facilitador em conhecer algumas particularidades do universo transgênero.

Anotações

ROLE-PLAY: "ME SENTI EXCLUÍDO"

Objetivos

- Permitir ao grupo vivenciar situações que, na prática, os levaram a se sentir excluídos;
- Levar os participantes a refletirem que as diferenças existem para serem celebradas e, sobretudo, respeitadas.

Indicação

- Grupo.

Tempo de duração

- 10 minutos para introdução do exercício;
- 35 minutos para execução;
- 15 minutos para discussão e finalização.

Material necessário

- Nenhum.

Procedimentos

- Dividir o grupo em duplas;
- Cada dupla deve dramatizar uma situação na qual se sentiu excluído ou diferente dos demais e que tenha causado certo sofrimento ou constrangimento (por exemplo: você é convidado para uma festa em que todos estão usando roupas sociais para a ocasião. Você não foi informado deste traje e vai com calça *jeans* e tênis);
- É dado um tempo de aproximadamente 10 minutos para que possam se preparar;
- Após a dramatização de todos, o facilitador abre para a discussão, na qual poderão ser abordados os aspectos pessoais de identificação com as situações apresentadas, vivências e sentimentos com relação a se sentir diferente e excluído de um grupo.

Anotações

978-85-4120-168-1

Anotações

REFERÊNCIAS BIBLIOGRÁFICAS

1. DIEHL, A.; VIEIRA, D. L.; GOMES, L. S. Lésbicas, gays, bissexuais e transgêneros. In: DIEHL, A.; CORDEIRO, D. C.; LARANJEIRA, R. **Dependência química: prevenção, tratamento e políticas públicas.** Porto Alegre: Artmed, 2011. p. 401-414.
2. VANNUCCHI, A. M. C.; CORDEIRO, D. C.; DIEHL, A. Minorias. In: DIEHL, A.; CORDEIRO, D. C.; LARANJEIRA, R. **Dependência química: prevenção, tratamento e políticas públicas.** Porto Alegre: Artmed, 2011. p. 423-436.
3. DIEHL, A.; VIEIRA, D. L.; GOMES, L. S. Dependência química e diversidade sexual. In: SILVA, G. L. **Drogas: políticas e práticas.** São Paulo: Roca, 2010. p. 125-142.

SEÇÃO 15

Portadores de danos cognitivos e uso de substâncias

LÍGIA BONACIM DUAILIBI
CLÁUDIA REGINA SERAPICOS SALGADO

A dependência de substâncias é um transtorno da função cerebral ocasionado pelo consumo de substâncias psicoativas. Tais substâncias afetam os processos cerebrais normais relacionados com sensopercepção, emoções e motivação. O uso crônico de substâncias psicoativas, sobretudo quando associado a outros transtornos psiquiátricos, pode levar a danos cognitivos[1]. Além disso, tais danos podem ser mais duradouros nas pessoas que iniciaram o uso precocemente, ou seja, durante o período em que o cérebro ainda se encontrava em desenvolvimento[2].

A ampla rede de serviços destinados ao tratamento de dependentes de substâncias necessita atender às particularidades de cada pessoa, de modo que seu processo terapêutico não deve ser meramente normativo, mas sim um conjunto de diretrizes e estratégias que direcionem as ações para melhoria da qualidade de vida, como um todo[3]. Para tal, os serviços que trabalham com usuários de substâncias devem contemplar dentro de sua programação estratégias de reabilitação cognitiva.

As dinâmicas contidas nesta seção foram elaboradas visando capacitar, reduzir ou superar as deficiências cognitivas dos pacientes, especialmente as relacionadas com o consumo de substâncias psicoativas.

O objetivo principal desta seção é evidenciar o trabalho de reabilitação cognitiva por meio das dinâmicas de grupo, visando a melhoria das funções cognitivas. Além de almejarem minimizar os déficits cognitivos, visam também produzir efeito positivo em relação às alterações de comportamento e emocionais, melhorando a qualidade de vida do paciente.

CARTA PARA MIM

Objetivos

- Desenvolver conceitos e habilidades de comunicação;
- Promover pensamento reflexivo;
- Trabalhar a percepção global da realidade.

Indicação

- Grupo;
- Individual.

Tempo de duração

- 15 minutos para explicações gerais;
- 10 minutos para distribuição do material;
- 25 minutos para execução do exercício;
- 40 minutos para discussão.

Material necessário

- Folha pautada, lápis e borracha.
- Material de apoio ao facilitador: Carta

> – Como estão seus sentimentos neste momento?
> – O que espera do tratamento que está fazendo?
> – Como gostaria de estar em quatro anos, considerando seu trabalho, família, amigos, vida afetiva e tratamento para dependência de substâncias?

978-85-4120-168-1

Procedimentos

- Individualmente, cada participante escreve uma carta a si próprio, como se estivesse escrevendo a carta para seu(sua) melhor amigo(a).
- Por fim, abrir para discussão grupal.

Dicas das autoras

- Fazer um levantamento das expectativas individuais sobre o tratamento do uso de substâncias e seus resultados;
- Quanto aos participantes com dificuldades de escrita, o facilitador poderá escrever.

Anotações

PERCEPÇÃO DE CADA UM

Objetivos

- Trabalhar o autoconhecimento;
- Reconhecer características pessoais.

Indicação

- Grupo;
- Individual.

Tempo de duração

- 15 minutos para explicações gerais;
- 10 minutos para distribuição do material;
- 25 minutos para execução do exercício;
- 40 minutos para discussão.

Material necessário

- Papel e caneta.

Procedimentos

- Escrever dez características pessoais em uma folha;
- Virar a folha e dividir ao meio, de um lado colocar as características que facilitam a vida e do outro lado as que dificultam;
- Em seguida, abrir para discussão em grupo.

Dicas das autoras

- O facilitador pode estimular os participantes a relacionarem características pessoais e a dependência química, com vistas a modificar hábitos de consumo e prevenir recaídas;
- Quanto a participantes com dificuldades cognitivas graves, ao invés de escrever, solicitar que pesquisem gravuras em jornais e revistas que retratem as características que facilitam a vida e do outro lado as que dificultam.

Anotações

Pintura em tela

Objetivo

- Trabalhar o pensamento abstrato por meio da arte expressiva.

Indicação

- Grupo.

Tempo de duração

- 15 minutos para explicações gerais;
- 10 minutos para distribuição do material;
- 25 minutos para execução do exercício;
- 40 minutos para discussão.

Material necessário

- Tela branca, tintas, pincéis e água.

Procedimentos

- Os participantes ficam sentados em volta de uma mesa, na qual é colocada uma tela em branco, tintas, água e pincéis;
- Cada participante escolhe uma tinta, que será a única que ele poderá utilizar na atividade;
- O grupo define quem começa e a ordem de participação;
- Em duas rodadas pelos participantes do grupo, cada um poderá usar seu pincel uma única vez e preencher a tela como desejar;
- Importante: este trabalho deve ser feito em silêncio absoluto;
- Ao término da atividade, os participantes são convidados a conversar sobre os aprendizados da dinâmica: senti-me respeitado? Senti-me invadido? O resultado agradou? A participação foi equilibrada entre todos os participantes do grupo?

Dica das autoras

- O facilitador deve ficar atento à questão do uso de substâncias, fazendo a ponte na discussão de que, muitas vezes, a droga/álcool tira a autonomia da pessoa e a faz ter atitudes que em sã consciência não teria.

Anotações

IMAGENS

Objetivos

- Ampliar o autoconhecimento;
- Ampliar a autoimagem;
- Favorecer o conhecimento interpessoal.

Indicação

- Grupo;
- Individual.

Material necessário

- Folha sulfite e caneta/lápis.
- Material de apoio ao facilitador: Perguntas

– Como você se sentiu ao se revelar na presença de todos os participantes?
– Expressar qual foi o sentimento, a emoção, bem como o constrangimento, caso tenha sido suscitado.
– Alguém identificou algo que ainda não conhecia sobre si mesmo?
– O que descobriu sobre você mesmo?
– O que gostaria de ser e de aparentar aos outros?
– Como posso vir a ser realmente?

Procedimentos

- Distribuir as folhas e pedir para que escrevam ou desenhem "Eu sou/Como eu me vejo" de um lado, deixando fluir tudo o que se pensa ser, sem censura;
- Em seguida, no verso da mesma folha, escrever ou desenhar "Como os outros me veem";
- Com todo o grupo reunido, cada participante verbaliza sua autopercepção e apresenta a percepção do outro, promovendo uma discussão dirigida com as perguntas.

Dica das autoras

- O facilitador pode questionar como o uso de álcool ou drogas influencia na autopercepção e na percepção de como os outros veem a pessoa.

Anotações

FÓRUM

Objetivos

- Desenvolver a capacidade de raciocínio;
- Desenvolver a logística;
- Trabalhar a frustração (saber vencer e saber perder);
- Desenvolver a capacidade de aceitar pontos de vista contrários;
- Desenvolver a imparcialidade de julgamento;
- Discutir temas controversos.

Indicação

- Grupo.

Tempo de duração

- 15 minutos para explicações gerais;
- 25 minutos para execução do exercício;
- 40 minutos para discussão.

Material necessário

- Nenhum.

Procedimentos

- A proposta é debater a abstinência do uso de uma substância psicoativa de escolha do grupo;
- Dividir o grupo em três subgrupos: um que defenderá o uso, o outro que irá contestar o uso e o terceiro coordenará;
- O grupo todo deve participar, colocando-se de um lado ou de outro;
- No final, o facilitador oferece uma conclusão do fórum e realiza a síntese conclusiva com o grupo.

Dicas das autoras

- A técnica é indicada para garantir a participação de grande número de pessoas;
- O facilitador pode sugerir outro tema relacionado com o tratamento, como por exemplo, ter bebidas alcoólicas em casa; a família que fiscaliza; uso de medicamentos no tratamento, entre outros.

Anotações

PRESIDENTE DA REPÚBLICA

Objetivos

- Desenvolver conceitos e habilidades para a comunicação;
- Formar hábitos cognitivos apropriados;
- Promover pensamento reflexivo;
- Trabalhar a percepção global da realidade.

Indicação

- Grupo;
- Individual.

Tempo de duração

- 15 minutos para explicações gerais;
- 10 minutos para distribuição do material;
- 25 minutos para execução do exercício;
- 40 minutos para discussão.

Material necessário

- Folha de atividades: Presidente da República

Presidente da República

Se você fosse o Presidente da República, o que você:

Criaria

____

____

____

Mudaria

____

____

____

Continuaria

____

____

____

Aceitaria

____

____

____

Desistiria

____

____

____

Respeitaria

____

____

____

Entenderia

____

____

____

Esqueceria

____

____

____

Lutaria

____

____

____

Lembraria

____

____

____

Procedimentos

- Solicitar ao(s) participante(s) que preencha(m), dentro do prazo determinado (cerca de 25 min), a folha de atividades, expressando as medidas que tomaria(m) caso fosse(m) o Presidente da República;
- Em seguida, solicitar que comuniquem aos demais participantes as ações estabelecidas;

Dica das autoras

- Para que não se torne cansativo, em caso de aplicação em grupo, cada um dos participantes pode apresentar um item diferente.

Nota: "Adaptação" de VIRGOLIM, A. M. R.; FLEITH, D. S. F.; NEVES-PEREIRA, M. S. Toc, Plim, Plim! Lidando com as emoções, brincando com o pensamento através da criatividade. TocPapirus, 2009. p. 27-38.

BALANCETE PARA FINAL DE ANO

Objetivos

- Desenvolver de conceitos e habilidade para a comunicação;
- Promover o pensamento reflexivo;
- Refletir acerca dos pontos positivos e negativos ocorridos no ano;
- Avaliar estratégias de supressão dos pontos negativos e de manutenção das conquistas.

Indicação

- Grupo.

Tempo de duração

- 15 minutos para explicações gerais;
- 10 minutos para distribuição do material;
- 25 minutos para execução do exercício;
- 40 minutos para discussão.

Material necessário

- Folha de origami, folha sulfite e caneta hidrocor.
- Material de apoio ao facilitador: Matriz – caixa de origami (ver página 599).

Procedimentos

- Perguntar aos participantes: o que você quer e o que você não quer levar da sua vida atual para o próximo ano?
- Solicitar aos participantes que escrevam, em filipetas, quais aspectos consideram negativos com uma cor de caneta e, com outra cor, anotar os aspectos que consideram positivos;
- Amassar e jogar na lixeira os papéis com fatos negativos e colocar em uma caixa de origami, confeccionada por eles, as filipetas com atitudes/situações/conquistas positivas que querem manter no ano vigente.

Dicas das autoras

- Avaliar estratégias de manutenção das conquistas e de supressão dos pontos negativos;
- Indicada para ocasião de término de ano.

Matriz – caixa de origami

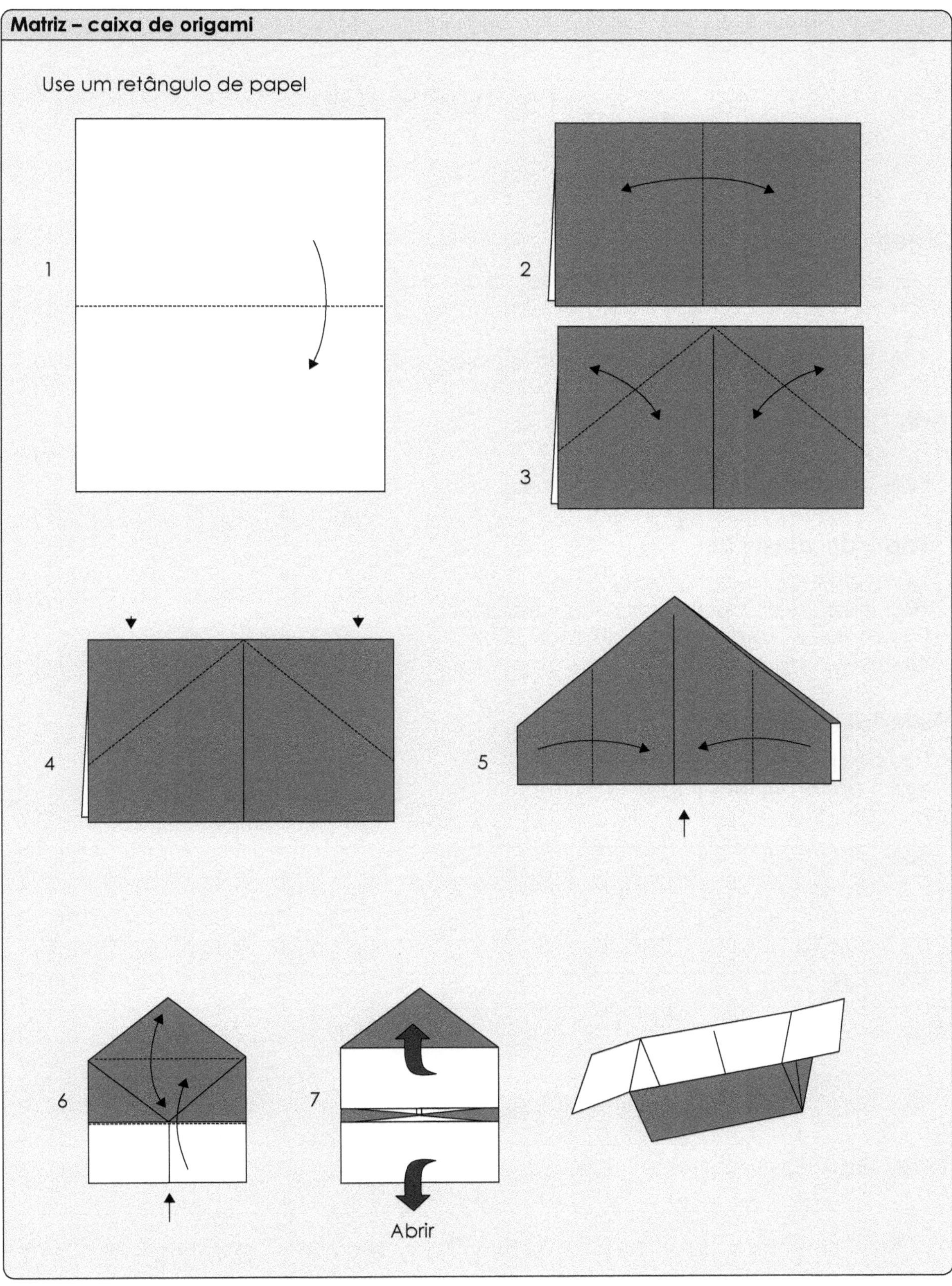

Opostos: sim × não

Objetivos

- Desenvolver conceitos e habilidade para a comunicação;
- Formar hábitos cognitivos apropriados;
- Treinar capacidade de argumentar;
- Refletir sobre diferentes possibilidades para "sustentação" de um *sim* ou um *não*.

Indicação

- Grupo;
- Individual.

Tempo de duração

- 15 minutos para explicações gerais;
- 10 minutos para distribuição do material;
- 25 minutos para execução do exercício;
- 40 minutos para discussão.

Material necessário

- Lápis e papel;
- Folha de atividades: Opostos

Opostos

1) O que é sim?

____

____

____

2) O que é não?

____

____

____

3) Quando você usa o sim?

____

____

____

4) Quando você usa o não?

____

5) Como e quais são as suas argumentações?

6) Estou preparado para ouvir o sim?

7) Estou preparado para ouvir o não? Como reajo?

8) Quando o não pode ser a melhor opção?

9) Quando o sim pode ser a melhor opção?

Procedimentos

- Explicar que cada participante receberá uma folha com várias frases que envolvem o conceito de oposto;
- Os participantes terão 25 minutos para a execução do exercício, que pode ser realizado oralmente ou por escrito;
- Abrir espaço para cada um comentar e discutir em grupo os conceitos referentes a *sim* e *não*.

Dica das autoras

- Vale correlacionar as respostas "*sim*" e "*não*" a outros conceitos, tais como: expectativa, frustração, ambivalência e uso de substâncias.

MINHA BANDEIRA PESSOAL

Objetivos

- Permitir o autoconhecimento mediante o uso da criatividade;
- Identificar habilidades e limitações;
- Propiciar um conhecimento mais aprofundado sobre si mesmo e suas habilidades, de modo a facilitar as escolhas que precisa fazer na vida.

Indicação

- Grupo;
- Individual.

Tempo de duração

- 15 minutos para explicações gerais;
- 10 minutos para distribuição do material;
- 25 minutos para execução do exercício;
- 40 minutos para discussão.

Material necessário

- Cartolina, giz de cera, canetinha, lápis de cor, lápis aquarela, revistas, tesoura, cola e régua.

Procedimentos

- Explicar o significado de uma bandeira, tomando como exemplo a bandeira do Brasil;
- Discutir como foi o provável processo de fabricação da bandeira do Brasil (o significado e cada cor, símbolo, desenho);
- Instruir os participantes a produzirem suas próprias bandeiras fazendo uso do material disponibilizado no centro da mesa;
- Após a construção das bandeiras, os participantes apresentam seus trabalhos.

Dicas das autoras

- Pedir para que comentem o que mais chamou a atenção de cada um em sua própria bandeira e na dos participantes;
- Contar o que descobriu sobre si mesmo e sobre o grupo;
- O facilitador pode questionar como ficaria a bandeira mediante o uso de substâncias.

Anotações

Como estou?

Objetivos

- Desenvolver conceitos e habilidades de comunicação;
- Promover o pensamento reflexivo;
- Trabalhar a percepção global da realidade;
- Trabalhar a percepção subjetiva.

Indicação

- Grupo;
- Individual.

Tempo de duração

- 15 minutos para explicações gerais;
- 10 minutos para distribuição do material;
- 25 minutos para execução do exercício;
- 40 minutos para discussão.

Material necessário

- Canetas.
- Folha de atividades: Como estou?

Como estou?
1) As pessoas dizem que eu
2) Para mim, o amor representa
3) Não sou compreendido quando
4) Se pudesse recomeçar minha vida, eu
5) O que mais gosto em mim mesmo é
6) Eu poderia ser
7) Sinto insegurança quando
8) Gosto muito em mim

9) Se não pudesse deixar de ser franco, diria que

10) Uma pessoa que marcou minha vida foi

11) Um lugar que me traz paz é

12) Minha vida seria um inferno se

13) Se me restassem 5 anos de vida, eu

14) A maior força de um grupo está em

15) Acho que as pessoas ao meu lado demonstram colaboração quando

16) Sinto-me só quando

17) Entre poder, dinheiro e amor, eu

18) O dever, para mim, significa

19) Entre felicidade, segurança e competência, eu escolho

20) Quando ocorre conflito em um grupo, eu

21) Um amigo ideal é

22) Daqui a 1 ano, pretendo

978-85-4120-168-1

Procedimentos

- Entregar uma folha contendo frases a serem completadas;
- Pedir que cada participante complete as frases da forma mais sincera possível;
- É importante que não elaborem as frases, mas escrevam o que lhes vier à mente, de preferência a primeira resposta que ocorrer;
- Por fim, solicitar que, de maneira voluntária, leiam o que preencheram;
- Refletir com o grupo a importância do exercício, explorando questões como: o quanto podem cuidar do que é importante para eles; se estão próximos ou afastados destes valores e o quanto a bebida/droga faz com que fiquem longe daquilo que valorizam.

Dicas das autoras

- Esta atividade pode ser feita oralmente;
- Em caso de participantes com dificuldades mais acentuadas, o facilitador pode realizar essa atividade em duas sessões.

REFERÊNCIAS BIBLIOGRÁFICAS

1. WOBROCK, T.; SITTINGER, H.; BEHRENDT, B.; D'AMELIO, R.; FALKAI, P.; CASPARI, D. Comorbid substance abuse and neurocognitive function in recent-onset schizophrenia. **Eur. Arch. Psychiatry Clin. Neurosci.**, v. 257, n. 4, p. 203-210, Jun 2007.
2. JAGER, G.; RAMSEY, N. F. Long-term consequences of adolescent cannabis exposure on the development of cognition, brain structure and function: an overview of animal and human research. **Curr. Drug Abuse Rev.**, v. 1, n. 2, p. 114-123, Jun 2008.
3. PARAHERAKIS, A.; CHARNEY, D. A.; GILL, K. Neuropsychological functioning in substance-dependent patients. **Subst. Use Misuse.**, v. 36, n. 3, p. 257-271, Feb 2001.

SEÇÃO 16

Pacientes com transtorno de uso de substâncias psicoativas e comorbidades psiquiátricas

Alessandra Diehl
Neliana Figlie
Roberta Payá

O conceito de comorbidade define a ocorrência de qualquer patologia coexistente em um mesmo indivíduo, como a presença de abuso e dependência de substâncias psicoativas associado a outro quadro psiquiátrico, como a esquizofrenia ou a depressão[1].

As taxas de coocorrência de doença mental grave e transtornos relacionados com o uso de substâncias psicoativas em adultos são extremamente altas, geralmente em torno de 50% ou mais. Em outras palavras, a cada duas pessoas que procuram tratamento para abuso e dependência de álcool e outras drogas, uma apresentará uma comorbidade psiquiátrica com consequências importantes no curso, ajustamento e prognóstico destas morbidades[2].

No clássico estudo populacional americano na década de 1990, chamado *Epidemiologic Catchment Area* (ECA), foi constatado que os transtornos psiquiátricos mais comumente associados ao consumo de álcool e outras drogas foram: transtorno de ansiedade (28%); transtornos do humor (26%); transtorno de personalidade antissocial (18%) e esquizofrenia (7%)[3].

Qualquer consumo de substâncias psicoativas parece estar relacionado com o aumento de chances do aparecimento de outro transtorno psiquiátrico.

Os transtornos mais comumente associados ao consumo de álcool e drogas são: esquizofrenia, transtornos de humor, transtornos de ansiedade, transtornos alimentares, transtornos de personalidade, transtornos de conduta e transtorno de déficit de atenção e hiperatividade (TDAH). Em transtornos mentais graves (como o transtorno bipolar e a esquizofrenia), mesmo em pequenas doses e de modo casual, o consumo de substâncias psicoativas pode gerar piores consequências nessa população do que em pessoas sem tais transtornos[4].

O desenvolvimento de diretrizes, com intervenções direcionadas a subgrupos específicos de pacientes com diagnóstico dual e para *settings* específicos são algumas das recomendações para pesquisadores e clínicos da área[5], sendo o objetivo desta seção apresentar algumas dinâmicas de grupo que possam ser utilizadas para portadores de diagnóstico dual de abuso e dependência de substâncias psicoativas e outros transtornos mentais.

Indivíduos portadores de comorbidades psiquiátricas fazem parte de um grupo de pacientes que carregam grandes desafios em qualquer tipo de tratamento, por diversas razões já relatadas no início desta seção. Por isso, idealmente, os modelos de serviços de tratamento mais efetivos deveriam integrar a terapia psiquiátrica tradicional para psicoses e para abuso de substâncias psicoativas, associando psicofarmacoterapia supervisionada, psicoeducação, terapia cognitivo-comportamental, terapia familiar e motivacional, treinamento de habilidades sociais e grupoterapia, preferencialmente com amostras homogêneas quanto aos diagnósticos.

O estigma e a exclusão, assim como as questões relativas às medicações, são fortes candidatos às dinâmicas de grupo continuadas para este público, pois o estigma e a discriminação tornam mais difícil para as pessoas que sofrem de algum transtorno mental reconhecerem que têm algum problema e procurarem apoio e tratamento. Assim como, devido ao estigma e à discriminação, as pessoas com transtornos mentais associados ao uso de substâncias psicoativas são frequentemente tratadas com desrespeito, desconfiança ou medo, dificultando o acesso ao trabalho, o estudo e a forma como se relacionam com os outros.

Anotações

Conhecendo Minha Doença

Objetivos

- Informar e esclarecer dúvidas a respeito das morbidades;
- Trabalhar a psicoeducação acerca de comorbidades.

Indicação

- Individual;
- Grupo.

Tempo de duração

- 15 minutos para realização;
- 45 minutos para discussão.

Material necessário

- *Flip-chart*.

978-85-4120-168-1

Procedimentos

- O facilitador do grupo solicita a cada participante que fale o que sabe de sua morbidade e os sintomas que apresenta;
- Anota-se no quadro o que é dito. Na discussão, os outros participantes também podem falar de suas crenças a respeito dos diagnósticos;
- Informa-se e esclarecem-se dúvidas, trabalhando-se crenças errôneas.

Dica das autoras

- É imprescindível que o facilitador tenha bastante conhecimento de todas as comorbidades dos integrantes do grupo.

Anotações

Estigma: Socorro! O barco vai afundar!

Objetivo

- Discutir os preconceitos, bem como as maneiras pelas quais se discrimina alguém;
- Permitir aos participantes experimentarem e verbalizarem de forma lúdica o que lhes é bastante frequente e comum ao grupo.

Indicação

- Grupo.

Tempo de duração

- 10 minutos para introdução e início da atividade;
- 15 minutos para o desafio;
- 25 minutos para conclusão da atividade;
- 10 minutos para discussão.

Material necessário

- Aparelho de som com música calma, uma sala ampla e cadeiras.

Procedimentos

- Formar pequenos grupos com quatro a cinco participantes e apresentar a seguinte situação: "Vamos imaginar que cada grupo aqui formado se encontra neste exato momento em uma viagem de férias em um barco em alto mar. Infelizmente, este barco acaba por colidir em um recife e subitamente começa a afundar. Felizmente, aparece um barco salva-vidas que tem capacidade de transportar quase todas as pessoas do barco, menos uma";
- Portanto, cada grupo terá que excluir uma pessoa do grupo. Os critérios de exclusão e inclusão serão estabelecidos e aceitos pelo grupo;
- O tempo para o grupo tomar esta decisão é de aproximadamente 15 minutos;
- Após este período, a pessoa que foi excluída do grupo deve se dirigir ao centro da sala e sentar-se em uma cadeira, sendo que o número de cadeiras disponíveis deve ser o mesmo do número de grupos formados. O facilitador durante a dinâmica fica sempre observando e atento às reações dos grupos;
- Após todos os excluídos estarem no centro da sala, o terapeuta facilitador pede a um deles que fale sobre este sentimento de ter sido excluído e quais foram os critérios que utilizaram para excluí-lo e assim sucessivamente com todos os demais excluídos;
- Ao final, abre-se para a discussão com o grande grupo sobre identificações com esta situação e sobre os estigmas que percebem por serem portadores de doença mental[4,6].

Anotações

Estigma: peixe fora d'água

Objetivos

- Trabalhar estigmas e preconceitos que são bastante comuns no cotidiano de portadores de diagnóstico dual.

Indicação

- Individual;
- Grupo.

Tempo de duração

- 15 minutos para pensar na situação e contar ao colega;
- 5 minutos para escrever as emoções decorrentes da situação;
- 5 minutos para o terapeuta escrever no *flip-chart*;
- 35 minutos para discussão.

Material necessário

- Folha sulfite e canetas.

Procedimentos

- É solicitado aos participantes que se dividam em duplas. Cada um deve pensar em uma situação que lhe ocorreu em que se sentiu como um "peixe fora d'água", ou seja, excluído, desconfortável, discriminado, rejeitado; e deve contar ao seu(sua) parceiro(a) de dupla;
- Depois, individualmente, escrevem o que sentiram nessa situação. Em seguida, o facilitador anotará todas as emoções no *flip-chart* para nortear a discussão.

Anotações

PRÓS E CONTRAS DA MEDICAÇÃO

Objetivos

- Possibilitar ao grupo discutir prós e contras do uso de medicação;
- Propiciar oportunidade para esclarecer dúvidas, reforçar a importância de seu uso, além de estimular a comunicação dos efeitos (terapêuticos e colaterais) com o médico para melhor acompanhamento.

Indicação

- Grupo.

Tempo de duração

- 5 minutos para os participantes escreverem um efeito terapêutico e um efeito colateral da medicação que está tomando;
- 5 minutos para o facilitador recolher e escrever os sintomas no *flip-chart*;
- 10 minutos para a dinâmica;
- 40 minutos para a discussão.

Material necessário

- Folhas sulfite (tiras grossas), canetas, *flip-chart*. Fita crepe ou giz para a faixa no chão.

Procedimentos

- É solicitado aos pacientes que escrevam um efeito terapêutico e um colateral da medicação que estão tomando. O terapeuta recolhe todos os papéis e escreve no *flip-chart* sem distinguir os efeitos terapêuticos dos colaterais;
- Com a fita crepe é feita uma linha no meio da sala, para dividi-la em dois. O facilitador solicita que, a cada efeito dito, os participantes fiquem ou ao lado direito (efeito terapêutico) ou ao esquerdo (efeito colateral);
- O facilitador conta quantos estão de cada lado e anota no *flip-chart*. Em seguida, discutem-se os resultados. O facilitador deve esclarecer dúvidas e crenças errôneas a respeito da medicação, enaltecer os efeitos terapêuticos, além de sugerir formas de lidar com os efeitos colaterais e incentivar a comunicação com o médico que acompanha o participante.

Dica das autoras

- É interessante que um médico auxilie nesta sessão ou que o facilitador conheça bem as medicações e seus efeitos. Pode haver um efeito adverso a partir desta dinâmica, que é encontrar mais efeitos colaterais que terapêuticos. O profissional deve saber conduzir uma discussão pautada em evidências científicas e saber quebrar a resistência e os tabus dos pacientes.

Anotações

Estimulação cognitiva: provérbio pela metade

Objetivo

- Trabalhar questões relacionadas com medicação e seus efeitos colaterais por meio de uma dinâmica que promova estimulação cognitiva.

Indicação

- Grupo.

Tempo de duração

- 10 minutos para explicação;
- 15 minutos para encontrar provérbio semelhante;
- 25 minutos para discussão.

Material necessário

- Papel sulfite e canetas.
- Material de apoio ao facilitador: Provérbios

Provérbios

- Água mole em pedra dura, tanto bate até que fura.
- Em casa de ferreiro, o espeto é de pau.
- Quem tem o telhado de vidro não joga pedra no telhado do vizinho.
- Quem não tem cão, caça com gato.
- Em terra de cego, quem tem um olho é rei.
- É melhor prevenir do que remediar.
- Para bom entendedor, meia palavra basta.
- Gato escaldado tem medo de água fria.
- Cabeça vazia é oficina do diabo.

Procedimentos

- Preparar pequenas tiras de papel, escrevendo em cada uma delas um provérbio ou uma frase bastante conhecida;
- Estas pequenas tiras de papel devem ser cortadas ao meio, de modo que em cada metade fique uma parte do provérbio;
- O número de papéis deve ser igual ao número de participantes;
- Estes pedaços de papéis são dobrados e cada participante sorteia um dos bilhetes na entrada da sala;
- Quando todos já estiverem reunidos, o facilitador explica que em cada papel existe uma parte de um provérbio, sendo que cada um deve procurar na sala o outro colega que completa o seu provérbio;
- O facilitador aguarda uns 15 minutos. Quando todos se acharem, o grupo forma um círculo em que cada dupla lê para os demais o provérbio em voz alta e explica o que entendeu daquele provérbio[6,7].

Anotações

ESTIMULAÇÃO COGNITIVA: NA MALA PARA VIAGEM

Objetivo

- Trabalhar estimulação cognitiva e memória.

Indicação

- Grupo.

Tempo de duração

- 10 minutos para explicação;
- 30 minutos para realização da atividade;
- 10 minutos para discussão.

Material necessário

- Nenhum.

Procedimentos

- Os participantes são colocados em pé, em dois grupos frente a frente, ou então em semicírculo. O facilitador inicia a dinâmica dizendo: "Para a viagem, eu vou levar uma mala";
- A pessoa que estiver ao seu lado deve continuar a dinâmica, acrescentando mais algum objeto para a viagem, mas sempre repetindo o que foi dito anteriormente pelo último participante;
- Assim, a segunda pessoa poderá dizer: "para a viagem, eu vou levar uma mala e eu vou levar meus óculos". A terceira pessoa continuará dizendo: "para a viagem, eu vou levar uma mala, um óculos e um par de sapatos";
- Cada participante deve sempre repetir os objetos anteriores e colocar no final mais um objeto que deseja levar para viagem. Quem esquecer algum objeto em sua fala é convidado a ir sentar;
- O grupo deve estar atento para ajudar a controlar aquele que erra. No caso de alguém ter esquecido algum objeto, o participante seguinte deve continuar do mesmo ponto e ir adiante;
- Ao final, o facilitador abre para discussão para que reflitam situações de atenção e melhoria no dia a dia dos membros do grupo.

Anotações

Quem não se comunica se estrumbica

Objetivos

- Fornecer subsídios para a expressão não verbal de seus sentimentos, necessidades e opiniões em interpretação teatral, valorizando a importância da comunicação;
- Esclarecer e informar sobre as medicações e suas complicações ao longo do tratamento.

Indicação

- Grupo.

Tempo de duração

- 10 minutos para explicação;
- 5 minutos para divisão dos grupos;
- 30 minutos para realização da atividade;
- 15 minutos para discussão e confecção do cartaz.

Material necessário

- Papel sulfite, lápis, saquinho com tarefas, quadro sobre comunicação e fita adesiva.

Procedimentos

- O facilitador inicia falando sobre a importância da comunicação e como seria o mundo se não tivéssemos a chance de nos comunicarmos e falarmos aquilo que nos incomoda. Em seguida, divide a turma em grupos e pede que cada grupo retire um papelzinho do saquinho com uma tarefa a ser realizada na forma de mímica, sendo que não é permitido utilizar a expressão verbal e é importante que cada grupo mantenha segredo sobre a tarefa sorteada;
- Os grupos têm 5 minutos para combinarem como será a simulação. Conforme os grupos vão se apresentando, os demais tentam adivinhar o que está sendo simulado;
- Quando todos terminarem as apresentações, o facilitador pergunta a opinião de cada um, qual o grupo que melhor utilizou a comunicação não verbal e por quê. Também irá trabalhar a importância de saber comunicar-se;
- O facilitador escreve no quadro as opiniões que foram aventadas pelos participantes. Em seguida, coloca-se o cartaz "para se comunicar bem é preciso...", e os participantes completam a frase[6].

Anotações

Fatores de risco e prevenção de recaída: aceitar ou não aceitar

Objetivos

- Fazer com que os participantes possam refletir sobre a facilidade de se envolver em uma determinada situação de risco para uso de álcool ou drogas e não conseguir dizer não;
- Explorar situações de prevenção de recaída.

Indicação

- Grupo.

Tempo de duração

- 5 minutos para organização e instruções iniciais;
- 10 minutos para dançar e oferecer as balas;
- 45 minutos para discussão.

Material necessário

- Um pacote de balas coloridas, uma bandeja, um aparelho de som com música animada.

Procedimentos

- Inicialmente, pedir ao grupo para ficarem em círculo e, ao som de uma música bem animada, ensinar o ritmo para que todos possam dançar e os participantes somente possam parar de dançar quando a música parar;
- O facilitador entra na roda com uma bandeja de balas coloridas e dança um pouco no meio do círculo;
- Aos poucos, o facilitador começa a passar na frente dos participantes como se estivesse oferecendo as balas e ofertando-as de forma discreta. Supõe-se que alguns dos participantes vão aceitar e outros não;
- Após aproximadamente 5 minutos dançando e oferecendo as balas aos participantes, a música é desligada e o facilitador menciona que algumas balas eram drogas;
- Sentar em círculo para discussão, a fim de refletir o que se pode aprender com esta situação. Discutir fatores de risco e de recaída.

Dica das autoras

- Nesta dinâmica, também se pode mencionar que algumas balas eram o HIV e assim também trabalhar questões relacionadas com as infecções sexualmente transmissíveis (IST), que são um grande risco para esta população em especial. O importante desta dinâmica é salientar que os riscos provêm dos mais diferentes contextos e fontes, inclusive dos quais se julgam confiáveis ou onde se está menos alerta ou "no embalo".

Anotações

Receber elogios

Objetivos

- Propiciar a avaliação da autoimagem;
- Explorar a percepção de como os outros os veem, apontando qualidades uns dos outros.

Indicação

- Grupo.

Tempo de duração

- 5 minutos para explicação;
- 15 minutos para realização;
- 40 minutos para discussão.

Material necessário

- Folhas sulfite, canetas ou lápis, fita adesiva.

Procedimentos

- As folhas sulfite devem ser coladas nas costas de cada um dos participantes, os quais devem andar pela sala;
- Todos devem escrever no papel de todos os participantes uma qualidade que veem naquela pessoa;
- Depois de todos escreverem, eles voltam aos seus lugares para ler o que escreveram a seu respeito.

Dica das autoras

- Questionar junto aos participantes:
  - Como se sentiram ao fazer e receber os elogios?
  - Houve algo que os surpreendeu?
  - Houve algo que os desapontou?

Anotações

RELAXAMENTO

Objetivos

- Propiciar estado de relaxamento entre os participantes;
- Ensinar técnicas de relaxamento para serem aplicadas por eles mesmos.

Indicação

- Individual;
- Grupo.

Tempo de duração

- 20 minutos para relaxamento;
- 40 minutos para relatos da vivência.

Material necessário

- Dispositivo de som para reproduzir músicas (selecionar áudio de relaxamento com música e voz com instruções); colchonetes.

Procedimentos

- O facilitador pede para que todos se deitem nos colchonetes de barriga para cima e acomodem-se confortavelmente, fechem os olhos e acompanhem em silêncio as instruções do áudio;
- Os participantes são orientados a observarem qualquer desconforto durante o relaxamento e, caso necessário, levantarem a mão;
- O facilitador observa os participantes durante o relaxamento para auxiliar em eventuais intercorrências. Ao término das instruções, o terapeuta convida os pacientes a se sentarem em círculo nos próprios colchonetes e a relatarem suas vivências.

Dica das autoras

- O profissional deve salientar que o relaxamento pode ser útil para aliviar o estresse, a fissura e a ansiedade, além de promover o bem-estar.

Anotações

978-85-4120-168-1

REFERÊNCIAS BIBLIOGRÁFICAS

1. FEINSTEIN, A. R. The pre-therapeutic classification of comorbidity in chronic disease. **Journal of Chronic Diseases,** v. 23, n. 7, p. 455-468, 1970.
2. DRAKE, R. E.; MUESER, K. T.; BRUNETTE, M. F. Management of persons with cooccurring severe mental illness and substance use disorder: program implications. **World Psychiatry**, v. 6, n. 3, p. 131-136, 2007.
3. REGIER, D. A.; FARMER, M. E.; RAE, D. S.; LOCKE, B. Z.; KEITH, S. J.; JUDD, L. L. et al. Comorbidity of mental disorders with alcohol and other drug abuse. Results from the Epidemiologic Catchment Area (ECA) Study. **JAMA**, v. 264, n. 19, p. 2511-2518, 1990.
4. DIEHL, A.; CORDEIRO, D. C.; LARANJEIRA, R. **Dependência química: prevenção, tratamento e políticas públicas.** Porto Alegre: Artmed, 2011.
5. DIEHL, A.; CORDEIRO, D. C.; LARANJEIRA, R. **Tratamentos farmacológicos para dependência química: da evidência científica à prática clínica.** Porto Alegre: Artmed, 2010.

LEITURA COMPLEMENTAR

BECHELLI, L. P.; DOS SANTOS, M. A. Group psychotherapy: how it emerged and evolved. **Rev. Lat. Am. Enfermagem**, v. 12, n. 2, p. 242-249, 2004.

DRAKE, R. E.; O'NEAL, E. L.; WALLACH, M. A. A systematic review of psychosocial research on psychosocial interventions for people with cooccurring severe mental and substance use disorders. **J. Subst. Abuse Treat.**, v. 34, n. 1, p. 123-138, 2008.

GOUZOULIS-MAYFRANK, E. Comorbidity of substance use and other psychiatric disorders – theoretical foundation and evidence based therapy. **Fortschr. Neurol. Psychiatr.**, v. 76, n. 5, p. 263-271, 2008.

GREGG, L.; BARROWCLOUGH, C.; HADDOCK, G. Reasons for increased substance use in psychosis. **Clin. Psychol. Rev.**, v. 27, n. 4, p. 494-510, 2007.

RIGGS, P.; LEVIN, F.; GREEN, A. I.; VOCCI, F. Comorbid psychiatric and substance abuse disorders: recent treatment research. **Subst. Abus.**, v. 29, n. 3, p. 51-63, 2008.

RUSH, B.; URBANOSKI, K.; BASSANI, D.; CASTEL, S.; WILD, T. C.; STRIKE, C. *et al.* Prevalence of cooccurring substance use and other mental disorders in the Canadian population. **Can. J. Psychiatry**, v. 53, n. 12, p. 800-809, 2008.

WHITE, J.; FREEMAN, A. **Terapia cognitivo-comportamental em grupo para populações e problemas específicos.** São Paulo: Roca, 2003.

YALOM, I. D.; LESZCZ, M. **The theory and practice of group psychotherapy.** 5. ed. Nova York: Basic Books, 2005.

ZALESKI, M.; LARANJEIRA, R. R.; MARQUES, A. C.; RATTO, L.; ROMANO, M.; ALVES, H. N. *et al.* Guidelines of the Brazilian Association of Studies on Alcohol and Other Drugs (ABEAD) for diagnoses and treatment of psychiatric comorbidity with alcohol and other drugs dependence. **Rev. Bras. Psiquiatr.**, v. 28, n. 2, p. 142-148, 2006.

Índice alfabético

A letra *t* que se segue aos números de páginas significa *tabela*.